דרך התשובה

•

מאת

הרב דובער פינסאן

שנת חמשת אלפים שבע מאות שבעים ושש לבריאה

דרך התשובה

להערות ולהזמנת ספרים אלה ואחרים, ניתן לפנות ל:

Contact © Iyyun.com

650 Sackett St, Brooklyn, NY 11225

718-393-8500

תוכן הענינים

יצחק מאיר מארגנשטערן
רב ור"מ דק"ק "תורת חכם"
לתורת הנגלה והנסתר
פעיה"ק ירושלים תובב"א

Rabbi Y.M. Morgenstern
Rosh hayeshiva of
"Toras Chochom"
Yerushalaim

בס"ד, יום שלישי בשבת, תשעה לחודש אדר השני תשע"ד לפ"ק, פעיה"ק ירושת"ו

האיר לנגד עיני חיבורו הנפלא דידידנו ומכובדנו הנעלה, איש תבונות, מוכתר בנימוסין ורב קילוסין, רבים השיב מעון, לו נאוה תהלה, הרה"ג **כמוה"ר דובער פינסאן שליט"א**, נקוב בשם **דרך התשובה** אשר תוכו רצוף ביאורים בתורת הקבלה בהיותו משולב בחד קטירא עם תורת החסידות, וכבר רבים שתו בצמא את דבריו, והן עתה אחר דמן שמיא קא זכו ליה להפיץ תורתו שבכתב, בדעתו להפיץ תורתו שבעל פה, ולהרצות שיעורים לרבים בדרך הקבלה והחסידות, ובודאי דבר טוב עושה בעמיו, ובפרט כאשר תורת הקבלה ותורת החסידות באים כאחדים, עולים שניהם בקנה אחד כפתור ופרח, תורה אחת יהיה לכם, ולא יחצו עוד לשתי ממלכות ח"ו, אשר זו היא התכלית הנרצית, כנודע. וכבר רמז הרה"ק הדגל מחנה אפרים בספרו (פרשת בשלח) עה"פ ובני ישראל יוצאים ביד רמה, ותרגומו בריש גל"י, ומפרש לה הרה"ק הנזכר "על דרך דאיתא בזוה"ק (הקדמת הזוהר) וכו' כשיתגלה הספר הזוהר בדא יפקון מן גלותא, וזהו שמרומז בפסוק 'ובני ישראל יוצאים' היינו מן הגלות כנ"ל, 'ביד רמה' ותרגומו 'בריש גלי', ברי"ש – ראשי תיבות ר'בי ש'מעון ב'ר י'וחאי, גלי – כשיתגלה ספרו הקדוש ספר הזוהר, אז בדא יפקון מן גלותא, והבן". ובהמשך דבריו שם "או יאמר על פי מה שאמר הרה"ק המפורסם מוהר"ר ליפא מחמעלניק, ועל דרך דאיתא באגה"ק של אא"ז זללה"ה וכו', ששאל למשיח אימתי אתי מר, והשיב כשיתגלה תורתך ויפוצו מעינותיך חוצה, עיין שם, וזה יש לומר שמרומז בפסוק 'ובני ישראל יוצאים' מן הגלות 'בריש גלי', ברי"ש – ראשי תיבות ר'בי י'שראל ב'על ש'ם, גלי – היינו כשיתגלה תורתו ויפוצו מעינותיו אז יפקון מן גלותא והבן". הרי דהגאולה תלויה בהפצת מעיינות תורת הקבלה שגילה התנ"א רשב"י בהיותה קטירא בתורת החסידות שגילה מרן קה"ק הבעש"ט זיע"א, ולכן בהיותו משלב לשניהם להיות כאחדים, בודאי מקרב בזה גאולתנו ופדות נפשנו, אשריו ואשרי חלקו, יפוצו מעיינותיו חוצה ויזכה להגדיל תורה ולהאדירה ולקרב נפשות ישראל לאבינו שבשמים, ויהי חלקו עם מזכי הרבים עדי תמלא הארץ דעה את ה' כמים לים מכסים, אכי"ר.

בברכה נאמנה

אדמו"ר מקאמארנא שליט"א

הרב אליעזר צבי סאפרין
קאמארנא
ריב"ל 10/2
רמת בית שמש 9908605
ישראל

RABBI ELIEZER ZVI SAFRIN
OF KOMARNO
10/2 RIB'AL ST.
RAMAT BET SHEMESH 9908605
ISRAEL

בס"ד שבט תשע"ו.

אל כבוד ידי"נ הרהגה"ח החכם השלם כש"ת מו"ה רבי דוב בער פינסאן שליט"א.
אחדשכ"ת באהבה.

מלא אני רגשי תודה והכרת הטוב על שזיכיתני לראות בטיב חיבורך הנעלה אשר בשם "דרך התשובה" יכונה.

ידועה היא מצוות התשובה, מפרשי התורה מגדירים אותה, בעלי המוסר מאריכים בה, והבריות מדברים אודותיה, אך לענ"ד עד עתה לא בא לעולם חיבור כגון זה שמן השמים זיכו אותך בחיבורו, ומקום רחב ביותר הניחו לך להתגדר בו.

ועדיין לא בא כבושם הזה בעולם, לא בתוכנו, ולא במתכונתו ולא בסדריו.

זכית בס"ד לרוב חכמה. בנגלה בנסתר בחסידות ובחכמת הנפש. ועל כולם ניסיונך המעשי היום יומי בעבודה עם הבריות למען היטיב דרכם בחיים, ולמען הקנות להם ערכי עולם אשר יזכו בהם לחיים מאושרים בזה ובבא.

וכפועל יוצא זכית להפוך את מכלול חכמתך וידיעותיך הברוכות לספר הדרכה מעשי דבר יום ביומו לאשר מעשי אנוש וליישר מעקשי לב כי עקובים המה מכול.

ספרך זה כמנחה בלולה בשמן קודש אשר נמשחת בו, והפוך ביה דכולא ביה. ואין לך אדם, יהיה מי שיהיה, שלא ימצא עצמו בהגיגיך ובהדרכותיך. כי זכית לחבר ספר שווה לכל נפש ממש.

אין לי כל ספק שמי שיזכה ליישם את הוראותיך, ימצא עצמו אדם שונה ומחודש לגמרי, מלא וגדוש בטובה ברכה ומרגעה, אשר לא יכיר את עצמו מקדמת דנא כי אחר הוא.

פשוטו כמשמעו.

אינני בא בהסכמה כי אין אני רואה עצמי ראוי לכך, רק באתי לשתף אותך במחשבותיי על פרי עמלך.

אברך אותך שתזכה להמשיך עוד ועוד בדרכך קודש זו, למען תקן עולם במלכות שמים, ולהוות מגדל אור לחפצים באור וחיי עולם.

מוקירו מכבדו כרום מעלת ערכו

[חותמת: אליעזר צבי סאפרין בהרה"צ מוהר"ש זצוק"ל מקאמארנא בית שמש]

Rabbi Amram Oppman
Rabbeinu Gershom St. 5
Jerusalem
Israel

עמרם אופמן
מו"ץ בהעדה החרדית ירושלים
ומראשי ישיבת שער השמים
מחבר פירוש פתילת ישראל על ספרי המגיד
הק' מקוזניץ נר ישראל אור ישראל ועוד
רח' רבינו גרשום 5 א' ירושלים ת"ו
טל: 02-5821998

בס"ד יום [illegible] [illegible] [illegible] לפ"ק [illegible]

הובא לפני ספר תשובה [illegible] [illegible] [illegible]
[illegible] [illegible] המעשה אשר חיבר הרב הגאון [illegible]
[illegible] [illegible] הרב [illegible] פיינשטיין שליט"א [illegible]
[illegible] [illegible] -

[illegible] על [illegible] [illegible] [illegible] [illegible] [illegible]
[illegible] [illegible] [illegible] [illegible] [illegible] [illegible]
[illegible] [illegible] ספק [illegible] [illegible] [illegible] [illegible] [illegible]
[illegible] [illegible] [illegible] [illegible] [illegible] [illegible] [illegible]
[illegible] [illegible] [illegible] [illegible] [illegible] [illegible] [illegible]
[illegible] [illegible] [illegible] [illegible] [illegible] [illegible]
[illegible] -

[illegible] [illegible] [illegible] [illegible] [illegible] [illegible] [illegible]
[illegible] [illegible] [illegible] [illegible] [illegible] [illegible]
[illegible] ספרי תשובה [illegible] [illegible] .

[illegible] [illegible] [illegible] [illegible] [illegible] [illegible] [illegible]
[illegible] [illegible] [illegible] [illegible] [illegible] [illegible]
[illegible] [illegible] [illegible] הגאולה [illegible] [illegible]
[illegible] אמן

[illegible] [illegible] [illegible] [illegible]

[illegible]

הרב עמרם אופמן
מו"צ
בעדה החרדית
ומראשי ישיבת
שער השמיים
רח' רבינו גרשום [illegible] 02-58219[illegible]

אדמו"ר מקוסוב שליט"א

שרגא פייוויש האגער
בן הרה"צ מקאסוב
רוט"ץ קהל תורת חיים וויזניץ

RABBI SHRAGA HAGER
1248 FIFTY-THIRD STREET
BROOKLYN, NEW YORK 11219
718 851-2266

בס"ד

הקדמה

מצוות תשובה היא מהמתנות והגילויים הנעלים ביותר שיש לעם ישראל. התשובה נותנת לנו את הביטחון שמבלי הבט על מעמדנו ומצבנו הרוחני, על ידי תשובה אמיתית נוכל לשוב אל הקב״ה באמת ובתמים. תשובה אומרת לנו: כבר היום תוכל להיות יהודי ואדם טוב יותר. ומחר, תוכל להיות יהודי ואדם טוב עוד יותר.

אך מהי מהות התשובה?

בשפת העם הפכה ה״תשובה״ לשם נרדף ל״חזרה בתשובה״, שרומזת לכך שאדם חטא, התחרט ותיקן את מעשיו.

אולם ביאור זה אינו משקף כראוי את התוכן והתכלית האמיתית של מצוות ״תשובה״. בכדי להעמיק ולהבין באמת את מהות התשובה, עלינו להביט עליה במבט שונה לגמרי.

מהות התשובה היא להבין ולדעת שהכל מאוחד. קיימת אחדות באדם עצמו, אחדות בכל חלקי הבריאה, ואחדות במהות החיים. תשובה היא לא רק חרטה על מעשים, כי אם התאחדות מחדש של האדם עם עולמו הפנימי ועם פנימיות העולם. אמת, אדם שחטא צריך להתחרט על העבירות שבידיו, ולהחליט שמהיום והלאה הוא שב אל הקב״ה באמת ובתמים. חרטה היא פרט חשוב בתהליך התשובה, אבל אין היא מהות התשובה.

המהלך העיקרי של תשובה הוא הכרה באחדות ה׳ כפי שהיא מתגלה בבריאה כולה. הבנה והכרה זו נותנת את היכולת לבחור בין שלימות לריקנות, בין פנימיות בריאה לפנימיות

רקובה, ובין הכרה והבנה בקירוב לקב"ה לבין ריחוק ממנו ח"ו.

כאשר אדם מחליט לחזור בתשובה, הוא מתנתק באופן מיידי מהריקנות והפיצול אישי, ונכנס למקום של רווחה רוחנית ואחדות פנימית. האדם "חוזר" אל ה"אני" האמיתי שלו.

החלטה זו מתקנת את ה"עצמי" השבור ומשיבה את ה"אני" הטהור שקיים בעמקי נשמתו הטהורה של האדם, ה"אני" שנותר מושלם לאורך כל חייו, ה"אני" שלעתים מכוסה, אך לעולם אינו נעלם לגמרי. אם כן, מהות התשובה היא החזרת והשבת הטוהר של ה"אני".

כאשר התשובה מתמקדת בשינוי חיצוני בלבד, האדם נכנס למלחמה עם הרגליו ואורח חייו – מערכת משומנת שמתנגדת לשינוי, ולכן שינוי חיצוני אינו יעיל.

תשובה היא מהלך עמוק ומהותי יותר. תשובה היא מהפך רוחני פנימי, שכתוצאה ממנו בא שינוי ההתנהגות. תשובה הופכת את הפנימיות, מחזקת את האמונה ומקרבת את האדם לה'.

תשובה אישית משפיעה לא רק על האדם עצמו, אלא גם על העולם, כפי שכותב הרמב"ם במורה נבוכים, "דע שאומרים על האדם שהוא עולם קטן... כי יש בו עיקרון כלשהו המנהיג את כולו" (החלק הראשון פרק ע"ב). תשובה מאחדת ומחזקת את העצמי האמיתי שלנו. כאשר אנו מאוחדים – גם העולם עובר ממצב של אקראיות ונטול כוונה, למצב של קיום כוונתו הרוחנית. מעשה יחיד ואישי של תשובה משפיע לא רק על האדם, אלא גם על הסובבים ועל העולם.

דבר זה נכון באופן הפוך. כאשר אדם עובד ומתקן את עצמו הוא גורם שחלקו בעולם יתעלה ובמילא משפיע על העולם

לטובה, כך גם כאשר נושבת בעולם רוח של תשובה היא יכולה להשפיע על האדם.

עבודת האדם היא להבין את עומק אחדות ה', ולעבוד את הקב"ה מתוך תמימות וכוונה. אליבא דאמת, האדם נולד מתוך מצב של אחדות, ומטרתו לגלות זאת במשך כל ימי חייו.

התורה מכירה את נפש האדם ויודעת שטבע האדם הוא שיראה ופחד הם מניעים ראשוניים להתחיל לצעוד בדרך הנכונה. אולם ככל שמתקדמים יותר בדרך העולה בית א-ל, כך יראים פחות. ככל שמתעלים ברוחניות מתקרבים יותר להשגת המטרה האמיתית בעולם מתוך אהבה ורצון עמוקים וטהורים.

אנשים רבים חיים בתחושת מחסור, הם תמיד רוצים יותר ממה שיש להם. מחשבות אלו הן מחשבות תקינות וטבעיות לחלוטין. כאשר המצב דחוק האדם אומר לעצמו, "איך אני יכול להמשיך לחיות ככה? איך אשלם את כל החשבונות? האם אסיים את החודש עם יתרה בבנק? מה יהיה מחר? קשה לי!"

מחשבות אלו הן תוצאה מכך שאנחנו חיים בתוך עולם שאומר לנו שהמוצרים שנמצאים מול העיניים שלנו יספקו אותנו, ובלעדיהם אנו שונים או נחותים. כתוצאה מכך אם אין לנו את המכשיר הכי חדיש או את הבגד הכי יקר, אנחנו מרגישים שחסר לנו משהו, צביטה של עצב בלב.

התורה הקדושה רוצה לשחרר אותנו מהלחץ הזה. תשובה היא המפתח שפותח לנו הדלת בכדי שנוכל להשיג מטרה זו. תשובה פותחת את השער לחיים שלווים ורגועים בגשמיות ברוחניות.

מבוא

הסיבה מדוע חולק ספר זה לעשרים ושמונה פרקים, היא משום שבפסוק הראשון בתורה הקדושה "בְּרֵאשִׁית בָּרָא אֱלֹהִים אֵת הַשָּׁמַיִם וְאֵת הָאָרֶץ" ישנם שבע מילים שמורכבות מעשרים ושמונה אותיות. ה"דעת זקנים" (א' א') מסביר, ששבעת המילים רומזות לשבעת ימי השבוע והעשרים ושמונה אותיות רומזות לעשרים ושמונה ימי החודש.

בקהלת (פרק ג') מבואר, שישנם עשרים ושמונה תקופות בחייו של אדם, "לַכֹּל זְמָן וְעֵת לְכָל חֵפֶץ תַּחַת הַשָּׁמָיִם". לכל דבר יש זמן מסויים.

חודש מלשון חידוש, ובפשטות הוא מלשון חידוש הלבנה, אולם ישנו ביאור עמוק יותר. בכתבי האר"י ז"ל מובא שישנם י"ב צירופי שם הוי"ה, ובכל חודש מאיר צירוף אחד, בכל חודש מתגלה בעולם צירוף ייחודי של שם ה' שלא האיר בעולם עד אותו חודש (פרי עץ חיים לאריז"ל שער ר"ח פ"ג). בכל יום ובכל שעה מאיר בעולם אור חדש שנותן לאדם כוח לפעול ולשנות. כיון שבעולם מאיר אור חדש והבריאה כולה "נבראת" מחדש, בכל יום ויום יש לנו כוח חדש לשנות את עצמנו ולשוב בתשובה אמיתית ושלימה.

בכל אצבע ישנן שלוש עצמות ובאגודל ישנן שתיים, ביחד הן ארבע עשרה — בגימטריא י"ד. הקב"ה ברא את העולם עם שתי ידיו, כביכול (מגלה עמוקות אופן רמ"ה. אך ראה כתובות ה' ע"א. וראה ביאור הגר"א יצירה פרק א' משנה א' אופן א' בסופו ואופן ג' בסופו). יד ימין היא צד החסד ויד שמאל היא צד הגבורה. שתי הידיים מסמלות את העשרים ושמונה כוחות שטבועים בעולם, ובכל אחד ואחת מאיתנו.

עשרים ושמונה בגימטריא "כח", דבר שמרמז על מחזור של עשרים ושמונה ימי חודש הלבנה, בהם הכוח המתחדש של האדם מתאחד עם האור המתחדש של ימי החודש.

מכיון ש"ישראל מונין ללבנה, ודומין ללבנה" (סוכה כ"ט ע"א. מדרש רבה שמות ט"ו כ"ז), וכשם שלירח אין אור עצמי ואורו וזיוו הוא מהשמש, כך אורו של עם ישראל אינו עצמי אלא השתקפות של המקור שמהווה אותו — האור אין סוף של הקב"ה.

כמו שנדמה לנו שהירח גדל וקטן, כך באדם. ישנם זמנים בהם הוא מאיר וזורח וזמנים בהם הוא חשוך וכבוי. לפעמים הוא למעלה ולפעמים למטה. אולם בדיוק כמו שהירח "מתמלא וחסר", כך גם הדרך להתעלות אישית היא בתנועה מתמדת של מעלה ומטה, קדימה ואחורה. מחזור הירח הוא השתקפות המחזור הרוחני שבאדם.

השל"ה הקדוש כותב בסידורו על תקנת המקובל רבי משה קורדובירו (הרמ"ק), "ראש חודש מאחר שהוא כפרה, יראה האדם שיעשה תשובה גמורה בלב שלם, דהיינו בערב ראש חודש יעשה כמו יום כיפור, כמו שנוהגים הרבה מחסידי עליון, ויתקן כל המקולקל הן בממון הן בגוף הן בנפש. ויתוודה בבכי רבה, ובחרטה גמורה, ויעזוב דרכו הרעה כדי כשיכנס החודש יהיה כבריה חדשה" (סידור של"ה שער השמים סדר יום כיפור קטן. פרי חדש אורח חיים סימן תי"ז ד"ה יש).

על מנת להגיע לתשובה אמיתית ושליטה על היצר הרע, חולק ספר זה לעשרים ושמונה פרקים. מומלץ להתחיל את הספר בתחילת החודש ולקרוא פרק אחד כל יום. באם הקורא יתמיד ויקרא ספר זה באופן זה, אזי התוכן הרוחני של הספר יתחבר לכל יום בחודש. על מנת לרענן את הרעיונות המובאים בספר, כדאי לקרוא את הספר כל מספר חודשים (או לעיין בתקציר ובתרגול שבסיום כל פרק).

מומלץ במיוחד לקרוא את הספר במהלך חודש אלול, בו כל בית ישראל מתכוננים ליום הדין, מפשפשים במעשיהם בלב שלם ושבים בתשובה שלימה.

הערה לסיום: ספר זה נותן לאדם נקודת מבט חדשה ומרעננם על מצוות התשובה. לפעמים אדם כה עסוק שאין לו זמן לעצור ולהסתכל על החיים. כאשר אדם נופל ברוחו או נכשל בחטא, הוא נוטה להאשים את העולם שסביבו או את ידידיו ומשפחתו. באם הוא אדם ישר וכנה, הוא יאשים את עצמו. בספר זה חבויה גישה בריאה יותר, גישה שמלמדת כיצד לחיות כל יום ויום באופן בריא, וכאשר נופלים חס ושלום, כיצד לקום ולהמשיך הלאה בכוחות מחוזקים מבלי להאשים אף אחד, כולל את עצמינו.

כדאי לקרוא את הספר במנוחת הנפש ובישוב הדעת, פרק אחד בפעם. לאחר כל פרק יש תקציר ותרגול אותו אפשר לשלב בעבודת ה' היום יומית.

על המילים "ואבדתם מהרה" אותו אומרים בקריאת שמע, מפרש הבעש"ט הק' (בעש"ט על התורה עקב אות ס"ב) שהפירוש הפנימי הוא שיש לאבד את ה"מהרה", יש לעבוד את ה' מתוך מתינות ומנוחת הנפש ולא ב"מהרה". הדבר נכון במיוחד בנוגע למצוות התשובה, בה מנוחת הנפש היא פרט עיקרי. ככל שהקורא יתחבר יותר עם הספר, כך יוכל לשלב את רעיונותיו בחייו באופן מוצלח יותר.

הדרך לתשובה מתחילה בפרק הבא. בהצלחה.

פרק ראשון
לחיות בהווה

הטבע האנושי הוא שחשיבות וערך של דברים וחפציים גשמיים נמדדים לפי היגיעה והטורח שהאדם השקיע בכדי להשיגם. דברים שהושגו בטרחה מרובה חשובים הרבה יותר מדברים שהושגו בקלות, כדברי חז״ל הקדושים ״אדם רוצה בקב שלו מתשעה קבים של חברו״ (בבא מציעא ל״ח א׳), ו״משל לאחד שהורישו אביו עשר שדות, ועמד וקנה שדה אחת משלו. ואותה היה אוהב מכל שדות שהורישו אביו״ (ספרי האזינו פרשה ש״ט).

תופעה זו רחבה יותר ומתפשטת לתחום הזמן. לעתים קרובות, חוץ אולי מרגעי שמחה או אושר, התחושה היא, שההווה – עליו עובדים מעט מאוד – פחות מרגש או מעניין מהעבר או מהעתיד.

אנו חשים שהצלחנו כאשר עשינו את המעשה, ויש לנו מין הרגשה שתפקידנו הוא להמשיך לעשות זאת גם בעתיד, לחיות, לעבוד, להתפרנס, ולעבור את ההווה – להסתכל על העתיד. אנחנו נוטים להסתכל אחורה או קדימה לעבר מעשים שעשינו או מתכוונים לעשות. אנחנו לא מתייחסים באמת לחלק הכי חשוב — להווה.

אולם למרות שאנו מתייחסים להווה כמובן מאליו, הוא ממתין שנכיר במשמעותו ובמעלתו ושנחיה אותו במלואו.

כאשר חולמים בהקיץ על דברים שאולי נעשה בעתיד

או מעלים זכרונות מהעבר, אנחנו מחמיצים את האירועים שמתרחשים מול עינינו. כאשר אדם חושב שחייו בהווה אינם מספקים, הוא עלול להתנחם בשלימות או הצלחת העבר. מחשבותיו משוטטות בחוסר מנוחה ומחפשות אושר במציאות יפה או מבטיחה יותר.

אדם שאומר לעצמו "אתמול היה טוב יותר", או "כשהייתי צעיר, חיי היו טובים יותר", כנראה שכבר לו אין כוח לשנות את ההווה. ההתרפקות על זכרונות העבר היא לאו דווקא התרפקות על עבר עשיר, אלא תסמין של חוסר נכונות ורצון להתמודד ולשנות את ההווה.

לעתים פונים לחשוב על שלימות העתיד. אנו חושבים, 'החיים כפי שהם עתה אינם כפי רצוננו, אך ללא ספק ביום מן הימים יהיו מעניינים וטובים יותר'. אנו כה עסוקים בהרהורים ומחשבות על העבר או על העתיד, שאנו שוכחים את ההווה. דעתנו מוסחת כיון שאנו עסוקים במה שאולי יקרה ביום מן הימים.

עלינו לזכור שהתעסקות בעתיד נובעת מחוסר שביעות רצון בהווה. כאשר נתייחס להווה באופן הנכון, לא יהיה לנו שום צורך לפנות לעבר או לעתיד.

ה"תורה" נקראת תורה מלשון "הוראה", כפי שמבאר המהר"ל (תפארת ישראל פרק ט'). התורה היא מפה אלוקית, מקיפה ומפורטת שמראה לנו את הדרך כיצד לחיות באופן רוחני, בריא ואמיתי. על ידי המצוות, התורה נותנת לנו הזדמנות לחיות את החיים במילואם, בתחושת אצילות, התחשבות ומודעות אלוקית. כאשר מקיימים את המצוות, ממקדים את תשומת הלב בהווה.

בקיום המצוות טמון רעיון נוסף. על מנת להתחבר לחלוטין ליכולת הרוחנית שנמצאת בנו אנחנו חייבים לחיות בהווה. מצוות רבות נוגעות לחיי היום יום, כיצד לאכול ולשתות ואיך לברך לפניהם ולאחריהם, איך, מתי וכמה לישון, כיצד להתייחס לזולת, ואפילו כיצד לקשור את הנעליים.

המִצְוות מְצַוות עלינו כביכול, "התמקד בהווה, אל תביט אל העבר או אל העתיד". המצוות נותנות לנו כח לקדש פעולות "פשוטות", ולהכניס להווה את ה"אור אין סוף". מצוות לוקחות פעולות שבמבט ראשון נראות רגילות, ומרוממות אותן למעשים יוצאים מן הכלל. מעשה שגרתי הופך למופת, וחיי היום יום הופכים לחיים קדושים ונצחיים.

אל לנו לקיים את המצוות מתוך תחושה של התרפקות לאחור או מתוך תקווה שבזכותן נזכה לשכר ולהינצל מעונש. המצוות ממקדות אותנו בהוויה הנוכחית, על ידן מתאחדים עם הבורא ה"אחד" והיחיד, שציווה עלינו לקיים אותן. החוויה הרוחנית שנובעת מקיום המצוות נטועה בהווה, ומעניקה לנו את הכוח לחיות את החיים עם מודעות לנוכחות הקב"ה. על ידי התורה והמצוות יש לנו יכולת עצומה — פעולות שגרתיות שנעשות ברגעים שגרתיים, הופכים לפעולות שמיימיות שמתרחשות ברגעים מרוממים ומיוחדים.

דוגמא לכך ניתן לראות משאלה שנשלחה לרדב"ז (מגדולי מקובלי מצרים, בעל מח"ס שו"ת הרדב"ז ומורו של האר"י ז"ל), "ראובן היה חבוש בבית האסורים ולא היה יכול לצאת להתפלל בעשרה ולעשות המצות, והתחנן לפני השר או ההגמון, ולא אבה שמוע להניחו זולתי יום אחד בשנה, איזה יום שיחפוץ. יורה המורה איזה יום מכל ימות השנה יבחר ראובן הנזכר ללכת לבית הכנסת".

כאשר ניתנת לאדם הזדמנות לקיים רק מצווה אחת, במה עליו לבחור?

השיב הרדב״ז, ״אנן קיימא לן, דאין מעבירין על המצות ואין חולק בזה כלל. הלכך המצוה הראשונה שתבא לידו שאי אפשר לעשותה והוא חבוש בבית האסורים קודמת, ואין משגיחין אם המצוה שפגעה בו תחלה היא קלה או חמורה, שאי אתה יודע מתן שכרן של מצות, וזה פשוט מאד אצלי״ (תשובות הרדב״ז ח״ד תשובה פ״ז חיד״א חדרי בטן שבת תשובה עמ׳ שס״ט. נמוקי אורח חיים — מונקאטש מגילה תרצ״ה ד׳).

מהות התשובה היא כך, המצווה הראשונה שתבוא לידיו היא החשובה ביותר. אסור לעכב קיום מצווה שאפשר לקיימה ברגע זה ממש. הרגע שעומד בפנינו הוא הרגע החשוב ביותר בחיים.

ענין זה מרומז משמותיו של הקב״ה ״המקום״. ״המקום״ אינו רק שמו של הקב״ה אלא מסמל את מהותו כביכול. נוכחותו המושלמת ״במקום״ — בהווה, היא זו שמעניקה לנו את היכולת להתקשר ולהתאחד עם הבורא באופן עמוק.

ניתן לראות זאת גם בשם המפורש ״י־ה־ו־ה״ כפי שמצינו ברעיא מהימנא, ״אוּף הָכִי י־ה־ו־ה מִנֵּיהּ תַּלְיָיא כָּל הֲוָיָין, וְאִיהוּ וְכָל הֲוָיָין דִּילֵיהּ, סָהֲדִין עַל מָארֵי עָלְמָא, דְּאִיהוּ הֲוָה קֹדֶם כָּל הֲוָיָין. וְאִיהוּ בְּתוֹךְ כָּל הֲוָיָה. וְאִיהוּ לְאַחַר כָּל הֲוָיָה. וְדָא רָזָא, דְּסָהֲדִין הַוָיָין עָלֵיהּ, הָיָה, הֹוֶה, וְיִהְיֶה״ (אף כך י־ה־ו־ה, ממנו תלויות כל ההויות, והוא וכל ההויות שלו מעידים על אדון העולם, שהוא היה קודם כל ההויות, והוא בתוך כל הויה, והוא לאחר כל הויה. וזה סוד שמעידות ההויות עליו — היה, הוה ויהיה. פרשת פנחס רנ״ז עמ׳ ב׳).

השם המפורש מבטא שהקב״ה מקיף וסובב את העבר, ההווה והעתיד כאחד. האין מתבטא בהווה. מציאות העבר קיימת רק לאחר ההווה, ואילו העתיד עדיין לא היה. האין סופיות מתבטאת באופן מושלם בהווה.

בנוסף לכך, ניתן לקרוא את השם כך, י׳ הווה — היו״ד של ההווה, כפי שהמהר״ל כותב, ״ותדע עוד כי היו״ד היא אות חשובה, שהיו״ד מן השם והוא משמש בראש התיבה בלשון עתיד יפקוד״ (תפארת ישראל פרק מ״ט).

האות י׳ היא האות הקטנה ביותר, ובלשון הקודש היא נקודת ההתחלה הראשונית של העתיד (יהיה, ילך, יעמוד). כאשר האות י׳ מופיעה בתחילת מילה היא מראה על העתיד ויוצרת המשכיות מההווה לעתיד (רש״י שמות ט״ו א׳ — אז ישיר משה, איוב א׳ ה׳ — ככה יעשה איוב).

כתיבת כל אות בספר התורה מתחילה עם י׳ קטנה – הנקודה בה הנוצה נוגעת בקלף, אפילו לפני שהדיו זורם ומתרחב לקווים אופקיים ואנכיים שיוצרים את האות. המשמעות העמוקה ביותר של השם המפורש היא, ״כוח תמידי של הווה״ — הווה נצחי.

בעומק יותר, הגימטריא של השם היא כ״ו — עשרים ושש. בגימטריא מלאה (כל אות כפול עצמה, כלומר י׳ פעמים י׳ = 100, ה׳ פעמים ה׳ = 25, ו׳ פעמים ו׳ = 36, ה׳ פעמים ה׳ = 25, סה״כ 180) מקבלים את המספר מאה שמונים ושש, גימטריא ״מקום״. הקשר בין שם זה ל״מקום״ מראה שההווה הוא המהות האמיתית של אין סוף, שכולל היה, הווה ויהיה. המציאות בה מתאחדים המקום והזמן היא בהווה.

גם בשם א־ל מוצאים רמז דומה. הגימטריא של שם ״א־ל״

היא מאה שמונים ושש (א=1, ל=30, פ=80, ל=30, מ=40, ד=4, בתוספת המילה עצמה).

השם א־ל כולל גם "מקום". א־ל כפול שש (שלושים ואחד כפול שש כנגד ארבע רוחות העולם ומעלה ומטה), הוא מאה שמונים ושש, כמספר מקו"ם.

אחת מהשאלות הנפוצות בספרי המחשבה והמוסר היא, מדוע לא מוזכר בתורה עולם הבא? בתורה אין שום פסוק או מילה שמוכיחים במפורש את קיום עולם הבא. יותר מזה, בתורה אין שום ציון מפורש של שמימיות או של חיים לאחר החיים. במהלך הדורות טרדה קושיה זו את מנוחתם של גדולי ישראל (רס"ג, אבן עזרא, רמב"ם, רמב"ן, רבנו בחיי ועוד. עיין במראי מקומות).

האברבנאל מציע תשובה פשוטה, בני ישראל מצווים לחיות בעולם המעשה ובעולם המעשה הזמן החשוב ביותר הוא היום הנוכחי. השכר שיינתן בעולם הבא אינו צריך להוות שום גורם להתנהגות בחיי היום יום. הגורם החשוב ביותר הוא החיים כפי שהם עכשיו. אזכור של עולם הבא או חיים שלאחר החיים, יכול להסיט את האדם מתפקידו – לחיות בהווה. זו הסיבה מדוע עולם הבא אינו מוזכר בתורה.

חכמים רמזו זאת באומרם "יפה שעה אחת בתשובה ומעשים טובים בעולם הזה, מכל חיי העולם הבא" (אבות ד' י"ז). מטרת החיים היא החיים עצמם ולמלאות כל רגע עם מעשים טובים ותשובה. לאדם אין צורך לחפש את המטרה והכוונה בעתיד.

בעומק יותר, דברי המשנה "יפה שעה אחת" הם, שמטרת התשובה היא להאמין שהיום הוא היום הכי חשוב בחיים (מדרש רבה קהלת ט' ח' שישוב היום שמא ימות למחר). למעשה, לא רק שזה

היום הכי חשוב, היום הוא היום ראשון בחייך. בנוגע לתשובה זהו אופן הסתכלות הנכון.

רואים זאת בבירור בספר יסוד התשובה לרבינו יונה, "ביום ההוא ישליך כל פשעיו אשר עשה, ויעשה עצמו כאילו בו ביום נולד ואין בידו לא זכות ולא חובה, וזה היום תחלת מעשיו".

האדם יכול להגיע לתשובה ברגע אחד. ברגע בו הוא אומר לעצמו "היום הוא היום החשוב בחיי. אני לא קשור לעבר ואני לא חושב על העתיד. החל מעכשיו אני רוצה להיות מאוחד עם הקב"ה ולחיות על פי התורה ומצוותיה".

הסתכלות זו משפיעה גם בדיעבד, בדיוק כמו שלא מקיימים מצוות בכדי לקבל בזכותם שכר, כך אין לחיות את החיים בכדי לתקן מעשים שנעשו בגלגול קודם. חיים קודמים או עתידיים אינם מועילים להשגת העלייה הנפשית והרוחנית של ההווה. למעשה, ברגע שמסיטים את תשומת הלב לעבר או לעתיד, נעלמת ההזדמנות הנפלאה — הפיכת הרגע הנוכחי לרגע מיוחד ותכליתי.

אולם כיצד על האדם לחיות את ההווה? ישנן דרכים שונות בהן אדם יכול לעבוד את הקב"ה. דרך אחת לעבוד את ה' היא כעבד לאדון. עבודה זו ראויה לשבח משום שבכוחה האדם מפתח תחושת הכנעה כלפי מציאות נעלה. דרך זו מבוססת על יראת ה' והיא אחת מהדרכים להתמודד עם הכוחניות של ה"אני". חס ושלום מלזלזל בדרך זו, כיון שדרכה האדם בה ליראת שמים שהיא שלב מהותי בהתפתחות הרוחנית של עובד ה'. למעשה, זהו שלב נעלה מאוד ולעתים דרך זו מספיקה בעבודת ה'.

אולם ישנה דרך נוספת לעבוד את ה', גם היא נעלית. כבן

או כידיד אוהב, הדרך של אהבת ה׳. דרך זו מייצגת מערכת יחסים שונה שבסיסה הוא אהבה ולא יראה. כאשר אדם אוהב את ה׳ באמת ובתמים, קיום מצוות לא יהיה עבור שכר ועונש או כתוצאה של פחד ויראה, להיפך, קיום המצוות יהיה ביטוי של אהבה והערכה לה׳, על כך שנתן לנו את הדבר החשוב ביותר — את החיים. לאמיתו של דבר, הקב״ה הינו הידיד הקרוב ביותר של האדם.

כאשר מקיימים את המצוות מתוך יראה, אזי המטרה היא לקבל שכר או להימנע מעונש. אם כן הקיום אינו מתוך שמחה ורצון אלא מתוך עול וכפייה. אולם כאשר הן נעשות מאהבה, או מאהבה שמבוססת על יראה חיובית, שמחים בעצם המצוות ומקיימים אותן מתוך רצון טוב וחשק רב, בכדי לקיים את רצון אהובנו — הקב״ה (תנא דבי אליהו רבא פרק כ״ח. סוטה ל״א ע״א. ספרי ואתחנן פ״ז).

משל למה הדבר דומה, לאדם שכותב פתק להורה או לבן או בת זוג. כתיבת הפתק אינה בגלל שהוא מפחד מהם, אלא להיפך, בגלל שהוא אוהב אותם. כתיבת הפתק היא תוצאה של מהות הקשר — קשר של אהבה.

עתה נבאר את ענין התשובה שנובעת מאהבת ה׳. תשובה היא ״עכשיו״, באמצעות תשובה מאהבה נכנסים למימד ההווה ומתוכו משנים את מה שהיה ויהיה. עצם הווייתנו ברגע הנוכחי מאפשרת את התשובה. ההווה עומד דומם ואינו מושפע מהעבר, ובמידה מסויימת ממה שיהיה בעתיד. רק על ידי ההווה נוכל להעניק לעצמנו חיים חדשים בכל רגע נתון. אילולא תחושתו המשחררת של ההווה, האדם עלול להיות משועבד למחשבות שמושפעות מהעבר, מחשבות שמונעות ממנו את האפשרות לשינוי אמיתי של ההווה או העתיד.

"הרגע הנוכחי" הינו תופעה מעניינת. מצד אחד הכל קיים בהווה, אך מצד שני, בגלל אופיו החמקמק אי אפשר באמת לתפוס אותו. אף שההווה הוא המציאות הכי אמיתית קשה לתפוס אותו, משום שברגע שהנך מודע לו הוא כבר איננו — כבר אינך נמצא בו.

האדם אינו יכול לחזור לעבר או לעבור לעתיד. גם אם היינו מוצאים מכונה בה היה אפשר לחזור לעבר או לעבור לעתיד, ברגע שהאדם נמצא "שם" הוא בעצם נמצא בהווה. אפשר לומר, שבאופן מסויים העבר והעתיד לא באמת קיימים והם רק זכרון או דמיון. הרגע האמיתי היחיד הוא ההווה, אין לנו שום אפשרות להתחמק ממנו ואסור לנו להתנתק ממנו. רגע נצחי וטהור.

עבור התורה, הרגע היחיד שקובע הוא הרגע הנוכחי. האדם תמיד נמצא בו, ולכן זהו הזמן בו ניתן לפעול ולעשות. לא צריך לרדוף אחריו ואי אפשר לברוח ממנו.

בכדי להבין נקודה זו, נבאר מושגים מתורת הקבלה שיסייעו לנו להבין את נפש האדם, והם "יש" ו"אַיִן" (מושגים אלה מתארים את תהליך בריאת העולם וסדר השתלשלות הבריאה, אולם בעזרתם ננסה להבין את נפש האדם).

העולם נברא "יש מאַיִן". כלומר, העולם שהוא מציאות "יש" שניתן לראות ולהרגיש, נברא ונתגלה מתוך ה"אין" — מתוך האור האין סופי והבלתי מוגבל של הקב"ה, אותו אי אפשר לראות ולהרגיש.

ולענייננו פירוש המושגים הוא כך, "יש" מתייחס לזהות, לאנוכיות ולמבנה האישי שלנו, בהתאם לכך ה"אין" מתייחס

למצב של שלימות פנימית ועצמיות אמיתית — מודעות טהורה וקדושה.

"יש" הוא מודעות בה רואים את הקב"ה כדבר נפרד, "אַיִן" הוא מצב בו העצמי האנוכי שלנו מתאחד עם מקורו, שם אין תחושה של "יש" נבדל, וההבדלים נעלמים ב"אַיִן", בשלימות של האחדות האין סופית. במציאות זו, לא שייך אני אֱנוכי, אלא אך ורק "אני" אמיתי, רוחני וקדוש.

ה"אני" הוא הדימוי העצמי אותו אנחנו קובעים. כאשר הוא מוגדר, הוא יכול להתקיים רק בעבר. חוויה שממוקדת ב"אני" — היא חוויה שבה מציאות מהעבר טוענת שהיא חווה משהו עכשיו. ה"אני" הוא חוויה חיצונית ולא האדם עצמו. ה"אדם" וה"אני" הם שני דברים נפרדים.

כאשר ה"אני" מעמיד פנים שהוא נמצא בהווה הוא מוגבל, משום שהוא מתמקד בתוכן של החוויה כפי שהיא ברגע הנוכחי ולא ברגע העל־זמני עצמו. במצב זה "יש" ו"יש" מחליפים מקומות, העבר או העתיד מחליפים את הרגע הנוכחי. אולם, ה"אני" של ההווה נעלה הרבה יותר מהרהוריו של ה"אני" מהעבר או מהעתיד. למרות שה"אני" של ההווה אינו מתקרב לאין סוף האמיתי, הוא מהווה רקע לעבודה רוחנית מוצלחת יותר.

"יש" הוא קול שמהדהד ברקע הדומם שלנו — דממה זו היא ה"אין". כאשר מתמקדים באופן מלא ברגע הנוכחי שמתפתח כל הזמן ומקשיבים לדממה מבלי לכפות עליו מחשבות מהעבר או דעות על העתיד, קשורים עם האין העצמי.

על אף שהאין הוא הרמה העמוקה ביותר של העצמי של

האדם, קיימת מהות עצמית שהיא מעבר לה. המטרה הנעלית של החיים אינה לדחות את היש (העבר, העתיד) ולהישאר בחוסר האנוכיות הדומם של האין (ההווה), אלא להתחבר למהות שהיא מעל ומעבר לשניהם.

במסע אל התשובה שהיא מטרתנו, המפתח הוא התרכזות והתמקדות באין. החזרה בתשובה — או יותר נכון להיות במצב של תשובה — דורשת שנתנתק מהעבר או מהחיבור לעתיד שכרגע נראה בלתי נמנע, ונהיה נוכחים באין סופיות של הרגע העכשווי. רק כך נוכל להגיע לתשובה.

כאשר נצא מהיש המוגבל והנוקשה, אל האין — ההווה חסר הצורה, נמצא את עצמנו במרחב חסר גבולות. במצב זה של טהרה וגמישות, נוכל לברוא את חיינו מחדש. נוכל להופיע כיש מחודש, בעלי הבנה בריאה של העבר עם תקווה לעתיד מושלם יותר.

ה"יש" יכול להיות המקור לתשובה. התחושה שאנו כלולים בעבר אותו חווינו או חרדה שלילית מהעתיד, יכולה לעורר את התשובה. משברים אלה יכולים להניע אותנו לנקוט בשינויים מתאימים בכדי לערער ולזעזע את העבר שמטריד אותנו ולרצות לוותר עליו לגמרי. אולם באם נרצה לחיות במצב אמיתי של תשובה, עלינו להתמקד רק בהווה הנצחי שמקיף את העבר והעתיד. רק במצב כזה נוכל לשנות לחלוטין את העבר ואת העתיד.

כאשר אדם בוחן את מעשיו ומכיר בטעויותיו, סביר להניח שתגובתו המיידית תהיה תיקון הקלקול. אולם אין שום ביטחון שמהלך זה הוא אכן מהלך נבון. כאשר בגדים מתלכלכים בבוץ, כדאי להמתין מעט עד להתייבשות הבוץ בטרם ייעשה ניסיון

להסירו. נסיון להסיר את הבוץ לפני שהוא מתייבש, עלול לגרום ללכלוך מיותר.

הדבר נכון לתשובה. כאשר קרובים למעשה בלתי רצוי שנעשה זה עתה (עבר) או להימנעות ממעשה (עתיד), כל התערבות עם תיקון המעשה, אפילו מתוך כוונה טובה, עשויה רק לגרום לנזק נוסף. המהלך הנבון ביותר הוא פשוט להתעלם מכשלונות העבר ולהתמקד בהווה בלבד. בהמשך, לאחר שקבלנו כוחות מהכוח הבלתי אנוכי של האין — ההווה, נוכל ביעילות לתקן את העבר.

כל רגע חדש מציב בפנינו אתגר והזדמנות לצמיחה ולהתקדמות רוחנית. באמצעות התשובה, יש לנו יכולת להשתחרר מהעבר ולהתיר את עצמנו מסבך של התנהגות קבועה ואמונה מבוססת. כאשר משחררים את המעמסה הכבדה של דעותינו הקדומות, החיים האמיתיים ומהותנו הטהורה הופכים לנגישים. מה שקיים אצלנו הוא מה שקורה ונמצא עכשיו. העבר היה והעתיד תעלומה. ההווה הוא מתנה של כוח ותקווה להתחלה חדשה.

תקציר:
להתמקד בהווה

עלינו להתמקד בהווה. כאשר מוטרדים מהעבר או מהעתיד, מפספסים את ההזדמנות של הרגע הנוכחי. מתנת החיים היא ההווה. העבר הוא זכרון והעתיד הוא דמיון, הרגע האמיתי היחיד הוא העכשיו — הנצחי וחסר הצורה.

תרגול:
כוונה

על מנת להיות נוכחים בהווה, עלינו להיות מודעים למעשינו. לפני שהנך עושה, אומר או חושב משהו, עצור! הֱיֵה מודע לדברים שאותם אתה עומד לעשות או לומר.

עשה כל מעשה מתוך כוונה. כאשר הנך מחזיק ביד כוס מים, התבונן לרגע קט, התחבר לחלוטין לתחושת ההודיה לה׳ ורק לאחר מכן אמור את הברכה במתינות.

כאשר הנך משוחח עם הזולת, היה נוכח עימו לחלוטין. אל תחשוב על שום דבר אחר או אדם אחר. שוחח עימו כאילו אין שום דבר אחר.

כאשר שואלים אותך שאלה, אל תענה לפני שתשמע את השאלה כולה. קודם חשוב על כל ההיבטים ורק לאחר מכן תשיב.

פרק שני

חיים מתוך הבריאה המתחדשת

הבריאה מתחדשת מאין ליש באופן תמידי ובכל רגע קיים כוח ההתחדשות. התחברות לבריאה מחודשת זו מציעה לנו את היכולת לחדש את חיינו ברגע אחד (קדושת לוי — איכה על הפסוק "השיבנו ה' אליך ונשובה"), באפשרותנו להסיר מעצמנו את מעמסת העבר שבתוך היש, ולהיכנס למצב של "אין" — רגע נזיל וחסר צורה של ההווה.

כאשר מתבוננים מתוך האין כל רגע הוא חדש וקיים רק עכשיו, בכל רגע אפשר להתחיל את החיים מחדש. אולם ללא מודעות ליש – לזמן שמחבר את העבר והעתיד, הזמן בו ההווה ממלא את העתיד — לא היינו לוקחים אחריות על מעשי העבר.

האמת היא, מדוע עלינו לקחת אחריות? אם אין עבר ואין עתיד, אזי אין סיבתיות ואחריות. לכן זקוקים אנו לשני הרעיונות, גם ליש ולאין. האין מספק עבורנו את המרחב בו ניתנת לנו האפשרות לשנות, ואילו החזרה אל היש מציגה בפנינו את לקיחת האחריות על העבר.

אַיִן ויש הם ניגודים שמשלימים זה את זה. יש ללא אַיִן הינו חסר כיון שהוא מתייחס לעצמיות באופן נוקשה ללא אפשרות לשינוי אמיתי, ואילו אַיִן ללא יש אינו מושלם משום שהוא מצב מופשט של יכולת אינסופית ללא מהות ממשית.

החיים נעים תמיד מהאין אל היש וחזרה אל האין. באַיִן אין מצב של חזרה לעבר או אפשרות לחיזוי העתיד. מהות התשובה

היא עצירה באמצע החיים, והתחברות עם כוח ההתחדשות של הבריאה שמאפשר את התשובה.

למעשה ניתן לומר, שב"יש" – בזרימת הזמן עצמה יש מימד שהוא המשך מההווה שנברא בעבר ויש מימד שמהווה הקדמה למה שיהיה בעתיד. לכן המילה זמן דומה למילה הזמנה והכנה, "הזמנה מילתא היא" (סנהדרין מ"ז ב').

מצד אחד זמן זורם מהעבר, מצד שני הוא גם נמשך ומהווה בסיס לעתיד. הזמן בורח מהעבר אך גם נע לעבר העתיד.

באותיות הקבלה, ל"זמן" ולשמות "מ"ה וב"ן" יש את אותה גימטריא – 97. פירוש השמות מ"ה וב"ן הוא שמות הוי"ה במילוי שונה. כלומר, כאשר כותבים שם הוי"ה במלוי אלפי"ן – יו"ד ה"א וא"ו ה"א – הוא שם מ"ה שעולה בגימטריא 45, וכאשר כותבים שם הוי"ה במילוי ההי"ן – יו"ד ה"ה ו"ו ה"ה – הוא שם ב"ן שעולה בגימטריא 52.

שני שמות אלו רומזים לשני הנהגות שעל ידי הספירות. הנהגת ששת הספירות (חסד, גבורה, תפארת, נצח, הוד ויסוד) היא בשם מ"ה, והנהגת ספירת המלכות היא בשם ב"ן.

כאשר נמשיל את שני השמות באדם עצמו, הנשמה מתייחסת לשם מ"ה, והגוף מתייחס לשם ב"ן, ולכן אד"ם בגימטריא 45 כמספר שם מ"ה כנגד הנשמה, ובהמ"ה בגימטריא 52 כמספר שם ב"ן כנגד הנפש הבהמית שמלובשת בגוף.

ענין הזמן הוא הרכבה של שם מ"ה עם ב"ן, ותפקיד האדם הוא לתקן את גופו ונפשו הבהמית על ידי הנשמה האלוקית המורכבת בגופו ובנפשו. רמז לכך מובא בזוהר הקדוש, מהפסוק

אד״ם ובהמ״ה תושיע ה׳, והוא סוד הקרבנות שאד״ם מקריב בהמ״ה לה׳, ועל ידי כך מקריב את הנפש הבהמית שבו.

דרך נוספת להסתכל על שני השמות הללו היא כך, השאלה ״מ״ה?״ מייצגת את העתיד. שאלה יוצרת ופותחת פתח לעתיד בלתי צפוי, ו״ב״ן״ – בחינת המלכות, היא המציאות כפי שהיא. כלומר, הווה שהינו תוצאה בלתי נמנעת מהעבר.

ההבדל בין אדם לבהמה, שבהמה היא כפי שהיא. בהמה אינה מתפתחת לדבר שנעלה יותר ממה שהיא. האדם לעומת זאת, באם רק ירצה, יוכל לגדול, לצמוח ולגלות באישיותו מימדים חדשים. מהות ומציאות הבהמה נמצאת בהווה בדיוק כפי שהיתה בעבר, ואילו מהות האדם בעתיד שונה מבעבר.

להיות אנושי פירושו לשאול, לחקור, לחפש, לערוג ולחפש עתיד נעלה יותר. הבהמה לעומת זאת היא ״בה מה״ – מה שיש בה זה מה שהיא (כפי שהמהר״ל מסביר). הבהמה היא דבר קבוע ואילו האדם הוא יצור שמבקש, שואף, חולם ושואל. בהמה בהווה היא תוצאה בלתי נמנעת של העבר, מקובעת במבנה שלה, בהתפתחותה, בסביבתה וכן הלאה. האדם הוא הווה שנגרר על ידי עתיד.

הסוד האמיתי של זמן הוא כפול, הוא גם תוצאה של העבר, וגם מבשר ומקדם את העתיד. להיות תקוע בעבר פירושו לראות את ההווה כבהמה – כתוצאה מהעבר. זו הגלות, הגבלה ובצמצום.

הקשר בין גלות ועבר מובא בתיאור הנביא יחזקאל בנוגע לקבלת הנבואה, ״וַאֲנִי בְתוֹךְ הַגּוֹלָה, עַל נְהַר כְּבָר נִפְתְּחוּ הַשָּׁמַיִם וָאֶרְאֶה מַרְאוֹת אֱלֹקִים״ (יחזקאל א׳ א׳). הנביא מקשר את

הנבואה עם הגלות "ואני בתוך הגולה", ואומר שהנבואה היתה על נהר כבר. שני הרעיונות האלה, גלות ונהר כבר קשורים אחד לשני. כבר בלשון עבר רומז על הגלות (עיין במראי מקומות לביאור).

ההתגלות היתה על "נהר כבר" — לשון עבר שרומז על הגלות. הגלות הפנימית היא הרגשת ה"כבר" של זמן עבר. אדם שחושב שהוא יודע הכל, לא יכול ללמוד או לצמוח, משום שאינו משאיר מקום להתנתקות מהדפוסים הקבועים של העבר ולהתחבר ליכולת להתחיל או ללמוד מחדש. הגלות שלו היא דביקות בישן, בלי חופש בהווה שיתן לו כוח התחדשות שישפיע לטובה בעתיד.

גאולה היא בדיוק להיפך, שום דבר אינו "כבר" או ישן. הכל חדש ומרגש ומחובר לכח ההתחדשות - ל"מה", ל"אין". בעוד ש"כבר" הוא גלות והגבלה, גאולה היא חירות, פתיחות ותשובה, אפשרות וחופש להתחיל מחדש בכל רגע.

ראוי לציין שבעוד שהגאולה ממצרים החלה עם חידוש, עם מצוות קידוש החודש - "הַחֹדֶשׁ הַזֶּה" - שמסמל על חידוש והתחדשות, גם הגלות (אשר החלה במצרים, הראשונה והשורש לכל הגלויות) החלה עם "וַיָּקָם מֶלֶךְ חָדָשׁ עַל מִצְרָיִם" שלא זכר את יוסף וכיצד הציל את מצרים מחרפת רעב.

וזאת משום שישנם שני סוגי "חדש". ישנו חדש של גאולה, שאינו שוכח את העבר או נתקע ונאבד בעבר ומסתבך בכבלי העבר, אלא לוקח אחריות על העבר ולומד ממנו ומודה עליו. וישנו חדש של גלות, חדש "שלא זכר את יוסף", שאינו חושב על העבר, ואינו מוקיר טובה ומעריך את מה שקרה בעבר, חדש שחושב שכל רגע הוא ההווה.

תשובה עניינה עכשיו חדש, בריא וקדוש, ולא שקיעה בעבר ו"כבר" ישן באופן שלא ניתן להשתחרר ממנו.

בעומק יותר ובדרך אגב, תשובה היא לשנות את חשיבת ה"כבר". מגלות של "כבר" לגאולה של "כבר". אנו צריכים לחוש שהתשובה "כבר" התקבלה, שאנו "כבר" במצב של קדושה ושלימות ועלינו רק "לשוב", כפי ששלמה המלך אמר, "לֵךְ אֱכֹל בְּשִׂמְחָה לַחְמֶךָ וּשְׁתֵה בְלֶב טוֹב יֵינֶךָ כִּי כְבָר רָצָה הָאֱלֹקִים אֶת מַעֲשֶׂיךָ" (קהלת ט' ז'). זוהי גאולת הכבר וכך יש לעשות תשובה.

כפי שמצינו בשו"ע ש"אוכלים ושמחים קצת במוצאי יום הכפורים דהוי קצת יום טוב" (אורח חיים סימן תרכ"ד ז'), ומבאר המשנה ברורה טעם הדבר, "כדאיתא במדרש, דבת קול יוצאה במוצאי יום הכיפורים ואומרת לך אכול בשמחה". הפירוש הוא שבמוצאי יום כיפור "כבר" נסלח לנו, ואנו נמצאים כבר במצב של קדושה ושלימות. זוהי המחשבה שצריכה להיות במוצאי יום כיפור. עשינו את העבודה, צמנו, התפללנו והתוודינו, ועכשיו אנחנו מרגישים שנסלח לנו, ושהסליחה היא "כבר" דבר ישן. אמנם, בכללות גלות היא מצב של ישן – "כבר", וגאולה היא מצב של התחדשות.

ולכן, בעוד שהגאולה ממצרים החלה עם "הַחֹדֶשׁ הַזֶּה לָכֶם", חודש מלשון חידוש, חידוש בריא וחיובי, הגלות מארץ ישראל וחורבן בית המקדש החלה בכך שהתקבעו בישן. הגלות מתחילה עם הרעיון של ישן, כפי שהפסוק בתוכחה מנבא בנוגע לגלות, "כִּי תוֹלִיד בָּנִים וּבְנֵי בָנִים, וְנוֹשַׁנְתֶּם בָּאָרֶץ" (דברים ד' כ"ה), ונושנתם משורש ישן והתיישנות. ישן הוא תחילת הגלות הכללית והפרטית. גלות מתחילה עם ישן, עולם בו הכל תקוע ושום דבר אינו בתנועה.

אחד מן האופנים שיקלו על האדם להרגיש את חידוש החיים ואת "ההתחדשות", הוא הסתכלות על אופן התנהגותם של ילדים. תקופת הילדות היא תקופה מלהיבה. עבור הילד, חלק גדול מהחיים הינו חדש ובלתי ידוע. כאשר צעירים יותר, נדמה ששנה עוברת לאט יותר. הערכת הזמן השונה נובעת מכך שהגישת הילדים לחיים עוד לא התקבעה. חייהם מלאים בחוויות חדשות שמותירות בהם רשמים וזכרונות חזקים ועמוקים. בהדרגה, ככל שמצטברים יותר זכרונות מצטמצמת תחושת ההתפעלות מהחיים. ככל שחולפות השנים, אנחנו הופכים להיות מקובעים יותר. חוויות רבות נופלות אל ה"כבר" — אל העבר, ונדמה שהזמן עובר מהר יותר.

עלינו ללמוד להיות קצת כמו ילד עם תחושת ההתחדשות שלו, "זה עיקר החיות באמת כשזוכין להתחיל בכל פעם מחדש בעבודת ה' שהוא עיקר החיים באמת... והעיקר עבודת ה' שיהיה עבודתו בכל פעם מחדש ולא יפול לזקנה... ואסור להיות זקן, הן צדיק זקן הן חסיד זקן, זקן אינו טוב..." (לקוטי הלכות הל' תפילין ה' ה').

אסור לנו להזדקן, אסור לנו לעשות את אותו דבר יום אחר יום, חודש אחר חודש "מצוות אנשים מלומדה" (ישעיהו כ"ט י"ג). אל לנו להיות אדישים או ליפול לשגרה. לא רק שלא כדאי לעבוד כך את ה' ולחיות את החיים, למעשה, גישה זו אינה תואמת את המציאות. במציאות, כל נברא נוצר יש מאין בכל רגע ממש. לחיות עם ההתחדשות פירושו להיות קשור למציאות האמיתית –המתחדשת.

רמז לכך רואים מהמילה "תיקון", שיש בה את האותיות "תינוק", דבר שמרמז שהאפשרות לתיקון הנשמה היא על ידי צורת חיים של "תינוק", כלומר, חיים מתוך מודעות של

התחדשות בכל רגע, כמו תינוק שבכל רגע מתחדשים לו דברים חדשים, וכוח זה הוא שמגדל ומפתח אותו, כידוע.

וכשם שהבריאה כולה מתחדשת בכל יום כפי שאומרים "המחדש בטובו בכל יום תמיד מעשה בראשית", כמו כן כל אדם צריך בכל יום להתחדש "חֲדָשִׁים לַבְּקָרִים רַבָּה אֱמוּנָתֶךָ" (איכה ג׳ כ״ג), ובכל בוקר כשקם משנתו מקבל נשמה מחודשת ולכן צריך מיד לומר, "מודה אני לפניך מלך חי וקים שהחזרת בי נשמתי בחמלה רבה אמונתך". כאשר נתחיל את היום מתוך מרץ והתחדשות, נוכל לתרום לתהליך של תיקון, תיקון עצמנו ותיקון העולם. תשובה מסייעת לגלות הזדמנות זו.

כמו כן ניתן לרמז מ"תיקון" גם את ההיפך – אותיות "ניתוק", כאשר לא מתעסקים עם "תיקון", "מתנתקים" מהכוונה הרוחנית כיון שאנו מתנתקים מהכוח האמיתי של החיים, שהוא ההתחדשות הפנימית. אם איננו חיים את החיים כמו ילד קטן שחי מתוך תחושת פליאה והתחדשות תמידית, אנו מנתקים את עצמינו ממהות ומקור החיים.

התורה אומרת לנו שצדיק – אדם שחי חיי תורה ומצוות יזכה ל"אֹרֶךְ יָמִים" (משלי ג׳ ט״ז). אין הכוונה רק לאריכות ימים ושנים בלבד, כיון שאז הפסוק היה צריך לומר אורך שנים. כוונת הפסוק היא ימים "מלאים" בתוכן וכוונה, ואז הימים עצמם הופכים לימים ארוכים, כפירוש הפסוק "וְאַבְרָהָם זָקֵן בָּא בַּיָּמִים" (בראשית כ״ד א׳), שימי אברהם אבינו היו מלאים.

אברהם אבינו "בא בימים" כיון שחי את חייו כל כולו ברגע הנוכחי. חייו היו מלאים בתוכן, כל יום היה יום מלא והזדמנות נפלאה וחדשה לגדול ולהתקרב יותר להקב"ה ולעצמותו הפנימית, כפי שהזוהר כותב, "כל יום ויום עביד עבידתיה" (ח"ג

צ״ד ע״ב), בכל יום חדש ישנה עבודה חדשה למלאות את הכוונה הרוחנית בעולם.

בתשובה יש ל״היום״ חשיבות רבה ביותר. על הפסוק ״כִּי הַמִּצְוָה הַזֹּאת אֲשֶׁר אָנֹכִי מְצַוְּךָ הַיּוֹם לֹא נִפְלֵאת הִוא מִמְּךָ וְלֹא רְחֹקָה הִוא״ (דברים ל׳ י״א) אומר הרמב״ן, ״המצוה הזאת על התשובה הנזכרת כי והשבות אל לבבך, ושבת עד ה׳ אלהיך מצוה שיצוה אותנו לעשות כן״, המצווה הזאת היא מצוות התשובה, ולכן בה הכתוב אומר ״היום״. במצוות התשובה ״היום״ הוא הדבר החשוב ביותר.

אנו צריכים לקיים את מצוות התשובה מתוך תחושה של דבר חדש ומרגש ושל התחברות להתחדשות הבריאה, כפי שה״ספרי״ אומר על הפסוק ״אֲשֶׁר אָנֹכִי מְצַוְּךָ הַיּוֹם״ (דברים ו׳ ו׳), ״שלא יהו בעיניך כדיוטגמא ישנה שאין אדם סופנה, כחדשה, שהכל רצים לקראתה״. עלינו לקיים את המצוות — ובפרט את מצוות התשובה — כאילו ניתנו היום. לדעת ה״ספרי״ אי אפשר לשוב בתשובה מתוך רגילות של ״אתמול״ או ״כבר״. מצוות התשובה היא ״היום״.

הגישה לתשובה צריכה להיות מתוך הבנה של ניצול ההווה וההזדמנות של הרגע הנוכחי. מאחר שמנקודת המבט של האין וההתחדשות התמידית, הרגע הנוכחי אינו קשור לעבר או לעתיד, אפשר לפתוח בו דף חלק. יותר מזה, ניתן ״להתחיל מחדש״ פעמים רבות אפילו באותו יום ממש. תשובה נוסכת בנו את ההכרה שבכל רגע הבריאה מתחדשת. אם אין עבר אמיתי, אזי אין שום דבר שמונע מאיתנו להתחדש בכל רגע שנחפוץ בכך.

בכל יום נוכל לנסות להבין את מטרת חיינו מחדש כאילו

עכשיו נולדנו. הקימה בבוקר תהפוך למפגש מחודש ומרגש עם היכולת שלנו לצמיחה ולשיפור. באם נבצע חשבון נפש אמיתי תוך כדי הישארות ברגע הנוכחי — בהווה, נוכל לעורר בעצמנו רצון לתשובה, כפי שהזוהר הק' אומר "מארי דחושבנא הא אוקמוה דבכל ליליא ולילא עד לא ישכב ועד לא נאים בעי בר נש למעבד חושבנא מעובדוי דעבד כל ההוא יומא ויתוב מנייהו ויבעי עלייהו רחמי" (בכל לילה ולילה טרם ישכב וטרם יישן, צריך אדם לעשות חשבון ממעשיו שעשה כל אותו היום, וישוב מהם ויבקש עליהם רחמים. ח"ג קע"ח א').

חשבון הנפש אינו מתייחס רק לעבר. מהות תשובה נעלית יותר מתיקון העבר. ההערכה עצמית והתשובה מטרתן לגרום לנו להתקדם ולהתפתח, בכדי שנוכל להיות מי שאנו רוצים ויכולים להיות באמת. ייתכן שאתמול היינו מושלמים, אבל היום הוא יום חדש ויש לנו יכולת חדשה להתקדם עוד יותר ולהיות מושלמים יותר. הצדיק רבי פנחס מקוריץ היה אומר, 'תשובה מדברת על הסתכלות על הרגע הנוכחי, והתבוננות בו (ברגע הנוכחי) כהתחלה לחיים חדשים ומאירים יותר'.

בכדי להבין נקודה זו עוד יותר, נתבונן לרגע בהבנה הכי בסיסית של "עבירה". שורש המילה "עבירה" הוא "עבר", עבירה משאירה את האדם בעבר. נטירת טינה למעשה שנעשה בעבר או געגועים לימים טובים שהיו ואינם, טעויות או החלטות שגויות שעשינו, מטרידות אותנו. לעבירות יש כוח לכבול אותנו לעבר ולעמוד כמכשול בדרכינו להווה, לחירות, לתשובה ולהתחלה חדשה בכל רגע נתון.

תהליך "התשובה" הוא התשובה לעבירה. נכון שישנן תוצאות שליליות לעבירות ולחטאים, אך אם נצטער, נתחרט

ונחשוב עליהם, הם יחזירו אותנו לעבר. דברי חז״ל ודרשות המוסר שמבארים לנו את השפעת מעשינו השליליים (והחיוביים) על חיינו בהווה ובעתיד, אין מטרתם להפחיד ולשתק אותנו עד שנאמר ״עשיתי דברים נוראיים שכאלה, למי אכפת עכשיו. אני מתייאש מלשנות את דרכיי״. על זה נאמר ״אֲשֶׁר לֹא צִוִּיתִי וְלֹא דִבַּרְתִּי וְלֹא עָלְתָה עַל לִבִּי״ (ירמיהו י״ט ה׳). חס ושלום שאדם יוותר על התשובה בחושבו שעשה דבר כה נורא שעליו אין שום סיכוי למחול.

אנשים שיודעים את השפעות מעשיהם הופכים להיות זהירים יותר. אולם ברגע שלוקחים אחריות על מעשי העבר, יש להתרומם מהעבר ולהמשיך הלאה.

תשובה קובעת שיש להתעלות מעל ומעבר לעבר, מכיון שהאמת היא שהקב״ה בורא את העולם בכל רגע ורגע, ״המחדש בטובו בכל יום מעשה בראשית״, ולנו יש את היכולת להתחבר עם בריאה חדשה זו ולהתחיל מחדש ממש בכל רגע.

התורה מתארת את עמלק ה״ראשית גויים״ (במדבר כ״ד כ׳) – דרגתה העמוקה ביותר של הקליפה וה״כתר״ של השלילה במילים ״וַיְזַנֵּב בְּךָ כָּל הַנֶּחֱשָׁלִים אַחֲרֶיךָ״ (דברים כ״ה י״ח). דרכו של ״עמלק״ לתקוף באמצעות העבר, במה שנמצא מאחורינו, כפי שסבי המשפיע הנודע הרב אברהם מאיור זצ״ל היה נוהג לומר: ״עמלק״ דומה למילה ״אַמאָל״ (פעם. אידיש). מחשבה על פעם — על העבר נובעת מקליפת עמלק.

הכוח השלילי של עמלק שאומר שאי אפשר להשתנות בהווה משפיע גם על העתיד. הוא מסוגל לתקוף את האדם באמצעות מחשבות על עתיד חסר תקווה. כאשר כל מה שקיים הוא העבר — העתיד תלוי בו לחלוטין. כך גם ניתן לבאר את

מצוות התורה "וְצֵא הִלָּחֵם בַּעֲמָלֵק, מָחָר" (שמות י"ז ט'), עלינו להילחם נגד העמלק שאומר לנו שאין תקווה למחר טוב יותר.

בדיוק כמו שעמלק גורם לנו לחשוב על העבר, הוא גם גורם לא לחשוב על האפשרות של עתיד טוב יותר. עמלק אומר: עשית משהו שלילי בעבר, ולכן אתה מקרה אבוד. שום דבר טוב לא יצא ממך. היית רע בעבר ותהיה בעל עבירה בעתיד. אין לך שום סיכוי לעתיד בהיר יותר.

התחמושת נגד עמלק הן המצוות בכלל ומצוות התשובה בפרט. קיום "רמ"ח" (248) מצוות עשה פירושו להאמין כי יש "מחר". באמצעות המצוות נוכל לגרום שהמחר יהיה טוב יותר. למרות מה שעשינו בעבר אנחנו תמיד יכולים להתרומם, לעשות תשובה עוד היום ולהביא מחר טוב יותר.

אנו רואים רמז לכך בשמו של עמלק. עמלק בגימטריא 240, אותה גימטריא של המילה "פעמים". עמלק כביכול אומר לאדם: מדוע אתה מתרגש מהעתיד? עתידך יהיה רק חזרה "פעם" נוספת של העבר. לעולם לא תוכל באמת להשתנות, התשובה היא רק דמיון ואשליה. מה שעשית בעבר, הוא חלק ממך ואין שום דרך לבטל זאת.

רמז נוסף בשמו של עמלק: גימטריא "מר" אותו אפשר וצריך להפוך ל"רם". במקום להכנס למרירות ולראות את המצב המר של העבר, יש להיות רם, להתרומם מהעבר ולהכנס לתקוה והתחדשות לקראת העתיד.

המענה לעמלק הוא שהתשובה אינה דמיון או אשליה. תשובה מחברת אותנו לכוח ההתחדשות בכל רגע. תמיד אפשר להתחיל מחדש. אף פעם לא מאוחר מדי.

תשובה היא תהליך שמחוללת שינוי מהותי. תשובה אינה שינוי חיצוני או כפרה על מעשי העבר אלא תשובה הופכת את מהות העבר. עיקר מהות התשובה אינה רק התייחסות לעבר, אלא היכולת להתחיל מחדש. באם עשינו דבר שלילי בעבר, ואנו מתעסקים כל העת במחשבה על העבר, שמחת החיים והכוח לעבוד את ה׳ באמת לאמיתה ייפגמו, לא נוכל להיות הכי טוב שנוכל. לא נוכל לחוות שמחה אמיתית באם כל מה שאנחנו עושים זה לחשוב על העבר ולהרהר בשליליות העבר, ובלשון בעל התניא, ״וגם אם יהיה בעיניו כרשע, ירע לבבו ויהיה עצב ולא יוכל לעבוד ה׳ בשמחה ובטוב לבב״ (תניא פרק א׳).

על מנת להתקדם לעבר התחלה חדשה מומלץ לשכוח את העבר. נכון שצריכים לעשות תשובה על מעשינו בעבר, אבל לא להישאר תקוע. לעשות תשובה ולהמשיך הלאה.

וכפי שכותב רבינו יונה ביסוד התשובה: ״אדם אשר פשע וחטא ובא לחסות תחת כנפי השכינה ולהכנס בדרכי תשובה אשכילך ואורך בדרך זו תלך. ביום ההוא ישליך כל פשעיו אשר עשה, ויעשה עצמו כאלו בו ביום נולד ואין בידו לא זכות ולא חובה, וזה היום תחלת מעשיו, היום יפלס אורחותיו שלא יטו מעגלותיו מדרך הטוב, ודרך זו תביאנו לשוב בתשובה שלמה, כי הוא יעשה עצמו כמשליך מעליו כובד העונות ועוצם החטאים אשר עשה, ולא יבהילוהו רעיוניו ולא יניחוהו לשוב כי יבוש מחטאיו, כי יחשוב איך אוכל להעיז פני ולשוב ואני חטאתי עויתי פשעתי כזאת וכזאת עשיתי עברתי ושניתי ושלשתי עד אין ספורות, ואיך אבוא עוד לפניו כבושת גנב כי ימצא, כי בושתי לעמוד לפניו, ואף איך ארמוס חצריו ואיך אשמור חוקיו. אל יחשוב כן, כי המסית יושב כזבוב במפתחי הלב, מתחדש עליו בכל יום, צופה ומביט להכשילו ומשום לבו לעצה הרעה הזאת, רק יחשוב כי כן מדת הבורא יתברך, ידו

פשוטה לקבל שבים, לכן טוב לו להשליך פשעיו ולעשות לו לב חדש״.

שכחה זו תמנע מאיתנו מלהתעסק בעבר שכובל ומכביד, ותאפשר לפתח תקווה לחיים טובים יותר ממקום של העצמה אישית ושמחה, וכך השינוי יגיע ביתר קלות.

בדרך כלל אנו חושבים על שכחה כדבר שלילי. כאשר אדם שוכח משהו הוא נכנס לעלמא דפרודא, מקום בו העבר מופרד מההווה, אולם בנוגע לתשובה יש בשכחת העבר כוח עצום, ובמילותיו של רבי נחמן, ״אצל העולם השכחה היא חסרון גדול בעיניהם, אבל בעיני יש בשכחה מעלה גדולה״ (שיחות הר״ן כ״ו).

ניתן לראות זאת במילה שמחה עצמה, בה יש את האותיות מחה, במובן של מחיקה. נוכל לחוש שמחה אמיתית רק כאשר נוותר על הטינה שאנו שומרים לזולת. השמחה גדולה אף יותר משום שנוכל לשמוח על כך שיש לנו את האפשרות למחוק רגשות שליליים כלפי דברים שעשינו בעבר. ראשית עלינו לשכוח. כאשר השליליות נמחקת, ניתן לשוב לשיווי משקל בריא ולהפוך את מצב הרוח הפנימי הכאוב והמיוסר למצב רוח שמח.

ניתן לחשוב, שמטרתה העיקרית של תשובה היא לתקן את מעשי העבר, בדומה לתיקון כלים שבורים. מחשבה זו נכונה באופן חלקי. תשובה אכן עשויה לכלול תיקון דברים שנהרסו. בקו מחשבה זה, התשובה דומה פחות לתיקון של כלים שבורים ויותר לניתוח של איבר חולה, או כפי שרבי יונתן אייבשיץ כותב (יערות דבש א׳ י״ד וט״ו) כ״תחיית המתים״.

ניתן להשוות את התשובה גם לתיקון, ניתוח חיצוני שאנשים עושים כאשר הם רוצים להיראות צעירים יותר (כמובן שאין בכך

שום המלצה למעשים כאלה). ישנם אנשים שחשים צעירים מכפי גילם האמיתי. הדמות שמשתקפת במראה נראית להם זקנה מדי לרוחם הצעירה. הם בוחרים לעשות ניתוח חיצוני על מנת לשפר ולהצעיר את המראה שלהם.

גם ברוחניות, ישנם כאלה שנמצאים בתנועת התחדשות פנימית, ושאיפתם היא שפנימיות זו תתגלה כלפי חוץ. אנשים אלה בוחרים בתשובה אשר יוצרת התאמה בין ה"פנים" לבין ה"חוץ", "תיקון" שטחי וחיצוני שגורם לחיצוניותם להיראות כפנימיותם.

העולם הוא מראה ונשמתנו משתקפת החוצה לעולם. כשאנשים רואים את החיצונית שלנו ואת התנהגותנו, הם מפרשים זאת כמהות האמיתית שלנו. אך כאשר נעמיק להתבונן, ייתכן שנבחין שהופעתנו החיצונית אינה תואמת את המהות הפנימית שלנו כפי שאנו חשים אותה, והמעשים שאנו עושים אינם תואמים את נפשנו באמת. כאשר אנו רואים זאת, אנו מחליטים ליצור התאמה בין הנפש וההתנהגות ולאחד ביניהם. אנו בוחרים ב"מתיחת פנים" רוחנית כביכול, מן הפנים החוצה. אולם שינוי זה הוא חיצוני ושטחי.

לעומק מהות התשובה יש קשר קלוש עם תיקון, שינוי או אפילו התאמה מחדש של תכונות מסויימות.

מהות התשובה היא העלאת הנפש ולא רק תיקון חלקים מסויימים ממנה. תשובה היא שילוב פנימי וחיצוני, והיא כה נעלה עד שבזמן הגאולה אפילו הצדיקים יחזרו בתשובה, "משיח אתא לאתבא צדיקיא בתיובתא" (זוהר ח"ג קנ"ג ב'), בזמן הגאולה אפילו הצדיקים הגדולים ביותר יתעלו עוד יותר מכפי דרגתם (עיין בתחילת פרק שישי).

באם נתעקש לדמות את התשובה לריפוי, הדוגמא הטובה ביותר תהיה לידה מחדש — "בריה חדשה" (שם משמואל ראש השנה עמ' י"ב). תשובה היא כמו לידה מחדש אפילו כאשר היא מתעסקת עם עבר רקוב או חולה. במקום שהאדם יראה את עצמו כאילו הוא מחלים ממחלה, עליו לראות את עצמו כאילו נולד מחדש, מבלי להביט על העבר כלל, כפי שמובא במדרש רבה על הפסוק "וְעַם נִבְרָא יְהַלֶּל־יָהּ, שהקב"ה בורא אותן בריה חדשה" (ספרא ואתחנן ל'. מדרש רבה ויקרא ל' ג'. מדרש תהלים ק"ב א').

הסבר זה הינו בעל חשיבות רבה, משום שהוא משפיע על האופן בו אנו מתבוננים על ההתנהגות העבר. במקום להלקות את עצמנו על כך שעד עתה לא היינו טובים, נוכל לומר לעצמנו שהעבר לא קיים כלל. נוכל להתבונן אל עצמנו באור חיובי ולהכיר בכך שנקטנו כעת בצעדים הנכונים על מנת לצעוד מעכשיו והלאה בדרך האמיתית והישרה.

"בריה חדשה" קשור גם ל"עץ החיים". המילה "חיים" כתובה בלשון רבים, כאילו ישנן ריבוי זהויות ב"עץ" או בריה אחת. במהלך החיים אנחנו חיים – אנו מרגישים כאילו אנחנו אנשים שונים. לעתים אנו חשים בטוחים בצדקת הדרך ולפעמים אכולי חרטה. באם אדם יהרהר על כל השינויים הפנימיים והחיצוניים שעבר במהלך חייו או אפילו רק על השנים האחרונות, אין ספק שימצא כי דעותיו ומעשיו בתקופתו כזרע רך וטרי (ילד צעיר) שונות מאלה של תקופתו כעץ צעיר ופגיע (נער מתבגר), ושונות עוד יותר מתקופתו כעץ בוגר הנושא פירות (אדם בוגר ומיושב).

אולם תשובה דומה ללידה מחדש גם כשהיא באה לאחר שהאדם היה "רקוב" – התנהגויות שפלות שמחסרות משלימות האדם ומחלישות את גופו.

באמצעות התשובה שהיא אחת מרמ״ח מצוות עשה, בוראים מחדש את הרמ״ח אברים. המילה ״עון״ בגימטריא מלאה (האותיות עי״ן, ו״ו, נו״ן) רמ״ח, והרמ״ח מצוות הן כנגד רמ״ח אברים (מכות כ״ג ע״ב).

כל עבירה שהאדם עובר גורמת להיחלשות איבר בעצמיות האדם וגורמת לו לחוות מעין מיתה. באמצעות התשובה — אחת מרמ״ח מצוות עשה, מחיים מחדש את הרמ״ח אברים. יותר מכך, אנו כביכול בוראים את מציאותנו הקיומית מחדש (שערי קדושה. מובא בנהר שלום כ״ג ע״א).

תשובה הינה מעשה מהותי של התחדשות ובריאה מחדש, עד שחז״ל אומרים ״ד׳ דברים מקרעין גזר דינו של אדם... שינוי השם...״ (ראש השנה ט״ז ב׳). מנקודה זו ואילך אין הוא אותו אדם שחטא, כי אם אדם חדש בעל שם חדש.

בעומק יותר, על הפסוק ״יהי רקיע בתוך המים״ מפרש הבעל שם טוב ש״תיבות ואותיות אלו הן נצבות ועומדות לעולם בתוך רקיע השמים ומלובשות בתוך כל הרקיעים לעולם להחיותם״ (שער היחוד והאמונה פרק א׳), האותיות הן היסודות שמרכיבות את הבריאה. שינוי השם אינו רק שינוי חיצוני, אלא שינוי ההרכב הרוחני של האדם — שינוי פנימי מהותי. מעתה, האדם יכול לפעול ממקום של שלימות פנימית וליצור התחדשות גם ברמה הגשמית.

הרפואה המודרנית יודעת שכוח המחשבה חזק כל כך שעל החולה מוטל להאמין בכוחה של התרופה על מנת שתוכל להשפיע. באם החולה מתכחש – במודע או שלא במודע – לכוחות התרופה, ייתכן שלא תרפא אותו, כדברי האורחות צדיקים, ״שידע באמת שהתשובה היא רפואה שלימה לעבירות.

כי החולה שאינו מאמין ברפואה שעושים לו שהיא תרפא אותו — לא יחוש לאכול הרפואה או לשתות המשקה. אבל כשהוא יודע בוודאי תועלת הסם והמשקה — אז יתאווה לסבול מרירות הרפואה. כך כשידע בוודאי תועלת התשובה, אז יתאווה להגיע אל מעלות התשובה" (שער התשובה שער כ״ו עמ׳ רי״ג).

עלינו להאמין שבכוח התשובה לרפא אותנו. דרך חשיבה זו מסייעת לנו לאחד מחדש את עצמיותינו השבורה והרצוצה. התשובה נובעת מרצוננו לשלימות פנימית, כאשר יוצרים התאמה בין עצמיותינו החיצונית והפנימית, נוכל לחיות את חיינו מתוך שלימות בעומק הנפש.

תקציר:

לחיות מתוך תחושת חידוש

כאשר מתבוננים בהווה כתוצאה בלתי נמנעת של מעשינו בעבר, מאבדים את הכוח לצמיחה, שינוי או תנועה חיובית. אין אפשרות ללידה מחדש כאשר ההווה נובע מהעבר. עלינו לדעת שבכל רגע ורגע הבריאה נבראת מחדש מאין ליש — "המחדש בטובו בכל יום". בכל עת נבראת מול עינינו מציאות חדשה, וחיינו יכולים להתחיל בכל רגע מחדש. כאשר אנו חיים מתוך יראה והתפעלות, באפשרותינו להתחבר להזדמנויות הרוחניות שמתלוות לכל רגע.

תרגול:

נשימה

נשימה עם כוונה תאפשר לנו להעמיק את המודעות לבריאה המתחדשת בכל רגע. נשיפה מרוקנת מאיתנו את ה"יש" הישן וההוייתנו הקודמת, ובכל נשימה מתמלאים ב"יש" וחיות חדשה — התחדשות עצמית. ההפסקה שבין נשימה לנשימה היא ה"אַיִן", הדממה המרעננת של ה"כלום". התבוננות בתהליך הנשימה תעורר בנו את הכוח להגביר את היצירתיות ולחשוף את האפשרות הנפלאה שמצויה בידינו להתחלה חדשה. הקדש מספר רגעים בכל יום בכדי לחוש את הנשימה.

ניתן לתרגל זאת בדקות הראשונות שלאחר אמירת "מודה אני" בבוקר, לפני תפילת שחרית או לאחריה, בעת הליכה ברחוב או בכל זמן אחר.

פרק שלישי

אפשרויות ללא גבול

התשובה נבראה לפני בריאת הזמן כפי שחז״ל אומרים, ״שבעה דברים נבראו קודם שנברא העולם, ואלו הן תורה ותשובה...״ (פסחים נ״ד א׳). מדברי הגמרא למדים שהתשובה נבראה לפני הזמן ולכן אין לה קשר לזמן, ואף לאחר בריאת העולם והזמן התשובה נעלית מהזמן.

בעומק יותר, כיון שהתשובה נבראה לפני העולם ובמילא נעלית מהזמן, היא חדורה ושלובה עם העולם, כדברי הר״ן (נדרים ל״ט ב׳) שהעולם אינו יכול להתקיים ללא התשובה. התשובה יצוקה ביסודות הבריאה והינה מרכיב בסיסי בה. תשובה היא כוח מרפא ומאחד ששזור בכל חלקי הבריאה וחדור בכל רגע ובכל צורת חשיבה. לכן יש בכוח התשובה להשיב את היקום אל שורשו האלוקי.

בעומק יותר, תשובה היא הרצון העמוק ביותר שמצוי בתוך כל נברא ונברא, וכפי שהמגיד ממעזריטש מבאר, ׳תשובה היא החזרת הבריאה אל שורשה האלוקי, כל דבר בעולם חפץ להידבק בשורשו ובמקור החיים׳ (יושר דברי אמת קל״ז ב׳).

במובן מסויים, מציאות העולם תמיד נמצאת במצב של תשובה, בדיוק כפי שעלי הצמח פונים אל אור השמש ושורשיו מתפשטים אל עבר מקור מים — מקור חיותו. כל צורות החיים באשר הן שואפות להתפתחות ונמצאות בתנועה מתמדת של תשובה.

דבר זה נכון בהחלט אצל האדם. הטבע העמוק ביותר בתוכינו מחפש תמיד להתחבר מחדש עם מקור החיים. אם כן, תשובה היא המציאות הבסיסית שלנו.

גם באופן שטחי יותר, בכדי להיות אדם באמת, צריכים את האפשרות להתחיל מחדש – את התשובה, כדברי הזוהר הק', "ועד לא ברא קב"ה עלמא ברא תשובה, אמר לה לתשובה אנא בעינא למברי בר נש בעלמא, על מנת דכד יתובון לך מחוביהון, דתהוי זמינא למשבק חוביהון ולכפרא עלייהו" (עד שלא ברא הקב"ה את העולם ברא את התשובה. אמר לה לתשובה, ברצוני לברוא אדם בעולם, בתנאי שכאשר יפנו אלייך האנשים מפני פשעיהם, עלייך להיות מוכנה למחוק את פשעיהם. ח"ג ס"ט ב').

וזאת משום שבני אדם בטבעם נוטים לחטוא, "כִּי אָדָם אֵין צַדִּיק בָּאָרֶץ אֲשֶׁר יַעֲשֶׂה טּוֹב וְלֹא יֶחֱטָא" (קהלת ז' כ'. עכ"פ רוב בני אדם. ראה תוס' שבת נ"ה ע"ב). חטא לאו דוקא חטא מהתורה, אלא אפילו טעות. להחטיא את המטרה. כולנו טועים. זה טבע אנושי.

לפעמים זה לא טעות, אלא להיות במקום הנכון בזמן הלא הנכון, או לומר את הדבר הנכון בזמן הלא נכון. זה הפירוש חטא. עם זאת אל לנו להתייאש, משום שתמיד יש לנו את האפשרות להתחיל מחדש ולנסות שוב. מה שעשינו אתמול לא מוכרח להשפיע על היום באופן חד משמעי, ואף מה שנעשה היום אינו קובע איך ייראה המחר. העתיד אינו השלכה מוחלטת של העבר, והזמן אינו מחבר בין השניים באופן מוחלט. העתיד אינו רק תוצאה של הדברים שנעשו בעבר, ולכן תמיד יש תקווה להתחלה חדשה.

כיון שכל רגע הוא רגע חדש, האפשרות לתקן את התנהגותנו קיימת תמיד. האמת היא, שבלעדיה חיינו היו

מאכזבים וחסרי תקווה. אילו לא היתה לנו דרך להתנתק מהעבר היינו משועבדים לחטאים. ללא היכולת להתנתק, לא היו יכולים להתקדם ולהתעלות באמת.

וכפי שהרמב"ם כותב זאת במילים ברורות, "מפני שבהכרח אדם טועה ונכשל, או שמתוך בורותו הוא מעדיף דעה או מידה שבאמת אינם עדיפים, או שתאווה או כעס גוברים עליו. ואילו האמין האדם ששבר זה לא ניתן לאיחוי לעולם, היה מתמיד בתעייתו, ואולי היה מוסיף על מריו מכיוון שלא נותרה לו עצה. אבל עם האמונה בתשובה הוא ימצא את תיקונו ויחזור למצב טוב יותר ושלם יותר ממה שהיה בו לפני שעבר עבירה... זאת אפוא תכליתה של דעה זאת" (מורה נבוכים ג' ל"ו).

הרמב"ם אומר, שאם מעשה שלילי היה קיים לנצח, האדם היה ממשיך לחיות מתוך חוסר תקווה וללא שמחת חיים. בלי התקווה לשינוי ההתנהגות, היינו מתייאשים מיד.

חיי תשובה הינם חיי תקווה ושל אפשרויות ללא גבול. בלי קשר למצב הנוכחי או לעבר, תמיד יש לנו כוח לשנות את מהלך החיים ולהתגבר על המכשולים שעומדים בדרכינו.

תשובה מציעה לנו התחדשות והתחלה. האפשרות לשינוי נחוצה ביותר עבור ההתעלות הרוחנית שלנו ושל הבריאה, כדברי האדמו"ר הזקן "למה ירדה הנשמה לעולם הזה בכדי שתקבל שכר אחר כך בגן עדן, והלא קודם ירידתה היתה בודאי בגן עדן והיתה נהנה מזיו השכינה ומהו היתרון על ידי ירידתה כו'... אך התירוץ האמיתי הוא כמאמר רז"ל יפה שעה אחת בתשובה ומעשים טובים בעולם הזה מכל חיי העולם הבא וכמאמר רז"ל במקום שבעלי תשובה עומדין צדיקים גמורים אינם יכולים לעמוד. והנה הנשמות קודם ירידתן לגוף הם

בודאי צדיקים גמורים. אך זהו היתרון שלהם בירידתן בגוף שנעשים בחינת בעלי תשובה שאז הם למעלה מעלה מצדיקים" (ליקוטי תורה פרשת בלק ע"ג א').

רעיון זה עוצמתי ביותר. הנשמה יורדת לעולם ומתלבשת בגוף בכדי שהאדם יזכה למעלותיו של הבעל תשובה. לא רק שתשובה היא דרך החיים לאחר החטא, זוהי עצם מציאותו והסיבה מדוע נשמתו ירדה לעולם והתלבשה בגופו. בכדי לעשות תשובה.

תשובה היא תנאי מהותי למהות הרגשית, הרוחנית וההישרדות שלנו בעולם. חז"ל הקדושים אומרים, שהעולם נברא באות ה' (מנחות כ"ט ב'). האות ה' מייצגת את הבריאה הכללית והאישית. אות זו בנויה משלושה קווים, קו אנכי ארוך בצד ימין המחובר לקו אופקי בחלקו העליון, וקו קצר יותר בצד שמאל למטה שאינו מחובר לקווים האחרים, כך שנשאר מרווח קטן הדומה למעבר.

בתחתית האות יש חלל ריק שמסמל את האפשרות לנפילה, אולם הרווח בצד שמאל מלמד שאם חס ושלום אדם נופל, הוא יכול להתרומם ולשוב בחזרה. דרך המרווח הוא יכול לשוב להתחדשות המתמדת של החיים. ניתן להתייחס לרווח זה כאל חלון שנותן לאדם אפשרות לחזור ולהתנתק מעבירותיו, ולשוב פנימה דרך החלון.

לעומת זאת הגיית האות ח' דומה לחטא. האות ח' דומה לאות ה' במבנה הכללי עם ההבדל אחד, אין בה פתח כניסה. קירות האות סוגרים על האדם והיציאה היחידה היא כלפי מטה. באם האדם מרגיש כלוא בתוך חטא, זה יגרום לו להמשיך ליפול. על ידי התשובה, שוברים חלון בקיר הח' (חטא) ומתגלה חלון,

דרכו יכולים להתנתק מהעבר ולהתחבר לבריאה שמתחדשת בכל יום.

אי אפשר להיכנס מאותו מקום שנפלנו, לכן באות ח׳ אפילו שיש בה מקום לשוב חזרה, אולם הכניסה היא מאותו מקום. אם האדם יישאר במקום בו נכשל בתחילה, הרי שהוא עלול ליפול שוב בדיוק כמו שנפל בעבר, לכן אין היא האות המושלמת. באות ה׳ לעומת זאת, יש חלון למעלה. כאשר האדם נופל אינו שב למקום ממנו נפל בתחילה, אלא עולה ומתעלה ממקום שפלותו הראשון למקום אחר לגמרי.

כאשר אדם סוטה מהמסלול בו הוא צועד, הדרך היעילה ביותר היא לפנות למסלול חדש לחלוטין. כשמתעורר בנו רצון לשינוי, ייתכן שנחוץ קודם לשנות את נקודת המבט ולא להתמודד ישירות עם המכשול. על מנת להתקדם, עלינו למצוא דרך חדשה, שונה לגמרי מזו שבה צעדנו עד כה.

אדם שסובל מדיכאון רגשי זקוק להסתכלות חדשה על החיים. אנשים שסובלים מדיכאון שקועים בעצמם, ״אני חש דיכאון״ או ״אני חש לא מקובל בסביבה״. הפתרון לבעיה הוא לא לחשוב על עצמם או על הדיכאון שלהם, אלא לגרום להם לחשוב על אחרים. הדרך לשבור את הדפוס של המחשבות השליליות על עצמם, היא לאלץ אותם לחשוב על אחרים, לאפשר להם להיכנס לחיים מכיוון אחר.

תשובה פועלת באותה צורה, ומאלצת את האדם לחשוב על האחריות לאחרים ולקב״ה. תשובה כוללת בתוכה את היכולת להסיט את ההתמקדות מה״אני״ ולמקדה בזולת. סיום התהליך הוא התמקדות בהקב״ה – במציאות שנעלית לגמרי מה״אני״ של האדם.

המיקוד ותשומת הלב בזולת טומנים בחובם יצירתיות וחיוניות. שינוי זה הוא המפתח לפתיחת כבלי ה"עצמי" וגילוי מחדש של "עצמי" אמיתי. התחושות החיוביות שנוצרות כתוצאה משימת לב ונתינה לזולת, יעוררו בנו שמחה. במסגרת השאיפה לגילוי מחודש של העצמי שמובילה לחופש אישי, ייתכן שהדרך היא דרך הפוכה מזו שהובילה אותנו לשקיעה בשליליות, כפי שלמדים אנו מדברי המדרש.

לאחר שקין הרג את הבל עמד בפני בית הדין של מעלה שם נגזר עליו, "נָע וָנָד תִּהְיֶה בָאָרֶץ" (בראשית ד׳ י״ב), כששמע זאת קין, התחנן לקב"ה, "גָּדוֹל עֲוֹנִי מִנְּשֹׂא" (שם י״ג). הקב"ה נענה לתחינתו, "וַיָּשֶׂם ה׳ לְקַיִן אוֹת, לְבִלְתִּי הַכּוֹת אֹתוֹ כָּל מֹצְאוֹ" (שם ט״ו). ממשיך המדרש "ויצא קין מלפני ה׳... רבי חמא בשם רבי חנינא בר רבי יצחק אמר: יצא שמח... פגע בו אדם הראשון אמר לו: מה נעשה בדינך? אמר לו: עשיתי תשובה ונתפשרתי. התחיל אדם הראשון מטפח על פניו. אמר: כך היא כחה של תשובה, ואני לא הייתי יודע?! מיד עמד אדם הראשון ואמר: (תהלים צ״ב): מִזְמוֹר שִׁיר לְיוֹם הַשַּׁבָּת וגו׳" (בראשית רבה כ״ב י״ג). מסיום דברי המדרש מובן שיש קשר בין המזמור לשבת ותשובה.

שבת ותשובה דומות זו לזו, משום ששתיהן עוצרות את מהלך החיים הרגיל. על אף הטרדה בהוויות העולם והעיסוק בשגרת החיים במהלך ששת ימי השבוע, אחת לששה ימים קיים נווה מדבר מרענן — השבת הקדושה, יום בו ניתנה לנו היכולת להיות עצמנו שוב פעם, לעצור ולהתבונן פנימה אל תוכינו. שבת מאפשרת לנו להשתחרר מהרגלי ההתנהגות, מקלט מהזמן ומימי החול.

כך גם התשובה. כשם שהשבת יום מנוחה היא מהזמן,

התשובה היא עיר מקלט לנשמה. אף אם הפכנו להיות מנוכרים לעצמנו, התשובה מהווה מרחב מוגן בו נוכל לגלות ולהגדיר את חיינו מחדש.

"שבת" ו"תשב" (מלשון תשובה) הן אותן אותיות. באם הקב"ה לא היה מצווה לנו את השבת, היינו עמלים ללא סוף והופכים להיות משועבדים לעבודתינו ורכושינו. השבת מהווה מנוחה מהמעורבות החומרית שלנו בעולם, הפסקה בפעילות היצירתית שלנו. הפסקה זו מזכירה לנו את הרוחניות, את המהות הפנימית של עצמנו ושל החיים. אנו נכנסים אל השבת במטרה לעצור מהעשייה, להשתחרר מהתמקדות בחומריות ו"לחיות את ההווה".

כפי שהרמח"ל אומר, "הנה העסק בעולם, כבר ביארנו למעלה, שהוא ממה שמקשר האדם בחומריות, ומשפיל ענינו ומורידו מן המעלה והיקר שהיה ראוי לו, ומזה צריך שיתנתק בשבת, כיון שמתעלה ענינו ממה שהוא בחול, ויהיה מחזיק עצמו בערך הראוי למעלה הזאת" (דרך ה' שער ד' פרק ז').

השבת אינה רק מנוחה זמנית. ההתמסרות לקדושת השבת, לנשמה ולרוחניות הופכת אותנו לרוחניים יותר אף בצאתה. השבת והתשובה נחשבות כהתחלות רוחניות שמאפשרות לנו למקד מחדש את ה"יש" החיובי ולשקוע בשלווה המרגיעה של ה"אין". השבת והתשובה משולות למקוה, שבת מקוה הזמן ותשובה מקוה הנפש — המוח, הלב והנשמה.

השייכות בין שבת לתשובה עמוקה עוד יותר. שבת אינה רק הסיום של ששת ימי החול ושקיעה בשלווה ומנוחה, שבת היא הפסגה הרוחנית של השבוע שיבוא, כדברי הזוהר הק', "ראו כי יי נתן לכם השבת, מאי שבת. יומא דביה נייחין שאר

יומין, והוא כללא דכל אינון שיתא אחרנין, ומניה מתברכין (ראו כי ה' נתן לכם השבת. מה זה שבת? יום שבו נחים שאר הימים, והוא כלל של כל אותם ששת האחרים, וממנו הם מתברכים. ח"ב ס"ג ב'). מיום השבת מתברכים ששת ימי השבוע הבאים.

יתירה מזו, לא רק שהשבת הסיום והחותם של השבוע שעבר, ומקור הברכה של השבוע שיבוא, שבת הוא מקור השבוע. השבוע לא רק מתחיל ביום ראשון ומסתיים בשבת, יום השבת הוא מרכז השבוע, "חדא בשבתא תרי ותלתא בתר שבתא ארבע וחמשא ומעלי יומא קמי שבתא" (הימים ראשון, שני ושלישי הם הימים שלאחר השבת, והימים רביעי, חמישי ושישי הם הימים שלפני השבת. פסחים ק"ו א').

וכשם שהשבת היא נקודת האמצע של ששת ימי השבוע אשר ממנה מסתעפים ימי השבוע לעבר ולעתיד – אחורה וקדימה, כך התשובה משלימה ומתקנת את העבר וממלאת את העתיד. כמו השבת, התשובה היא חותם חיובי של עבר שלילי, והתחלה של דרך של קדושה והתעלות אין סופית. כמו השבת, התשובה היא התחלתה של שינוי פנימי, במחשבה, בדבור או במעשה.

חכמי אומות העולם לעגו על השבת הקדושה ופירשו זאת כסימן לעצלות. הם טענו שמנוחה של יום אחד בשבוע דומה לבזבוז של שביעית מהחיים. אחרים סברו שהקדשת יום אחד בשבוע למנוחה ולרגיעה גורמת לאדם להיות אדיש ואיטי. כנגד דבריהם של אלה, טען החכם היהודי פילון, שמטרת השבת היא לתת לעובדים מנוחה מעמלם, על מנת שיהיה להם כוח לעבוד במהלך השבוע שלאחר מכן.

טעותו של פילון היתה, שניתח את מטרת השבת מהשקפת

עולם יוונית וחומרית, כביכול הקב״ה העניק לעם ישראל את מתנת השבת בכדי שיוכלו לאגור כוח עבור עמל ועבודה עתידיים. אין ספק שתובנה זו היא פרי תוצאה של השקפה, בה אין למנוחה ערך פנימי, הנאה או התפתחות רוחנית, וערכה היחיד הוא הגברת התפוקה והיצור.

מטרת השבת עמוקה הרבה יותר ממנוחה למען עבודה עתידית. השבת נעלית בזכות עצמה, היא מקדשת את הזמן ונוסכת בו ברכה ורוחניות, ״שלשה מעין העולם הבא, אלו הן שבת...״ (ברכות נ״ז ב׳. זוהר ח״א מ״ח א׳), בד בבד מתפשטת קדושת השבת בימי החול ומברכת אף אותם (כאמור, זוהר ח״ב ס״ג ב׳). השבת היא סיום השבוע שעבר והברכה של השבוע שיבוא. השבת מסייעת להתנתק מהטרדות הגשמיות ולהתחבר לרוחניות וקדושה, השבת אף מעניקה לנו את הזמן להתאחד עם בני המשפחה.

לפיכך מוטל על כל אחד ואחת לעסוק במהלך השבת בענינים רוחניים, כפי שמובא בירושלמי (שבת ט״ו ג׳), ״לא ניתנו שבתות וימים טובים אלא לעסוק בהם בדברי תורה״, ועוד ״אמרה תורה לפני הקב״ה, ריבונו של עולם כשיכנסו ישראל לארץ זה רץ לכרמו וזה רץ לשדהו ואני מה תהא עלי? אמר לה יש לי זוג שאני מזווג לך ושבת שמו שהם בטלים ממלאכתם ויכולים לעסוק בך״ (טור אורח חיים סימן ר״צ), והתעסקות זו היא מבלי לצפות לשכר, שהרי ״שכר מצוה (היא) מצוה (עצמה)״ (אבות ד׳ ב׳).

השבת מעניקה לנו מתנה יקרה ביותר —יכולת לחולל שינוי בחיינו.

תשובה היא השבת הנפשית, ונותנת לנו כח לחיות חיים

של משמעות, קדושה וכוונה, בכדי להשלים ולרפא את העבר, לחיות באופן מלא ברגע הנוכחי, וליצור לעצמינו עתיד טוב וקדוש. כאשר חיים את החיים כהרגל ללא מודעות, העבר הוא בסך הכל הקדמה להווה וההווה הכנה לעתיד.

תשובה היא מקור של ברכה תמידית. כאשר נדמה לנו שהתשובה מגבילה אותנו, עלינו לזכור שכוונת ההגבלה היא לפתוח פתח להזדמנויות רוחניות חדשות, לרומם ולנתק אותנו מהשלילה. ההווה הנצחי עומד בפני עצמו ומאפשר לנו ״לשוב״ ממגבלות הזמן ולהתחדש בכל רגע ורגע.

תקציר:
להיות שמח ולעולם לא להתייאש

אין שום סיבה להתייאש. גם אם העבר קשה, מטריד ומכביד, עליך לדעת שכל יום מביא עמו אפשרות חדשה לשינוי. מה שנעשה אתמול אינו קובע חד משמעית מה יהיה היום או מחר. תשובה היא בסיס הבריאה, הזדמנות שנגישה תמיד להתחיל מחדש. גם בזמנים בהם אנו חשים שפשענו וחטאנו — בחושך העמוק ביותר, יש אור "כִּיתְרוֹן הָאוֹר מִן הַחֹשֶׁךְ", הקב"ה תמיד עומד לצידנו. לעולם אל תתייאש.

תרגול:
החלטה

כאשר הנך מרגיש עצבות או כעס עקב מעשיך השליליים, דע שאם נפלת בידך הכוח לקום. אם היה לך כוח להרוס בודאי יש בך כוח לתקן. אם נטית מדרך הישר ודאי שתוכל לשוב לדרך הנכונה.

קבל על עצמך לא לוותר. בטרם תעלה על יצועך קבל החלטה שמחר תהיה טוב יותר. אם הנך מרגיש בודד ולא מסוגל לדמיין שהחיים יכולים להשתפר, חשוב על הדבר הבא: אף אחד לא נולד במקרה. אתה יחיד ומיוחד בעולם. לחייך יש מטרה ברורה. הקב"ה תמיד עומד לצדך, מאמין ובוטח בך, לכן הוא נתן לך עוד יום.

פרק רביעי
חוסר התאמה

לפני שאדם מחליט לחזור בתשובה ולתקן את דרכיו, מתרחש אצלו תהליך של חוסר תיאום, החיבור הפנימי בנפשו מתרופף. על מנת שיהיה באפשרותו להתחיל בתהליך של התאמה מחדש, מוטל עליו להבין קודם את מהות החוסר התיאום.

בכדי להבין את חוסר התיאום, ומדוע פעילויות ומצבים מסויימים גורמים לתשובה, יש להקדים הסבר בנוגע למהותן של המצוות והעבירות.

מצווה אינה מעשה פשוט. מצווה מלשון צוותא — חיבור בין הנברא לבורא (של״ה עשרה מאמרות מאמר ג׳-ד׳. אור תורה המגיד ממעזריטש ת״ז), מצווה מקשרת את האדם עם הקב״ה. קיום מצווה מאחד את הנברא עם מטרת הבריאה — הקב״ה, ועם כוונת הקב״ה בבריאה בכלל, ובבריאת האדם בפרט. כוונה זו חושפת את האחדות והקשר של האדם עם הבורא. עשיית מעשה הפוך מכסה על הצלם אלוקים שמצוי באדם, מובילה אותו לכיוון הנגדי, וגורמת ריחוק ואף לניתוק הקשר בינו לבין הקב״ה.

עבירה גורמת לאדם להתרחק מהמקום בו הוא צריך להיות. שורש המילה ״החטאה״ וירידה (רש״י יומא נ״ח ב׳), הוא האותיות ח׳ ט׳ א׳.

כאשר בני שבט בנימין אספו את אנשי החיל למלחמה אומר הפסוק, ״מִכֹּל הָעָם הַזֶּה שְׁבַע מֵאוֹת אִישׁ בָּחוּר אִטֵּר יַד יְמִינוֹ

כָּל זֶה קֹלֵעַ בָּאֶבֶן אֶל הַשַּׂעֲרָה וְלֹא יַחֲטִא" (שופטים כ' ט"ז). אדם שהולך בדרך החטא חוטא למטרה, וגורם לחוסר התאמה בינו ובין מטרתו וכוונתו האמיתית.

התוצאה של מעשה טוב או לא טוב תוביל בהתאמה, להתקשרות או להתנתקות, לחיבור או לקרע, לבנייה או להרס. האדם יכול לבחור באיזו דרך ללכת ואיזה מעשים לעשות. שורש המילה "בחירה" הוא ב' ח' ר'. כל בחירה תשפיע, היא יכולה ל"חבר" או חס ושלום ל"חרב". היא תחזק את החיבור או תחריבו. כאשר אדם סוטה מהשלימות של מטרת בריאתו, הוא מנתק את עצמו ממקור חייו. פגימת הקשר משפיעה על מציאותו.

ישנן רמות שונות של חטא, מחטאים קטנים שאדם דש בעקביו ועד לחטאים חמורים ביותר. המכנה המשותף לכל החטאים הוא שהם מצב זמני של כפירה בהקב"ה, כפי שמובא במדרש רבה, "אני בראתי אתכם ועשיתי אתכם מחילים מחילים אלו הלבבות והכליות, ואתם שוכחין אותי ומשקרין בי כי איני רואה ואיני יודע מעשיכם" (במדבר ט' א'). אמונה בקב"ה מונעת מהאדם לחטוא.

אם כן, החטאים מהווים מחסום פנימי, הנחה מוטעית שהבורא אינו מתעניין בבריאה או חס ושלום שאין הוא קיים.

בכל חטא מצויים רסיסים של עבודה זרה וכפירה בתורה (היכל הברכה דברים עמ' פ"ח ב'). כאשר מחשבת החטא היא השקפת עולמו של האדם, נדמה לו שהפירוד שולט, קיימת פגימה זמנית בקשר של האדם עם מקורו הנצחי. בכל פעם שאנו שוכחים מי אנו באמת, אנו בעצם מדמיינים את עצמנו כמציאות נבדלת שגוררת בעקבותיה התנהגות שלילית וחטא.

חסיד שאל פעם את האדמו״ר מקוצק היכן נמצא הקב״ה? ״בכל מקום בו מאפשרים לו להיכנס״, השיב לו. הקב״ה נמצא בכל מקום, אולם כאשר אדם מתעלם מהקב״ה הוא בונה מחסום שמונע את כניסתו של הקב״ה לנשמתו כביכול, ולכן הוא מרגיש נפרד ממנו וממקור החיים, כפי שהנביא אומר ״כִּי אִם עֲוֹנֹתֵיכֶם הָיוּ מַבְדִּלִים בֵּינֵכֶם לְבֵין אֱלֹקֵיכֶם״ (ישעיהו נ״ט ב׳).

אולם התורה מצווה עלינו, ״לְאַהֲבָה אֶת ה׳ אֱלֹקֶיךָ לִשְׁמֹעַ בְּקֹלוֹ וּלְדָבְקָה בוֹ כִּי הוּא חַיֶּיךָ וְאֹרֶךְ יָמֶיךָ״ (דברים ל׳ כ׳), אנחנו צריכים להידבק בקב״ה כיון שהוא מקור חיינו.

טומאה היא מקור ושורש העבירה (מדרש שוחר טוב תהלים נ״א. אור זרוע קי״ב), שורש המילה טומאה הוא מהמילה ״סתום״, סגור ונבדל. העבירה מטמטמת את האדם וסוגרת על מקור החיות של האדם. התנהגות שלילית גורמת לאדם להתעלם מכוונתו בעולם כדברי רש״י, ״מטמטמת: אוטמת וסותמת מכל חכמה״ (יומא ל״ט א׳). כאשר האדם פועל במצב זה של חוסר אונים הוא מחזק את השליליות.

ישנם זמנים בחיים בהם אדם מרגיש מלא ביטחון עצמי כאילו הוא עומד על גג העולם, אך לאחר מכן מאבד את התמקדות ונופל חס ושלום בעבירה, ״כָּשַׁל בַּעֲוֹנִי כֹחִי״ (תהילים ל״א י״א), הוא מאבד את הכח.

כפי שחז״ל אומרים, ״שלשה דברים מכחישים כחו של אדם... עון דכתיב כשל בעוני כחי״ (גיטין ע׳ א׳). בזמן העבירה האדם מרגיש חסר כוח, עייף וחלש, משום שכוחו בוזבז. אולם בעשיית התשובה, הוא מתחזק ומתמלא בכוח. [לפעמים עקב תחושת הכוח החדשה הוא יחטא שוב (יערות דבש חלק א׳ דרוש א׳)].

ייתכן שהאדם יכיר בחוסר אונים זה וינסה להתנתק ממעגל השליליות הזה. אולם ישנם מקרים רבים בהם להיפך, בעל העבירה חש בכוחות עצומים. כאשר אדם חש לא חשוב או נטול כוח, הוא עשוי לבקש את תחושת הביטחון והכוח בעשיית פשע או מעשה שלילי חריג.

חשוב להבחין בין כוח אמיתי לבין כוח שבא כתוצאה מכפייה, אלה שני מצבים שונים בתכלית.

כוח אמיתי הינו כוח שנובע כתוצאה משלימות עמוקה והתאמה לכוח עליון ומקור השפע. שימוש בכפייה הינו ההיפך הגמור, הוא סימן של חוסר אונים. אנשים שדורשים שישרתו, יעריצו אותם או יצייתו להם הם בעלי ערך עצמי נמוך. הם דורשים שהאחר יעשה כרצונם, עקב חשיבה מוטעית שרק כך תגדל חשיבותם. ההשתוקקות לתשומת לב או לאהבה, עשויה להיות מנגנון הגנה כנגד העדר של אהבה עצמית בריאה.

צורות סמויות יותר של כוח כפייתי כוללות שימוש בשכנוע או הענקת תמריצים. צורות אלו עשויות לגרום לכך שאדם יבקש לצבור יותר עושר והשפעה, אולם התשוקה היסודית להשגת השליטה זהה: רצון שהזולת יציית לרצונך, יעריץ את דעותיך או יגרום לך לחוש נעלה.

המושג "כפייה" הינו כוחני בעצם אפילו כאשר הוא נעשה באופן בלתי אלים. כפייה זו משרישה באדם תכונות שליליות של חוסר סובלנות והתעללות בזולת. אדם חסר אונים חש צורך לשלוט על זולתו. צורך זה אף גורם לאדם לרדוף אחר ממון או השפעה, ולחשוש תמיד מכך שיאבד את הכוח. חיים של רדיפה אחרי שליטה בזולת.

אולם אדם בעל כוח אמיתי הוא אדם שדבק בהקב"ה, הוא מתייחס בסבלנות ודרך ארץ גם כלפי אנשים אחרים שאינם חושבים ומתנהגים כמוהו. הכוח אינו מתבטא בשליטה על הזולת, להיפך, בהגשת עזרה וסיוע לזולת.

הקב"ה ברא את עולמו עם בריאות רבות, "מָה רַבּוּ מַעֲשֶׂיךָ ה'" (תהילים ק"ד כ"ד), ואלה הדבקים בדרכיו סבלניים ותומכים בזולת. העולם נברא בכדי שבני אדם יסייעו אחד לשני, כדברי רבותינו "לכו והתפרנסו זה מזה" (סנהדרין ט"ז ע"א). העולם נוצר על מנת שתהיה בו תלות הדדית והתמקדות בזולת, בו כל בריאה תורמת מכוחה למקהלת הבריאה ולקיום רצונו של הבורא.

הכוח והשפע האלוקי נמצא בכל דבר, בציוץ ציפור, בשאון גלי הים ובנפילתו החרישית של העלה, כל אחד מהם וכולם ביחד תורמים לשירת הבריאה.

כאשר האדם כופה על הזולת לעשות מעשה מתוך אנוכיות, הוא פוגם בשירה נפלאה זו. מעשיו אינם תואמים לשלימות הבריאה והוא מתנתק מאחדות הבריאה.

בנקודה זו חשוב להדגיש, שרוב האנשים אינם מתואמים עם כוונה זו לגמרי, ולא תמיד מקיימים הם את רצון הקב"ה. כאשר אדם חוטא הוא שוחה נגד הזרם, התנהגות שמנוגדת לטבע בריאת העולם. בכדי שאוניה שסטתה ממסלולה תשוב ותפליג בכיוון הנכון נחוץ לשנות את כיון הפלגתה, אחרת לא תגיע ליעדה.

כאשר אדם סוטה מרצון הקב"ה ואינו מתקן את דרכיו, הוא מנתק את הקשר שלו עם הקב"ה, וחוטא לא רק נגד הקב"ה אלא גם נגד כוחותיו ויכולותיו.

אחד מהרמזים בתורה לענין התשובה הוא במקרה של גניבה (במדבר ה׳ ז׳). הגניבה אינה נחשבת כחטא רק כלפי ה׳ וכלפי הנגנב, אלא גם כלפי הגנב עצמו, משום שהוא מונע מעצמו להיות מי שהוא יכול להיות באמת. כפי שהשפת אמת מבאר (במדבר ו׳ ב׳), ׳כשאדם חוטא, הוא שולל מעצמו את היכולת שטמונה בו ומקפח את עצמו׳.

כאשר היושר והמוסר הפנימי תקינים, נחוש בכאב שבחוסר ההתאמה שבין מעשינו לבין כוונת הבריאה. באם נבצע הערכה כנה מי אנחנו ומה השגנו בחיים, לעומת מה שהיה בכוחנו להשיג, נחל לזוע באי נוחות. אדם שמאזין לחוסר השקט הפנימי שבו עשוי לרצות לחולל לשינוי. אולם גם אם הוא מבין ורוצה את השינוי, יקשה עליו להשתנות.

הרצון לשימור המצב הקיים חזק יותר מהרצון לשינוי, כפי ששלמה המלך אמר, ״כָּל דֶּרֶךְ אִישׁ יָשָׁר בְּעֵינָיו״ (משלי כ״א ב׳). בעיני החוטא כל מה שהוא עושה נכון וישר.

מעשי החוטא מוצדקים בעיניו ולדידו הם האפשרות היחידה. החוטא בטוח שהם נחוצים להישרדותו, בטוענו שהם תוצאה של חוויה שעבר או הצדקה אחרת. גם הפושעים הנתעבים ביותר מצאו טיעונים והצדקות למעשיהם.

לבני אדם כמו לכל בריה יש תכונת הישרדות. אולם בשונה משאר הבריאה, לאדם יש גם שכל שיכול לפרש את המציאות בצורה שגויה, לעוות את הסיבות ולגרום לו להתנהג באופן כזה או אחר כפי שנוח לו. בכלי התקשורת אנו שומעים חדשים לבקרים הצדקות שאנשים או רופאים נתנו למעשיהם, אשר מבחינה מוסרית שנויים במחלוקת.

כיצד יכול אדם להתדרדר למצב זה? אומרים חז"ל, "אין אדם עובר עבירה אלא אם כן נכנס בו רוח שטות" (סוטה ג' א'). האדם יכול לחטוא רק כאשר הוא לוקח בחשבון את ההשלכות. העדר אחריות הוא סימן לאדם שוטה או לאדם חסר אחריות, כפי שהגמרא אומרת, "איזהו שוטה? זה המאבד כל מה שנותנים לו" (חגיגה ד' א'). הזנחת הרוחניות גורמת לחטא. אדם ששקוע במגבלה זו, חושב על הטווח הקצר בלבד, מבלי להבין באמת את מניעיו ולהכיר בהשלכות המעשים שעושה.

שורש המילה "עבירה" הוא ע' ב' ר'. "עבר" פירושו לעבור ולהתנתק, לעבור למקום בו לא צריך להיות. אדם שנכנס לאיזור אסור עבר למקום אחר, גם אם המקומות קרובים אחד לשני. להתנתקות מהעצמי האמיתי שלנו יש השלכות.

ניתן לומר שהעונשים בתורה על העבירות הם לא רק תגובה לחטא, אלא תוצאה של מחשבה והתנהגות מזיקה שהאדם עצמו גרם רבי חיים מוולוז'ין כותב שהעבירות עצמן הן העונש על העבירות – המעשה הרע עצמו מכיל את הגמול על ביצועו, "רק חטאים תרדף רעה, שהחטא עצמו הוא עונשו... והוא מוכרח לקבל דינו על ידי אותן כחות הטומאה שהגביר במעשיו" (נפש החיים שער א' י"ב).

בזמן החטא אנו מקבלים את השפעות רוחניות בצורה לא בריאה, הן בגלויות הכלליות והן בגלות הפרטית. בגלות רוחנית אדם מקבל השפעות לא טובות, באופן כללי ובאופן פרטי.

"עבירה" ו"עריבה" הן אותן אותיות. פעמים נדמה שהנאה אנוכית מכילה בתוכה מתיקות שמעניקה לאדם סיפוק. היא אכן מעניקה לאדם מתיקות וסיפוק אך לזמן קצר בלבד, לעומת זאת, הטעם שנשאר לאחר מכן הוא מר ביותר.

אדם שהגיע לדרגה רוחנית גבוהה ומרגיש סיפוק מדבר מותר, חווה זאת ממקום של שלימות והנאה שהיו קיימים בו עוד קודם. הוא לא מרגיש שהוא צריך או רוצה את זה, ולכן לא מתלווה לה שום טעם לוואי שלילי. הוא לא חש משיכה שתגרום לו לרצות זאת שוב ושוב. החוטא לעומת זאת, חש שהוא רוצה את ההנאה הרגעית הזו שוב ושוב.

התוצאה הקשה ביותר של עבירות היא חנק מוסרי, "עֲווֹנוֹתָיו יִלְכְּדֻנוֹ אֶת הָרָשָׁע" (משלי ה׳ כ״ב). ללא התשובה חודרת באדם באופן הדרגתי תחושה עמוקה של ריקנות ואובדן, עד שהוא הופך – רחמנא לצלן – אטום כמעט לחלוטין לחמצן רוחני, מה שמוביל לעוד עבירות ודיכאון וייאוש גדולים יותר. זו הסיבה מדוע אדם חייב לוודא שהוא לא נמצא בתנועה שלילית, כיון שברגע שהוא שם, הרי זה מדרון תלול שמוביל לאבדון רוחני.

מובא במדרש תנחומא, "שנו רבותינו, מצוה גוררת מצוה ועבירה גוררת עבירה. לא יצר אדם על עבירה שעשה בשוגג, אלא שנפתח לו פתח שיחטא (ואפילו בשוגג) ואפילו במזיד. ולא ישמח אדם על מצווה שבאה לידו, אלא על מצות הרבה שעתידות לבוא לידו" (פרשת ויקרא). אדם שחוטא אינו צריך להתייסר רק על חטא זה לבדו, אלא גם על כך שמעשה זה יוצר מדרון חלקלק של עבירות נוספות.

ברגע שאדם מתפשר על שלימות פנימית, הוא פגיע ליצירת הרגלים שליליים. לאחר שחטא עליו להתמודד לא רק עם החטא, אלא גם עם נטייה לעשיית מעשים אלה בעתיד (שיחות מוסר ל״א מאמר י״ד). הרגלים שליליים מצמצמים את נקודת מבטו ועומדים כחומה בצורה נגד הטוב. בהדרגה העולם נדמה מאיים יותר, חייו הופכים להיות חיי הישרדות ומטרתם היחידה סיפוק אנוכיותו.

כאשר האדם מסתגל להתנהגות מסויימת קשה לו להתנער ממנה. כפי שידוע שדבר שאינו בתנועה ישאר כך, ואילו דבר שנמצא בתנועה ישאר בתנועה אלא אם כן כוח חיצוני ישנה את מסלולו.

דפוסים שליליים שאינם בשליטה יאיצו את פעילותם. התנהגות שלילית משעבדת את האדם, עד כדי כך שקשה לו להפסיק. תשוקה שהתגשמה אינה בהכרח תשוקה שבאה על סיפוקה. כאשר אדם מגשים תאווה, אין הפירוש שהתאווה הסתיימה. הסיפוק הוא זמני בלבד, כפי שרואים בחוש שכאשר אדם תאב לדבר מסויים הוא רוצה יותר. מחקרים מראים שמילוי תשוקה אנוכית גורם לתשוקה והתמכרות גדולים יותר, כפי שמובא באגרת הגר"א, "והעולם דומה לשותה מים מלוחים. ידמה לו שמרוה (אולם הוא רק) צמא יותר".

כל מעשה – חיובי או שלילי, גורם לתוצאה. על פי חוקי הטבע כל תנודה משפיעה על העולם. כאשר הד נולד, בין אם הוא נשמע באוזנינו אם לאו, הוא קיים. כאשר נוצרים גלי שליליות, קשה לחמוק מהם או לעצור אותם.

עוד יותר, הגלים שנוצרים כתוצאה ממעשינו, משפיעים על האופן בו אנו מביטים על עצמנו, על הדרך בה הזולת תופס אותנו וכתוצאה מכך על הדרך בה הוא מתקשר איתנו. ביטויים של כעס גורמים לסובבים אותנו להגיב בצורה בלתי נעימה, כתוצאה מכך אנו מוקפים באווירה שלילית. אדם שכועס, גורם לכך שלא יהיה חביב ואהוב על מכריו. בסופו של דבר הוא עלול לשנוא את עצמו.

אולם כאשר אדם בוחר לראות את הטוב שבזולת, ולהתנהג ביושר ובעשיית חסד, הוא יוצר אווירה חיובית שמשקפת אהבה וטוב. הטוב שהוא מקרין הופך להיות אמיתי.

"אנכי ה' אלקיך" הוא הדיבר הראשון ו"לא תחמוד" הוא האחרון, אולם יש קשר הדוק ביניהם, כפי שרבי מיכל מזלוטשוב מבאר (מלכי בקודש פרשת יתרו). "לא תחמוד" היא לא רק מצווה, אלא גם תוצאה חיובית של שאר הדברות. ביאור זה של רבי מיכל מסביר כיצד ישנה מצוה על רגש.

כיצד אפשר לומר לאדם שלא לחוש חמדה כלפי חפצי האחר? התשובה היא שעל האדם לדאוג שלא יגיע למצב שיחמוד דבר שאינו שלו.

כאשר לאדם אין מודעות להקב"ה ולשלימות, הוא יחוש ריקנות וכמיהה למלא ריקנות זו ויחפש סיפוק בחפצים שהוא רואה. אולם כאשר הקב"ה חלק מחייו — "אנכי ה' אלוקיך", הסיפוק והשלימות הנובעים מכך יגברו על תחושת החמדה לדברים גשמיים.

כאשר אדם קונה וצובר חפצים ללא צורך אמיתי, וכל אושרו הוא תוצאה מעצם היותו בעלים של חפצים שצבר, החפצים בעלים עליו ולא הוא הבעלים שלהם.

אולם אושר ושמחה אמיתיים הם תוצאה של שלימות רוחנית פנימית, ולא מחפצים שברשותינו. שביעות רצון אמיתית חבויה בחיים של שלימות. כאשר מאוחדים עם העצמיות האמיתית שלנו ומאפשרים למעשינו לזרום על פי הדרכת העצמי האמיתי הזה, אנו שלווים באמת.

תקציר:
לשלוט

מצווה היא ״חיבור״ ו״חטא״ הוא החטאה והתנתקות מהעצמי האמיתי, מהזולת וממקור החיים. כאשר האדם מתפשר על שלימות, הוא פותח פתח להרגל של קבלת החלטות לא טובות, ״הרגל נעשה טבע״. בחלוף הזמן יקשה עליו להתגבר על כך. מעשים שליליים שוחקים את שלימות האדם, מצמצמים את השקפת עולמו והופכים אותו אדיש לטוב ולחיוב.

כאשר פוסעים בדרך התשובה נוטלים את מושכות החיים, וחשים בטוב האמיתי.

תרגול:
להשתלט

מחשבות, מילים ומעשים, מובילים למחשבות, מילים ומעשים נוספים מאותו סוג. על מנת למקד את התחושות והרצונות בכיוון הנכון, עלינו לשלוט על השורש ממנו הם נובעים.

דפוסים שליליים שמספקים מידע למחשבותינו ולמעשינו, עלולים להתעורר באמצעות אירועים ואנשים המצויים בסביבתנו. לפעמים אנו קולטים אותם ללא מודע ובלי כוונה.

הגנה על העיניים והאוזניים מפני דמויות ואירועים בלתי רצויים, מועילה לטפח דפוסים חיוביים. על ידי סינון המסרים

אותם אנו קולטים, בראייה או בשמיעה, זורעים זרעים חיובים תת מודע.

רבי, משפיע או מנהיג רוחני, הוא אדם שלוקח את האדם למקום של חיבור עמוק יותר עם עצמו, הזולת והקב״ה. דמויות או אירועים שליליים, יוצרים מצבים שליליים, מחלוקת פנימית וחיצונית והתעלמות מהקב״ה.

עלינו לעצור ולחשוב על המסרים של הדמויות והאירועים אותם אנו מקבלים מהתקשורת, בין אם מדובר בעיתונים, בספרים או בכל אופן אחר. עלינו לטכס עצה כיצד להגביר את החשיפה לדברים חיוביים ולצמצם את החשיפה לתוכן שלילי.

פרק חמישי

אנוכיות והתעלות: טבע האדם

בכל אחד חבויה "רוח שטות" (סוטה ג' א'), מידה מסויימת של אי שפיות שמכוונת את האדם למקומות ולמצבים שמספקים הנאה וסיפוק רגעיים.

רוח שטות גורמת לאדם לנטות מהדרך הישרה. כאשר אדם מאמין חס ושלום ב"פירוד", אזי יש מקום למצב זמני של אי שפיות. בכוחה של רוח שטות העוברת על אדם, ליצור מצג שווא של דימוי שקרי שמטשטש על פנימיותו האמיתית וגורם לו לפעול באופן שלילי.

התנהגות הליצן בלבושו ובמעשיו היא התנהגות שטותית – רוח שטות, אולם באמצעותה הוא מעורר בצופים צחוק או חיוך, וזאת משום שהתנהגותו עומדת בניגוד חד להתנהגות תקינה וצפויה.

"וְאִם תֵּלְכוּ עִמִּי קֶרִי" (ויקרא כ"ו כ"א), "קֶרִי" הוא עבירה בשוגג, מעשה בלתי רצוני. קרי הוא מעשה בלתי צפוי ומתוכנן שמהווה סטייה ממהלך החיים הרגיל, בדיוק כמו ליצן.

כאשר חז"ל משווים בין מעשה שלילי לרוח שטות, הם רומזים שעבירה היא סטייה מטבעו האמיתי של האדם. התנהגות שלילית עומדת בסתירה לנפשו הטהורה של האדם, ואינה מתאימה ליציר כפיו של הקב"ה שקשור לשפע ומקור החיים.

כפי שהוזכר, שורש המילה "עבירה" הוא מהשורש ע' ב'

ר׳ — מעבר מצד אחד לצד אחר. כאשר אדם חס ושלום עובר עבירה, הוא חוצה גבולות בתוך עצמו, הוא חוצה את הגבול של השפיות שטבועה בו ונכנס לתחום זר של הבדלה ופירוד. התנהגות זו עומדת בניגוד למהותו האמיתית של האדם, היא מעשה שטות שפוגם ומחסה על הניצוץ האלוקי שבנשמתו.

הנטייה להיכנע לחיים אנוכיים היא חלק מהמרקם הטבעי של האדם. האדם שחי סביב נטייה להישרדות, חי חיים אנוכיים ושטחיים משום שהוא נוטה לפרש כל דבר וכל אדם כהרחבה של ה״אני״, ״מה אני יכול להרוויח מזה?״

אולם באם חייו סובבים סביב הקב״ה מקור החיים, הרי שהתנהגותו תתעלה למימד של העצמי האמיתי, ותשפיע לטובה על מעשיו ועל הסובבים אותו.

הבחירה בידיו, האם לגשת לחיים מנקודת מבט אנוכית שמתמקדת רק בעצמו או מנקודת מבט של מקור נעלה ומושלם — המקור האמיתי של החיים?

שני מצבים אלה מכונים ״יצר טוב״ ו״יצר הרע״. חיים אנוכיים הם חיים של ״יצר הרע״, וחיים שסובבים סביב הקב״ה הם חיים של ״יצר טוב״, כדברי הגמרא ״דרש רב נחמן בר רב חסדא מאי דכתיב וייצר ה׳ אלהים את האדם בשני יודי״ן, שני יצרים ברא הקב״ה אחד יצר טוב ואחד יצר רע״ (ברכות ס״א א׳).

המילה ״יֵצֶר״ דומה ל״יָצַר״. לאדם יש שכל ובחירה חופשית, ובכל רגע הוא מחליט כיצד להתנהג. האדם יוצר את עצמו באמצעות ההחלטות שהוא מקבל.

כאשר הקב״ה סיים לברוא את העולם אמר, ״וְהִנֵּה טוֹב

מְאֹד" (בראשית א׳ ל״א), ודרשו חז״ל, "רבי נחמן בר שמואל בר נחמן בשם רב שמואל בר נחמן אמר הנה טוב מאד זה יצר טוב והנה טוב מאד זה יצר רע, וכי יצר הרע טוב מאד אתמהא, אלא שאלולי יצר הרע לא בנה אדם בית ולא נשא אשה ולא הוליד ולא נשא ונתן" (מדרש רבה בראשית ט׳ ז׳), או כמו שמדרש אחר אומר, "והנה טוב זה יצר טוב, מאד זה יצר הרע" (מדרש קהלת ג׳ ט״ז. וכן הוא בילקוט שמעוני בראשית א׳ רמז ט״ו).

גם אם היצר גורם לאדם לעשות מעשים שליליים ולעבור עבירות, בכל זאת הוא טוב מאוד, משום שנטייה זו מעודדת לבנות בית, להינשא ולהקים משפחה, ולפרנס את עצמו ובני ביתו. במהותו, היצר – הדחף האנוכי, הוא כוח חיובי.

אילו היינו מסרבים להיכנע ליצר, הישרדות העולם היתה נחלשת. כאשר מספקים את הצרכים הטבעיים, את הרצון להתחתן ולהקים ולפרנס משפחה, ניתן לחקור לעומק את התחומים הרוחניים הסמויים יותר.

הגאון מווילנא מסביר (ישעיהו ה׳ ו׳), שחומר משמר נחוץ עבור יין משובח, משום שהוא משקע את השמרים לתחתית החבית כך שהיין משובח ומזוכך ביותר. כאשר אדם שולט על היצר, הוא משמש לו ככוח חיובי עבור חייו בעולם.

משימת היצר היא לסייע לנו בקיום החיים, אולם בד בבד צריכה הנפש האלוקית לשלוט על היצר ולהגבילו, או יותר נכון, לכוונו לעשיית מעשים טובים ויוכל לסייע בעשייה רוחנית. בסופו של דבר, עלינו לגרום לאנוכי העצמי להיות שקוף בפני הנפש, על מנת שיוכל לשמש כלי לקיום מטרתנו הרוחנית בעולם.

באם ניכנע לאנוכי הוא יגרום לנו לעשות מעשים שליליים וחסרי אחריות. בשלבים הראשונים האנוכיות הבלתי נשלטת תוביל רק לעבירות קלות ובלתי מזיקות, אך בהמשך תוביל להתנהגות שלילית לגמרי וחטאים חמורים יותר. כאשר אדם אנוכי לגמרי צריך לאוכל ואין לו כסף או רצון להשיג זאת באופן כשר, הוא יגנוב חס ושלום או יאיים על הזולת בכדי לספק את צרכיו, כמאמר הגמרא, "שכך אומנתו של יצה"ר היום אומר לו עשה כך ולמחר אומר לו עשה כך עד שאומר לו עבוד ע"ז והולך ועובד" (שבת ק"ה ע"ב).

באופיו של היצר — באנוכיות, לא טמון רוע אלא רצון לשרוד. אך התמקדות מוגזמת בהישרדות או חוסר תקשורת ותיאום בינו לבין העצמי האמיתי, הופכים אותו ונוטעים בו מחשבות לפיהן הזולת נועד לספק את צרכיו בלבד. כאשר מרסנים את היצר, גורמים לו להיות כלי למילוי צרכינו הרוחניים והוא הופך להיות כלי שבכוחו לסייע ביצירת כוח ושאיפות חיוביות.

בספרי הקבלה והחסידות מכונה כוח אנוכי זה "הנפש הבהמית" (שערי קדושה. תניא), שפועל כבהמה בעלת רצון אנוכי להגן על עצמה. זוהי דרכו של בעל חי — לשמר ולהנציח, אולם הנפש הבהמית דומה לשור שצריך לרסנו. כאשר הוא מרוסן ניתן להשתמש בו לדברים מועילים כעבודה בשדה, אך כאשר אינו מרוסן הוא נוגח ורומס את כל מה שנקרה בדרכו.

על מנת להגן על עצמו מהזולת, מדגיש האנוכי את השוני שלו. כאשר מזניחים את הטיפול בתפיסה שגויה זו היא הופכת להיות מתוחכמת יותר, ונותנת לאדם תחושת פירוד כאילו המציאות כולה היא מכלול של דברים שאינם קשורים זה לזה

או להקב״ה, תחושה שבאה כתוצאה מה״צמצום״ שעל ידו נברא העולם.

כאשר פירוד הוא הגישה היחידה של האדם לעולם, היא גורמת לו להיות במחלוקת עם הזולת כיון שהוא מוכרח להיות שונה ממנו. בסופו של דבר, תפיסה זו גורמת לו להיות במחלוקת גם עם עצמו פנימה. במצב זה היש האמיתי – הקב״ה – אינו משפיע על האדם.

היצר הטוב לעומת זאת מבין את המציאות כפי שהיא באמת — מציאות שנעלית מצמצום. הוא מביט על העולם כפי שהוא באמת — יחידה אחת שמאוחדת עם הקב״ה. מודעות זו של היצר טוב היא ״צמצום שאינו כפשוטו״ — הצמצום הוא לא כפי שהוא נתפס בעינינו. לנו הצמצום אולי נראה אמיתי, זהו מצידנו, אבל מצידו של הקב״ה אין שום צמצום.

למרות שמנקודת ההשקפה שלנו נראה שהקב״ה צמצם והעלים את עצמו כביכול, על מנת לברוא את העולם, אנו עדיין יכולים להרגיש על ידי החלק העמוק ביותר בנפשינו, כיצד חלקי הבריאה השונים הם חלק ממהות אחת.

באופן חיצוני נראה שקיים העלם ופירוד, אך היצר טוב רואה זאת אך ורק את האחדות המוחלטת של הבורא, הן בבריאה הגשמית והן בעולמות העליונים.

שני הכוחות האלה הם השורש למחלוקת הפנימית שקיימת בתוך כל אחד ואחד מאיתנו. היצר הרע רואה את המציאות בעיניים גשמיות וחושק במיידי והחומרי ובמה שעומד מולו באופן מיידי, ומורה לנו לחפש עכשיו את מה שמרגיש לנו טוב, את מה שטוב לאנוכיות. היצר הטוב לעומת זאת מרגיש

מבעד לאנוכיות, הוא קשוב לכוונה הכללית של הבריאה, מביט על התמונה הכוללת את העבר, ההווה והעתיד ביחד, בוחן את כללות הבריאה ומבין שהיא מאוחדת.

באופן עמוק יותר, כל הרעיון של פירוד הוא השורש של עבודה זרה. עבודה זרה היא לקחת חפץ, דמות או רעיון שמנותק מהמציאות האמיתית, ולהחשיב אותו כאילו "הכל". האמת היא שכל עבירה היא פירוד ועבודה זרה, כפי שהאדמו"ר הזקן מבאר ש"אפילו עבירה קלה הרי העוברה עובר על רצון העליון ברוך הוא והוא בתכלית הפירוד מיחודו ואחדותו יתברך... ועבודה זרה ממש" (תניא פרק כ"ד. ראה גם רש"י ויקרא ה' ט"ו).

עבירה או מעשה שלילי חמורים באותה מידה – אם כי בדרגה נמוכה יותר – כמו עבודה זרה, כיון שמעשה כזה נועד לשרת דחף או רצון מידיים, ללא שום התחשבות בכך שישנו מכלול בו לכל מעשה יש תוצאה. ההתעלמות מהקשר בין דבר למשנהו — היא מהות העבודה זרה. היקף ראייתו של העושה מוגבלת, והוא לא מתייחס למכלול בו הוא והזולת מאוחדים.

בעומק יותר, הגבלת היקף הראייה של האדם לרגע הנוכחי והתעלמות מתוצאות מעשיו, הינה ההיפך של המצב הרוחני של "לחיות בהווה" שביארנו לעיל.

ובהקדים, יש לומר שקיימות שתי דרכים כיצד לחיות בהווה ששונות לגמרי האחת מרעותה. הראשונה היא לחיות למען ההווה, והשניה היא לחיות בהווה.

החיים למען ההווה מגבילים את האדם לרגע הנוכחי בלבד. האדם פועל ללא שום התחשבות במניעים או בתוצאוה, ובמעשיו אין שום כוונה או אחריות.

החיים בהווה אינם כן, משום שהחיים בהווה פירושם הסתכלות על ההווה המתרחב שכולל התייחסות לעבר ולעתיד, לסיבה ולתוצאה. נוכחות אמיתית זו גורמת למעשים להיעשות מתוך מודעות, מוסריות וקבלת אחריות.

חיים בהווה הם חיים עמוקים הרבה יותר מאשר להיות נוכח רק במה שמתרחש ברגע זה —הם חיים של נוכחות מושלמת ב״עכשיו״ עצמו. אירועים מתרחשים בהווה. ההווה הוא ביטוי בלתי מוגבל ואין סופי שמכיל בתוכו את כל הביטויים, החוויות וההתרחשויות המוגבלות. כניסה להווה היא כניסה לחכמה, האהבה והחיות האין סופיים.

ולכן נקראת עבודה זרה בשם עבודת ״שווא״, עבודה שאינה מועילה באופן רוחני. אדם שעובד עבודה זרה מבזבז את זמנו ואינו מתקדם כלל. הוא מגביל את עצמו ב״עכשיו״ מוגבל שאינו כולל את העבר או העתיד. האדם רוצה לספק את הדחף או הרצון שעולים בו, וכאמור, הסיפוק יחלוף כעבור זמן קצר. בסופו של דבר, הרצון לספק משאלות חולפות ואקראיות מזיק לשלימות הנשמה.

באופן כללי אנחנו יודעים מה לעשות. יש לנו את התורה הקדושה שאומרת לנו בבירור כיצד עלינו לפעול, והאם מה שאנחנו עושים זו מצווה וחיבור או עבירה ודרגה נמוכה של עבודה זרה, ובכל זאת, ישנם זמנים שזה לא כל כך ברור וחד משמעי – זה לא שחור ולבן, מה נעשה אז?

נראה שישנן שלוש דרכים לדעת האם רצון לעשיית מעשה הוא חיובי או שלילי, באופן של ״לא זו אף זו״, כל אחת עמוקה יותר מחברתה:

א) מהבנת מה שמובא בשבט המוסר (כ"ה ח') יוצא, שהדרך לדעת באם הרצון הוא חיובי או שלילי, היא לשים לב כיצד מרגישים לאחר המעשה. אם אדם חש עוצמה ותחושה של שלווה פנימית, אזי זו ראיה שהמעשה נבע ממקור טהור וחסר פניות — מעומק הנפש. אולם אם האדם מרגיש תענוג רק בזמן המעשה ולאחר מכן חש אכזבה ועצבות, כנראה שהמניע למעשה הינו בלתי טהור. דרך זו ניתנת להרגשה רק לאחר המעשה. הדרך הבאה עמוקה יותר וניתנת להרגשה בשעת המעשה עצמו.

ב) נראה שלקדושת לוי (דרוש פורים) יש גישה אחרת. הוא מבאר שבעת עשיית מעשה מוטל על האדם להתבונן בעצמו היטב, האם הוא חש התעלות או לא, האם הוא מרגיש מוחין דקטנות או מוחין דגדלות. ידיעת המקור ממנו מגיע הדחף לעשיית מעשה, מסייעת לאדם לעשות רק את המעשה הנכון. תחושה זו בכוחה להצביע ולברר את מהות הפעולה ואת השפעתה על הנשמתהו. באם לאחר המעשה יחוש מוגבל יותר אזי ראיה שהאנוכי התערב בעשיית המעשה. אולם ישנה דרך עמוקה עוד יותר בה אדם יכול להיעזר עוד לפני המעשה.

ג) התולדות יעקב יוסף מביא בשם הרמב"ן (בן פורת יוסף עמ' ט'), שכאשר איננו יודעים האם עלינו לעשות דבר מה או להימנע מכך, ואין לנו ראיה ברורה מהתורה, עלינו לסלק כל שיקול של הנאה אישית. על האדם לחשוב כאילו הוא מייעץ לאדם אחר בנושא זה, ולו עצמו אין שום הנאה מכך. ברגע שהאדם חש נטול פנייה לחלוטין הוא יכול ביתר קלות להעריך את הבחירה.

האדם צריך לשאול את עצמו: מלבד ההנאה המיידית שארגיש ממעשה זה, האם המעשה עצמו הוא טוב? האם

הוא נעשה למען מטרה טובה? האם באמצעותו אתקרב יותר להקב"ה? האם הוא הופך אותי לרגיש יותר לזולת? או, האם מעשה זה מספק רצון והנאה זמניים שבסופו של דבר עתידים להבדיל ביני לבין מי שאני רוצה וצריך להיות?

אנוכיות שלילית מטפחת זלזול כלפי כל מי שעומד בדרכה ויוצרת חוסר יכולת להתמודד מול אנשים אחרים. כל קשר עם הזולת נמדד בתועלת של הרצון העצמי. בסופו של דבר, האנוכיות מביאה לצער ועצבות. אף כאשר נדמה לאדם שהשליליות אינה מובילה לבלבול, יאוש או טרדה פנימית, היא עדיין מגבילה את השקפתו ואינה מאפשרת לו להעריך את החיים באמת. אנוכיות פוגמת בהזדמנות לחוות את החיים ממקום של התעלות — בו הכל משולב ומאוחד עם הבורא.

המעניין הוא, שהמחלוקת הפנימית שלנו נראית כקשה ומרתיעה, היא במידה רבה אשליה. היצר הרע אינו יותר משליחו של הקב"ה שמתחבא מאחורי מסך של רוע (זוהר ח"ב קס"ג א'). מטרת היצר הרע אינה לגרום לאדם לחטוא, אלא להעמיד אותו מול המחויבות הפנימית שלו. מטרת השכנוע של היצר הרע היא בכדי שהאדם יתגבר עליו.

להבנת נקודה זו, מביא התולדות יעקב יוסף משל נפלא, "ובדרך מוסר י"ל ע"ד שזכרנו במשל מלך א' שמושל בכיפה ושלח א' מעבדיו שינסה המדינות כאלו הוא עבד מורד באדונו, וקצת המדינות עשו מלחמה עמו ושלטו עליו וקצת מדינות השלימו עמו, ובמדינה א' היו חכמים והרגישו שזהו רצון המלך עושה וכו' יעו"ש. והנמשל מובן, שיש בני אדם שעושין מלחמה עם היצה"ר שעושה עצמו כאלו הוא עבד מורד באדונו שמפתה בני אדם שלא יעשו רצון הבורא ומלך העולם ועומדין כנגדו עד ששלטו ביצרם ע"י גודל המלחמה וסיגופים גדולים, ויש

בני אדם שהרגישו שהוא עושה רצון הבורא... ומעתה בין תבין מעלת אלו החכמים יותר על הגבורים שעשו מלחמה ואלו כובשין את יצרם בלי מלחמה זהו כוונת התנא [בפ״ד דאבות] איזה גבור הכובש את יצרו שנאמר טוב ארך אפים מגבור, ומושל ברוחו מלוכד עיר והבן זה״ (תולדות יעקב יוסף על התורה פרשת ויקהל עמ׳ קנ״ב).

הדרך הטובה ביותר לתאר את היצר הרע היא כ״מתחזה״. ישנם שברוב סכלותם נכנעים לו, אחרים רואים בו אויב ומכריזים עליו מלחמה בתקווה לנצחו. אולם החכמים חשים בתחבולותיו ומכירים בהן כתוכניתו של המלך. ברגע שהם מגלים מי האויב, הוא נעלם כלא היה. כאשר מגבירים את האור, נעלם החושך. הניצחון מגיע ללא קרב.

כאשר אנו בוחרים להאמין בדבר מסויים הוא הופך להיות אמיתי. באם נעניק לאנוכיות מהות, ניאלץ להיכנע לה או להילחם בה. במקום לראות בה אויב, עדיף להאמין באחדות האמיתית — בהקב״ה. המלחמה עם האנוכיות, היא בסך הכל כיסוי על האחדות האמיתית. ברגע שנכיר באחדות האלוקית האנוכיות תיעלם והאמת תאיר באור יקרות.

כלומר, חוץ מהמציאות של הקב״ה אין שום מציאות אחרת בעולם כלל. למעשה לא שייך כלל ״אני״ אֱנוכי. ה״אני״ של ״אנכי ה׳ אלוקיך״, בא לידי ביטוי בעולם באמצעות ה״אני״ הפרטי של האדם. יש רק ״אני״ אחד, וכל מה שקיים ונמצא בעולם הוא חלק מ״אני״ זה. כאשר מכירים בכך שהעצמי היחיד והאמיתי הוא האני אלוקי, בדרך ממילא ה״אני״ האֱנוכי משחק רק תפקיד קטן אך חיוני במשחק החיים. כאשר מכירים בכך שהאנוכי הוא בעל תפקיד מסייע בלבד ולא מציאות בפני עצמה, הוא הופך להיות כלי שמגלה ומבטא את היופי שבאדם.

הכרה זו הינה הרמה העמוקה ביותר של תשובה, של החזרה אל ה"אני" האמיתי. אנו מתייגעים להבין את מהותנו מתוך הנחה שהזולת הינו מציאות נפרדת ועצמאית, אולם במהלך התשובה המודעות שלנו עולה לעולם של אחדות. שם כבר לא צריך להילחם עם האנוכי שכשלעצמו אינו דבר שלילי, רק עצמאותו שלילית. העצמי הוא אמיתי ובאמצעות התשובה הופך להיות גלוי בפני הזהות האמיתית, ומתאחד עם הקב"ה — ה"אנכי" האמיתי.

תקציר:

לא להשלות את עצמינו

בכל פעם שאנו עושים מעשה מזיק — לעצמנו או לזולת, במיוחד אם אנו עושים זאת בכוונה, אנו פוגעים בעצמנו, התוצאה היא חנק רוחני. העונש הקשה ביותר אינו רק תוצאת המעשה, כי אם המעשה עצמו. במהלך הזמן עשויה לחלחל בנו תחושות של אובדן ובדידות והלרגיש כאילו אנו מנותקים ממעיין החיים. תוצאה זו היא נורת אזהרה שמטרתה להעיר אותנו בכדי שנבין מה גרם לכך שה"אני" נבדל. האנוכי פועל תחת טענות הבל שמדרדרות אותנו. אין "אני" נבדל, יש רק "אנכי" אחד ואלוקי שקיים בתוך כל אחד מאתנו. כאשר מבינים את האמת הבסיסית הזו נסללת הדרך לתשובה.

תרגול:

לחשוב על ה"אנכי" האלוקי

אנו צריכים לחשוב על העוצמה של "אין עוד מלבדו" (דברים ד' ל"ה): "אתה" הוא הכל, והכל הוא אחד — ה'! בכוחן של מילים אלה להדהד בנפשך כל הזמן. הקדש לתרגול זה מספר דקות ביום והתרכז כל כולך באמת זו. ניתן לעשות זאת בדקות הראשונות שלאחר הקימה בבוקר, לפני תפילת שחרית, בעת ההליכה ברחוב או בכל זמן אחר שתמצא לנכון. הזמן החשוב ביותר להתמקד באמת זו הוא בזמן שהנך נמשך לשליליות. חשוב על "אין עוד מלבדו", ושלב את ה"אֱנוכי" עם "אנכי".

פרק שישי

משמעות התשובה – לשוב

ישנם החושבים שהרעיון העיקרי של תשובה הוא חרטה, דבר שנכון חלקית. תשובה אכן כוללת חרטה (וגם קבלה ועזיבת החטא), אך היא רק פרט בתהליך כולו. באמת, קשה לסכם במילה אחת את מהות התשובה (לא הלכתית, אלא את המושג), אולם תיאורים מדוייקים יותר הם, חזרה, שינוי כיוון או השתלבות. ייתכן שהדרך הטובה ביותר לתאר את התשובה היא השתלבות מחדש. תשובה מחזירה את האדם למצב של "אדם", בו נשמתו מתאחדת עם מקורה האלוקי.

כאשר אנחנו מפרשים את המילה תשובה כחזרה, הפירוש הוא שישנו מקור מסויים ממנו התרחק האדם בגלל מעשיו ובכוח התשובה לשוב אליו. מקור זה הוא העצמי העמוק ביותר של האדם. כאמור, הנביא יחזקאל אומר "וַאֲנִי בְתוֹךְ הַגּוֹלָה" (יחזקאל א' א'), האני עצמי מצוי בגלות. הגלות הקשה ביותר היא הניתוק מה"אני" — העצמי האמיתי, והניתוק של ה"אני" מהקהילה. ולכן תשובה מתחילה כאשר מחליטים להשיב את ה"אני" למקומו הראוי.

בזוהר הק' מובא (ח"ג קכ"ב א') שהמילה תשובה בנויה משני חלקים, "תשוב" — חזרה, והאות ה' שמרמזת על שמו של הקב"ה. כאשר מתמקדים בהשבת ה' לחיינו מבחינים בהבדל שבין חרטה לתשובה. בעוד שחרטה מתייחסת לעוונות, הכרה בעבירה או שינוי המעשים, מהות התשובה היא תהליך של שילוב הקב"ה בחיינו בצורה עמוקה יותר. תשובה מועילה לא רק לחוטאים אלא אף לצדיקים. הדרך לאמת אין סופית, כל

אחד ואחד יכול להתדבק בקב״ה באופן עמוק יותר בכל יום ויום.

כל הנפשות המלובשות בגוף מייחלות לתשובה. נפש שמלובשת בגוף גשמי משתוקקת לקרבת הקב״ה ורוצה לשוב לשורשה האלוקי באופן מוחשי. אולם הנפש האלוקית מכירה בייעוד הגוף, ולכן חזרתה למקורה אינה באמצעות הסתלקות מהגוף ועלייתה לשמי רום, להיפך, הנפש מתחברת לניצוץ האלוקי שבגוף, חודרת את כל שכבות העצמי האנוכי ומתחברת עם הגשמי. הנפש משתמשת בגוף עצמו בכדי לממש את כוחותיה הבלתי מוגבלים.

התעלמות מהניצוץ האלוקי היא היפך מטרת התשובה. התשובה מקלה על התחושה כאילו איננו האדם הנכון או נמצאים במקום הלא נכון. התשובה משיבה לאדם את תחושת הטוהר.

בתחילת התהליך, ייתכן שהתשובה תגביר את תחושת הבדידות וחוסר ההתאמה, אולם תחושה זו היא יסוד התשובה. וזאת משום שמטרת התשובה היא להתאים את מחשבות ומעשי האדם לכוונה האמיתית שלשמה נברא, ולכן הדרך אינה קלה.

התאמה מחודשת זו דורשת כוונה עמוקה ביותר. רצונותיו ושאיפותיו הפנימיים צריכים להתאים לכוונה נעלית זו, ולכן מוטל על האדם לבדוק היטב את הרצונות שעולים בו. ניתוח רוחני זה קשה ומורכב והוא רק השלב הראשון של הדרך חזרה.

תשובה היא חזרה אמיתית למהות האדם. מאחר ואין שני אנשים דומים, אף התשובה — החזרה לעצמי — היא חוויה

ייחודית שמותאמת ותפורה לצרכיו ולאופיו של כל אדם באופן אישי. המסלול של כל אחד הוא מסלול ייחודי, ואין תשובת אדם אחד דומה לחבירו. תשובה היא חזרה לחיים של השתלבות וייעוד — הייעוד האמיתי שלנו.

כמובן נוכל תמיד לפנות לאחרים לשם קבלת עצה, עידוד או השראה, אולם בסופו של דבר עלינו לצעוד בדרכנו שלנו. אנו יכולים ללמוד מהצלחות וכשלונות הזולת, אולם בפועל להתחזק ולהתעלות בפועל נוכל רק מתוך נסיון אישי. קשה יותר לסלול דרך אישית מאשר לצעוד בדרכו הסלולה של הזולת, אך בסופו של דבר דרכינו הייחודית היא הדרך היחידה להגיע לאמת האישית.

הליכה בדרכו של הזולת היא דרך קצרה וארוכה. היא עשויה להיראות קצרה יותר משום שהיא כבר סלולה, אך למעשה היא ארוכה יותר משום שהיא לא תביא אותנו אל מחוז חפצנו. בשלב מסויים, ניאלץ לשנות כיוון ולסלול בעצמנו את דרכינו האישית.

דרכינו האישית לעומת זאת היא ארוכה וקצרה, ארוכה מפני שאנו זקוקים לסלול אותה ועשויים להיתקל בנסיונות, ספיקות ואתגרים, אך קצרה משום שהיא היחידה שתוביל אותנו אל הייעוד האמיתי.

כאשר הקב״ה אמר לאברהם אבינו, ״לֶךְ לְךָ״ (בראשית י״ב א׳) הבין אברהם אבינו שהליכה זו תביא לו תועלת, ״לך — לטובתך״ (רש״י), משום שמטרת ההליכה ״אל הארץ״ היתה בכדי שיוכל למצוא את עצמו (זוהר). אולם בהבנה פשוטה יותר של הדברים, היציאה למסע היתה צריכה להיות ״לך — לבדך״ (קדושת לוי).

כמו שהיה אצל אברהם אבינו, דרך התשובה היא מסע של בדידות — "לך — לבדך", מסע ללא שותף. אין שתי נפשות שייעודן שווה, ולכן מוטל על כל אחת למצוא את הדרך הטובה ביותר עבורה. אין שום תועלת בהשוואת מסע של אחד למסע של חבירו.

בכדי להקל על תהליך התשובה, כדאי ומומלץ למצוא קהילה יציבה עם אנשים חמים – בית רוחני בו האדם ירגיש בנוח ויקבלו אותו כפי שהוא. כאשר הוא מוקף באנשים שמכירים בערך התשובה, זה יתן לו כוח להתמיד. חובה עלינו לצעוד במסע האישי שלנו שכולל עמידה מול נסיונות אישיים, אך אל לנו למדוד את צמיחתנו כנגד צמיחתו של הזולת. מדד ההצלחה חייב להיות על פי אַמַת מידה אישית בלבד.

תשובה היא חזרה הביתה. גם כאשר אדם יוצא מביתו לא משנה כמה רחוק הוא הולך, הוא בתנועה חזרה, הוא חוזר הביתה. ככל שהוא הולך רחוק יותר, השיבה הביתה רחוקה יותר. החיים הם כמו מעגלי, כל תנועה של התרחקות מנקודה מסויימת במעגל היא תנועה של חזרה כלפי נקודת ההתחלה. בתשובה נכנסים למעגל. [משום שאנו תמיד נעים לכיוון הבית, יוסבר להלן כיצד בכוח התשובה לרפא גם העבר].

תשובה במובן של שיבה רומזת על חזרה למצב בו היינו בעבר, חזרה למנהגים ולמורשת היהודית הטהורה. על אף העדר חינוך תורני, בכוח האדם להתחבר שורש נשמתו, למקום שמעולם לא הכיר במודע.

חזרה ליהדות פירושה חזרה לביטוי העצמי הטבעי שטבוע במהות, חזרה הביתה. רבים שיצאו למסע התשובה מעידים על תחושת "התגלות", לפתע מצאו את הדבר שאותו תמיד חיפשו.

מסלול זה שטבוע בפנימיות האדם, בכוחו להאיר את הייחודיות העמוקה ביותר של נפשו ולהתאחדות עם עצמי האישי.

שינוי אישי זה הינו בעל השלכות מרחיקות לכת ומשפיע לטובה באופן אישי, קהילתי וכלל עולמי.

כפי שצויין, תשובה מורכבת משני חלקים "תשוב" — חזרה, ו"ה" — שמו של הקב"ה. העבירה גורמת לאדם לעבור על הה' הפנימי וכתוצאה מכך מצטמצמת נוכחותו של הקב"ה בעולם. באמצעות התשובה והחזרה של הה' ונוכחותו המחודשת של הקב"ה בחיינו, מתעלה השלימות הפנימית שלנו ומתעלית גם הה' של העולם, נוכחותו של הקב"ה שבה לעולם ביתר שאת.

אמרו חז"ל, שהאיחוד הפנימי של האדם משפיע גם על העולם ומקרב את הבריאה כולה למצב של שלימות, "תניא היה רבי מאיר אומר גדולה תשובה שבשביל יחיד שעשה תשובה מוחלין לכל העולם כולו" (יומא פ"ו א׳-ב׳).

תוהו ובוהו רוחני בעולם גורם לחוסר אחדות בעולמו של האדם. באמצעות תיקון פנימיות האדם, העולם כולו "חוזר בתשובה". מחשבותינו, דיבורינו ומעשינו הטובים, תורמים לגילוי השכינה בעולם כולו.

תקציר:

תהליך התשובה הינו מיוחד לכל אחד

תשובה פירושה חזרה אל מי שאנו באמת, לטהרה ששוכנת בפנימיותנו. כתוצאה מייחודיותנו התשובה מותאמת באופן אישי לכל אחד.

תרגול:

שלווה

אנחנו מושפעים בצורה חזקה מהדעות הסביבה, ומבססים את תחושת ערכנו העצמי על פיה. למרבה הצער, לפעמים אנו חיים במטרה להרשים את הזולת. על מנת לשמר על הייחודיות ושלוות הנפש, עלינו לצאת למסע אישי בו נתרגל "השתוות". השתוות היא מצב בו הכל שווה בפנינו ואיננו מושפעים כלל ממה שיאמרו עלינו האחרים לטוב ולמוטב.

התחל לחיות ממקום של השתוות. הקדש מספר דקות להתבוננות פנימית. שאל את עצמך: האם אני זקוק למחמאות של אחרים? האם ארגיש בלתי חשוב ללא מחמאות? מהיכן אני שואב את תחושת הערך שלי?

דמיין את עצמך עושה משהו אצילי. כאשר אתה מהרהר בדמותו של העצמי שלך במיטבו, שאל את עצמך: האם אני מביט לצדדים בכדי לראות האם מישהו אחר מתבונן בי? כאשר מרעיפים עלי מחמאות, כיצד אני חש? כאשר אין איש צופה בי, כיצד אני חש? כאשר אין איש יודע על מעשיי הטובים, כיצד אני עושה אותם? האם אני מעריך מעשים אלה?

פרק שביעי

שאלות ותשובות: איזון נפשי

דרך נוספת לתאר את המהות של תשובה היא שתשובה היא מלשון תשובה לשאלה, דבר שרומז שהיתה שאלה וה"תשובה" היא התשובה. השאלות שקדמו ל"תשובה" הן שאלות שנוגעות לעצם החיים, טורדות את מנוחתו וגורמות לו לחפש תשובה: מי אני? מהי התכלית לחיי? מדוע החיים כה קשים? מדוע יש סבל בעולם? מדוע אני חש בודד? כאשר אדם שואל את עצמו, מהי הדרך בה עלי לצעוד? ה"תשובה" היא התשובה.

המענה לסבל היא תשובה שמובילה לשלימות, שלווה פנימית ועצמאות רוחנית. רבים פונים אל הקב"ה לאחר שהתייאשו. הייאוש גורם לאדם לחפש מטרה גדולה ונעלית יותר ממנו עצמו, לחפש ולמצוא את המשמעות האמיתית של החיים. סבל יכול לשבר את התנגדות האֶנוכי, על מנת להחליפו עם האחדות האלוקית.

אסונות יותר מהכל גורמים לאדם לחפש רוחניות, משום שדברים משמחים יכולים לחזק את השחצנות. ניתי ונחזי כמה החלו במסע של תשובה לאחר אסון או חוויה עצובה, וכמה נפלו לאחר שהגיעו לפסגת האושר או העושר?

תהליך התשובה מתחיל לעתים קרובות עקב רצון האדם לתקן נזק שגרם לעצמו, אולם לאט לאט התשובה הופכת ליותר מתיקון הנזק בלבד. תשובה היא לא רק מענה לבעיות וסבל, אלא בעיקר הערכה עצמית כנה. תשובה היא מענה בריא להתמודדות עם החיים עצמם. קבלת אחריות רוחנית.

אולם עוד לפני שאדם מתחיל לצמוח מבחינה רוחנית, ישנו חלל ריק — מחסור. לפני כל "יש" קיים "אין" — "ריקנות" (ראה סוף פרק ראשון). לפני שדבר חדש מתחיל להופיע, מוכרח להיות רגע בו הכוונה והמטרה חדלים מלהתקיים. בדיוק כמו שזרע נרקב באדמה לפני שהוא צומח כך גם הדימוי העצמי הישן חייב להתמוסס לפני שהדימוי החדש מופיע. ריקנות זו מופיעה תמיד לפני שהתשובה מתחילה. גם אם הריקנות הזו לא באה כתוצאה מסבל או צרה, היא משרה תחושה מבלבלת וגורמת לאדם להרגיש ריק וחסר תכלית.

כאשר העצמי החדש לובש צורה, מגיע השלב בו צריכים לשלב את העבר עם ההווה. הדימוי החדש חייב להתאחד עם הישן. חשוב לדעת שתהליך התשובה לא מתקדם תמיד בצורה חלקה, ובזמנים מסוימים אדם מרגיש שקל לזנוח את הישן ולדבוק בחדש. אולם המטרה אליה אנו שואפים היא שילוב ואיחוד בין הישן והחדש. על מנת להצליח בעליות ובמורדות החיים צריכים להתחבר לשאיפתנו העמוקה שוב ושוב, ולהגיע לאיחוד ושלימות אמיתית — שלימות בה הנפש והרוח מאוחדים.

למרות שאחת ממטרות התשובה היא לחיות את החיים מתוך שמחה פנימית, דבר שבאמת קורה, אין הפירוש שכשהאדם עושה תשובה הוא ימצא את התשובות לכל בעיות. טעות לחשוב - כפי שהעולם חושב, שלמאמינים יש רק תשובות ולאינם מאמינים יש רק שאלות. אל לנו להתבלבל ולחשוב שמנוחת הנפש של המאמין, היא תוצאה מהעדר שאלות או מכך שהפסיק לשאול. כאשר אדם מוצא משמעות ותכלית לחייו, אף שיש לו או יכולות להיות לו קושיות, הוא נותר רגוע ושליו. ברגע שהוא חש שלימות, הצורך לשאול גובר יותר ומעורבותו בחיים הופכת להיות חזקה יותר.

מבחינה שכלית ורגשית, האמונה הופכת את החיים למאתגרים אך מרגשים יותר. כאשר ישנה כתובת אליה ניתן להפנות את השאלות והתהיות, השאלות עולות בתדירות גבוהה יותר. הדחף הרוחני של תהליך התשובה הוא, שככל שאנו יודעים יותר, אנחנו מודעים לכך שישנם דברים שהם מעל ומעבר לידיעה והצמאון לדעת ולהתקרב לקב"ה גובר דווקא מתוך חוסר הידיעה.

אנו מוצאים קרקע נוחה של תשובות על פי התפיסה הגשמית, השכלית והרוחנית שלנו. אנו קובעים את העקרונות לחיים, ומוצאים תשובות ביחס לעקרונות. לדוגמא, ישנם אנשים שרואים במיתה שינוי חיובי, מצב בו הנשמה מתנתקת מהגוף ומתעלה למקור חוצבה. אחרים רואים במיתה חלק ממעגל החיים. ישנם הרואים במיתה של אדם קרוב מניע בכדי לבדוק את תכלית החיים. ללא קשר לתשובה מדוע קיימת מיתה הם מתלבטים בשאלה "מדוע אנשים מתים?"

הגלות האישית וחוסר התיאום בו אנו חיים, מעמידים אותנו במצוקה מתמדת עם שאלות תמידיות. גלות היא מקום השאלות (בני יששכר תמוז־אב ג' י"ב). מקור השאלות והתהיות שורשו בעולם הפירוד, פירוד וגלות. אנו רוצים לדעת דבר שנעלה מאיתנו ואינו ידוע לנו, דבר שהוגלה מאיתנו. שאלות הן גלות ותשובות הן גאולה.

תהליך התשובה יכול לענות גם על השאלות הקשות ביותר. שאלות ותהיות הן חלק ממבנה האישיות שלנו, אולם כאשר איננו מחוייבים לאף אחד או כאשר אין לנו את הביטחון או היראה מכוח עליון, החיפוש אחר תשובות הינו חסר משמעות.

תהליך התשובה מורכב מתשובות ושאלות. חיים של

תשובה, מבלי לזכור כל הזמן את השאלה שהובילה לתשובה, גורמים לתשובה להיות שטחית ופשוטה והופכים את החיים לחסרי תשוקה ורצון, וחיים מתוך שאלה בלבד מובילים לחוסר וודאות. יש צורך הן בשאלה והן בתשובה.

האמת היא שכל תשובה מובילה לשאלה עמוקה יותר, כל פסגה מגלה אפיקים רחבים יותר וכל רעיון מוליד רעיון אחר המעורר את השילוב ביניהם, שבתורו מוליד רעיון חדש וכן הלאה, עד אין סוף. זהו סוד ההתפתחות הנפשית והאנושית. היסוד להתפתחות הוא שאלה ותשובה, בעיה ופתרון, גלות וגאולה, דריכות ושלווה. מה שעשוי לספק את ההבנה היום, לא יכול ולא צריך לספק את ההבנה מחר.

אנו צריכים לחיות באופן יצירתי, המתח בין התשובות והשאלות חייב להיות עקבי. יתר על כן, התשובות והשאלות חייבות להיות אמינות. אף שתשובה אמיתית מקדמת בברכה שאלות ותהיות חדשות, חלק בלתי נפרד מתהליך התשובה הוא, ההבנה הבסיסית שלא לכל שאלה יש תשובה ולא תמיד צריך לספק את השכל.

התפתחות החיים היא מתוך שאלה. על מנת לגדול, צריכים לשאול. אי אפשר לגדול מבלי לשאול. התפתחות מתחילה בשאלה — בריקנות, ורק לאחר מכן באה התשובה. התורה שבעל פה כולה פותחת בשאלה, "מאימתי קורין את שמע בערבית"? (ברכות א׳ א׳), והגמרא מיד שואלת, "תנא היכא קאי דקתני מאימתי?", מהיכן התנא למד שצריך לקרוא את השמע שהוא שואל "מאימתי"? כמו כן בזוהר הק׳ שאף הוא מתחיל בשאלה, "רבי חזקיה פתח כתיב כשושנה בין החוחים, מאן שושנה" (מי שושנה)? שאלה פותחת את הפתח להבנה אמיתית. במילים אחרות, תורה שבעל פה כולה מתחילה עם שאלה, מכיון שהיא התחלה הלימוד, החקירה והבחינה.

אולם, אנו מוכרחים להבדיל בין סוגי השאלות. ישנה שאלה אמיתית ושאלה לא אמיתית. שאלה אמיתית היא שאלה שנשאלת על מנת לנסות להבין את הלא נודע ותביא לתשובה. שאלה לא אמיתית היא שאלה שנשאלת רק לשם שאלה. במוחו של השואל כבר ישנו תירוץ כפי שהוא מוצא אותו לנכון, והוא רק שואל בכדי להראות את פקחותו או בכדי לערער את בטחונו של הנשאל, ממש כמו ילד ששואל את הוריו מדוע השמים כחולים?

איך נדע האם השאלה היא שאלה אמיתית? אומרת המשנה, "כל מחלוקת שהיא לשם שמים סופה להתקיים, ושאינה לשם שמים אין סופה להתקיים" (אבות ה׳ כ׳). "סופה להתקיים" פירושו להניב תוצאה.

איך נדע אם השאלה היא לשם שמים? אם היא "התקיימה". אם היא הביאה לתשובה אזי היא שאלה אמיתית. במילים אחרות, אם בסופה יש קיום לשאלה — היא שאלה שהביאה לתשובה, אזי יודעים שהשאלה היא לשם שמים. כאשר השאלה מכילה את זרע התשובה היא תוביל לתשובה אמיתית. גם גלות יכולה להניב פירות באם היא מובילה לתשובה.

שאלה "לשם שמים" מאחדת בין השואל לנשאל, ושאלה שלא לשם שמים מביאה לחיכוך ולפירוד בין השואל והנשאל, שאלה שאינה ראויה לתשובה וליחס כיון שהשואל אינו מחפש תשובה אמיתית או הבנה חדשה. שאלה שאינה "לשם שמים" ראויה להתעלמות, משום שאפילו תשובה ניצחת לא תספק את השואל. שאלה שנשאלת לשם שאלה בלבד. תשובה לשאלה כזו, רק מעמיקה את הגלות האישית של השואל.

שאלות אמיתיות שמטרתן להגיע להבנה עמוקה יותר הן שורש השלום. "מחלוקת" בגימטריא 578, אותה גימטריא של

"שלום רב" (דרשת חת"ם סופר שבועות). מחלוקת שהיא לשם שמים, מובילה לשלום עמוק יותר — "שלום רב". במסע התשובה, האדם הוא השואל, הקב"ה הוא המשיב והשאלה מאחדת ביניהם.

בדרגה העמוקה של האחדות האישית, התשובות שאנו מחפשים נמצאות בתוכינו. כאשר אנו מנותקים מעצמנו, קשה לנו למצוא את התשובות שנמצאות בנו, משום שאנו סובלים מספיקות ודאגות. "תשובה" היא להתחבר למהות הנשמה באופן עמוק ביותר, בו ניתן לסבול סתירה בין הפכים. בקבלה ובחסידות זה נקרא "כתר" או "אין" — המקום שלמעלה ממקום, בו מתאחדים ההפכים, וגם כאשר נשאלות שאלות, איננו מוטרדים מכך. להיפך, ננסכת בנו שלווה, בגלל שאנו נמצאים מעל.

אנשים יכולים לחיות זמן קצר במצב של סתירה פנימית, אולם לאחר מכן יחזרו לנוחות הקודמת בה חיו. לחיות בנוחות בתוך סתירה עלול להיות קשה, גם שכלית וגם נפשית. בכדי לשמר את המצב של סתירה, זקוקים ליישוב הדעת. דוגמא לכך היא מעיגול בו כל הנקודות נמצאות במרחק שווה מנקודת המרכז. גלות וגאולה שוות זו לזו, אנחנו עוברים משאלות – גלות, לתשובות - גאולה. קו מעוגל בו כל נקודה מובילה חזרה לנקודת ההתחלה, וקו ישר בו מתרחקים מנקודת ההתחלה, הם שניהם ביטויים אמיתיים של ה"תשובה".

גם במצב של סתירה, האדם מתפקד ממקום של חופש ותשובה, משום שיש לו מטרה ומשמעות אלוקית. גם אם הוא חש כבול יש לו את הכוח להתנתק. במצב זה של תשובה, האפילה של הגלות האישית מוארת והאדם יכול לקחת אחריות על חייו ולחיות עם שאיפה ומטרה רוחנית ברורה. התשובה חודרת את השאלה והגאולה שוברת את הגלות.

תקציר:
להמשיך לגדול

העולם תמיד בתנועה ולכן אסור לנו להרגיש אף לרגע קט שהגענו ליעד הסופי. נמשיך לשאול שאלות מאתגרות. שאלות אלו חשובות משום שהן מניעות אותנו קדימה. אם אנחנו לא מתקדמים אנחנו נופלים. תשובה מובילה לשאלה עמוקה יותר שתדרוש תשובה חדשה וכן הלאה.

אל תרגיש רע כשעולים בך שאלות. להיפך, חפש את התשובות. גם אם ישנם עיכובים בדרך התשובה, היה מודע לכך שהעיכובים עצמם יכולים להניע אותך קדימה ביתר שאת. נסה ללמוד ולהבין עוד ועוד. החידושי הרי״מ זצ״ל סיפר, שכאשר הגיע בפעם הראשונה ללמוד עם האדמו״ר מקוצק, אמר לו הרבי: ״בוא ואומר לך מהו חסיד. חסיד הוא אדם שתמיד שואל את עצמו למה?״

אסור להפסיק לשאול. כשאדם מפסיק לשאול, הוא כבר לא יכול להיות כנה עם עצמו ואינו חי באמת. ככל שהשאלות גוברים, אַתְגר את עצמך ותתקדם. אלו החיים.

תרגול:
שאל שאלות

כל אימת שהנך חש עייף או חסר השראה, שאל את עצמך את השאלה העמוקה ביותר שעולה לך בראש. אם יש לך תשובה, המשך לשאול עוד ועוד, עד שהתודעה וההבנה שלך מתרחבות עוד ועוד.

פרק שמיני

תקווה מתוך הריקנות

תשובה היא מסע של השתחררות מהעבר ופתיחת פתח להווה ודורשת להתנתק מהישן ולהתחבר לחדש. על מנת שזרע יצמח ויגדל עליו קודם להירקב באדמה. הצמיחה באה לאחר ריקבון. כל עוד שומרים על דימוי עצמי והרגלים שליליים אי אפשר לגדול.

אנשים שנפטרים מהרגלים ישנים, אפילו מהרגלים שהם יודעים שהם לא טובים עבורם, מרגישים טוב עם עצמם, אולם לאחר זמן מה חודרת בהם תחושת חוסר וודאות. גם כאשר נמצאים בעיצומו של תהליך התשובה, עדיין אפשר ניתן לחוש תחושת מבוי סתום. בכדי להמשיך לגדול, צריך לשוב לזמן מה אל הריקנות והתהייה, ורק לאחר מכן לעלות על הדרך של הגשמה ומשמעות.

אדם יכול לחוש לכוד ואבוד בין האני הישן שכבר לא קיים ובין האני החדש שעדיין לא הופיע לגמרי. בין שני המצבים של ה״יש״ – של ההוויה האנושית, ישנו מצב של אין — מצב של ריקנות. במצב של אין, אי אפשר לחזור ליש הקודם שכבר לא קיים, וגם אי אפשר לנוע קדימה משום שהיש החדש עדיין לא קיבל צורה. אסור להתייאש. זקוקים לעבור במנהרת ה״אין״ לפני שמגיעים אל האור. האמת שהאור שבא לאחר ומתוך החושך, נעלה הרבה יותר ״כִּיתְרוֹן הָאוֹר מִן הַחֹשֶׁךְ״ (קהלת ב׳ י״ג).

בשלביה המוקדמים של התשובה, יכולים להיווצר מצבים

של בלבול ותהייה. המילה "תשובה" כוללת את האותיות "תוהו ובוהו" מצב של בלבול וחוסר וודאות, והאות ש' שמייצגת את החושך (שפת אמת שבת שובה). הכאב בניתוק מהישן עלול להתחזק במצב של חוסר וודאות. פעמים רבות, הדרך ל"גן עדן" הפנימי עוברת דרך גיהום. עלינו לזכור, האור מאיר דרך האין והחושך.

יתר על כן, האמת היא שההבנה מתעוררת דווקא כאשר נמצאים במצב של אין. הרצון לשינוי יכול להתעורר במצב של וודאות אישית, הערכה עצמית כנה או החלטה אמיצה לשינוי. אולם ההבנה שאנו יכולים לבצע שינוי, באה ממצב של אין — חוסר וודאות ותהייה.

על מנת להבין את הרעיון של "אין" בנפש האדם בעומק יותר, נעמיק מעט ברעיון של "מקווה", בו אדם טובל בכדי להיטהר או על מנת להגיע לדרגת טהרה נעלית יותר. רבים נוהגים לטבול בכל יום או בערב השבת.

הרצון להיות טהור מוביל את האדם אל המקווה. כאשר האדם נעלם בתוך המים הוא חש תחושה של אין — הוא מפסיק לנשום, מפסיק להיות. אולם "מקווה" דומה באותיות וברעיון ל"תקווה". מתוך האין של המקווה, אנו מלאי "תקווה" שנצא רעננים וטהורים יותר — מציאות של יש חדשה.

בעוד ש"יום" מייצג את הטבעי והצפוי, החושך וחוסר הוודאות של ה"לילה" מייצגים חלום של יכולת בלתי מוגבלת. בחשכת הלילה, בזמן של אי ידיעה — האין, ניתן להאמין ולחלום גם על הבלתי אפשרי ולצפות לנס. כשהחיים צפויים, קשה לחלום ולקוות לעתיד טוב יותר ולכן גם אין אפשרות אמיתית לצמיחה. בחשכת האין, האפשרויות הינן בלתי מוגבלות.

כאשר אנו חשים בודדים או מבולבלים, כדאי לנצל את התחושות הללו בכדי לגשת אל התקווה של ה"אין". אנו יכולים לשמוע את ההד שמהדהד באוזנינו, את השאלה ששאל הקב"ה את אדם הראשון (בראשית ג' ט'), "אייכה?" איפה אתה? מה אתה עושה עם חייך? באם הנך שומע את הקריאה, התחל לצעוד קדימה.

בפרק הקודם הוזכר, שאת ה"תשובה" ניתן להבין כתשובה לשאלה. תשובה זו אינה רק תשובה שצריכים לענות לקב"ה או תשובה לעצמנו כאשר אנו מבינים את מעשיו של הקב"ה או אפילו תשובה לבעיות החיים. "תשובה" היא התגובה שלנו לקב"ה, כתודה למתנה שנתן לנו — מתנת החיים. אנו צריכים להשיב לקול הפנימי שלנו, לשאלה המהותית שמאתגרת אותנו לחיים אמיתיים: אייכה?

התשובה לשאלה זו של "אייכה?" היא "הנני". אני כל כולי כאן. אני מודע לגמרי. "הנני" היא התשובה שאנו עונים בדרך בה אנו חיים את חיינו הרוחניים, הגשמיים והרגשיים. האני שעונה על שאלת ה"אייכה" הוא האני הפנימי של האדם, אליו השאלה היתה מופנית. המענה — ה"תשובה", הוא לגלות את האני הפנימי שלנו והאור האלוקי שחבוי בנו מאז ומתמיד.

חז"ל הקדושים מגלים לנו ש"בת קול מכרזת ואומרת שובו בנים שובבים" (איכה רבה הקדמה כ"ה. פרקי דרבי אליעזר ט"ו). בת קול זו היא כוח רוחני שמושך את האדם, על מנת לרומם אותו מהבלבול של החיים. בת קול שמעוררת רצון להתחבר עם האני הפנימי. בין אם קריאה זו מגיעה מהתת מודע ובין אם היא מגיעה מחוויות החיים או מרצון פנימי עמוק — הקריאה לתשובה מזמינה אותנו אל חיקה עם חיות וכוח.

תשובה היא התחדשות ועבודה תמידיים — מסע שלא

נגמר. מטרתינו אינה להגיע אל היעד ולנוח בתחושת סיפוק עצמי, אלא להתקדם ולנוע ללא הפסקה.

טהרה פירושה תנועה מתמדת. טומאה פירושה חסימה, מלשון אטום וסתום (ראה פרק רביעי), כיון שהיא רומזת על מצב של קיפאון. זוהי הסיבה שמי המקווה חייבים להיות מים "חיים" — מי גשם או מעיין, חיים מלשון תנועה. כאשר מתטהרים על ידי טבילה במקווה, שואפים פנימה את הכוח הרוחני ואת כוח התנועה של המקווה ויכולים לנוע קדימה עם תקווה להתקדמות והתעלות.

כל עוד האדם חי אין הוא מושלם ויש לו עוד מה לפעול בעולם. האדם תמיד נמצא בתנועה, ובעזרת ה', כלפי מעלה ולא חלילה כלפי מטה. אנו מחוייבים להתמיד במסע ולא לשקוט על השמרים. לחיות ולגדול.

אדם מעצם הגדרתו תמיד במצב של תנועה, מעלה או מטה. בעומק יותר, בגלל שאנו יכולים להתעלות לדרגה כה נעלית, זו הסיבה שאנו יכולים גם לשקוע ולרדת לדרגה כה נמוכה. כפי שניתן לראות מארבע הדרגות שישנם בעולם, דומם — הדרגה הכי נחותה, צומח, חי ומְדַבר — הדרגה הכי נעלית. ככל שהדרגה נעלית יותר כך הנפילה עמוקה יותר.

דומם הוא הצורה הנמוכה ביותר של חיים. דומם אינו יכול למות, להרקיב או להיעלם. דרגת צומח נעלית מדומם, אך כאשר היא נובלת או קמלה, היא מאבדת את חיותה ונופלת בדרגתה יותר מדומם. אבן נשארת אבן, אולם פרי שמרקיב — מסריח. למרות שלפרי שנרקב יש תועלת כזבל או דשן או בכדי להשתמש בגרעיניו לגידול עוד פירות, אולם בצורתו הנוכחית הוא בלתי אכיל.

דרגת החי נעלית מצומח, אך כאשר בעל חי מת, הוא מרקיב ומסריח בצורה גרועה יותר מצומח.

הדרגה הנעלית ביותר היא דרגת האדם — ה"מְדַבֵּר" שעומד מעל כל הדרגות הקודמות, אך כאשר הוא מת, הוא מרקיב יותר מבעל חי. דבר זה נכון גם עם התפתחות החיים. ככל שהדבר גבוה יותר, נמיכותו באה לפני ואחרי. האדם יכול להגיע לדרגות הנעלות ביותר, אולם כאשר הוא מת, הוא נופל הכי נמוך.

כל דבר שנמצא בעולם, צמחים, בעלי חיים ואפילו הימים והנהרות, עובר ממצב של "קטנות" למצב של "גדלות" וחוזר חלילה (אמרי פנחס).

במצב של קטנות העץ בסך הכל זרע זעיר חבוי באדמה, כאשר הוא גדל וצומח ונושא פירות ועלים מלבלבים הוא במצב של גדלות. הים הינו רגוע במצב של קטנות וסוער ורועש במצב של גדלות. בכל מצב ולכל מציאות יש קטנות וגדלות.

אצל האדם שהוא הדרגה הנעלית ביותר בבריאה, קטנות היא כאשר הוא שוכב או ישן וגדלות היא כאשר הוא עומד וצועד. גדלות האדם נעלית מכל המינים. הוא צועד, מדבר, וחושב לעתים גם בצורה שאינה מתאימה אפילו לו. לעומת זאת קטנותו נחותה מכל המינים, כאשר הוא ישן, הוא ישן בצורה ישרה, אחורי הגוף וראשו באותו גובה.

דפוס זה ניתן לראות גם בהתפתחות האדם. כאשר האדם נולד, הוא נמצא במצב הכי פחות מפותח מכל החיות. רוב בעלי החיים מתנהגים והולכים כחיות בוגרת זמן קצר לאחר לידתם כפי שחז"ל אומרים, "שור בן יומו קרוי שור" (בבא קמא ס"ה ב').

אמנם, מכיון שלאדם ניתנה היכולת הכי נעלית של גדלות, יכולים לעבור חודשים ושנים עד שיוכל לנוע ולהתנהג כאדם רגיל. התינוק מתחיל את חייו כשהוא שכוב, לאחר מכן לומד לשבת ולנוע, ורק בשלב מתקדם יותר לומד לעמוד וללכת. האדם מתקדם משוכב ליושב, ואז לעומד ומהלך – הולך ומדבר כאדם רגיל.

הסיבה לתהליך ההתבגרות האיטי של האדם ביחס לשאר החיות היא כיון שכשהאדם מתעלה הוא מתעלה באופן נעלה ביותר. ולכן כאשר הוא נולד הוא הרבה פחות מפותח מחיות, וכאשר הוא נופל ומת הוא נחות יותר אפילו מדומם.

באופן פנימי, כאשר אנו גדלים, אנו גדלים יותר במודעות — בדעת, ושאנו נופלים, אנו נופלים יותר. ניתן לראות זאת בברכה השישית בתפילת שמונה עשרה, "סלח לנו אבינו כי חטאנו, מחל לנו מלכנו כי פשענו". ברכה זו נאמרת לאחר ברכת "החונן לאדם דעת".

הכוונה הפנימית בסידור הברכות באופן זה היא שבכל פעם שנגיע לרמה עמוקה יותר של חכמה והבנה, נהיה מסוגלים לנתח את ההתנהגות שלנו מנקודת מבט גבוהה ורחבה יותר, להבחין בחוסר עקביות במחשבות, בדיבורים ובמעשים שעשינו בעבר ולבחור להתנתק מדרך התנהגות זו. מודעות עמוקה יותר, מביאה הבנה רחבה יותר ליכולת האמיתית שלנו, מה היינו ומה אנחנו יכולים להיות, ומהן האפשרויות העומדות בפנינו.

התפתחות תמידית זו מונעת מאיתנו ליפול אל המלכודת של שביעות רצון. כל יום טומן בחובו יכולת למודעות עמוקה יותר והבנה טובה יותר מהיום שלפניו. בכל יום ניתנות לנו הזדמנויות נוספות לשינוי. כל צעד שאנו עושים, נותן לנו

תקווה להגיע ליכולת גבוהה יותר. תקווה זו משפיעה על עתידנו ועל העולם.

ישנם סוגים שונים של אנשים, אלה המלאים בתקווה ושמחת חיים ואלה שאינם. אדם שסבור "מה שהיה, הוא שיהיה" והעבר לא ניתן לתיקון נקרא רשע באותה שעה, כפי שדוד המלך אומר, "רָחוֹק מֵרְשָׁעִים יְשׁוּעָה" (תהילים קי"ט קנ"ה). הישועה רחוקה מהרשע.

בעומק יותר, כאשר אדם מרגיש שהישועה רחוקה, זה עצמו גורם לו להרגיש רשע כביכול. ברגע של נפילת הרוח הוא מרחיק את עצמו מהישועה, ולכן הוא רשע. אדם שמקווה לטוב גם כאשר הוא חווה אירוע או מעשה שלילי נחשב לצדיק, כפי שנאמר, "כִּי קְרוֹבָה יְשׁוּעָתִי לָבוֹא" (ישעיהו נ"ה א'), הוא מכיר בכך שהאפשרות לשנות את חייו עומדת לפתחו כל הזמן, וזו תוביל אותו להמשיך להתעלות ולהביא את הגאולה האישית והכללית.

כאשר אנו בוחרים בטהרה לעומת טומאה, ובחיי צדיק בעל תקווה לעומת רשע נטול תקווה, יוצרים עתיד טוב יותר עבורינו ועבור העולם.

תקציר:

להיות בשמחה

תנועה וגדילה קודמים לשלב ההתנתקות מהישן. כאשר מתנתקים מהישן, ישנו פסק זמן בו נראה שאין כלום. לפני כל שלב של "יש" קיים שלב של "אין". עלינו לדעת ששלב זה הכרחי לתהליך הצמיחה, אחרת עלולים להתייאש. דווקא ממקום של אין, מבינים שאפשר להשתנות.

תרגול:

קריאה

המסילת ישרים כותב, "וכן תועיל הקריאה בסיפור מעשה החסידים באגדות אשר באו שם, כי כל אלה מעוררים את השכל להתיעץ ולעשות כמעשיהם הנחמדים" (פרק כ"א), ורבינו יונה מביא שישנו חיוב לדבר ב"שבח מעשיהם של צדיקים" (משלי כ"ה כ"ו).

כאשר הנך מרגיש מיואש וחסר כוח, קרא סיפורי צדיקים. כדאי לקרוא גם סיפורים על אנשים שהתגברו על אתגרים קשים, סיפורים על בעלי תשובה או אנשים שהתגברו על מחלה, עוני או כל צרה אחרת. סיפורים אלה ימלאו אותך בתקווה. נכון שהמסע שלך ייחודי, אך קריאה אודות מסעם של אחרים תעזור לך לצאת ממנהרת החושך ותעניק לך שמחת חיים שתוביל אותך להשגת דרגות גבוהות יותר בדרכך. תרגול פשוט זה יהיה לך לתועלת, יתן לך השראה וכוח לעמוד באתגרים והקשיים שלך ולהמשיך להתקדם מתוך שמחה.

פרק תשיעי

המסע לשלימות כמטרה

תשובה עניינה להיות קשוב לחיים – לחיות ממקום של שלימות ולהיות מוכן לשינויים. שלימות היא לנצל את כל האפשרויות הזמינות לעבודת ה׳ בכדי לזכך את נשמותינו ולהפוך את העולם למקום טוב יותר.

התורה הקדושה מציעה דרך בה נוכל לשלב בין ה״אדם״ ובין ה״הוויה״. חיים בדרך זו נועדו לשלב ולהשלים את מה שנראה לנו כמנוגד זה לזה, ולהכניס בחיים חיות. התורה אינה רוצה לשלול את ״החיה״ שבאדם אלא לאחד בין ״החיה״ ובין הרוחניות, בכדי שישלימו ויחזקו זו את זו. רצון האדם להנאה או סיפוק גשמי נועד לממש קרבה גדולה יותר עם הקב״ה.

הרעיון של ״קרבן״ קשור לקירוב, משום שקרבן מלשון קירוב (ספר הבהיר ק״ט). הקרבת קרבן אינה רק שחיטת חיה, עוף או כל סוג אחר של בעל חיים, אלא העלאתו והקרבתו לבורא עולם על ידי ניצול כוחותיו לקדושה. אנו צריכים להיות מוכנים ״להקריב״ את התשוקות והרצונות שלנו, ולרצות עם הרצון עצמו להתקרב להקב״ה.

״וְרָב תְּבוּאוֹת בְּכֹחַ שׁוֹר״ (משלי י״ד ד׳). כאשר מנצלים את כוחו ועוצמתו של השור — הנפש הבהמית, ורותמים אותו לסייע להגדלת תפוקת ה״חיטה״ — מזון רוחני, אזי התשובה היא במלוא עוצמתה. האדם מושלם יותר כאשר הוא מאחד את הדחף הגשמי שלו והחוויות שעבר בימי חייו, עם ההווה. בתהליך של שלימות אישית ב״עולם קטן זה האדם״, האדם

הופך לביטוי של שלימות וזיכוך כל ההיבטים של העולם — גאולה אמיתית ושלימה.

תשובה היא גם מלשון פנייה, לפתוח דף חדש וליצור מערכת חדשה שעל פיה נפעל. אין מספיק רק להחליט על שינוי, זוהי התחלה טובה, אולם אי אפשר להשתנות באמת ללא שינוי מהותי. תשובה היא הגדרה מחדש של ההיבטים הפנימיים והחיצוניים שלנו.

שינוי שטחי אינו מוביל לתשובה אמיתית. אדם שצם כחלק מתהליך של תשובה על מנת להוכיח לעצמו שהוא שולט על מעשיו, עליו לדעת ברורות שהצום עצמו לא ישנה אותו. המדד על פיו האדם יכול לדעת אם הצום אכן פעל את פעולתו הוא כאשר האדם מתעמת שוב עם תאוות האכילה בסיום הצום. באם הוא אוכל ללא שליטה הרי זו הוכחה שבתוך תוכו עוד לא השתנה.

שינויים שטחיים משפיעים על חיצוניות הנפש, פעולה שנעשית בהיסח דעת וללא שימת לב, תישאר כזו — שטחית ורדודה. מעשים בעלי תוצאה אמיתית הם ביטויים של שינוי עמוק יותר בעמקי הנפש. הימנעות מאכילת יתר או מאכילה בכלל יכולים להשפיע על האדם רק אם הוא מודע לכוונה הפנימית. הימנעות מאכילה כמטרה בפני עצמה היא חסרת ערך, גם אדם חסר דעת יכול להשיג את אותה מטרה.

"אָדָם לְעָמָל יוּלָּד" (איוב ה׳ ז׳), אדם מוכרח לעבוד ולגדול כל הזמן, אחרת ייהפך לרובוט שעושה מעשים ללא מחשבה או כוונה. בכל אחד ואחד טמון כוח שמושך אותו לסיפוק עצמי. עמל התפילה, הערכה עצמית, התבוננות ומחוייבות תמידית לצמיחה, יובילו את האדם לסיפוק עצמי זה ולתשובה.

יתר על כן, ה״עמל״ אינו רק דרך להשיג את המטרה — כי אם מטרה בפני עצמה. התחושה המספקת ביותר של הגשמה באה לאחר מאמץ עילאי. ככל שמתאמצים יותר מסופקים יותר. למרות שעבודה מתוך עמל אינה נוחה, טבע האדם הוא שככל שהוא מתאמץ ועובד על עצמו יותר — הוא שמח ומאושר יותר. האדם נברא בכדי לעשות תשובה מתוך שמחה.

למרות שנולדנו עם שאיפה לשלימות, בתוכינו קיימת בחינה עמוקה שנקראת ״בחינת היחידה״ שמושלמת תמיד. התשובה צריכה לבטא את האיזון בין הרצון שאין לו מנוח להגיע לשלימות לבין בחינת היחידה שכבר מושלמת. השלימות ממזגת בין העמל והשמחה ובין הכמיהה ושביעות הרצון, כפי שדוד המלך אומר, ״אֵין שָׁלוֹם בַּעֲצָמַי מִפְּנֵי חַטָּאתִי״ (תהילים ל״ח ד׳), בגלל חטאי איני חי בשלום פנימי.

השלימות אליה האדם משתוקק להגיע מגיעה על ידי הרצון להגיע אליה. השלימות חבויה בכמיהה לשלימות. ישנו חלק בנשמה שתמיד נותר שלם וישנו חלק שאינו מושלם — הכמיהה לשלימות. הכמיהה לשלימות היא חלק מתהליך השגת השלימות. לא רק שתשובה נותנת את הכוח להתעלות מההגבלה, קיים בה גם כוח עצום המבטא את הכמיהה לשלימות.

ישנו ויכוח ישן בין חכמי ישראל (ראה אור השם מאמר ג׳ ב׳. מי מרום ח״א עמ׳ קל״ו), מה חשוב יותר, השגת הרצונות או הרצונות עצמם? מה יותר משמעותי לחיים בעלי ערך, השאיפות או הביצוע? האם החתירה הנלהבת להשגת מטרה היא כוונה בפני עצמה? האם המטרה היא במסע או ביעד?

אחד מההבדלים בין בני אדם למלאכים הוא, שלבני אדם יש רצונות ושאיפות שאין למלאכים (צדקת הצדיק אות רמ״ט).

רצון ושאיפה מגדירים את מהות האדם ומבדילים אותו ממלאך. יצרים ושאיפה, שאפתנות ותשוקות הם חלקים יסודיים מהמין האנושי שמניעים את האדם לאורך כל ימי חייו.

אנו יכולים לרצות ולשאוף דברים מסויימים, לטוב ולמוטב, אך לעולם לא נוכל להשתחרר מכוח הרצון. אפילו הרצון לבטל את הרצון הוא רצון. למעשה, בעמקי הנשמה, האדם לא מעוניין להיות נטול רצון, משום שהרצון הוא כוח אלוקי.

כל תנועה כלפי מעלה או מטה, כלפי בנייה או חורבן מתחילה ברצון. תחילת השינוי היא ברצון לשינוי. הרצון הוא היסוד במסע לתשובה. ללא רצון — אין שינוי.

במקרים מסויימים הרצון והתשוקה לעשיית מצווה הם מצווה בפני עצמה, במקרה זה התכלית היא הרצון עצמו ולא התוצאה, כפי שאמרו חז״ל, ״שכר מצווה מצווה״ (אבות ד׳ ב׳), וכן, ״גדולה שמושה של תורה יותר מלמודה״ (ברכות ז׳ א׳), הרצון והתשוקה להתחבר ולהתאחד עם הקב״ה ותורתו הם אינסופיים. הלימוד בפועל מדוד ומוגבל משום שאדם יודע בדיוק כמה הוא למד וכמה הוא יודע, אולם הרצון הוא אינסופי (מי השילוח ח״א. ליקוטי הש״ס ברכות). לימוד מוגבל במקום ובזמן ואפילו בעומק ההבנה, אך הרצון להתחבר לתורה עמוק ובלתי מוגבל.

״כי ההשתוקקות והכסופין בעצמן הם דברים גדולים מאד, ורחמנא לבא בעי״ (שיחות הר״ן כ״ז), החיפוש והרצון לאמת הם אמת בעצמם. כאשר אדם מחפש את האמת, במצב בו הוא נמצא — הוא כבר נמצא באמת. הרבי מקוצק מפרש את הפסוק ״וּבִקַּשְׁתֶּם מִשָּׁם אֶת ה׳ אֱלֹהֶיךָ וּמָצָאתָ״ (דברים ד׳ כ״ט), שאין הפירוש שאדם יחפש וימצא, אלא שהחיפוש עצמו הוא

המציאה, ה״בקשתם״ הוא ה״מצאת״, כפי שדוד המלך מתחנן, ״אַחַת שָׁאַלְתִּי מֵאֵת ה׳ אוֹתָהּ אֲבַקֵּשׁ״ (תהילים כ״ז ד׳), ״אנא ה׳, אני רוצה לבַקֵּש ולחפש. עזור לי לחפש אותך בכל מקום ובכל שעה״. החיפוש עצמו הוא המציאה.

בענין זה עצמו – בשאיפה לשלימות, ישנן שתי דרכים לתשובה ולשאיפה לשלימות. האחת עסקת חבילה בה האדם צובר לעצמו תורה, מצוות ומעשים טובים, המולידים כוח רוחני שיוביל את האדם בסופו של דבר לשלימות. עם זאת, בהתחשב באופיים הסוער של החיים דרך זו קשה להשגה ובלתי אפשרית עבור רוב האנשים.

ישנה דרך נוספת אותה ניתן להשיג בקלות יתר, והיא, שעל האדם להצהיר מכל הלב ״אני כבר מושלם״. נכון שהוא עדיין צריך להתמודד עם החיים ויש לו כר נרחב לצמיחה והתבגרות, אך המעלה בדרך זו היא, שהאדם אינו תלוי בתוצאה קבועה וברורה. החיים הופכים להיות הרפתקה משמחת שאינה מוגדרת במטרה מסויימת. בדרך זו האדם מעצים את עצמו בכדי לחולל שינוי — בהדרגה אך בעקביות – בעצמו ובעולם.

תקציר:

להכיר בשלימות ולשאוף אליה

לכל אחד יש עצמי מושלם ועצמי שאינו מושלם. שורש הנשמה — החלק הפנימי באדם תמיד מושלם. "וְעַמֵּךְ כֻּלָּם צַדִּיקִים" (ישעיהו ס׳ כ״א) בפנימיותנו הננו צדיקים ומאוחדים עם הקב"ה, אולם בחיצוניותנו אנו נראים לא מושלמים (של"ה הק׳ מסכת תענית פרק תורה אור סימן קמ"ד). הרצון והשאיפה לשלימות הן עדות לשלימות עמוקה שחבויה בשורש הנשמה.

אנו צריכים ללמוד כיצד לשמור על איזון בין הפנימיות המושלמת והחיצוניות שעדיין איננה אך שואפת להגיע אליה. עלינו לשמוח בהישגים שכבר השגנו.

תרגול:

היה כנה עם עצמך

מידת הכנות חשובה ביותר למסע התשובה. עלינו לדעת בדיוק באיזו רמה אנו מתפקדים, האם מתוך שלימות עצמית או מתוך כמיהת הזהות שאינה מושלמת.

נשתמש בדוגמא פשוטה. נניח שסיימת לאכול ארוחה והנך שבע, אך חשק בקינוח. למרות שאין שום דבר שלילי באכילת קינוח, מנקודת מבט של העצמי הפנימי — אתה לא באמת זקוק לקינוח. אתה שם לב שאתה מכור להנאת הקינוח. למרות זאת הזהות הבלתי מושלמת דורשת לאכול קינוח, בלי קשר לתוצאה.

האמת היא, שהפתרון לכך הוא לא האם לאכול את הקינוח

או לא. הפתרון הוא להיות מודע למניע: האם זהו רצון של הזהות החיצונית שלי? מהו הדבר שאני באמת צריך לרצות?

בחר תקופת זמן מסויימת על מנת לתרגל זאת. ייתכן שלא תנצח בכל פעם, אך תן לעצמי העמוק שלך להביע דעה. באם נכנעת לרצונו של העצמי החיצוני ואכלת את הקינוח, היה כנה עם עצמך על כך שנכנעת לחולשה. אל תמציא תירוצים ותאמר ש"זה לא משנה". הכחשה או האשמה עצמית חריפה מדי, יכולות להפוך למדרון חלקלק. הכר בכך שהקרב הזה, פעוט ככל שיהיה, הוא קרב חשוב. ייתכן שלא יהיה בך כוח להתגבר על כל אתגר, כיון שלא הורגלת עד עתה לבחון כל דבר ועניין, אך הנך יכול להתחיל לבחון את עצמך בכל פעם שיש לך את האפשרות.

החיים הינם עליות ומורדות אך על ידי אימון שיטתי תצליח להתעלות. מצווה גוררת מצווה ומעשה חיובי והצלחה מובילים למעשה חיובי והצלחה נוספים. התחל עם אתגרים קטנים עליהם העצמי העמוק יכול להתגבר בקלות. כאשר הנך מרגיש מחוזק יותר, יהיה לך כוח ואומץ להמשיך הלאה.

היהודי הקדוש מפשיסחא שאל פעם את תלמידו וממשיך דרכו רבי שמחה בונים, על מה אנשים משוחחים בשוק, "שמעתי אותם מדברים", השיב, "שלהפסיד כסף זה לא כזה נורא, אולם כאשר הנך מאבד את האומץ, הנך מאבד הכל".

פרק עשירי
טבע הרצון

תשובה היא ארגון מחדש של המודעות העצמית, שינוי דרך חיים שיוביל להבנה חדשה של העצמי והעולם. עבור רבים התשובה היא שינוי מוחלט של הזהות האישית, עבור אחרים היא היכולת להיות מודע, ממוקד ומיושב יותר.

הצורך והדחף לתשובה יכולים לבוא ממקורות שונים. הוא יכול לבוא ממקור חיובי או שלילי. גם אם אדם לא עשה עבירות הוא יכול לחוש דחף חיובי לצמוח, לגדול ולחיות חיים שמחים ועמוקים יותר. במקרה זה, בכדי להגביר את הרצון לתשובה, האדם אומר לעצמו "אני מרגיש טוב עם עצמי, אבל רוצה להמשיך ולגדול. אני דורש יותר ממה שדרשתי מעצמי עד היום".

תסכול וחוסר נחת יכולים גם הם להוביל את האדם לתשובה. כאשר אדם הופך להיות מודע למצב השלילי בו הוא נמצא, הוא באופן טבעי משתוקק ליישר ולהיטיב את דרכו. זוהי התוצאה החיובית מתחושת הריקנות והבושה של האדם מעצמו. כאשר רגשות כאלה עולים על פני השטח, הן גורמות לאדם לתקן ולשפר את התנהגותו. במקרה כזה, הרצון לעשות תשובה בא על ידי הכרה במצבו, כאשר הוא אומר לעצמו "זה לא איך שאני מכיר את עצמי, ואני לא רוצה שאנשים יחשבו שזה מי שאני".

כשחיינו מלאים בכל כך הרבה דברים, חפצים ומכשירים, אנשים רבים חשים ריקנות הרסנית בנפשם, עיסוקם אינו מספק

אותם, הם גם אינם חשים בנוח בחיק המשפחה או עם בן או בת הזוג. ללא הרף מחפשים הם אופנים למלא חלל זה עם עיסוקים שונים.

אולם אם מנסים למלא את הריקנות עם חומריות וגשמיות, בסופו של דבר תחושת הריקניות תגבר. ישנם המנסים למלא את החלל עם כסף, כוח או עבודה, אחרים עם מסעדות טובות או הנאות שונות. אולם הריקנות אינה שוככת, לא רק שהיא אינה נעלמת אלא מחריפה.

ככל שמנסים להתמלא ביותר חומריות, כך מרגישים ריקניים יותר. כאשר ממלאים את גחמותיו של ה״רצון״ — הוא רוצה עוד ועוד, וככל שהוא מתרחב יותר, כך גם התשוקה והצורך גדלים. לתחושה זו נלווית גם הרגשה שהתיאבון לא בא על סיפוקו.

בכדי להבין זאת חשוב להבין את טבעו של הרצון. באם ננסה למלא את הריקנות בדרכים לא מהותיות, הפתרון יהיה זמני וסופו שיעמיק את החלל. חשיפה וגילוי השלימות הפנימית שתמיד קיימת בתוכינו, יכולה לספק, ותספק בעזרת ה׳, את הרצונות.

הצרכים הרוחניים הם צרכים רוחניים ואי אפשר לספק אותם עם חומריות. בלתי אפשרי לספק את הכמיהה לשלימות רוחנית עם דבר גשמי. דבר זה דומה למשל שמובא במדרש, ״משל למה הדבר דומה, לעירוני שנשא בת מלכים. אם יביא לה כל מה שבעולם אינן חשובין לה כלום. למה? שהיא בת מלך! כך הנפש אילו הבאת לה כל מעדני עולם אינם כלום לה, למה? שהיא מן העליונים״ (קהלת רבה ו׳ ז׳). אי אפשר למלא ריקנות מהותית עם חומריות וגשמיות, כיון שהן נמצאות בדרגות

שונות לחלוטין, בדיוק כמו שאי אפשר "לתקן" מערכת יחסים עם פטיש ומסמר.

לעתים קרובות אנו רודפים אחר מטרות מסוימות בציפייה לאושר או שלימות, וכאשר אנו סוף סוף מגיעים למטרה, לא רק שאנחנו מרגישים לא שלמים, אלא חמור מכך, חודרת בנו הבנה שרדפנו אחרי דמיון.

בשיחות הר"ן (ו') זה מתואר בצורה נפלאה, "היצר הרע דומה כמו מי שהולך ורץ בין בני אדם, וידו סגורה ואין אדם יודע מה בתוכה, והוא מרמה בני אדם ושואל לכל אחד מה אני אוחז? ולכל אחד נדמה כאלו הוא אוחז מה שהוא מתאוה, ועל כן הכל רצים אחריו כי כל אחד סובר שיש בידו מה שהוא חפץ, ואחר כך הוא פותח את ידו ואין בה כלום".

במילים אחרות, ליצר הרע יש קסם מרתק, אבל בסופו של יום לאחר שרדפנו אחר הרצונות שלנו - נשארת בנו תחושה של ריקנות הרסנית.

כבר אמר שלמה המלך החכם מכל אדם, "אֹהֵב כֶּסֶף לֹא יִשְׂבַּע כֶּסֶף", כסף לא יספק את כל הציפיות, כמובא במדרש ש"אין אדם מת וחצי תאוותו בידו" (קהלת ה' ט'. מדרש רבה קהלת א' י"ג ג' י'. ראה גם שער תשובה שער ב' כ"ז), וכותב הכלי יקר, "כי אין אדם נפטר מן העולם וחצי תאותו בידו, יש בידו מנה מתאווה למאתים, כי על כן נקרא ממון, כי הנגלה החצי מן הנסתר כשתכתוב מ"ם מ"ם ו"ו נו"ן, רמז אם יש בידו מ' זוז, הוא מתאוה עוד מ' וכן כולם" (חיי שרה כ"ד כ"ב).

מהות הכסף ומה שניתן לצבור באמצעות כסף — ככוח וכבוד, סופם שיובילו לרצות עוד מאותו הדבר עצמו. האדם

כלוא במעגל אין סופי של תשוקה שלא יודעת שובע. העובדה שרצון בא לידי מימוש רק יוצרת רצון לעוד. אדם שרץ במעגל יכול לרוץ כל היום אך לא יתקדם לשום מקום, גם אם ירוץ במהירות רבה.

אין שום ערובה לכך שאדם יצליח לספק את עצמו על ידי גירוי חיצוני או מימוש של תאווה. אף אחד אינו ערב שדבר שנמצא בידך היום — יישאר בידך מחר. לתיאבון אין גבול, וסיפוק הרצון רק מעוות את התחושה ויוצר דחף לעוד ועוד.

הרדיפה אחר מגמות ומכשירים חדשים בשוק והרצון לרכוש אותם ברגע שהם זמינים, מובילה לשום מקום. רק בשלב מאוחר יותר בחיים, לאחר שבילינו שנים רבות ברדיפה אחרי הטוב והחדש ביותר, אנו מבינים את מהותה של הריקנות. רדיפה זו למעשה היא קריאה נואשת שבאה מתוך הנשמה למציאת שלימות רוחנית. בעומק, זוהי הקריאה לתשובה.

כאשר נענים לקריאת התשובה מתוך עוצמת התשוקה, יכולים לבחור להיות קשובים יותר לעצמנו ולהתחבר לשלימות. התוצאה המיידית תהיה תחושת שמחה ורוגע וחשיפת השלימות והיושרה שטבועים בנו מאז ומקדם, תחושה של סיפוק אמיתי שנובעת מהידיעה הפשוטה של "מי אני". איננו מכורים יותר לשאיפה בלתי ידועה בעתיד.

הגוף והנפש מטבעם לעבוד יחד. כאשר הנשמה ממריצה את הגוף, מרגיש הגוף פרץ של כוח רוחני. כאשר הנשמה מתעוררת ומרגישה צורך לחשוף את עצמה ולמלא את החיים עם משמעות, עשוי גם הגוף להרגיש דחף למלא צורך זה. אולם הרוח הפנימית שנושבת בנו הופכת את הגוף למבולבל. ישנם המבקשים — שלא במתכוון, להטביע השראה זו באלכוהול

או בדבר אחר. על ידי הפניית הכוח לכיוון אחר, מתנפץ הגל הרוחני בחוף הנשמה ונרגע באופן זמני, אך במהרה עלול להיות מטרה בפני עצמו.

לעומת זאת, באם נהיה חכמים ונשתמש בכוח באופן ראוי, ישתלב הגוף עם הנשמה ויחד יוכלו להתקרב להקב"ה. כאשר אדם פועל בדרך זו הוא מרגיש תחושה של יישור פנימי, כיון שהמטרה האמיתית משתקפת מבעד לרצון. הבחירה בידינו האם ננצל את התשוקה והרצון לעניינים רוחניים או חלילה לתשוקה גופנית. האם נבחר בהתעלות ואושר אמיתי או פינוק זמני ואנוכי?

תקציר:
למקד מחדש את הרצון והתשוקה הפנימיים

כשתחושת ריקנות מהחיים באה ועולה, מחפשים אנשים צורך עז למלא את החלל עם כל מיני עיסוקים. הניסיון למלא את החלל הפנימי עם חומריות, סופו שישאיר חוסר שביעות רצון עמוק יותר. גם סיפוק קל מחריף את הרצון שדורש שיספקו אותו עוד ועוד. עלינו לזכור, כל רצון — אפילו חומרי — הוא אלוקי ורוחני. רצון הוא דחף רוחני טבעי להתחברות והתעלות. לא צריכים לשבור את הרצון או לנתק אותו, אף שניתוק עשוי להוות שלב זמני בתשובה. תשובה מאפשרת לנו למקד מחדש את התשוקה, על ידי הפנייתו למקור רוחני.

תרגול:
חשיבה על מהות התשוקה

על מנת למקד את הרצון לחיוב עליך להיות מודע לרצונותיך. למרות שיש לך זוג נעליים טובות ואינך זקוק לזוג חדש, ברצונך לרכוש זוג נעליים חדש. עליך להבין שרצון זה הוא ביטוי של רצון פנימי ועמוק בתוכך. הביטוי הפנימי רוצה להתבטאות בחוויה של יופי וחדשנות. שאל את עצמך ״האם אני יכול למצוא תחושה של יופי או חדשנות בתוכי או שזוג נעליים או חפץ אחר יביא לי סיפוק זה?״

ברמה עמוקה יותר, באם הנך ממוקם במקום רוחני עמוק, הנך יכול לעקוב אחר מקור הרצון ולמצוא את שורשו. בכדי לעשות זאת, עליך לעורר בעצמך רצון או תשוקה למישהו או

למשהו, ומיד לאחר מכן להעביר את המיקוד מהדבר הגשמי לדבר הרוחני והטהור, לקב"ה. באופן זה, הנך מעלה את הרצון גשמי לרצון רוחני נעלה.

באם הנך חפץ להתפלל עם תשוקה לוהטת למשל, חשוב על דברים שחשובים לך בחיים, כגון בן או בת הזוג, הצלחה בעסקים או אפילו חפץ שיקר ללבך, הכר בשורש הרצונות הגשמיים והתחבר באמצעותם עם הבורא. תן לרצון לדברים הגשמיים לעורר בך רצון עמוק יותר – את הרצון להתחבר עם ה'.

פרק אחד עשר

הקריאה הפנימית לתשובה

הקול האלוקי שמעורר לתשובה מהדהד בנשמה באופן תמידי, אף שלפעמים באופן שקט וחלש. אולם אדם שמאזין לקול הפנימי יכול לשמוע הד של ריקנות קיומית, תחושת בדידות, חוסר שקט או אכזבה מחייו. כאשר קול זה נשמע, הוא יכול לגדול עד לכדי זעקה אדירה של כמיהה לחופש או שאגה חזקה לשחרור הנשמה מכבליה.

האמת היא, שמצבים שונים בחיים יכולים לזרז את הרצון לתשובה. לעתים קרובות מופיע הרצון לשינוי כאשר אדם עובר חוויה מרגשת, אסון חס ושלום, קריאה בספר מעורר השראה ונאום מרטיט וכן הלאה.

רבינו יונה, [אחד מן הקדמונים ומהראשונים שכתבו ספר שלם על תשובה] מונה שש סיבות כלליות מדוע אנשים מהרהרים וחוזרים בתשובה, "...הדרך הא׳ כאשר תמצאנה את האיש צרות... הדרך הב׳ כאשר יבואו ימי הזקנה... הדרך הג׳ כאשר ישמע מוסר החכמים והמוכיחים יקשיב וישמע ויכנע ויחזור בתשובה... הדרך הד׳ בעת אשר יהגה האדם בתורת ה׳ ויקרא בדברי הנביאים והכתובים... הדרך הה׳ בעשרת ימי תשובה. הירא את דבר השם לבו יחיל בקרבו בדעתו שכל מעשיו בספר נכתבין... הדרך הו׳ כל עת יכון לקראת אלהיו. כי לא ידע האדם את עתו" (וראה באריכות שערי תשובה שער ב׳. ראה גם אורחות הצדיקים שער התשובה כ"ו).

כאשר נתבונן בששת הדרכים הללו, צרות, זקנה, מוסר,

תורה, ימי הדין והרהורים על מוות ונפנים אותן, יכולה השפעתן חוויות אלו להיות מכרעת, ולגרום לנו לשנות את חיינו.

אך כשם שאדם שאינו נהנה ממוזיקה, לא יהיה מסוגל להעריך אפילו יצירה מוזיקלית מוצלחת ביותר. כמו כן, אם העצמי שלנו רחוק מקדושה ורוחניות, עלולים דברי ההתעוררות ליפול על אוזניים ערלות. מושגים כמו מוסר, תורה ויום הדין, לא מדברים לאנשים כאלה. למרבה הצער, ישנם כאלה שרחוקים כל כך מרוחניות עד שאפילו נאום מעורר השראה הינו חסר משמעות עבורם.

אדם שרחוק ותקוע בקיבעון משתק יכול לשקוע בו לתמיד חס ושלום, אף שהגר"א כותב שאין דרגת נ' של טומאה (שקיעה מוחלטת בטומאה), "והיינו, כי להס"א אינו רק מ"ט שערי טומאה, שער הנ' אין לו. וכאשר נתמלא כל המ"ט שלו אז יתבער הוא מן העולה, כי יבער כאשר יבער הגלל עד תומו, ולכן יתגלה שער הנ' ויתבער הוא מן העולם" (גר"א משלי ט"ז ז'. לשם ספר הדעה ב' דרוש ה' ב' ה'), בספרים אחרים לעומת זאת מובא באופן ברור שישנה דרגת נ' גם בטומאה (חסד לאברהם ב' נ"ה-נ"ה. אלשיך פרשת בא ל"ז. של"ה הגדה מצה זו). יתכן מצב שאדם ישקע לגמרי בטומאה.

מהי דרגת הנ' של טומאה? דרגת הנ' היא מצב בו האדם כה מקובע בהתנהגות מסויימת שעל אף שהוא יודע ומרגיש שהתנהגותו שלילית, הוא לא יכול להשתחרר ממנה. ההתנהגות מושרשת בו כה עמוק, ששום טיעון שכלי אינו יכול לגרום לו להתנתק ממנה.

דרגת הנ' בטומאה היא מקום בו חיי האדם הופכים להיות מוחלטים, ואופן ההתנהגות – אף שהיא התנהגות טמאה

ושלילית, והאדם יודע שהיא כזו – זוהי מציאותו. הוא לא יכול להתנתק ממנה. חיים כה מוחלטים, שהוא כה תקוע בהם עד שאינו יכול לחשוב ולדמיין חיים חלופיים. חיים אלו הופכים להיות דרכו היחידה. זוהי דרגת הנ׳ של טומאה – היא הופכת להיות עבורו מחויב המציאות.

זו היתה הסכנה אם עם ישראל היה נשאר במצרים עוד רגע אחד. עוד רגע קטן בגלות והם היו נשארים בדרגת הנ׳ של טומאה. הם היו נתקעים בקטנות שלהם – בידיעה שהן קטנים ושהקטנות הזו אינה אמת באופן כה עמוק – עד שלא היו יכולים להתנתק ממנה.

השאלה המתבקשת היא, כיצד יכול אדם שנמצא במצב רוחני כה עגום למצוא מניע ודחף לשינוי? אם אדם שקוע כה עמוק בטומאה או קרוב מאוד לכך – מובן מאליו שתשובה זמינה לכולם כל הזמן, אולם – מהיכן יאזור כוח לבצע בחירה זו?

המענה לאדם שלא יכול לקבל השראה ממקור גלוי ומודע, היא שההשראה והכוח לעשות תשובה באים ממקום עמוק יותר בתוך תוכו.

יש רצון שנובע מהתודעה ויש רצון שנובע מהמרחב שמעבר לתודעה, המהות הטהורה והפנימית של האדם — בחינת ה״יחידה״. בחינה זו נקראת כך כיון שהיא מאוחדת ״יחיד״ – לנצח עם הקב״ה, וממוקמת מעל ומעבר לכל מצב של פירוד ופיצול שיכולים להיווצר באדם. ה״יחידה״ היא מצב נעלה שאינו מושפע מהעולם (או מעבירות), וממנה הנשמה שואבת את השלימות שהיא שואפת. לכן רואים אנו לפעמים אדם שאין לו שום עסק בענין רוחני או קשר עם תורה ומצוות או שלא הצליח לממש את כוונתו בחיים, שלפתע נופלות עליו

השראה ושאיפה לרוחניות – לחיים עמוקים יותר. ה"יחידה" היא זו שמעניקה את ההשראה וסוללת את הדרך.

רצון היחידה שבנפש הוא חד עם רצון הבורא. הנשמה חשה חוסר נוחות כאשר היא לא מתואמת עם הרצון האלוקי. תחושה זו היא דרכה של הנשמה לעורר אותנו לחפש חיי משמעות ולחיות את החיים על פי התוכנית האלוקית. ככל שהאדם פחות ישר ומוסרי כך הרצון אטום ומבולבל יותר. לעתים תחושת חרדה עמוקה היא זו שדוחפת את האדם לתשובה. הצימאון העז של הנשמה לחזור ולהתאחד עם מקורה, הוא זה שגורם לה להתנתק מתחליפים גשמיים. רק שיבה לאלוקות ורוחניות תספק את הנשמה.

תפקיד היחידה חשוב עוד יותר מכך. במהלך החיים ישנם רגעים בהם נדמה שכוח עליון הוא זה שמנחה אותנו לעשות מעשה מסויים, להיות במקום מסויים או לפגוש אנשים מסויימים. ברור לנו שהסיבה היא מעל ומעבר להבנה. אנו עשויים לפגוש מישהו בפעם הראשונה ומיד להרגיש קרבה אליו. אנו יכולים לעשות בחירה מסויימת מבלי לדעת מדוע, רק בגלל שאנו מרגישים שזהו הדבר הנכון לעשות, חוש שישי או תחושת בטן שמעבר לשכל. זהו קולה הפנימי של הנשמה.

לכל בריאה יש כוח אלוקי שמהווה ומחיה אותה ונותן לה את החיות והקיום. מטרתינו בחיים ובעולם היא להכיר בקיומם של ניצוצות אלוקיים אלו החבויים בבריאה ולהעלות אותם אל מקורם האלוקי. לכל נשמה יש משימה ייחודית בעולם, למצוא ולהעלות את הניצוצות המסויימים אליהם היא מרגישה הכי מחוברת.

הנטיות, הרצונות ותחושות הבטן אותן אנו חשים, הן

כמיהת הנשמה להעלות את הניצוצות הכלולים בדברים אותם אנו רוצים. תשוקה שנובעת מהלב מנחה אותנו לאתר את הניצוצות ולרומם אותם. אנו עשויים לחוש משיכה כלפי אנשים מסויימים, ועל ידי קשר נפשי עימם יכולים אנו להעלות את הניצוצות שחבויים בהם והם בתורם מעלים את הניצוצות שבנו.

לעתים הדרך להעלות את הניצוצות בחפץ מסויים היא להימנע ממנו, וזה משום שהמשיכה שלנו כלפיו היא סימן שאנו נקראים לרומם את הניצוצות שבו, אם כי על ידי הימנעות.

אולם על אף שההתעוררות לתשובה יכולה לבוא מהתת מודע, מוטל עלינו לעורר את התשובה במודע בכל הזדמנות אפשרית, כפי שאומר המדרש, "אמרה כנסת ישראל לפני הקדוש ברוך הוא: רבש"ע... השיבנו, אמר להם: שלכם הוא, שנאמר שובו אלי ואשובה אליכם נאם ה'. אמרה לפניו: רבש"ע שלך הוא, שנאמר שובנו אלוקי ישענו, לכך נאמר: השיבנו ה' אליך ונשובה, חדש ימינו כקדם" (מדרש רבה איכה ה' כ"א).

למרות שאנחנו חייבים לעשות את הצעד הראשון, יכולים אנו לעשות זאת רק כאשר הקב"ה - "שובו אלי" נותן לנו את הכוח.

ישנם המחליטים לעלות על דרך התשובה כתוצאה מהתבוננות פנימית, עבור אחרים, אף שהם עצמם מיואשים מתשובה ומהאפשרות לשנות את חייהם, ההתעוררות לתשובה באה באופן בלתי צפוי. בשני המקרים התשובה מגיעה מהקב"ה.

כאשר תשובה מתעוררת באופן בלתי צפוי — מלמעלה, האתגר הוא להפוך אותה לדבר קיים ונצחי. התשובה תמשיך

ותתחזק אך ורק כאשר האדם מוודא שההשראה לא פגה ושהכוח הרוחני ממשיך לשמש כמורה דרך.

דוד המלך אומר "לְדָוִד ה' אוֹרִי וְיִשְׁעִי מִמִּי אִירָא? ה' מָעוֹז חַיַּי מִמִּי אֶפְחָד?" (כ"ז א'). פנייה זו אל הקב"ה כ"מקור האור" ו"כוח החיים" מתייחסת לשתי הצורות של גילוי האלוקות. האחת כפי שהיא מתגלה לפני החטא והשנייה כפי שהיא לאחר החטא (ראש השנה י"ז ב').

קודם החטא הפיתוי רחוק והאדם חי חיי אור, בהירות ווודאות, אולם לאחר החטא, האור מתעמעם, וחוסר וודאות וחרדה אוחזים באדם. זה הזמן בו אדם צריך יד שתנחה אותו אל התשובה. גם לאחר שנכנע לחולשותיו, הכוח לשינוי והאפשרות לחזרה זמינים. הקב"ה רוצה להושיט לנו יד.

"שְׂמֹאלוֹ תַּחַת לְרֹאשִׁי וִימִינוֹ תְּחַבְּקֵנִי" (ח' ג'). כאשר אדם פוסע בדרך התשובה, ידו של הקב"ה מחבקת אותו, וכאשר הוא סוטה מהדרך ה' מושיט לו יד ומיישר אותו. בדיוק כפי שילד קטן חש שהוריו שומרים עליו ולא נותנים לו ליפול, כך אנו מרגישים מוגנים ובטוחים.

יתר על כן, בכל פעם שאנו נופלים מזרועותיו של הקב"ה כביכול, אנחנו נופלים אל "השמאלו תחת לראשי" שעומד ומחכה. בכל פעם שאנחנו נופלים, אנו גם כן נופלים אל זרועותיו של ה' כביכול. אכן אין לאן ליפול – אנחנו נופלים מה' אל ה' כביכול. ה' תמיד שם לא משנה היכן אנחנו, והוא שם לסייע לנו לשוב ולעמוד.

יד ימין היא קו החסד ויד שמאל היא קו הגבורה. יד שמאל היא היד כביכול בה ה' תומך בנו, מקים אותנו ונותן לנו את

הכוח לעמוד שוב כאשר אנו נופלים. על מנת לתמוך באדם שעומד לא זקוקים לכוח רב, אולם בכדי להרים אדם שנפל, זקוקים לכוח חזק הרבה יותר — לכוח והעוצמה של היד השמאלית של הקב״ה — קו הגבורה.

במסע התשובה, האנוכיות והישות יכולות להיות מכשול. ביטול האנוכיות הופך את הנשמה לשקופה יותר בפני הכוונה, ועשוי להיות תנאי מוקדם להתעוררות תשובה אמיתית. באם קשה לנו לשמור על ההשראה מכיון שהאונכיות עומדת בדרכה, כדאי לחשוב על דברי הזוהר, ״אעא דלא סליק ביה נהורא, מבטשין ליה״ (כול עץ שאין האש אוחזת בו, מבטשים אותו, מכים בו ומפרידים אותו לחתיכות. ח״ג קס״ח א׳. תניא פרק כ״ט).

גזע עץ ידלק מהר יותר כאשר הוא מפוצל לחלקים קטנים. כמו כן, בכדי להעלות אש בנשמתנו, דרוש לפרק את האנוכיות לגורמים. כאשר האנוכיות מפורקת, אור התשובה מחלחל ומאיר את הנשמה כולה.

אסון, מצוקה או בדידות הינם תנאים שעשויים להוביל לענווה. שאדם נמצא במצבים אלה פתוח יותר לשינוי. לאחר חוויה עצובה האנוכיות מתמוססת והתנגדות האדם לכוח עליון ורוחני מתגמדת, כפי שהתורה אומרת ״בַּצַּר לְךָ... וְשַׁבְתָּ עַד ה׳ אֱלֹקֶיךָ״ (דברים ד׳ ל׳), האדם מרגיש שאינו שולט על מציאותו – וזה צר לו, ושב – פונה לקב״ה. חוויה זו יכולה להוביל אותו להתקרבות אל האור.

חוויות חיוביות לעומת זאת, משביעות את האנוכיות ולכן האדם פחות פתוח לשינוי. כאשר האדם שבע רצון ומרגיש שחייו בשליטה הוא לא חש בחוסר הרוחני. הוא לא חש צורך לחפש כוח עליון או מציאות שנעלה ממנו.

הרצון להאמין בהקב״ה, להתקרב ולהתאחד עם כוח עליון שמעל ומעבר לחיים הרגילים, בא כאשר האדם מרגיש אבוד, נחות או מובס, כדברי המדרש, ״הגלגל הזה של עין, אין אדם רואה מתוך הלבן שיש בו אלא מתוך השחור״ (מדרש רבה ויקרא ל״א ח׳).

זמני ייאוש וחוסר תקווה מעוררים את האדם לחפש עתיד שמח ותקווה טובה יותר. כאשר האדם מבין שהוא עצמו אחראי להתדרדרות בחייו — ולפעמים גם של בחיי אחרים — הכאב יעורר אותו בתשוקה אדירה לפקוח את עיניו ולהתקרב למקור החיים והאור.

אולם יעילות התשובה שמקורה בייאוש ועצב — קלושה. כאשר הייאוש או העצב חולפים ועוברים, נעלמת גם הנחישות לחולל שינוי.

תשובה מתוך אהבה לעומת זאת, היא תשובה בעלת יסודות איתנים. תשובה שמקורה בחיוב ואושר מאפשרת המשכיות ותמידיות, נותנת לאדם כוח להוציא את המיטב מהחיים ולשלב את התשובה בחייו בלי לחץ של ייאוש ומתח של עצב.

בתשובה מאהבה דרגות רבות. הדרגה הבסיסית היא כאשר התשובה היא כפרה על עבירה. האדם נכנס לתנועה של תשובה עם התלהבות ומרץ שהיה מופנה בעבר למעשים בלתי רצויים. הלהט שהניעו למעשה לא טוב מופנה כעת להתאחדות עם הקב״ה.

את הענין של תשובה מתוך הבנה אישית לומדים מראובן, שהיה הראשון שחזר בתשובה מעצמו, ״וישב ראובן אל הבור, והיכן היה רבי אליעזר ורבי יהושע רבי אליעזר אומר

בשקו ובתעניתו כשנפנה הלך והציץ לאותו בור, הה״ד וישב ראובן אל הבור, אמר לו הקדוש ברוך הוא, מעולם לא חטא אדם לפני ועשה תשובה ואתה פתחת בתשובה תחלה חייך שבן בנך עומד ופותח בתשובה תחלה״ (מדרש רבה בראשית פרק ד׳ י״ט).

כפי שהוזכר (פרק שלישי) קין שב שנים רבות לפני כן, אולם תשובתו באה רק לאחר שננזף והתוודע לעונשו. חומרת המעשה הכתה בו והניעה אותו לעשות תשובה. ראובן לעומת זאת חזר בתשובה מיד כשחטא. ראובן לא חזר בתשובה בגלל חומרת העונש, אלא בגלל שהבחין בהשלכות הרוחניות של המעשה שעשה. ראובן עשה חשבון נפש על מעשיו ושב בתשובה, ולכן ראובן ״פתחת בתשובה״ – פתח את דלתות התשובה לדורות הבאים.

אנו צריכים לזכור, שרוחניות עומדת בניגוד מוחלט לגשמיות בה ומקום וזמן נמדדים על פי אמות מידה גשמיות. אדם שנמצא בעיר אחת וחפץ להגיע לעיר אחרת, יודע שיקח לו פרק זמן מסויים להגיע לעיר השניה. אולם ברוחניות אין ״שם״ שלוקח זמן להגיע אליו. ביכולתינו להגיע ל״שם״ באופן מיידי, ה״שם״ הופך להיות ״כאן״ ברגע. הכל תלוי בנקודת המבט.

שינוי נקודת המבט אינו דומה בשום אופן לנסיעה מעיר אחת לעיר אחרת. למעשה כולנו מאמצים השקפות ונקודות מבט שונות באופן קבוע ללא שום מאמץ, היום אנו חושבים כך ומחר אחרת. ביכולתינו להחזיק באמונה או דעה מסויימת ולשנותה ללא שום מאמץ, לכן אנו יכולים לעבור מ״כאן״ ל״שם״ ללא שום מאבק. באם מסתכלים על תשובה מנקודת מבט של עבירה — לשון עבר, אכן צריך ״לנסוע״ מכאן לשם.

אך ממבט של יחידה — מבט שכולל את הכל, אפשר להגיע מ"כאן" ל"שם" בתנועה אחת.

כאשר פועלים מנקודת מבט מוגבלת, המסע מעבירה לתשובה נראה ארוך ומייגע, אך כאשר יוצאים למסע של תשובה ממבט של יחידה, מתגלה לעינינו אופק חדש. הרוחניות אליה השתוקקנו הופכת להיות המרחב של חיינו. למרבה האירוניה, לאחר חודשים ושנים של חיפוש בכל מקום אפשרי, אנו מגלים שמציאות נעלית זו תמיד שכנה בתוכינו — בעמקי בנשמה, שם המתינה בסבלנות שנמצא אותה.

תקציר:
להיות כנה עם עצמך

תשובה יכולה לבוא באופנים שונים: על ידי החלטה מודעת לשינוי, על ידי זעקת התת מודע של הנשמה או מכיוון בלתי צפוי לחלוטין. עלינו להיות דרוכים ונכונים בכדי שנוכל לשמוע את קולו של הקב"ה שאומר לנו "שובו אלי ואשובה אליכם". התגלות זו יכולה לבוא על ידי גילוי והארה כאלה או אחרים, על ידי אנשים אחרים או מאירועים שגרתיים בחיינו. הקב"ה תמיד מדבר אלינו, אך לעתים קשה לנו להקשיב משום שאנו ממוקדים מדי בשכבה החיצונית של החיים — בקליפה.

אנו יכולים להאזין למקצבים הפנימיים של החיים ולשאול "מה הקב"ה מנסה לרמוז לי עכשיו?" עלינו להישמר מלאטום את אוזנינו, ולהיזהר מלמלא את תחושת הריקנות עם עיסוקים שטחיים.

תרגול:
להקשיב לעומק

למשך שבוע ימים לפני השינה, חשוב על האירועים שעברת במשך היום. היזכר במה שנאמר על ידי אנשים אחרים וחזור בדמיונך על דברים שראית. נסה להבין את המסרים הרוחניים החבויים באירועים אלה. ייתכן שהחוויות שעברת אינן משמעותיות, אולם הן נוגעות מאוד למסע הפנימי של נשמתך. לאחר תרגול ממושך תוכל להיות קשוב למסרים אלו כל הזמן.

פרק שנים עשר
לתקן את העבר

חסרונות ואי־שלימות הן תכונות טבעיות בנפש האדם, ומפני זה יכול כל אדם ליפול או להיכשל מבחינה רוחנית או מוסרית. עם זאת, פגמים אלה – והרגשת האי־שלימות אינם סותרים לכמיהה ולחתירה לשלימות עמוקה יותר. אחרי הנפילה אנו מרגישים צורך עז לחזור בתשובה ולשלימות, ולחיות בהווה עם שלימות, ללא קשר לעבר של אי־שלימות.

השאיפה לחיות בהווה היא חיובית, למעשה, לחיות בהווה הוא מיסודות תשובה. במדרש מבואר שהמילה "ועתה" מתייחסת לתשובה, "ועתה, אין ועתה אלא תשובה שנאמר ועתה ישראל מה ה' אלהיך" (מדרש רבה בראשית כ"א ו'). אנו זקוקים להתבונן דרך העיניים של "ועתה" — עכשיו, ההווה.

על פי הלכה לאחר שאדם חזר בתשובה אסור להזכיר לו את עברו (בבא מציעא נ"ח ב'). הלכה זו חלה גם על האדם עצמו. לאחר שחזר בתשובה אמיתית עליו להעריך את עצמו כפי שהוא עכשיו בהווה, מבלי להתייחס לעברו. ובאמת, האופן בו היה בעבר – ההגדרה העצמית על פי מעשי העבר אינה ראויה ולא מדוייקת. ברגע שהאדם צועד בדרך התשובה, האדם שהיה — אינו קיים עוד.

עם זאת, בעוד שתשובה ממקמת אותו בהווה היא גם משפיעה על העבר. לתשובה יש כוח לשנות טעויות שנעשו — אין שום מעשה שנעשה בעבר שאין לו תקנה. תשובה מיראה הופכת מעשים שנעשו במזיד לשגגות, ואילו תשובה מאהבה

משפיעה עוד יותר עד ש"זדונות נעשות לו כזכויות" (יומא פ"ו ב'), אפילו עבירות שנעשו במזיד הופכות לזכויות.

בבירור הקושיא היא כיצד ניתן לחזור אחורה בזמן? הרי מה שנעשה בעבר כבר היה וישאר בעבר לנצח. אז איך מעשה בהווה יכול לתקן מעשה שנעשה בעבר? נבחן שאלות אלו בפרק זה ובפרקים הבאים.

ובהקדים, כל פעולה יוצרת כוח שמשפיע על האדם ונשאר עימו, לכאורה, לעד (סוטה ג' ב'). כיון שפעולה היא ביטוי של פנימיותו, האדם חייב לשנות את פנימיותו. באם לא יעשה זאת, הכוח השלילי שהניע את המעשה ישמש כחבל שקושר אותו לעבר. למרות שנחוץ לבצע שינוי חיצוני, נחוץ עוד יותר לחולל שינוי פנימי. כשהאדם נמצא במצב של תשובה הוא יכול להעריך את התנהגות העבר מתוך מבט בהיר ומאוזן. הוא בוחן את החטאים בהקשר בו הם נעשו ומתוך התחשבות בערפל הרוחני בו היה שרוי בזמן החטא. שינוי נקודת המבט, משפיע על ההווה. כעת, הכוח השלילי שהניעו בעבר זורם באופן חיובי.

כוח התשובה כה חזק, שלא רק שהוא מנתק את האדם מהעבירה בכדי שכוחה השלילי יגווע, כי אם מחולל שינוי של ממש בהווה. כאשר האדם בוחן את העבר במבט לאחור, הוא מגיע להבנה שהפעולות שנעשו בעבר, נעשו בטעות ושלא במתכוון (ספר העיקרים ד' כ"ז). תשובה הופכת את האדם ל"משקיף" על העבר.

זוהי אחת מן הסיבות שהתורה מתנגדת לסמן את האדם כ"חוטא", כפי שבמהלך ההיסטוריה נהגו עמים שונים לסמן את הפושעים. גם אם האדם חזר לתלם חטאי העבר לא היו נמחלים.

בבבל העתיקה היו קוטעים לגנב את היד (ראה סנהדרין נ״ח ב׳. נדה י״ג ב׳. שו״ת הרא״ש י״ח), בתרבויות אחרות היו מקעקעים את הפושע. אדם שחטא פעם אחת היה מסומן לשארית חייו, ״פעם גנב — תמיד גנב״.

גישת התורה הקדושה שונה מן הקצה אל הקצה, התורה אינה מסווגת אדם כ״חוטא״, ולכן ״פעם חוטא - תמיד חוטא״, אלא, תמיד יש תקווה לשנות, תמיד יש את האפשרות לתשובה.

התורה לא רק רוצה שאדם יעשה תשובה אלא גם עוזרת לאדם שרוצה לחולל שינוי אמיתי בחייו. באם אדם גנב לבנים והשתמש בהם בכדי לבנות בית ולאחר מכן חזר בתשובה, אין הוא צריך להרוס את הבית על מנת להוציא את הלבנים שנגנבו. במקום זאת, הוא יכול לפצות את הבעלים בשווי הכספי של הלבנים (גיטין נ״ה א׳).

חז״ל פסקו שבכדי להקל על הגנבים, אין הם צריכים להשיב את הסחורה הגנובה. מטרת הלכה זו היא שדרך התשובה תהיה נגישה לכל ושאף אדם לא יתייאש ממצבו כפי שרואים מהגמרא, ״מעשה באדם אחד שביקש לעשות תשובה. אמרה לו אשתו: ריקה, אם אתה עושה תשובה אפילו אבנט אינו שלך, ונמנע ולא עשה תשובה. באותה שעה אמרו: הגזלנין ומלוי רביות שהחזירו אין מקבלין מהם והמקבל מהם אין רוח חכמים נוחה הימנו״ (בבא קמא צ״ד ב׳).

התקווה זמינה לכולם והאפשרות לשוב קיימת תמיד. בידינו היכולת לשנות את עצמנו בכל עת שנרצה. דוגמא בולטת לכך רואים מריש לקיש, שלמרות שהיה שודד שהטיל אימה על כולם, על ידי התשובה הפך לאחד מגדולי אמוראי התלמוד (בבא מציעא פ״ד א׳). כוח התשובה מקיף את העבר, ההווה והעתיד,

ומאפשר לאדם להפוך ולשנות את השפעת חייו מהחל עד כלה. תשובה הופכת זדון לזכות וחובה ליתרה.

אנו תופסים את הזמן כדבר נוקשה, האתמול היה והמחר עוד לא היה, מבט שנראה בלתי הפיך. אולם גישת התשובה שונה לגמרי, באמצעותה ניתן לשנות הן את עצמנו והן את העבר.

הכיצד? בכדי לענות על שאלה זו, עלינו לעיין מעט במהות מצוות התשובה. התורה הקדושה כותבת, "כִּי הַמִּצְוָה הַזֹּאת אֲשֶׁר אָנֹכִי מְצַוְּךָ הַיּוֹם לֹא נִפְלֵאת הִוא מִמְּךָ וְלֹא רְחֹקָה הִוא" (דברים ל' י"א). כאמור, לדעת הרמב"ן "המצוה הזאת" היא מצוות התשובה. רבים ממפרשי התורה (אברבנאל, ספורנו, בעל הטורים והכלי יקר) מסכימים עם הרמב"ן.

מפרשים אחרים סבורים ש"המצוה הזאת" הינה התייחסות כללית למצוות. הרמב"ם למשל אינו רואה בפסוק זה רמז לתשובה. לשיטת המנחת חינוך (מצווה שס"ד), דעת הרמב"ם היא שמצוות התשובה אינה מן התורה. באם רצונו של אדם לחזור בתשובה, צריך הוא לבצע את התהליך כפי שנקבע בתורה, אולם התשובה עצמה אינה מצווה.

דבר זה נראה לכאורה תמוה, תשובה נראית כיסוד עיקרי בתורה. כיצד ייתכן, על כל פנים לדעת הרמב"ם שתשובה אינה מצווה?

אחד מההסברים יש לומר הוא, שמצווה היא עשיית מעשה מסויים על פי ציווי הקב"ה, ואילו תשובה היא הוויה ולא עשייה, תשובה אינה מעשה ולכן היא נעלית ממצוות.

במילים אחרות, אדמו"ר הזקן מסביר שתשובה מקשרת

את האדם לשורש המצוות, "כי הנה המצות הם רצון העליון וכשחוטא אזי מסתלק הרצון ממנו... ואמנם מבחינת רצון זה אינו אותו הרצון... אלא מבחינת רעוא דרעוין מקור הרצונות שממנו נמשך השראת הרצון מחדש והוא יותר נעלה מבחי' הרצון שנסתלק" (מאמרי אדמו"ר הזקן על מארז"ל עמ' תמ"ח), בעשיית מצווה מגיעים לרצון העליון של הקב"ה ומתקשרים עם הרצון האלוקי, אך תשובה נעלית יותר משום שהיא נוגעת ישירות עם בעל הרצון — הקב"ה, מעל מעבר לרצון עצמו. אם כן תשובה היא הוויה לא עשייה.

חיבור זה לבעל הרצון שנעשה על ידי תשובה, ניתן להבנה על פי משל מאב המבקש מבנו לנקות את חדרו. הבקשה היא לטובת הבן בכדי ללמד אותו לקחת אחריות לחייו, אך מסיבה כלשהי הבן אינו מציית לאב. תגובתו הראשונית של האב היא כעס ונתינת עונש שנועד ללמד את הבן. כוונת העונש היא ללמד את הבן שיש תוצאות למעשיו. מתוך הכאב פונה הבן אל האב ומושיט את ידיו לחיבוק. לפתע, האב מתחבר למקום עמוק יותר בתוכו, מקום בו אהבתו לבנו חזקה יותר מהרצון שבנו יקשיב לו, וחזקה גם יותר מהרצון ללמדו לקח. אהבה טבעית זו היא היא המהות האמיתית של הקשר של האב ובנו, כעת הילד מחובר ל"בעל הרצון" כביכול.

באם הבן יקיים את רצון אביו, יהיה האב מרוצה מכך שבנו מקשיב לו, אך לאחר שהבן נענש על אי קיום רצון האב ומחבק את אביו מתוך אהבה — זהו "רגע של תשובה". ברגע זה מתקשר הבן עם אביו בקשר עמוק הרבה יותר מהרצון — מעבר לשכר ועונש. האב מחבק את בנו חיבוק עז משום שהוא מבחין ביופי הפנימי של בנו. ייתכן אף שהוא מחבבו יותר בגלל שהינו שובב ומרדן. העבירה הופכת לנקודת זכות אצל האב, "זדונות נעשו לו כזכויות".

גם אחרי החטא אנו יכולים להתחבר [באופן גלוי] בקשר עמוק יותר עם הקב״ה. אהבת הקב״ה אלינו עמוקה הרבה יותר ממערכת יחסים בה אנו נדרשים לעשות מצוות ולהימנע מעבירות. הקב״ה אינו הורה שאומר לבנו ״מה עשית עבורי?״ הקב״ה הוא אב המבקש מבנו ״שובה אלי״. כאשר חוזרים בתשובה מעוררים את הטבע האמיתי של הקשר עם בעל הרצון, מקור ושורש כל הרצונות. במקור ושורש הרצונות ניתן לשנות אפילו את העבר.

למרות זאת, בדיוק כמו במשל, ייתכן שצריך לחוות את שלב הדמעות, העונש והצער על מעשינו, וזאת משום שמקור חיינו הוא כמעיין נובע. כאשר סוטים מהדרך מעכבים את זרימת מעיין החיים. כאשר חיינו הינם תוצאה של חשיבה שטחית ומעשים שעומדים בניגוד לעצמי האמיתי שלנו, אנו עוצרים את זרימת מעיין החיים. מי המעיין החיים מתבזבזים על פעילויות שטחיות. אנו מוכרחים לנצל את המשאבים שניתנו לנו בכדי לחיות בדרך הנכונה. לאחר שסטינו מהדרך, אנו זקוקים לחפור במעיין החיים על מנת לחדש את זרימת מעיין החיים.

כעת שאנו יודעים שכוחה של התשובה יפה להתעלות מעל זמן ורצון, ניתן לפענח את המבנה של תשובה.

מובא במדרש, ״שאלו לחכמה: חוטא מה עונשו? אמרה להם חטאים תרדף רעה (משלי י״ג כ״א), שאלו לנבואה: חוטא מה עונשו? אמרה להם הנפש החוטאת היא תמות (יחזקאל י״ח ד׳), שאלו לתורה: חוטא מה עונשו? אמרה להם יביא אשם ויתכפר לו, שאלו להקב״ה: חוטא מה עונשו? אמר להם יעשה תשובה ויתכפר לו, הדא הוא דכתיב טוב וישר ה׳ על כן יורה חטאים בדרך, שהוא מורה לחטאים דרך שיעשו תשובה״ (ירושלמי מכות

ב׳ ו׳. ילקוט שמעוני תהילים פרק כ״ה רמז תש״ב. ילקוט שמעוני יחזקאל י״ח ד׳. פסיקתא דרב כהנא פרשת שובה).

ננסה להבין את ארבעת הדעות הללו:

א) בעולם השכל קיים הגיון ורצף, אחד ועוד אחד שווה שתיים, לכל דבר יש סיבה ותוצאה. כל דבר קיים כתוצאה מכוח שבתורו גורם לדבר שלישי. כאשר אדם עושה מעשה שלילי תהיה לכך תוצאה והשפעה שלילית — רוע מוליד רוע. כאשר אדם משפיע שליליות בעולם, מוכרח שזה עצמו ישפיע עליו באופן מסויים.

לכן טוענת החכמה, ״חטאים תרדף רעה״, הרעה תרדוף את החוטא. כפי שכותב הרב משה מטראני (בית אלוקים שער התשובה א׳ עמ׳ צ״ח), בעולם השכל אין מקום או אפשרות לתשובה.

ב) עולם הנבואה הוא עולם שמעל ומעבר לעולם השכל, עולם של חכמה פנימית. נבואה היא מודעות שמחוברת לעולם רוחני, למלאכים. בזמן הנבואה, מתעלה הנביא למחוזות שמעבר לזמן ומקום — העבר, ההווה והעתיד שלובים יחד, ולכן בעולם הנבואה יכולים לשער מה יהיה בעתיד. בשונה מעולמו של החכם, בעולמו של הנביא יש אפילו פחות מקום לרוע. למעשה, בעולם הנבואה הרע לא קיים.

למלאכים אין בחירה חופשית ולכן אינם יכולים להרע כלל. בעולם הנבואה, באם אדם עשה מעשה שלילי אין לו זכות קיום, כיון שאין מקום לרוע. מנקודת מבט של הנבואה אין אפשרות אחרת מאשר טוב. לפיכך טוענת הנבואה, ״הנפש החוטאת היא תמות״ — אין מקום למציאות של רוע או חטא ולכן האדם חייב מיתה.

ג) התורה ניתנה בכדי לברר ולזכך את העולם. מנקודת מבט של התורה בני אדם צריכים חיים בעולם מתוך כוונה לזכך ולברר אותו. הפיתויים הם דבר טבעי וסטייה מדרך הישר היא אפשרות סבירה, ולכן נתנה התורה אפשרות לתיקון. כאשר האדם עשה מעשה שלילי הוא מוכרח לעשות מעשה חיובי בכדי לתקן ולאזן את התוצאה.

על פי תפיסה זו, המאזניים צריכים תמיד להיות מאוזנים. כאשר הכף נוטה לצד אחד, האדם צריך לעשות מעשים טובים בכדי לאזנם. באם האדם לא מקיים את רצון הקב״ה הוא יוצר חלל שלילי שמתמלא על ידי המצווה. לכן אומרת התורה ״יביא אשם ויתכפר לו״ — על החוטא להביא קרבן בכדי לאזן מחדש את שיווי המשקל הרוחני. מצווה וקרבן ממלאים את חלל העבירה.

פעולה שלילית מחלישה את האור האלוקי המוגבל שמאיר בעולם, ו״אור הממלא״ שממלא ומאיר את העולם הולך ודועך. על מנת להגביר את האור מוכרחים להתחבר עם ״אור הסובב״ — האור אין סוף שמקיף את העולם. הקרבת הקרבן היא האופן בו ניתן להתחבר עם אור הסובב האין סופי ולחדש את זרימת אור הממלא. בימינו כאשר אין לנו בית מקדש (שיבנה במהרה, אמן), פועלים את ירידת האור לעולם על ידי תפילה וצדקה.

האריז״ל מבאר שלפני בריאת העולם האיר ״אור אין סוף״ את כל החלל, לאחר מכן צמצם הקב״ה את האור האין סופי (אל הצד, כביכול) ויצר חלל ריק שבו לא האיר אור אלוקי. למרות זאת, נשאר בעולם ״רשימו״ — חלק מהאור האין סופי נותר בחלל הריק שבתוכו נברא העולם. לאחר מכן האיר בחלל הריק ״אור הקו״, קרן דקה של אור שמקורה באור אין סוף.

מסביר הרמח"ל (קל"ח פתחי חכמה כ"ז), שכיון שהעולם נברא באופן כזה, יש מציאות של סיבה ותוצאה, שנקראת "הנהגת המשפט" של שכר ועונש. זהו העולם מנקודת מבט של הרשימו, בריאה שנבראה לאחר הצמצום שהיא הרשימו, ושם נשרש "כל מה שעתיד להיות". אבל בתוך הרשימו יש קו של אור שמגיע מהאין סוף, שתמיד קשור לשלימות, וממנו יש מציאות שהיא מעל ומעבר לעולם של סיבה ותוצאה, מציאות שאינה קשורה לעבר ובה בכל רגע יש יכולת שאינה קשורה או מושפעת מהעבר. תשובה באה מעולם האין סוף ומגיעה אלינו דרך הקו שעדיין מחובר עם האין סוף. רמז לכך, "תקווה" — האפשרות לשנות את הדרך של העבר ותקווה לעתיד טוב יותר — מכילה בתוכה "קו".

ד) לאחר שהחכמה, הנבואה והתורה הביעו את דעתם, קבע הקב"ה, "יעשה תשובה ויתכפר לו". בורא העולם נותן לשלילה את האפשרות והיכולת להפוך לחלק מהאחדות האלוקית, ולעבירה הזדמנות להוות צמיחה. תשובה מתעלה מעל סיבה ותוצאה. לא רק שההשפעה השלילית הופכת להיות חיובית וטובה, היא עצמה חיובית — "זדונות נעשו לו כזכויות".

אולם עדיין יש להבין ענין זה בעומק יותר. מערכת היחסים שבין עבד ואדון היא דוגמא למערכת היחסים שלנו עם הקב"ה. מערכת יחסים זו מבוססת סביב ביצוע רצון האדון. אין זה בהכרח קשר של אהבה — אף שבמקרים מסויימים היא יכולה להתפתח מעבר ליחסי "עבד ואדון", אולם בדרך כלל, מערכת היחסים בנויה על איכות וזריזות מעשי העבד ויכולתו לרצות את האדון.

כאשר העבד לא מקיים את רצון האדון הוא פוגם בקשר. בכדי לשקם את הקשר, על העבד לבקש סליחה מהאדון

ולהוכיח את נאמנותו כלפיו ביתר שאת. הוא צריך לבצע את רצון האדון כנדרש, בזריזות וביעילות רבה יותר מבעבר. ישנן מערכות יחסים רבות שבנויות על נתינה וקבלה. מערכת יחסים של אדון ועבד, מצביעה על יחס של נותן ומקבל. אולם אחדות הקב״ה עמנו היא אחדות מוחלטת שמתגלה על ידי התשובה.

במסע אל תוככי הנשמה מתעלים מעל לדעות והשקפות עולם ומעל ומעבר לעולמות רוחניים, עד שמגיעים לפנימיות הטהורה של הנשמה. נשמתנו חפה מכל פשע וצחורה כמשי ללא רבב. אפילו במבט שטחי ניתן להבחין בזהות עמוקה יותר שנמצאת בנו, בה אין שליליות ורוע.

כאשר האדם חי חיי תשובה, הוא כביכול מצהיר שהפעולות השליליות שעשה בעבר אינן מעידות על מי שהוא באמת. הוא קשור להקב״ה באופן שלא תלוי במעשים. כאשר מגלים את הקשר הפנימי שלנו עם הקב״ה בעל הרצון, אזי לפעולותינו יש השפעה חיובית. יש לנו את היכולת להפוך חסרון שנעשה אפילו בעבר — למעלה נפלאה.

[המשך הפרק הוא ביאור נקודה זו. לקריאה רציפה ניתן לעבור לתקציר]

בספר שמואל נאמר, ״כִּי אֵ־ל דֵּעוֹת ה׳ ולא (וְלוֹ) נִתְכְּנוּ עֲלִלוֹת״ (שמואל ב׳ ג׳ ב׳). המילה ״לא״ שונה באופן כתיבתה וקריאתה, יש כתיב וקרי.

פירוש הפסוק על פי הכתיב — ״לא״: למעשי האדם אין מציאות אמיתית ואין להם השפעה בעולמות העליונים, אלא רק בעולם הזה. הפירוש על פי מסורת הקריאה — ״לו״, למעשי

האדם יש השפעה על הקב״ה כביכול, כפי שכותב רש״י על אתר, ״ולו נתכנו עלילות: כל מעשי האדם נמנין לפניו״.

ביאורים אלה סותרים לכאורה זה את זה אך שניהם נכונים, כפי שהפסוק עצמו אומר ״דעות״ — לשון רבים. ישנן שתי דרגות בדעת — גבוהה ונמוכה.

דרגות אלו הן נקודות מבט על העולם וכל אחת מביטה על העולם באופן שונה.

הדרגה הגבוהה — ״דעת עליון״, רואה את האלוקות והרוחניות — כ״יש אמיתי״. מציאות רוחנית זו היא המציאות היחידה האמיתית שקיימת. את מה שמתחת לזה — את העולם והגשמיות, היא רואה כאין, כ״כלום״, עולם שאינו קיים. לעומת זאת ״דעת תחתון״ רואה את העולם כ״יש״, כמציאות אמיתית, ואת האלוקות כ״אין״ — מקור שאינו ניתן להרגשה.

מנקודת מבט של ״דעת עליון״, לפעולות שלנו אין השפעה — ״לא״, המעשה אינו נחשב בעולמות העליונים משום שהעולם לא נחשב, אולם מנקודת מבט של ״דעת תחתון״, המעשה אמיתי ויש לו השפעה גם בעולמות העליונים, ״לו״ — לקב״ה. הפעולות והמעשים שלנו אמיתיים ומשפיעים כביכול על הקב״ה.

מאחר ששתי ההשקפות נכונות באותה מידה, מצד אחד למעשים ולפעולות יש השפעה ומצד שני אין להם השפעה:

״לו״ מבטא את העולם של ״שכר ועונש״ — סיבה ותוצאה. הפעולות והמעשים שלנו אמיתיים ובעלי השפעה גם בעולמות העליונים.

"לא" לעומת זאת, רומז על כך שלשכר ועונש יש תוצאה שמשפיעה רק בעולם הגשמי. מנקודת מבט זו אין חטא שמשפיע למעלה ולכן אין העונש מגיע מלמעלה.

מהיכן נובעות השקפות סותרות אלו? מ"עצמות" הבורא כביכול, שהיא מעבר ליש ואף מעבר לאין. "עצמות" כוללת את היש והאין — את שתי הדעות. הקב"ה נעלה הרבה יותר מהעולם הגשמי ואינו מושפע כלל מפעולה שנעשית על ידי אדם, אך למרות זאת בחר ב"לו", הבורא רצה להיות מושפע מפעולה שאנו עושים. הקב"ה נעלה ממצוות ועבירות שאנו עושים, ובכל זאת משיב לנו אהבה בעולם של מצוות ומעשים. לכן קיימת בעולם סיבתיות של שכר ועונש, אולם היא רק ביטוי של אהבת הקב"ה אלינו.

חיי תשובה הינם חיים מהותיים. למרות שפעולה שלילית גורמת לעונש, האדם מבחין ומבין שהעונש לטובתו. מעשה טוב הוא מעשה ראוי לשבח, אך כאשר אדם נמצא בדרך התשובה, תוצאת כל מעשה, טוב או לא טוב, היא תוצאה טובה, ולכן עבירות יכולות להפוך למצוות — "זדונות נעשו לו כזכויות". אנו יודעים שהכל טוב ומנסים בזהירות למצוא את הטוב בכל מעשה שאנו עושים.

תקציר:

להיות מודע לטוב

במקום להתמקד בדברים שליליים שימלאו אותך במודעות שלילית עד כדי שתחוש אדם שלילי, התמקד במעשיך הטובים ובמעלותיך. אתה עצמך חיובי, אולם מעשיך שליליים. המעשים אינם מי שאתה. השליליות היא רק כיסוי חיצוני על נשמתך הטהורה.

תרגול:

התמקד בטוב

התמקד בנקודה טובה אחת בעצמך גם אם היא נראית חסרת ערך. מילה, מעשה או מחשבה טובה אינם חסרי משמעות, למרות שבעיניך הם נראים כך. מצא את הנקודה הטובה הזו והתמקד בה. ככל שתמצא בעצמך יותר נקודות טובות, כך יקל בעיניך למצוא נקודות טובות אצל אחרים. לאחר מכן התבונן בעצמך, בפנימיותך, בפנימיות שעמוקה ממעשיך הטובים והלא טובים. הכר בכך שנשמתך מאוחדת עם מקור הטוב. מהותך היא קרן של אור וטוב אין סופי.

פרק שלשה עשר
עבודה מתוך האחדות

טהרה היא מהתנאים ההכרחיים לקיום רוחני ולחיים עמוקים. אולם באמת, זה מי שאנחנו, זהו המצב שלנו, אנו תמיד טהורים, כפי שאומרים כל יום בתפילת הבוקר, "אלוקי, נשמה שנתת בי טהורה היא" (ברכות ס' ב').

בכללות, יש במצוות שלושה סוגים, חוקים, עדות ומשפטים. חוק הוא מלשון חקיקה על לוח הלב, ורומז על כך שהמצוות חקוקות על נשמתנו, הן מי שאנחנו. עבירה היא ההיפך הגמור, היא כמו כתם על בגד יפה, כפי שאומר הפסוק "נִכְתָּם עֲוֹנֵךְ לְפָנַי" (ירמיהו ב' כ"ב).

אולם הכתם אינו מכתים את הנשמה עצמה אלא רק את חיצוניות הנשמה. עצם הנשמה, מהותינו העצמית טהורה ונשארת טהורה תמיד, כפי שכותב האדמו"ר הרש"ב זצ"ל, "ומה שיש איזה חטא ועון, לא משום זה יקרא מקום שאינו ראוי ח"ו" (ספר המאמרים תרנ"ט עמ' פ"ח). החטא הוא רק כיסוי שטחי וחיצוני למהות הטהורה של הנשמה ומנוגד לטבע של הנשמה, כפי שמרומז לכאורה בדברי רש"י על דברי הגמרא, "וכי אומרים לו לאדם חטא כדי שיזכה חבירך", ומפרש רש"י, "וכי אומרים לו לאדם: צא וחטא איסור קל כדי שלא יתחייב חבירך עונש חמור" (שבת ד' א'), בשביל לחטוא צריך אדם "לצאת" ממצבו הטבעי, כיון שהטבע האמיתי שלו טהור.

אפשר להבין את השפעת הפעולות שהאדם עושה מגלגל. המעשים ממוקמים ומשפיעים רק בצד החיצוני של הגלגל

שמסתובב, אך בגלל מהירות וכוח הסיבוב, הפעולות אינן מתקרבות למרכז הציר — לנשמה. הציר שסביבו חיינו סובבים — הנשמה — מוגן מהשפעות חיצוניות.

חז״ל מספרים לנו על בחור צעיר שנשבע שלא להתחתן עם אשה מסויימת, כיון שלא היתה נאה בעיניו, ״ומעשה באחד שנדר מבת אחותו הנייה, והכניסוה לבית רבי ישמעאל וייפוה. אמר לו רבי ישמעאל: בני, מזו נדרת? אמר לו לאו, והתירה רבי ישמעאל. באותה שעה בכה רבי ישמעאל, ואמר: בנות ישראל נאות הן, אלא שהעניות מנוולתן״ (נדרים ס״ו א׳). הלכלוך החיצוני אינו המהות הפנימית. ברגע שהלכלוך מוסר, מבריקה הפנימיות ביופיה. אנחנו טהורים תמיד.

כשאדם חוטא זה רק בחיצוניות. בפנימיותו הוא תמיד טהור, בלשון חז״ל, ״היינו דאמרי אינשי: אסא [הדס] דקאי ביני חילפי אסא שמיה, ואסא קרו ליה״ (כפי שאנשים אומרים, שהדס שמצויה בין הקוצים, עדיין שמה הדס. סנהדרין מ״ד א׳). היופי הרוחני המולד כה מרהיב ומבריק, עד שאין שום מראה שיכול לשקף אותו. לפעמים עוני רוחני מטשטש את יופיה האמיתי של הנשמה, אך בכוח התשובה ניתן לנער את האבק, לנקות את הלכלוך ולחשוף את היופי הפנימי.

הנשמה היא כמו גחל. אף שהיא מכוסה באפר, ניתן לנפוח עליה עם ״רוח״ — עם רוחניות, ולהעלות את ה״אש תמיד״ שבוערת בתוכה. תשובה היא כמו חפירה בנשמה, כאשר חופרים בזהירות בפסולת הרוחנית ומנקים ומברישים אותה, מתגלה ״האור זרוע״ — היופי הפנימי שלה.

ייתכן שאדם שעורך חשבון נפש יגיע למסקנה שחלק משכבות העבר בלתי הולמות, ולכן הוא חייב למחוק אותן.

אולם עליו להישמר לא לזרוק על הדרך גם חלקים חיוניים בנשמה. כאשר אדם אומר לעצמו "משהו לא בסדר איתי", הוא מתמקד בחלק הלא נכון, אך אם הוא אומר לעצמו "עשיתי משהו לא בסדר", אזי הוא מפריד בינו ובין המעשה, ויכול ביתר קלות לחשוף את החלקים היפים של נשמתו.

כאשר רוצים להשליך את השליליות ולגלות את הטוהר, ניתן לעשות זאת באמצעות ההבנה של "מי אני באמת", ולחיות את החיים על פי ההבנה שבאה כתוצאה מהצהרה זו.

חיים של טוהר רוחני אינם בנויים על "רגעי שיא". "שיא" רומז לכך שישנם עליות ומורדות, משברים וחוויות משמחות, אשר ביחד מרכיבים הרמוניה שגרתית. באמצעות חיים של כוונה ותוכן, ניתן לבצע מעשים טובים ומצוות מתוך שמחה, מבלי להתייחס למצב רוח משתנה.

כאשר מקיימים מצוות מתוך שמחה ואהבה ולא מתוך עול וחובה, זוהי הוכחה שהתשובה היא תשובה אמיתית. המצוות מחברות אותנו עם הקב"ה על ידי חבל ארוך כביכול. כל מצווה — עוד חבל שמחבר ומאחד אותנו עם הבורא. באמצעות חיבור זה של אהבה, מעשינו משתלבים עם הרצון האלוקי עד שרצונותנו מתאחדים עם רצון הבורא.

לפני שתיאוריית מכניקת הקוונטים נודעה, היה סבור המדע שהטבע פועל מתוך רצף של זמן ומקום. החברה המערבית אישרה תפיסה זו של זמן, מה שנעשה בעבר יוצר את ההווה וגורם לעתיד, לכל פעולה יש תוצאה. פעולות שליליות יוצרים באופן בלתי נמנע תנאים שליליים בהווה או בעתיד. במקרה הטוב אפשר אולי לגרום לתוצאה להיות פחות קשה, אך בשום אופן לא ניתן לשנות את אופי הסיבה.

על פי הבנה זו, העולם הוא מערכת סגורה שאינה ניתנת לשינוי אמיתי.

הבנה זו נכונה רק אם העבר, ההווה והעתיד נפרדים אחד מן השני. אך האמת היא, שישנו עולם שהינו עמוק יותר מהפירוד של העבר, ההווה והעתיד — עולם שנקרא "עלמא דיחידא" — עולם האחדות.

ממצאים מדעיים חדשים (המתגלים כעת כיון שאנו לפני ביאת המשיח, זמן בו אחדות הקב"ה תתגלה) רומזים, שהמצב הבסיסי של העולם הוא אחדות. מנקודת מבט זו הזמן אינו מוחלט, והעבר לא מוכרח להשפיע על העתיד. על פי הבנה זו, ניתן לראות כל זמן וכל מקום כהווה שמאוחד באחדות אין סופית.

התשובה קודמת לעולם כפי שמובא במדרש תנחומא, "כמה דברים קדמו למעשה בראשית. כך שנו רבותינו: שבעה דברים נבראו עד שלא נברא העולם. אלו הן... והתשובה" (פרשת נשא י"א). התשובה נעלית יותר מהגשמיות והחומריות — תשובה מקשרת את הנשמה עם עולם הייחוד ומרוממת אותה מעל ומעבר לשינויים של זמן ומקום.

ממדרש זה למדים שמכיון שהיא נובעת מהמימד שלמעלה מהזמן, יכולה התשובה להשיב אותנו בזמן ולשחרר את הנשמה מכבלי העבר. בעמקי הנשמה שוכנת "בחינת היחידה" — חלק מהאין סוף. החיבור עם האחדות האלוקית ובחינת היחידה, מאפשר לנשמה להתעלות מעבר לזמן ומקום. דרגה זו אינה מוגבלת והיא גורמת לכך שהעבר, ההווה והעתיד יימצאו בהווה. ולכן על ידי התשובה ניתן לתקן בהווה פעולות שנעשו בעבר. האחדות נותנת את הכוח לשנות את העבר.

תשובה מחוללת שינוי מהותי בדרך בה האדם בוחן את העבר. היא מעניקה לו נקודת מבט שעוזרת לו להתרומם מעל ומעבר לזמן ומקום. תשובה חודרת את הזמן, ממיסה את הכוחות השליליים הטמונים בנשמה עקב עשיית מעשים שליליים ומחליפה אותם בכוח בריא וחיובי. על ידי התשובה מתחברים מחדש לשלימות הנצחית המאוחדת, אשר מפיחה בחיינו רוח חיים חדשה.

תפיסת הזמן מתרחבת ומצטמקת לפי המודעות האישית. ככל שהתודעה רחבה יותר, כך הזמן רץ מהר יותר, וככל שהיא מצומקת יותר, כך הזמן מתקדם לאט יותר.

אדם שיושב על ספסל בגן יפה ומשוחח עם ידיד טוב, חש בנוח להביע את עצמו. לעומת זאת באם האדם עימו הוא משוחח בלתי חביב ואינו נעים שיחה, האדם חש מועקה ואי נוחות לשוחח עימו. גם אם שתי השיחות ארכו בדיוק עשר דקות, במקרה הראשון ההרגשה היא כאילו היה זה רגע חולף ובמקרה השני כאילו עבר נצח, וזאת משום שתפיסת הזמן משתנה בהתאם לתודעת האדם ותחושתו.

התשובה חושפת כיצד הרצון הפנימי מאוחד עם הקב״ה מקור החיים. רצון זה מביא אותנו בהדרגה ל״הרחבת הדעת״, והפירוד בין העבר וההווה נעלם. בהיעדר הפרדה בין העבר להווה, הלחץ של העבר מצטמצם והכוח השלילי שלו בהדרגה הופך לכוח חיובי.

היה ניתן לחשוב שדברי חכמינו ״זדונות נעשות לו כזכויות״, פירושם שהאדם מתעלה אך העבירות נשארות מטה, אולם כעת שיש לנו משמעות חדשה ל״מהי עבירה״, אנו יודעים שכוחה השלילי הופך לדחף חיובי.

השלילי הופך לחיובי משום שהוא משמש תמריץ לעשיית תשובה ולהתקרבות להקב"ה. כישלון שנעשה בעבר משמש כאתגר גדול יותר בהווה, נפילה משמשת כלימוד לקח והזדמנות שהוחמצה פותחת בפנינו דלת ודרך חדשה. כל טעות משמשת כמגדלור שמאיר את הדרך לבחירה נכונה יותר בהווה ובעתיד.

למרות מה שהיה בעבר, עכשיו, ממש עכשיו, ניתן להתחיל מחדש. העבר השלילי משמש כדחף להתקדם קדימה, להשתפר ולהגדיר מחדש את המהות. העבירה היא גרעין לפעולה טובה בהווה ובעתיד. אם נצליח להתאושש מהנפילה במהירות, לא רק שנוכל לרפא את כאב העבר, יהיה לנו גם כוח להפוך את הכאב עצמו לתרופה. העבירות לא ישמשו כנפילת רוח, אלא כעידוד להתעורר ולהצליח.

באופן עמוק יותר, לא רק שהעבירה משמשת כדחף למעשים טובים בהווה, היא עצמה הופכת למצווה. בתוך כל פעולה חבויים ניצנים של טוב, וכיון שתשובה מקורה מ"עולם היחוד" וההכללה, ביכולתה לחשוף ולהצמיח את הזרע הטוב החבוי בכל דבר — אפילו בעבירה. אדם ששב בתשובה שייך לאלה שהם בבחינת "דורשי יחודך" — דורשי האחדות של הקב"ה, המבקשים לחשוף את אחדות הבורא בכל חלקי הבריאה.

וכפי שהובא לעיל תשובה קדמה לעולם והינה יסוד הבריאה, משום כך היא מקיפה את כל חלקי העולם — החיוביים והשליליים. לאחר שאדם יוצא מ"עולם הפירוד", הוא נכנס ל"עולם הייחוד", עולם בו הכל כלול ומהווה חלק מהאחדות האמיתית. הפעולות והמעשים שהינם מנוגדים לאלוקות, נכללים בחשבון המעשים הטובים. בדיוק כפי שמעשה טוב מוסיף לשלימות ומביא לברכה, כך גם המעשה השלילי מוסיף ותורם לשלימות ומביא לברכה.

בכדי להפוך את רגש האשמה לנכס ואת המכשול למדריגה בסולם הרוחני באופן מעשי, חשוב להכיר בקשר הטבעי שלנו עם הקב״ה. למרבה הפלא, המכשולים עצמם יכולים לתרום להכרה ולהבנה הזו. באם אדם נפל ומרגיש נחות ומושפל, הוא יכול לאפשר לרגשי הצער לעורר בו רצון עז להתעלות שוב כלפי מעלה, לאפשר לתוהו ובוהו של הנשמה לחשוף את הקשר הנפלא בינו ובין הקב״ה. ייתכן וקשר זה לא היה נחשף אילולא הירידה והנפילה. כאשר הנשמה יורדת עבור ולמען עלייה, הירידה עצמה היא חלק מהעלייה.

תשובה היא כור היתוך שמזכך את הזהב מהסיג והפסולת של המעשים הלא טובים. בתוך העבירה טמונה איכות רוחנית לה אנו זקוקים, כפי שכותב רבי צדוק הכהן מלובלין, ״באותו דבר שבו החסרון של אדם, באותו דבר ועל ידיה עצמו הוא מעלתו...״ (צדקת הצדיק ע׳). כאשר פועלים עם הבנה זו, יכולים לממש את הטוב המצוי בנו ולהגיע לגאולה אישית.

אדם וחוה חטאו באכילה מעץ תאנה (סנהדרין ע׳ ב׳), עם זאת, לאחר החטא כיסו את עצמם בעלי תאנה (בראשית ג׳ ז׳), הבגדים שבהם התכסו היו מאותו עץ שאכלו ממנו, כפי שאמר שלמה המלך, ״כיתרון האור מן החושך״ — אין כמו טוב שבא מהרע. הרפואה באה מהרעל והאור מאיר מהחשיכה עצמה, כדברי המדרש, ״מתוך נפילה קימה, מתוך אפלה אורה״ (מדרש תהילים כ״ב).

התעלות זו ניתן לראות בשלושת המילים לתיאור עבירה: חטא — מעשה בשוגג, עוון — מעשה בזדון, פשע — עבירה שנעשית למרות ההתראה.

מעניין לראות כיצד ניתן לתרגם את שלושת המילים באופן ששונה לגמרי מהמשמעות המקורית.

המילה חטא היא גם מלשון חיטוי — לטהר בגד או אדם, כפי שמובא בפסוק, "וַיִּתְחַטְּאוּ הַלְוִיִּם" (במדבר ח' כ"א). כאשר הוגים את המילה עון כ"און" — כוח ועוצמה, "מָצָאתִי אוֹן לִי" (הושע י"ב ט'), היא מקבלת משמעות שונה לגמרי, של כוח ועוצמה, וכאשר מסדרים את המילה פשע מחדש, חושפים את המילה שפע (גר"א ספרא דצניעותא י"ט א'. סור מרע ועשה טוב עמ' מ"ט), שפע של ברכה, פשע — הופך להיות מקור של שפע.

אין זה משחק מילים אלא עדות לכך שאפשר לגלות מרבץ של זהב בפסולת החיים. כאשר מפנים את כוח החטא לתשובה, מתחילים תהליך של חיטוי פנימי, שמגלה שמקור הכוח והברכה היה חבוי בתוך הנשמה. החטא הופך למקור של טיהור, העוון למקור של כוח, ופשע למקור של שפע חיים וברכה, כפי שמפורש ברקנאטי אחד מהקדמונים, "ועל כן צריכין נקיות וטהרה וקדושה, זכו שפע, לא זכו פשע" (פרשת עקב), הכל יכול להיות מקור לפשע או שפע.

בנוסף לכך ההכנה והפעולה שקודמים למצווה נקראים "הכשר מצווה" ונחשבים כחלק מהמצווה, אפילו פעולה הכרחית לקיום מצווה היא חלק מהמצווה. לדוגמא, בניית סוכה היא הכשר מצווה למצוות ישיבה בסוכה. הבנייה עצמה היא חלק מהמצווה, עד שלפי דעת הירושלמי יש לברך על בניית הסוכה. כתוצאה מכך ניתן לומר, שמעשה שלילי שנעשה בעבר משמש כהכנה לתשובה. הניתוק שנגרם על ידי עבירה הוא חלק מתהליך של חיבור מחדש.

בכל אירוע ובכל חפץ בעולם יש ניצוץ אלוקי שירד משורשו

ומקורו דרך מחיצות ומסכים, עד שצורתו השתנתה מאור רוחני למהות גשמית. האתגר הוא לזהות את האור הרוחני שמוסתר ומוסווה במהות הגשמית. כאשר נגלה את הניצוץ נוכל לחברו ולהעלותו אל מקורו — אל האין סוף.

"תיקון" וחיבור מחדש של הניצוצות עם מקורם, נפעל על ידי מצוות ומעשים טובים. כאשר מקיימים מצוות — מצוות עשה או מצוות לא תעשה — מתרחבת המודעות האישית וניתן להתחיל לחפש את הניצוצות האלוקיים החבויים בבריאה. הימנעות ממעשים בלתי רצויים שומרת על הבהירות והרגישות — תכונות הכרחיות להעלאת הניצוצות האלוקיים. עשיית מעשה לא טוב לעומת זאת, גורמת לקוצר ראייה רוחני שמעוות את ההבנה וגורם לניצוצות להסתתר עוד יותר.

אדם שחטא ושב בתשובה, מתחיל לתפקד כאדם משולב ובריא הפועל מתוך חיות ולהט, כלשון הזוהר "בחילא יתיר" (בחוזק יותר. ח"א קכ"ט ב'). בדיוק כמו שאדם מתרגש מדבר חדש, כאשר הוא מתחיל לחוות את התשובה הוא חש התרגשות ותשוקה. למעשה, ככל שהאדם מתרחק יותר מהמקור הרוחני שלו — הכמיהה, ההתרגשות והמרץ שלו חזקים יותר.

אדם שסטה מהדרך ומחליט לחזור לדרך הישרה, עושה זאת מתוך התלהבות רבה. עבור אלה שעברו מדבר שממה רוחני הצמאון גדול יותר. הכמיהה וההתלהבות של החוזר בתשובה, מסייעים לו להתנקות מהעבר. ההתלהבות, הכוח והאומץ לא היו באים לידי ביטוי באם לא היה במצב שלילי בעבר.

הגימטריא של "חטא" היא "חי". הכוח שהופנה בעבר כלפי מוות רוחני וחטא, מופנה כעת לקיום נלהב של מצוות מתוך

חיות. מעשה טוב מגביר את הדחף לתיקון ואת התשוקה לחיות אלוקית.

לחוזר בתשובה יש דחף חזק יותר להתקרב להקב"ה מאשר לצדיק שתמיד צעד בדרך הנכונה. כבר אמרו חכמינו, "מקום שבעלי תשובה עומדין צדיקים גמורים אינם עומדין" (ברכות ל"ד ב').

צדיק עושה את עבודתו הרוחנית מתוך אהבה עקבית ותמידית, ומצליח להגשים את המטרות הרוחניות שלו על ידי עבודה מתמדת. הבעל תשובה לעומת זאת, היה במצבים רחוקים וקיצוניים הרבה יותר, ולכן יש לו כוח מוגבר. על ידי שימוש נבון בכוח זה, הוא יכול להפוך חושך לאור ומוות לחיים.

בתמונה הכללית, הצדיק והבעל תשובה משלימים זה את זה. הבעל תשובה שהיה מלא בשאלות ותהיות, נראה לצדיק כביטוי מושלם של תשובות נחרצות, אולם פגישת הצדיק עם הבעל תשובה נוגעת בעמקי נפשו, שאלותיו מערערות את ביטחונו הרוחני ומחייבות אותו להביט שוב אל תוך תוכו. כאשר בסופו של דבר מוצא הצדיק את התשובות לשאלות שהתעוררו בו עקב המפגש, הוא חש מידה של התרגשות ותשוקה ששמורה לבעלי תשובה.

הצדיק והבעל תשובה אינם אנשים שונים, אלא שני מימדים בתוך כל אחד. בכל אחד נמצא בעל תשובה וצדיק, שואל ומשיב. תנועה מתמדת בין חוסר וודאות לחוסן רוחני.

ככל שמושכים את הקשת חזק יותר החץ עף רחוק יותר, ככל שהשאלות חזקות יותר התשובות מבוססות יותר. מקור הכוח של בעל התשובה נמצא בפנימיות נשמתו, שלא בא לידי

ביטוי עד עתה (תיקוני זוהר). הגמרא אומרת שבעל תשובה שכובש את יצרו, מפגין מידה עצומה של שליטה עצמית עד כדי כך שמן השמים מכירים בכך, "בעל תשובה... כבש יצרו... כשהיה יוצא לשוק היה נר דולק בראשו מן השמים" (רש"י סנהדרין ל"א ב').

כאשר בעל תשובה מגלה בתוכו את האור, ביכולתו ובכוחו לשנות את חייו, ולהיות אדם הרבה יותר טוב ממה שהיה עד עכשיו. נביטת הזרעים של השינוי האישי, היא תהליך של העלאת הניצוצות הנמצאים בעולם. בכל מקום זרועים ניצוצות של אור, על ידי התשובה הם מתגלים ומתעלים.

תקציר:

לחפש את האחדות

עבר שלילי הינו גרעין של כוח להווה ולעתיד. מנקודת המבט של "עולם היחוד" — בו הכל כלול, העבר כבר מושלם. ברמה המעשית, המעשים והמחשבות שגרמו לחטא הם מקור הלהט והתשוקה. כאשר מזהים באופן ברור את הקשר עם הקב"ה, ניתן להסיר את המכשולים מהדרך העולה בית ה', להפוך את החסרונות ליתרונות ואת התוהו ובוהו למקור של שפע וברכה.

תרגול:

דפוסי מעקב

ערוך רשימה של הדברים הטובים בחייך: קשר זוגי מוצלח, עבודה טובה או כשרון כזה או אחר. עקוב אחר האירועים שהובילו לכך. איך פגשת את חבריך הטובים? מי הפגיש ביניכם? נסה למקם ככל שתוכל את הסיבות והאירועים שהובילו לכך. אולי תוכל להבחין שאירוע מקרי או מפגש שהיה אמור להסתיים ללא השלכות משמעותיות, הפך להיות רגע מכריע בחייך. ייתכן שתבחין, שאירועים שנראו שליליים או מאתגרים, הפכו להיות גרעינים לדברים שחשובים בחייך כיום.

פרק ארבעה עשר

ביטוי השינוי בדיבור

אחד משלבי התשובה הוא הוידוי כפי שכותב הרמב״ם, ״כשיעשה תשובה וישוב מחטאו חייב להתוודות לפני הא־ל ברוך הוא... ווידוי זה מצות עשה״ (הלכות תשובה פ״א ה״א. ספר המצוות ע״ג. סמ״ג מצוה ט״ז. ספר החינוך מצוה שס״ד. סמ״ק נ״ג. ספר חסידים כ׳). כאשר האדם חוזר בתשובה, הוא צריך להתוודות במפורש על החטאים, לבטאות בדיבור את חרטתו על העבר ואת התחייבותו לעתיד.

הרמב״ם סבור שוידוי הוא שיא וחותם התשובה, ״מועלת היא לו ובעל תשובה הוא. אפילו עבר כל ימיו ועשה תשובה ביום מיתתו ומת בתשובתו כל עוונותיו נמחלין״ (שם פ״ב ה״ב). לשיטת הרמב״ם, וידוי הוא חלק עיקרי וסיום תהליך התשובה, ובלשונו ״כאשר האדם חוזר בתשובה, הוא צריך להתוודות״. על פי זה, וידוי הוא בסיס הכוונה של החוזר בתשובה, סיום חייו עד עתה, שאיפה חדשה בחיים ויציאה לדרך חדשה.

דעות אחרות בראשונים סוברות (ספר החינוך ועוד), שוידוי אינו חלק וסיום תהליך התשובה, אלא להיפך, דבר שמביא את האדם לתשובה — הוידוי גורם ומעורר את הכמיהה של האדם לשינוי.

שתי הדעות הללו סבורות שתשובה היא מצוות עשה, אולם ישנן דעות שסוברות שתשובה אינה מצווה אלא חלק בלתי נמנע מהחיים (מנחת חינוך שס״ד. משפט כהן קכ״ח). כאשר אדם מתעורר בתשובה זה יעורר בו באופן מיידי וידוי מילולי.

אולם הכל מסכימים שתהליך התשובה דורש וידוי. אך מדוע? מהי החשיבות בהודאה מילולית או התחייבות בפה, בפרט אם היא מכוונת רק עבור הקב"ה? האם הקב"ה אינו יודע מה בליבו של אדם? כיצד מועיל הוידוי לתשובה?

בקרב הפוסקים אין הסכמה גורפת מדוע ביטוי בדיבור חשוב לתהליך התשובה. הסיבות שונות מאחת לשנייה, מהבנה שכלית לניתוח רגשי ועד למשמעות עמוקה כפי שמובא בספרי קבלה. כל הסבר מציע תובנה אחרת לנחיצות הוידוי.

אולם ברמה הבסיסית, ניתן לומר שדיבור נותן משמעות למחשבות, כך שהן הופכות להיות ברורות ומובנות יותר (חורב מצות תשובה ב'). דיבור מועיל לגבש את המחשבות, הרגשות והכוונות. בהמחשת המחשבות על ידי דיבור, חושפים הבנה עמוקה יותר בעניינים בהם אנו עוסקים. מסיבה זו, גם אם אדם נמצא לבדו ומהרהר בנושא מסויים, הוא יקבל הבנה עמוקה ומסודרת יותר כאשר יבטא את המחשבות בדיבור. מחשבה כפי שהיא קיימת במוח נשארת חמקמקה ובלתי נהירה, אך כאשר היא יורדת לדיבור היא הופכת להיות מוחשית וברורה.

דוגמא לכך ניתן לראות מסיפור פטירתו של רבי יהודה הנשיא. כאשר שכב על מיטת חוליו ממנו לא קם, שלחו התלמידים את בר קפרא שיאמר להם מה מצבו, כשחזר, "פתח ואמר, אראלים ומצוקים אחזו בארון הקדש נצחו אראלים את המצוקים ונשבה ארון הקדש. אמרו ליה: נח נפשיה? אמר להו: אתון קאמריתו ואנא לא קאמינא" (שאלו אותו: האם הוא נפטר? אמר להם: אתם אמרתם, אני לא אמרתי. כתובות ק"ד א'), אף שידע שרבי יהודה נפטר, לא רצה לומר זאת בפה מלא.

באופן דומה, כאשר אנו שומעים חדשות לא טובות, התגובה

הראשונה היא הכחשה. כאשר מישהו מספר על אסון, או על חבר או אדם מהקהילה שנפטר, המאזינים נוטים לומר "אל תספר לי", כאילו אם לא ישמעו את הבשורה — היא לא באמת קרתה. בדומה לכך, כל עוד רעיון נשאר במחשבה ניתן להתעלם ממנו ולחשוב שהוא לא קיים. על מנת שהמחשבה תקבל צורה צריך לבטא אותה בדיבור.

בספר הכוזרי, מוגדרת מעלת האדם כ"מדבר", וכפי שאונקלוס מתרגם את הפסוק, "וַיְהִי הָאָדָם לְנֶפֶשׁ חַיָּה" — "וַהֲוַת בְּאָדָם לְרוּחַ מְמַלְלָא" (ויהי באדם כוח דיבור. בראשית ב' ז'). בני אדם נתברכו במעלת הדיבור ומושפעים מאוד ממה שהם מדברים ושומעים. לכוח הדיבור יש השפעה חזקה מאוד, עד שלשון הרע מזיק "למספרו ולמקבלו ולאומרו" (ערכין ט"ו ב').

כוח הדיבור חיוני לא רק בכדי שנוכל לתקשר עם אחרים, הדיבור הוא גם כלי התקשורת העיקרי של האדם עם הסביבה, הכלי דרכו אנו משתמשים בכדי לפענח ולהבין את העולם בו אנו חיים. השפה בה אנו משתמשים ושומעים אחרים משפיעה על הדרך בה אנו חושבים. כאשר אדם מבטא מחשבה בדיבור היא הופכת להיות דבר מוחשי.

העולם נברא על ידי עשרה מאמרות אותם אמר הקב"ה כביכול, "וַיֹּאמֶר אֱלֹקִים יְהִי אוֹר וַיְהִי אוֹר" (בראשית א' ג'), על ידי אמירתו של הקב"ה נברא האור ושאר הברואים. הדבר נכון גם באדם שנוצר "בצלם אלוקים".

כוח הדיבור חיוני לא רק עבור המחשת מחשבות כי אם גם ללקיחת אחריות על מעשים. כשילד קטן שופך חלב הוא אומר "אמא, החלב נשפך", אולם ילד בוגר יותר אומר "אמא, אני שפכתי את החלב".

בתהליך התשובה עלינו לומר לעצמנו — להקב"ה "עשיתי את המעשה הזה. אני גרמתי לכך, ולכן אני הוא זה שצריך לתקן את המעשה". על ידי לקיחת אחריות למעשינו, אנחנו יכולים לתקן את חיינו. אמירת האמת מוציאה אותנו מעמדת הכחשה ומחשיבה מוטעית שתוצאת המעשה אינה באשמתינו.

הדיבור הישיר והכנה על עצמנו ולעצמנו, מפגיש אותנו פנים מול פנים עם האמת, כואבת ככל שתהיה. האמת יכולה להביא אותנו למצב פגיע יותר, אולם זוהי הדרך היחידה והיעילה לנתץ את השאננות בה אנו נמצאים. וידוי דברים נותן לנו את הכוח והיכולת לחולל שינוי אמיתי, כיון שהוא מסיט את הגאווה המטופשת בה אנו שרויים.

ככל שהאדם מתבגר יותר, הוא יכול ביתר קלות להודות על חסרונותיו. ביטוי מילולי מאיר את החסרון באור בלתי משוחד של "אהבת עצמו". ברגע שהנושא עולה על פני השטח, יכולים לאתר את מקורו ולמקד את מאמצי התיקון במקום זה.

"הקול מעורר הכוונה" (ט"ז אורח חיים ק"א ג'), על ידי הקול חושפים את הרצון הפנימי ואת השאיפה לחזור בתשובה. ככל שמדברים יותר על הרגשות, הם הופכים להיות אמיתיים יותר. כאשר מדברים בפה מלא על תשובה, התשובה מתחדדת והופכת ברורה יותר. גם אם אין בכוונת האדם לפסוע בדרך התשובה, הביטוי המילולי לשינוי סופו שיזרז אותו לחזור בתשובה אמיתית.

כולנו רוצים להתקרב ולפרוק את הלב עם הבורא ועם הזולת. כל אחד רוצה חבר וידיד עימו יוכל לבטא את רחשי ליבו. לפעמים אנחנו לא יודעים כמה אנו זקוקים לכך עד שזה נמנע מאיתנו. אחד הרגשות החזקים והמייאשים ביותר שאדם

חווה הוא בדידות שנובעת מניתוק חברתי ורוחני. על ידי ביטוי הרגשות על המצב הנוכחי בו אנו נמצאים והרצון העמוק שלנו להתחבר מחדש, ניתן להתגבר על תחושה זו.

כוח הדיבור מורכב מקול, ממשמעות וממשמעות נסתרת. גם הצליל ונימת הוידוי יכולים לקרב את האדם לשלימות.

כאשר אדם מדבר עם עצמו הוא משמש הן כדובר והן כמאזין. אתה "הדובר", נמצא בנוכחותו של אתה ה"ידיד" שמקשיב באמת, ידיד שלא שופט את תוכן הדיבור.

"הידיד" שמקשיב ל"דובר", יכול לרפא את תחושת הבדידות, לכוון מחדש את הרצונות הבלתי רצויים ולשקם את המודעות הפנימית המיוסרת. חז"ל אומרים על הפסוק (משלי י"ב כ"ה), "דְּאָגָה בְלֶב אִישׁ יַשְׁחֶנָּה" — "רבי אמי ורבי אסי חד אמר ישחנה מדעתו וחד אמר ישיחנה לאחרים" (סוטה מ"ב ב'). אדם יכול לרפא את צרותיו על ידי שיחה עם ידיד שמוכן להקשיב. הידיעה שאיננו בודדים נוסכת בנו אומץ וכוח.

אולם ישנה דרגה נעלית יותר של הדיבור, הידיעה שאנו יכולים לדבר עם המאזין הגדול מכולם — הקב"ה. על ידי תקשורת פתוחה עם הבורא פותחים ערוצים חדשים של אהבה אלוקית וזיכוך עצמי שמחלחלים בנשמה.

מקובלים ופוסקים רבים ממליצים לדבר עם הקב"ה באופן ישיר ופתוח (ספר חרדים ס"ה. ליקוטי מוהר"ן ב' צ"ה. מכתבי חפץ חיים עמ' פ"ר־ז). בדיבור עם הקב"ה ישנו ערך שלא יסולא בפז, כילד המשוחח עם הוריו בכנות וללא בושה או כאדם המגלה את מכמני ליבו בפני ידיד אמיתי.

דרגה זו ניתן ללמוד מהפסוק "קְחוּ עִמָּכֶם דְּבָרִים וְשׁוּבוּ אֶל ה'" (הושע י"ד ג'), כביכול הקב"ה אומר, "סלחתי כדבריך", אני סולח כפי אופן הוידוי בדיבור — הסליחה היא לפי ערך הדיבור.

על ידי הדיבור עם הקב"ה, נפרשים בפנינו אופקים והזדמנויות חדשות לשינוי. אנו שואבים ממנו כוח, בכדי להתגבר על האתגרים הניצבים בפנינו יום יום. דיבור כנה מעודד אדם שנמצא בעיצומו של חיפוש אחר תשובה אמיתית, ומסייע לו להגיע לפסגות גבוהות של שלימות רוחנית (משנה ברורה ביאור הלכה תקע"א ב'. שבט המוסר כ' ל"ט. מאור ושמש שבת שובה. סור מרע ועשה טוב עמ' מ"ג. צו וזירוז ד'). על מנת לחוות קירבה חזקה יותר לקב"ה, מומלץ מאוד להשתמש בשיטה זו.

תהליך זה מכונה התבודדות — זמן איכות בו האדם מתבודד עם הקב"ה. בשונה מתפילה שהיא נוסח מסודר בזמנים מסויימים, ההתבודדות היא צורה פשוטה של תפילה שמבוצעת לעתים קרובות בטבע, בחדר פרטי או אפילו בטיול בגן או בשדה. במהלך התבודדות המתפלל מדבר בשפתו שלו, פותח את ליבו אל הקב"ה ומבטא את מחשבותיו באופן גלוי. שום נושא או רעיון אינו פשוט מדי בכדי לשוחח עליו עם הקב"ה.

ניתן וצריך לשוחח עם הקב"ה על כל נושא שבעולם. כאשר האדם מרגיש חופשי לדבר עם הקב"ה גם על נושאים שטחיים ויום יומיים, יופתע לגלות שגם הבעיות הקשות ביותר עולות מהתת מודע. הנהגה זו של חיבור רגשי עם הקב"ה לא נועדה בשום פנים להחליף את התפילות הקבועות, כי אם להשיג מערכת יחסים עמוקה יותר עם הקב"ה. זהו היופי של תפילה אישית.

כפי שהנביא הושע מתחנן לבני ישראל, "שׁוּבָה יִשְׂרָאֵל עַד ה' אֱלֹקֶיךָ" (י"ד ב'). אחת המשמעויות של פסוק זה היא, לשוב בתשובה עד שה' יהיה אלוקיך — שלך, חזור בתשובה עד שתוכל להתייחס לקב"ה כאל ידיד שלך (עבודת ישראל שבת שובה). תקשורת טבעית עם הקב"ה סוללת את הדרך למפגשים נוספים, משום שתקשורת המבוססת על כנות מביאה לקרבה גדולה יותר. יחסי האמון עם הקב"ה משתפרים להפליא כאשר מדברים איתו בכנות. על ידי פתיחות וכנות ניתן לחוש בנוח עם הקב"ה, ולשתף אותו עם הדאגות והבעיות, הספיקות והתסכולים הרוחניים שלנו.

כאשר משתחררים מהכבלים שקושרים אותנו, כוחנו הפנימי מתפרץ. אמונות שעוצרות מהעצמי הפנימי שלנו לפעול בחופשיות, נעלמות ומתפוגגות.

ביטור המחשבה לדיבור היא הדרך להכיר את עצמנו ומחשבותינו. אין זו מחשבה לשם זיכרון כזה או אחר, כי אם רצון לתת למחשבה כלי ביצוע — לתת למחשבה יכולת להתממש. הדיבור מאפשר לשלוט על המחשבה. על ידי השליטה במחשבה ניתן לטפל בגורם הבעייתי אשר הופך לאתגר בר טיפול. לפני שכוח מקבל צורה הוא יכול להיות מאיים. הדיבור לא רק מכניע דבר חיצוני, אלא מרגיע אותנו — את הפנימיות, בכדי שנוכל להגיב לסערה שמתחוללת בתוך נשמתנו.

תשוקות ורצונות שלא התממשו יכולות לרדוף ולהחליש אותנו כיון שהן תקועות בתת מודע. כאשר האדם מתוודה הוא הופך אותן למהות שניתנת לטיפול באופן נקודתי. רצון בלי צורה נשאר קפוא ובלתי ניתן לשיחרור, כאשר הוא מלובש במילים ניתן לטפל בו כראוי ולשחררו לחופשי.

ישנו עיקרון בסיסי בתורת הנפש שכאשר אדם אומר את האמת, הוא מרפה את הלחץ סביב הנושא המדובר. במונחים של תשובה ניתן להשתמש בעיקרון זה בכדי להשתחרר מתחושות אשמה ובושה. באם הנך חש באשמה ו"מתוודה" על כך בכנות, הדיבור עצמו עוזר להפיג את האשמה. ודאי שהדיבור צריך להיעשות באופן ברור וכנה, אך על ידי הדיבור משתחררים מהצורך הטבעי להצטדקות.

ישנן דרכים שונות לשחרר כעסים ולחצים ישנים שמושרשים עמוק בפנים, אולם הדרך היעילה ביותר היא להפסיק להתכחש לכך שהם קיימים. התהליך שמסתמן הוא אם כן, להכיר ברגשות, להודות בחטאים ולאחר מכן להצהיר בכנות על רצון לשוב בתשובה.

כאשר מכחישים ומדחיקים חוויה או כאשר מטאטאים חסרונות אל מתחת לשטיח, הן ישובו ויופיעו בהמשך, ייתכן שאפילו באופן עוצמתי יותר. התעלמות מבעיה אינה פותרת אותה. על ידי העלאת הזכרונות השליליים מאפשרים להם להתמוסס ולהיעלם. וידוי הוא לקיחת החסרונות והעברתם לידיו הפשוטות של הקב"ה. בדרך זו מאפשרים לקב"ה לסלוח לנו, וכך נוכל גם אנו לסלוח לאחרים. על ידי ריפוי העבר נוכל לחיות עם עבר נקי ומצוחצח.

על פי רוב רעיון הוידוי בא מהמילה הודאה, להודות ולהכיר, "שיכיר ויודה חטאו, ויתודה ווידוי דברים" (מלבי"ם ויקרא סימן שי"ט. שערי תשובה א' י"ט).

וידוי גם בא גם מהמילה וידו – מלשון זריקה והשלחה, כמו שהפסוק אומר "וַיַּדּוּ אֶבֶן בִּי" (איכה ג' נ"ג), וכפי שהכתב והקבלה כותב "לכן נ"ל לפרש... כי שרשו ידע אשר הוראתו הרחקה

והשלכה, כמו וידו אבן בי" (ויקרא ה' ה'). הרעיון של וידוי הוא לזרוק מעצמו את החטא.

מטרת הוידוי היא להשתחרר, מכיון שעד שלא מדברים על משהו הוא נותר נעול, ולאחר הדיבור עליו האדם יכול לחיות באופן משוחרר וטהור, בלתי תלוי בפעולות קודמות של העצמי העמוק שלו. מעשה הדיבור עליהן גורם לכך שישתחררו ויעזבו.

תקציר:

וידוי

המחשבות הפנימיות עשויות להיות חלקלקות. כאשר מדברים עליהן הופכים אותן למהותיות יותר. כשמטפלים בנושא מהותי אפשר להשפיע ולשנות אותו. באם הנך מרגיש רצון לשנות את חייך לטובה, התבטא במילים על רגשותיך ורצונותיך. שוחח עליהם עם הקב״ה. דע שהוא מאזין לך תמיד.

תרגול:

אישור

חזור על המילים מתפילת הבוקר: ״אלוקי, נשמה שנתת בי טהורה היא״. אם אי פעם תרצה לנקות את הראש ממחשבות בלתי טהורות, אמור פסוק זה שלוש פעמים, ״לֵב טָהוֹר בְּרָא לִי אֱלֹהִים וְרוּחַ נָכוֹן חַדֵּשׁ בְּקִרְבִּי״ (תהילים נ״א י״ב). במהלך היום, עודד את עצמך עם משפטים חיוביים. אזור אומץ להודות על חסרונותיך.

עלינו להיות מודעים לדרך בה אנו מדברים עם הזולת ועם עצמנו. באם הנך מוצא את עצמך אומר ״אני לא אדם טוב״ או ״אני עצלן ולא יוצלח״, הפסק! התחל לומר לעצמך ״עשיתי משהו לא טוב״, ״התעצלתי, מפני שחשבתי שאני לא יכול״. דיבורים אלה הם הפסיעות הראשונות בדרך התשובה, להתוודות ולהודות במעשים מבלי לבטש את עצמך במהלך התהליך. לאחר מכן הנך יכול להמשיך ולעודד את עצמך עם דיבורים ו״וידויים חיוביים״. ״אני אדם טוב״, ״אני אדם אחראי ומוכשר״, ״יש בי את הכוח לשנות את חיי״.

פרק חמשה עשר

לרומם את הלבושים: מחשבה, דיבור ומעשה

לכל אדם ולכל מעשה יש חשיבות. לאדם יש כוח להשפיע על העולם שמסביבו, המעשים שהוא עושה משפיעים על העלייה או הירידה של האור הרוחני בעולם. מעשה או הימנעות ממעשה יוצר גלי השפעה בעולם. כאשר אדם עושה מעשה שלילי, הוא משפיע באופן שלילי וגורם לחוסר איזון במרקם הרוחני של העולם. בכדי לאזן ולתקן את ההשפעות השליליות הללו, צריך להשפיע לעולם קדושה וטוב.

וידוי מילולי של תשובה מכפר על השלילה ומאזן את ההשפעות שנגרמו כתוצאה ממעשה לא טוב. אדם שעושה או אפילו חושב מחשבות לא טהורות, בורא מלאכים טמאים שמשפיעים לעולם טומאה, אולם מעשים טובים ומחשבות טובות משפיעים לטובה ובוראים מלאכים טהורים (ראה ברטנורא אבות ד׳ י״א).

תשובה עניינה, לדלל את ההשפעות השליליות של המעשים הלא טובים, לטהר את הזיהום ולהשפיע טוב בעולם (מאור עינים פרשת חוקת).

מלאכים שנבראים כתוצאה ממעשים או מחשבות שאדם חושב, נקראים על פי המעשה. אדם שמשקר למשל, בורא מלאך שנקרא ״שקרן״ — כוח החיים של המלאך הוא השילוב של האותיות ״שקר״. על מנת לבטל את הכוחות האלה, צריך לעוקרם ממקורם.

על ידי וידוי בפה, חרטה ורצון כנה להפסיק לשקר, האותיות של המילה "שקר" מתבטלות, וכוח החיים שלהם נעלם ונפסק (מאמרי אדמו"ר הזקן הקצרים עמ' תקפ"ח. אוהב ישראל פורים. עשרה מאמרות מאמר חיקור דין א' ג'). על ידי דיבור של תשובה וחרטה, צירוף האותיות והכוחות השליליים מתבטל והמלאכים שנבראו מהם נעלמים.

לכל נשמה יש שלושה כוחות הנקראים לבושים, והם, מחשבה, דיבור ומעשה. כוחות אלה נקראים לבושים, משום שהם עומדים בין הנשמה והעולם ויוצרים את החיבור בין הנשמה הרוחנית והעולם הגשמי. הדרך בה האדם משתמש עם שלושה לבושים אלה, יכולה לרומם או חלילה להוריד את הנשמה. בכדי להעלות את הנשמה, זקוקים לטהר ולזכך את שלושת הלבושים.

מחשבה על שינוי חיובי מטהרת את המחשבות, דיבור על שינוי חיובי מטהר את כוח הדיבור השלילי והחלטה לשנות את מעשינו מכאן ולהבא, מטהרת את המעשים (ספר העיקרים ד' כ"ו. עקידת יצחק שער ק'. ראשית חכמה שער התשובה א'). על ידי מחשבה, דיבור ומעשה בדרך התשובה, מזככים את שלושת לבושי הנשמה.

לכל דבר יש מספר מימדים. כל רעיון או חפץ מורכב מגשמי ורוחני — גוף גשמי ונשמה רוחנית. גם מעשה שלילי מורכב מגוף ונשמה, הגוף הוא המעשה עצמו ו"הנשמה" היא ההנאה והרגש שהאדם חש בשעת המעשה.

הכמיהה לתשובה — הרגש העמוק שבא ממעמקי הנפש מבטל את נשמת המעשה והוידוי בדיבור מבטל את גוף המעשה, וזאת משום שדיבור נחשב כמעשה קל ("עקימת שפתיו..." רש"י

סנהדרין ס"ה ב׳. ליקוטי תורה דברים עמ׳ ל"ז א׳. שערי תשובה עמ׳ ו׳ ב׳. דרך מצוותיך וידוי תשובה א׳). התשוקה לתשובה מבטלת את נשמת החטא ומילות ומעשי התשובה מבטלים את גוף החטא.

התורה מהווה תוכנית אב אלוקית מקיפה ומפורטת של העולם. כאשר אדם עושה מעשה שלילי, בעשייה או באי עשייה, הוא פוגם באותיות התורה בהן המעשה המסויים מוזכר. כאשר אדם גונב רחמנא לצלן, מילות הפסוק "לא תגנוב" מטושטשות והצירופן מתבלבל (מאור עינים פרשת ויצא). כאשר אדם מתוודה באמת ובתמים ואומר לעצמו "לא אגנוב יותר", חוזרות אותיות אלו למצב שבהן היו.

גוף האדם הוא השתקפות גשמית של הנשמה — רשימו של הנשמה, והנשמה היא השתקפות — רשימו של התורה. בתורה ישנן רמ"ח (248) מצוות עשה, רמ"ח כוחות חיוביים בנשמה שמספרן בהתאמה הוא מספר האיברים בגוף בריא ושלם. שס"ה (365) מצוות לא תעשה הן מערכת ההגנה של הנשמה, שמספרן בהתאמה הוא מספר הוורידים בגוף, דרכם זורם הדם המעניק חיים שמטרתו לשמור על המערכת החיסונית.

בעומק יותר, התורה כתובה על נשמתנו וגופנו, "לא תגנוב" הוא חלק מהאדם. כאשר אדם חוטא כוח ההגנה של התורה פוחת. ככל שאדם יותר רגיל לשקר — קשה לו יותר להפסיק, חסינותו הרוחנית נפגעת. כאשר אדם שמעולם לא גנב גונב, קשה לו מאוד להפסיק לגנוב. דבר זה נכון לכל התנהגות שלילית. באם אותיות נשמתו מטושטשות ומבולבלות במידה רבה כל כך, ייתכן שהן כבר לא יבטאו "לא תגנוב", כי אם "תגנוב". במצב זה קשה ביותר לחשוב על גמילה. במקרים קיצוניים, נזק רוחני ונפשי הוא הגורם למחלות גשמיות.

ענין זה מדגיש ביתר שאת מדוע נחוץ לבטא את התשובה בדיבור — תהליך הוידוי. שקרן שמתוודה ואומר "מהיום והלאה אני מפסיק לשקר" או "אני רוצה לומר אך ורק את האמת", מתחיל לתקן את אותיות התורה "לא תשקרו", והן שבות לצירופן הנכון.

בעשותו כך הוא משחזר את ההרמוניה בין הנשמה והתורה. כאשר אדם מחזק את המערכת החיסונית של הנשמה, מגיב הגוף לכך ומתחזק בהתאם. לא רק שאדם יכול להתרפא דרך התשובה, הוא אף יכול להגיע לדרגת בהירות רוחנית כפי שלא חש מעולם.

הבנה זו מאפשרת לנו להבין טוב יותר את הוראת הבעל שם טוב, "אם מתאוה לאיזה עבירה יאמר הפסוקים של העבירה ההיא בטעמים ובנקודות בדחילו ורחימו, ואז תלך ממנו התאוה ההיא, ואם מתאוה לאיזה מדה רעה חס ושלום אזי יאמר הששה עמים הכנעני וגו' בכל כוחו בדחילו ורחימו ותסתלק ממנו" (צוואת הריב"ש ג' ע"א. בעל שם טוב על התורה שמות י"ג).

כפי שהוזכר, וידוי ממלא תפקיד חשוב בתהליך התשובה. וידוי עוזר בכל רמה, מהדרגה הנפשית הממשית ועד לדרגה הרוחנית ביותר. עם זאת חשוב לזכור שהוידוי — הכוח לתקן פגמים רוחניים — יעיל יותר כאשר הוא נעשה מתוך שמחה. וידוי אינו משימה רצינית וקודרת שנדרש לעשותה מתוך בכי ומרירות, להיפך, תשובה מוכרחת להיעשות מתוך שמחה (ראשית חכמה שער התשובה ו').

בדיוק כמו כל מצווה אחרת, גם וידוי צריך להיעשות מתוך שמחה וביטחון שיש לנו את הכוח לחזור לחיקו האוהב של

הקב"ה. בשעת הוידוי צריך האדם לשמוח כי הוא בטוח בדרך בה הוא צועד.

ישנה מחלוקת האם המתוודה צריך לפרט את חטאיו או לא? האם צריך לפרט את העבירות והחטאים או שמספיק בוידוי כללי ובקבלה שמכאן ולהבא יצעד בדרך הישר? "וצריך לפרוט את החטא דברי רבי יהודה בן בתירה שנאמר אנא חטא העם הזה חטאה גדולה וגו' רבי עקיבא אומר אין צריך" (תוספתא יומא ד' י"ד. ירושלמי יומא ח' ז'. ראה גם יומא פ"ו ב').

בכדי להבין את השיטות החלוקות עלינו להבין קודם מה מניע את התשובה, אהבה או יראה? (ליקוטי שיחות חלק כ"ד עמ' 241-2) רבי יהודה סובר שתשובה נובעת מיראה ומעונש ולכן אדם צריך לפרט את העבירות והחטאים עליהם מתוודה. הסיבה פשוטה, לכל עבירה ישנה השפעה מסויימת בעולם, וכיון שמטרת הוידוי היא ביטול ההשפעה השלילית, חשוב לפרט את העבירות בכדי שלוידוי תהיה השפעה מושלמת.

רבי עקיבא מאמין שאדם שמחליט לחזור בתשובה מתעורר על ידי רגש של אהבה וכמיהה עמוקה להתאחד עם העצמי ועם הקב"ה. פעימות לב של אהבה על־טבעית בתוך הלב מחכות להתגלות. פירוט העבירות ופרטי החטא אינו נחוץ כאשר האהבה מתגלית. לדעת רבי עקיבא חשוב לתת לכמיהה העמוקה ביותר להתבטאות.

פוסקים רבים, כגון הרמב"ם (הלכות תשובה פ"ב ה"ג), המרדכי (יומא תשכ"ה. סמ"ג מצוה ט"ז) והרי"ף (העיטור סוף הלכות יום הכיפורים. מאירי יומא פ"ו ב'. טור אורח חיים סימן תר"ז. בית יוסף שם) דנים בכך. למרות הערכתו הגבוהה של רבי עקיבא לאדם, המציאות בה אנו חיים מוכיחה שרוב האנשים פועלים ברמה

הרבה יותר נמוכה, ברמה בה התשובה נובעת מיראה יותר מאשר אהבה.

בכדי להגיע לשלימות, צריך האדם לזעזע את עצמו מהשאננות הרוחנית בה הוא נמצא, ולהגיע להכרה שנחוץ לו שינוי אמיתי. בכדי להתעורר בתשובה, צריך לפרט את החטאים והתוצאה החמורה. ובכל זאת, השאיפה הפנימית — בין אם מודעים לכך או לא — היא עמוקה יותר, רצון לתשובה מתוך אהבה. הנשמה רוצה להגיע לתשובה מתוך תחושה של קבלה עצמית ושלימות ולא מתוך תחושה של פחד ויראה.

כאשר פחד ויראה גורמים לתשובה האווירה בה חיים אפופה בחרדה, אך כאשר התשובה מבוססת על אהבה הם חדורי שמחה. הבחירה בידינו: יראה או אהבה?

עד עתה ביארנו את השפעת הלבוש השני, כוח הדיבור של החטא מחד וכוח הוידוי של התשובה מאידך. נתמקד עתה בלבוש הפנימי ביותר — כוח המחשבה.

מעשים טובים משפיעים על הדיבור ודיבור חיובי משפיע על מחשבות וכוונות פנימיות. ככל שמתקדמים לעבר הגאולה הכללית, העידון של האנושות כולה מתקדם ממעשה לדיבור, ומדיבור למחשבה (פרי צדיק תקנת השבים י׳). בימינו אלה, אנו זקוקים להתמקד בטיהור וזיכוך הלבושים הפנימיים.

בזמן הבית, בכדי לכפר על חטאו היה אדם מקריב קרבן בבית המקדש. כמובן שהיה מתוודה גם בדיבור ומחשבותיו היו אך ורק על תשובה, אולם עיקר תהליך הכפרה היה הקרבן, המעשה בפועל. בימינו, שאין לו בית מקדש אנו נמצאים במצב של "וּנְשַׁלְּמָה פָרִים שְׂפָתֵינוּ" (הושע י״ד ג׳) — הדיבור והתפילה

באים במקום הקרבן והמעשה. בגמרא מובא שכאשר לומדים את הלכות הקרבנות, במיוחד כאשר אומרים את פסוקי הקרבנות, הרי זה כאילו מקריבים את הקרבנות בפועל, "אמר רבי יצחק, מאי דכתיב זאת תורת החטאת וזאת תורת האשם? כל העוסק בתורת חטאת כאילו הקריב חטאת וכל העוסק בתורת אשם כאילו הקריב אשם" (מנחות ק"י א'). בימינו המרכיב העיקרי של תשובה הוא הדיבור.

בכדי לוודא שהדיבור אכן יביא לשינוי המיוחל חשוב שהכוונות יהיו כנות. ככל שמתקרבים יותר ויותר לזמן הגאולה, תפקידנו להגביר את הכוונה ולהעלותה מעולם הדיבור לעולם המחשבה. מטרת תשובת המחשבה היא לטהר את התת מודע. בכדי להיכנס ולהשפיע על התת מודע, יש להשתמש בכוח ה"ציור" — כוח הדמיון (זוהר ח"א ק"ג ב'). דרך שער ה"ציור" ניתן "לשער בליבו" — ניתן להעריך את מה שקורה במעמקי הלב, וכמו שכתוב בזוהר, נודע בשערים בעלה, כל חד לפום מה דמשער בלביה.

דמיון שווא שממוקם בתת המודע הוא השורש לדיבור שלילי וחטא שבא כתוצאה מאי חשיבה. כאשר שואפים לעשות תשובה, אין זה רק על ידי אי־עשיית של חטאים — תשובה זו אינה מושלמת. תשובה מושלמת כוללת שינוי פנימי, מחיקת המחשבות השליליות ושינוי הגישה לחיים.

טיהור המחשבה חשוב במיוחד בדורינו, לאחר שנים שתת המודע שלנו ניזון בדימויים שליליים מהתרבות והתקשורת בה אנו מוקפים. דימויים שליליים וחוויות מסוימות שמצטברים בתת מודע במהלך החיים יכולים לעורר את הדימויים הללו ולהביאם לכלל מעשה, חס ושלום.

בכדי לטהר את עצמנו לחלוטין, עלינו לעשות שינוי פנימי ומהותי. יש צורך לבצע איפוס של המחשבה ולזכך את כוח המחשבה והדמיון. כוח הציור והדמיון הוא בעל עוצמה חזקה יותר מהשכל (כתבי הסבא מקלם א׳ עמ׳ 4–143). בכדי להפוך ולשנות את תת המודע, יש לחוש הציור מעלה גדולה יותר מאשר לשכל הגיוני ומסודר. הדרך לחפש את ה״צדדים האפלים״ בתת מודע — כפי שמכנה אותם רבי ישראל סלנטר — היא דרך כוח הציור והדמיון.

בגמרא מובא ש״הרהורי עבירה קשו מעבירה״ — מחשבה על עבירה קשה יותר מהעבירה עצמה (יומא כ״ט א׳). כוח הדמיון הינו דק ועמוק יותר ממעשה ולכן מזיק יותר לנפש (מורה נבוכים ג׳ ח׳). אחת הסיבות לכך היא משום ש״הרהור עבירה״ - עבירה שנעשית בתוך הנפש, משפיעה על הנפש הפנימית יותר מאשר המעשה עצמו. כלפי חוץ נראה שהאדם בריא ומושלם אולם בתוך תוכו רוחש עולם אפל של חטאים.

הכוח לתקן את ״הרהורי העבירה״ הוא לדמיין את האדם כפי שהוא באמת, צדיק (ביכולת) ובעל נשמה טהורה. אנו צריכים לחשוב על עצמנו כצדיקים או כמלאכים (ספר הישר שער י״ג), ולדעת שהתכונות הפנימיות שלנו מושלמות. כאשר האדם חושב לעצמו שתכונותיו הפנימיות אותן הוא מנסה לזכך כבר מושלמות, הוא הופך את המחשבות הזדוניות למחשבות קדושות. דמיון קדוש מסייע בהפיכת העבירות לזכויות ואפילו למצוות.

כאשר נזכך את עצמנו מהשורש ונחשוב תדיר על הגאולה, נוכל להקביל את פניה בביאת משיח צדקינו במהרה בימינו.

תקציר:

להכיר בכוחם של המחשבה, הדיבור והמעשה

לנשמה יש שלושה לבושים או אופני ביטוי, מחשבה, דיבור ומעשה. כל מחשבה, דיבור או מעשה, תרומם או תשפיל את שלושת הכוחות האלה. מעבר להשפעה אישית הם גם משפיעים לעולם אור חיובי או שלילי – תלוי בטיב המעשה. על התשובה לשנות את האדם באופן מושלם. לא מספיק לשנות רק את המעשים והדיבורים, נחוץ גם לשנות את המחשבה, במודע ובתת מודע.

תרגול:

תענית דיבור

כאשר צמים ניתן להיות פחות תלוי במזון ולהגיע למצב רוחני יותר. בדומה לכך, תענית מדיבור יכולה לאפשר לנו להיות פחות תלויים בדיבור היום יומי, ולהיכנס לעולם שקט יותר. ככל ששותקים יותר, נמהרים פחות, וכאשר חוזרים שוב לדבר הוא נעשה ביתר כוונה.

לפני שהנך הולך לישון, תרגל תענית דיבור, פרק זמן מסויים בכל ערב בו תמנע מלדבר למשך חמש עשרה דקות. לאחר מכן תוכל להאריך את משך הזמן בו הנך שותק. כמות הזמן צריכה להיות מאתגרת אך לא מעיקה על עצמך או אחרים. תרגול זה יאפשר לך להיות מודע יותר בזמנים שהנך מדבר.

ישנה תענית עמוקה אף יותר — תענית מחשבה, להימנע

ממחשבות מסויימות. קבל על עצמך בכל יום, למשך פרק זמן ארוך יותר ממה שהנך משער שתוכל להתמודד עימו, וחשוב בזמן זה רק מחשבות חיוביות וטובות. התעלם ממחשבות שליליות או גשמיות. בתחילה זה עלול להיות קשה. כאשר נכנסות לראשך מחשבות שליליות, הפתרון הוא לומר לעצמך "עכשיו, אני חושב אך ורק מחשבות חיוביות, בעוד כמה דקות אחשוב על הנושא הזה. כרגע אני עסוק בלחשוב חיובי". המשך לעכב את המחשבות, אם וכאשר הן מופיעות שוב.

עבודה רוחנית נעלית אף מזו היא, לעצור באמצע עשיית מעשה, דיבור או מחשבה (יסוד העבודה קמ"ח ב'). בעת שהאדם חש בעוצמת התשוקה או ההרגל תוך כדי המעשה, הוא לוקח את השליטה בידיו ומפסיק. בכדי להפסיק לאכול באמצע האכילה, דרושות תעצומות נפש גדולות יותר מאשר לצום לגמרי. בדומה לכך, קשה יותר להימנע מדיבור לא טוב כאשר הנך שקוע בשיחה.

בצום יש פחות פיתוי לאכול שכן האדם קובע לעצמו להתרחק מאוכל, אולם ביחס למחשבה — שהינה לבוש עדין מאוד וקרובה יותר לאדם, המרחק קטן יותר. כאשר הנך לוקח על עצמך תענית מחשבה, חשוב לדעת ולהעריך את האתגר באופן נכון.

היסוד לכל עבודה רוחנית הוא לשלב בחיים הרגילים והאפורים את ההתעלות שהצלחנו לסגל לעצמנו על ידי תרגול או התעוררות. יש להימנע ממעבר מהכחשה עצמית לפינוק. תשובה עניינה גישה מאוזנת ועקבית לחיים.

פרק ששה עשר

התקרבות

כפי שהוזכר לעיל (פרקים שישי ושביעי), ניתן לפרש את התשובה כתיקון שגיאות העבר, כתגובה או כשיבה. המכנה המשותף הוא שתשובה היא מענה יעיל לאדם מבולבל שעשה בחירה לא טובה או חטא חלילה. תשובה היא חזרה לשלימות ושמחה. עם זאת, תכונתה העיקרית של התשובה מהותית הרבה יותר.

בתשובה עצמה ישנם שני אופנים, תשובה תתאה — תשובה נמוכה ותשובה עילאה — תשובה גבוהה. תשובה תתאה היא תוצאה של תחושת אי נוחות או עבירה, ועיקרה חרטה ותחושת צער על מעשים לא טובים שנעשו או מעשים טובים שלא נעשו. החוזר בתשובה מחליט לשנות את דרכיו על ידי התבוננות בכך שגרם להקב״ה לרדת למקום שפל, ״מֶלֶךְ אָסוּר בָּרְהָטִים״ (שיר השירים ז׳ ו׳. תניא אגרת התשובה ז׳), כביכול הוא גרר את הקב״ה לשאול תחתית.

אך תשובה עילאה מבוססת על דביקות בקב״ה. תשובה עילאה היא התעוררות רוחנית שנוצרת מכמיהה לחיים אמיתיים וטהורים, להתאחדות עם הקב״ה, ותיקון והעלאת העולם למעלה ממדריגתו. לנשמה יש צמאון ושאיפה עזה להתחבר מחדש לקדושה ולשלימות זו עוד טרם לידתה — כאשר היתה קשורה ומאוחדת עם התורה, כפי שמובא ״ומלמדין אותו כל התורה כולה״ (נדה ל׳ ב׳).

כאמור ״תשובה״ מורכבת מ״תשוב״ והאות ה׳ שמסמלת

את הקב״ה. בשם י־ה־ו־ה האות ה׳ חוזרת על עצמה. האות ה׳ האחרונה מסמלת את מידת המלכות או עולם העשיה — העולם הכי נמוך, והאות ה׳ הראשונה מסמלת את ספירת ה״בינה״ — הבנה והשגה באלוקות. תשובה באופן של ה׳ תחתונה היא תשובה תתאה, בה האדם מתחרט על העבירות או מעשים שעשה. תשובה באופן של ה׳ עליונה היא תשובה עילאה, בה האדם לא רק מתחרט על מעשים שעשה כי אם מתמקד בדרך הישרה.

תשובה עילאה, הדרגה הנעלית של תשובה קשורה לספירה הבינה, משום שבינה היא מודעות שכלית וידיעה שההבנה בנוגע לחיים עד עכשיו לא היתה נכונה, כפי שהגמרא אומרת במגילה ״אמר רבא אף דניאל... מדקאמר בינותי מכלל דטעה״ (י״ב א׳), הבינה מאפשר לאדם לראות את טעויותיו, היכולת השכלית להבין דבר כשורה, כפי שהפסוק אומר ״וּלְבָבוֹ יָבִין״ ואז ״וָשָׁב״ (ישעיהו ו׳ י׳).

בכללות, אפשר לעשות ״תשובה מהבטן״, כביכול, תשובה זו היא כאשר האדם מרגיש בגופו שהוא והמצב לא בסדר, למשל במקרה של נואף רחמנא לצלן, אחרי שהאדם עשה את העבירה, הוא מרגיש תחושת סלידה או גועל, הוא מרגיש חולה בגופו ומרוקן מאנרגיה. ואפשר לעשות תשובה ממקום רגשי, למשל אדם משקר ואחר כך מרגיש סלידה רגשית מעצמו. זו תשובה ברמה רגשית, האדם מרגיש שהוא לא במקום הנכון, ״זה לא מרגיש נכון״, זו ״תשובה רגשית״. אולם האופן הנעלה של תשובה הוא ״תשובה מהשכל״ – מדרגת הבינה בה יש לנו הבנה חדשה על החיים, וכיצד הם צריכים להיות.

אזי בנוסף לכך שהוא מרגיש את התשובה מהגוף וברמה

הרגשית, הוא מבין באמת שחייו לא בסדר, הוא מבין שיש דרך אחרת לחיות, והוא חפץ לחיות באותה הדרך.

הבדל נוסף בין תשובה תתאה ותשובה עילאה הוא שתשובה תתאה מכפרת על העבר ומבטלת את ההשפעות וההשלכות המזיקות של מעשה שלילי וחטא. אך תשובה עילאה מגביהה את האדם, מבטלת את ההשפעה השלילית של העבירות מהשורש ויוצרת את העבר מחדש. דרגת תשובה זו הופכת את החובה לזכות.

כאשר אדם מרגיש חסרון רוחני או חוסר שלימות אישית, זוהי הוכחה שהעצמי שלו מחפש שלימות. כאשר הוא עוסק בתשובה עילאה ומודע לשכינה בחייו, הוא מתעלה מהדברים שמחוץ לעצמי האמיתי. במצב זה השלילי מתהפך ומשתנה לגמרי, שכן הוא חפץ בדרך כלל לקבל רק מחיצוניות.

בכדי להבין נקודה זו יש להבין דבר תמוה לכאורה. הימים הנוראים הם רצף החגים הכי נעלה, אולם נראה שסדר החגים הפוך לכאורה. תחילה ראש השנה — "יום הדין", ולאחר מכן יום כיפור — יום שמוקדש לתשובה. איך ייתכן שהקב"ה דן את האדם ורק לאחר מכן נותן לו הזדמנות לבקש סליחה ומחילה? האם לא היה הגיוני יותר שקודם יחול יום של תשובה ורק לאחר מכן יום דין?

אולם לאחר התבוננות קלה, סדר הימים הנוראים מגלה הבנה עמוקה יותר בענין התשובה.

חודש אלול מוקדש להתבוננות פנימית וכנה, להערכה עצמית ולתשובה, "לכן התקינו חז"ל שיהו תוקעין בר"ח אלול בכל שנה ושנה וכל החדש כדי להזהיר ישראל שיעשו תשובה...

ויש מי שמרבין לומר סליחות ותחנונים מר״ח אלול ואילך״ (טור אורח חיים סימן תקפ״א. בית יוסף וב״ח שם).

זמן רב לפני ראש השנה משקיע האדם את עצמו בחשבון נפש, בזיכוך נשמתו ובתהליך בלתי מתפשר של חזרה לאמת. מזל חודש אלול הוא מזל ״בתולה״ (ספר יצירה ה׳ ל׳), במהלך החודש משיב האדם לעצמו את טוהר ה״בתולה״ כביכול. לאחר שעבר את התהליך המפרך של זיכוך, העבר שלו מצוחצח ומוכן ליום הדין — ראש השנה.

במדרש מובא ״איזו אומה כאומה זו... שמנהגו של עולם, אדם שיש לו דין לובש שחורים ומתעטף שחורים ומגדל זקנו ואינו חותך ציפורניו, לפי שאינו יודע איך יצא דינו. אבל ישראל אינם כן, [אלא] לובשים לבנים ומתעטפים לבנים ומגלחים זקנם ומחתכים ציפורניהם ואוכלים ושותים ושמחים בראש השנה, לפי שיודעים שהקדוש ברוך הוא יעשה להם נס״ (טור אורח חיים סימן תקפ״א. מירושלמי ר״ה פ״א ה״ג).

בראש השנה מתייצבים אנו בבית הכנסת מתוך ביטחון ״שהקדוש ברוך הוא יעשה להם נס״ ואמונה בפסק הדין של בית דין של מעלה, שבשנה הקרובה יהיה לנו כוח ויכולת להתפתח ולהתקדם באופן הכי חיובי. ראש השנה הוא אם כן הסיום של ״תשובה תתאה״.

לאחר ראש השנה באים ״עשרת ימי תשובה״ שהמסתיימים ביום כיפור. ימים נעלים אלה הם הזמן ״בקירוב המאור לניצוץ כמו בעשרת ימי תשובה, דכתיב בהמצאו בהיותו קרוב״ (אדמו״ר האמצעי דרך חיים עמ׳ י״ג ד׳). בימים אלה ניתנת לאדם הזדמנות להגיע למעלות הכי גבוהות, באופן שהפוך לגמרי מהתהליך הרגיל.

בדרך כלל עבודת האדם היא להעלות את הניצוצות חזרה למקורם, אך בימים אלה הקב"ה יורד לעולם כביכול, ומתאחד עמנו ועם ניצוצות האור האלוקיים הנמצאים בעולם. עשרת ימי תשובה הם דרגת התשובה עילאה — תשובה מאהבה.

יום כיפור, החותם של הימים הנוראים חושף את מהות כל אחד ואחד מאיתנו, בנו של הקב"ה — שמקורו ושורשו בעצמות הקב"ה — מתאחד עמו. יום כיפור הוא פסגת התשובה וההתאחדות הנפלאה עם הקב"ה. אין זה רק יום של כפרה, אלא יום של אהבה והתאחדות עם הקב"ה.

רואים זאת מהמנהג שמקובל במהלך עשרת ימי תשובה, כאשר בתפילות שמונה עשרה מחליפים את חתימת הברכה האחת עשרה, "מלך אוהב צדקה ומשפט" עם "המלך המשפט". בשינוי זה טמון מסר עמוק. לאחר חודש אלול בו אדם ערך חשבון נפש אישי, החליט לחזור בתשובה וללכת בדרך הישר, הוא כביכול יכול להרשות לעצמו להישפט על ידי "המלך המשפט".

במילים אחרות, בכדי לזכות בדין בראש השנה אין הוא זקוק לפנות לרחמיו של השופט, ל"מלך אוהב צדקה ומשפט". כיון שהוא נכנס לראש השנה עם דף נקי, הוא כה בטוח בעצמו שהוא לא זקוק להתחנן לפסק הדין, ויכול לדרוש שנה טובה בזכות ולא רק בחסד. האדם מצהיר לפני הקב"ה בביטחון "שיפרתי את עצמי ומגיעה לי שנה טובה".

מערכת היחסים בין האדם והקב"ה דומה לעתים קרובות למערכת יחסים בין בני אדם, שלעתים קרובות מיוסדת על "קח ותן". מערכת יחסים זו "תלויה בדבר" ותעמוד על תילה כל עוד שני הצדדים מקבלים. מעביד יכול להעריך או לאהוב את

העובד עבור מה שהוא עושה עבורו, עם זאת, ברגע שהעובד מפסיק לספק את התוצאות הרצויות, יפסיק המעסיק לאהוב את העובד.

אך ישנו סוג אישי יותר של יחסים בין בני אדם. זוגות רבים חווים עליות ומורדות. בני זוג אלה אינם מוגבלים ליחסי "קח ותן", ויביעו את הערכתם באהבה ללא תנאי. אין הם חושבים "מה הוא/היא עשה/עשתה עבורי בזמן האחרון?" בני הזוג ממוקדים רק במילוי רצונו של האחר. עם זאת, גם מערכות יחסים אלה החלו עם אהבה שביסודה משיכה רגשית או שכלית.

אולם ישנה אהבה עמוקה אפילו יותר מאשר אהבה בין בני זוג. אהבה עמוקה וללא תנאי שלא נוסדה עם מרכיב גשמי או רגשי — אהבה של הורים לילדיהם. הורים ממשיכים לטפח, להגן ולאהוב את ילדיהם, ללא קשר להתנהגותם או ליכולותיהם. כל עוד ההורה לא מעכב את הזרימה הטבעית של האהבה, מציאות הילד עצמו מעוררת אהבה עמוקה.

ישנם אם כן, שלושה סוגי אהבה:

א) לאהוב את מה שהשני עושה — אהבת מעשים.

ב) לאהוב את מציאות האחר, איך הוא נראה, איך הוא חושב ומדבר — אהבת החיים.

ג) לאהוב את האחר, בלי קשר לשום דבר חיצוני — אהבת המהות.

בעוד ששלושת סוגי אהבה אלה יכולים להתקיים בו זמנית

במערכת יחסים כזו או אחרת, הסוג השלישי אינו מותנה בכמה חכם, יפה או נחמד האחר. אהבת הורים לילדיהם הינה חסרת מעצורים באופן טבעי, משום שהילד הוא חלק ממהות ההורים. ההורה והילד הם מהות בלתי נפרדת. ההורים חולקים עם הילד אהבה תמידית ובלתי מתפשרת באופן טבעי שנובעת מהאחדות ביניהם.

כזו היא מערכת היחסים שלנו עם הקב״ה — ״אבינו מלכנו״. אהבתו של הקב״ה אלינו היא ללא תנאי, ״רבי מאיר אומר בין כך ובין כך אתם קרוים בנים״ (קידושין ל״ו א׳), המהר״ל מסביר ״וקאמר רבי מאיר... בשביל העדר קנין החכמה, אין ראוי שיתבטל מהם שם בנים״ (נצח ישראל י״א), מכיוון שאנחנו נקראים בנים של ה׳, אזי כשם שאב הוא העילה של הילד — העלול, העובדה שאנו בניו של ה׳ לא יכולה להימחק, חס ושלום. האהבה של הקב״ה אלינו ללא תנאי קיימת לנצח.

כאשר הקשר נחלש זה רק בגלל שאנחנו פגמנו בו. באם אנחנו סוטים מהאני האמיתי ידמה לנו שמערכת היחסים שבירה. שבריריות הקשר היא מצד האדם בלבד. תשובה עילאה פירושה להביט אל עומק הנשמה ולגלות את אחדותו העצמית עם הקב״ה. תשובה זו מגלה את האהבה שמעל לסיבה ותוצאה ומעבר למצוות ועבירות. הקב״ה אוהב אותנו ללא קשר להתנהגותינו משום שאנחנו בניו.

גם אם אנו נופלים ומתמודדים עם השלילה ועם תוצאות של מעשים לא טובים, ישנו מקום עמוק בתוכינו שנשאר טהור — ״האור זרוע״ — שתמיד מאוחד עם הקב״ה בכל מצב. אור פנימי זה הינו חלק מהאור אין סוף של הקב״ה. ביום כיפור מתגלה אחדות זו, אחדות שהיא מהות הנשמה.

בספר יצירה מובא שהבריאה מורכבת משלושה חלקים עיקריים: א) עולם — מקום. העולם הגשמי. ב) שנה — זמן. ג) נפש — התודעה של האדם שחי בעולם (ספר יצירה ג׳ ג׳. ראה כוזרי ד׳ כ״ה). האדם תמיד נמצא במקום מסויים בעולם, בנקודת זמן מסויימת ובמצב מסויים של תודעה. שלושה מצבים אלה קשורים אחד לשני עד שאי אפשר להתקיים בלי אחד מהם.

מקום, זמן ותודעה מתרחבים מנקודה של אחדות. ״היחידה״ היא נקודת האחדות בנשמה ו״יום כיפור״ הוא נקודת האחדות בזמן. יום זה הוא הנקודה המרכזית בזמן ממנו האחדות האין סופית זורמת החוצה והופכת להיות זמן מוגבל. יום זה הוא ההזדמנות לחוות את בחינת היחידה ואחדות הנשמה והקב״ה.

ביום הכיפורים קיימת שאיפה להיות במציאות נעלית — מלאכית. הרמב״ם כותב ש״מצות עשה אחרת יש ביום הכיפורים, והיא לשבות בו מאכילה ושתייה: שנאמר ״תענו את נפשותיכם״, מפי השמועה למדו עינוי שהוא לנפש זה הצום, וכל הצם בו קיים מצות עשה״ (הלכות שביתת עשור פ״א ה״ד). אין זה רק סיגוף גופני, שכן ישנן דרכים יותר מועילות לעשות זאת (יומא ע״ד ב׳). המצווה היא ״לשבות בו״ מאכילה ושתיה.

כוונת השביתה מאכילה ושתייה היא להפסיק לפעול בהתאם לגורמים גשמיים. אנו מקדישים את היום הזה בכדי שהנשמה תוכל להתעלות מעל הגוף, מעל החומריות ומעל לתופעות הלוואי של החומריות. להתנתק מכל ענין שעלול להתעורר מעולם של פירוד ולהתעלות לעולם של יחוד.

״שטן״ הוא הביטוי החמור ביותר של שלילה ורוע בעולם. המילה שטן מעלה תחושות של יצר הרע וקשיים, אולם השטן

הוא כמו "יריב" שעומד בדרכו של האדם שרוצה להיות מודע יותר לאמת.

חז"ל אומרים ש"השטן בגמטריא תלת מאה ושיתין וארבעה הוי תלת מאה ושיתין וארבעה יומי אית ליה רשותא לאסטוני ביומא דכיפורי לית ליה רשותא לאסטוני" (השטן עולה בגימטריא שלוש מאות שישים וארבע. שלוש מאות שישים וארבע ימים יש לו רשות לקטרג, ביום כיפור אין לו רשות לקטרג. יומא כ' א'). יום כיפור אינו יום שמוקדש להרהור בחטאים או בכישלונות העבר. ביום זה אין שום עבריין או חוטא, יום זה הוא יום של חירות וגילוי עצם הנפש.

ניתן לעסוק בעבודת התשובה של יום כיפור בכל יום בשנה. זו התשובה של בחינת היחידה — "אחדות" שמעל ומעבר לשלילה, והכרה בכך שהכל חלק מהאחדות אלוקית.

רבי נפתלי מרופשיץ היה אומר שכל חייו לא "חזר בתשובה", כלומר, הוא מעולם לא התחרט על מעשיו בעבר (אף שבדרך כלל חרטה היא חלק בלתי נפרד מתשובה). עומק אמירתו היא, שהוא הבין את מעשיו ממבט של "יחידה", כל מה שחווה הגיע מהקב"ה, גם כשזה קרה זה היה בהווה ונעשה ממקום של בחירה חופשית.

הבנתו של רבי נפתלי היא הבנה במבט לאחור, מנקודת מבט של "עבר", ועוזרת לנו להבין את הסתירה בדברי רבי עקיבא, "הַכֹּל צָפוּי וְהָרְשׁוּת נְתוּנָה" (אבות ג' ט"ו). מצד אחד הכל צפוי והקב"ה יודע הכל, ומצד שני הרשות נתונה ויש לנו רשות (בחירה) לעשות כרצוננו?

הביאור הוא, שלמרות שכל מה שהיה בעבר היה ברצון ה'

והיה אמור לקרות, בנוגע להווה ולעתיד יש לנו בחירה חופשית מוחלטת ואנו מוסמכים לקחת החלטות ולעצב את מציאותינו.

"על כל עבירות שבתורה... יום הכפורים מכפר" (שבועות י"ג א'), החכמים מסכימים שליום כיפור עצמו יש כוח לכפר על עוונות האדם. אך האם על האדם לפעול את הכפרה על ידי השתתפות ורצון לשינוי או שהיום עצמו יכול לכפר גם ללא התערבות או הצהרת תשובה מצד האדם?

ברור שגם אם נאמר שהיום עצמו מכפר ללא תשובה השתתפות האדם עדיין נחוצה, משום שאיזה הגיון יש לבקשת סליחה באם המבקש אינו רוצה בה?

הדרישה המינימלית היא, לא להפריע ליום כיפור לפעול את הכפרה. מסיבה זו מסכימים כל החכמים, שעל מנת להגיע לתשובה מלאה צריך האדם לקחת חלק בתהליך.

צמיחה אמיתית מתרחשת כאשר משלבים את ההשראה הרוחנית עם עבודה בפועל. ההשתתפות מאפשרת לגילוי האלוקי של כפרה ומחילה לחדור לעמקי הנפש ולהתאחד עם הנשמה. רק אז יהיה הגילוי חלק מהמציאות היום יומית, ויעניק יכולת לחיים בעלי השראה ומשמעות.

תקציר:

זכור, הנך אהוב

עמוק בנשמה אנו יודעים שאהבתו של הקב"ה אלינו היא ללא תנאי. אנחנו אהובים לא בגלל מעשינו אלא בגלל מהותינו והבחירה בנו. באם נפעל באופן שמרחיק את הקב"ה מאיתנו, נרגיש את אהבת הקב"ה כרחוקה וחלשה. תשובה מאפשרת לנו להתחבר עם פנימיות הנשמה, האמת הנצחית והאהבה האלוקית הבלתי משתנה.

תרגול:

להתעורר

חשיבה על עומק האהבה ללא תנאי של הקב"ה אלינו יכולה לפעול בנו התעוררות רוחנית. אהבה זו קיימת בכל אחד מאיתנו. האהבה האלוקית אלינו נעלה הרבה יותר מאהבת הורים לילדיהם. חשוב על הניצוץ האלוקי שהקב"ה טבע בנשמתך והפח בו חיים לאורך כל היום.

פרק שבעה עשר

השראה והפנמה

עבור אנשים מסויימים התשובה מתקדמת באופן איטי ממדריגה למדריגה, עבור אחרים היא מתחילה בהשראה שבאה לפתע או ברגע של הכרה שמהווה דחף לשינוי, "בכה רבי ואמר יש קונה עולמו בכמה שנים ויש קונה עולמו בשעה אחת" (עבודה זרה י"ז א'). "שעה אחת" הוא לא שעה אחת, אלא תנועה אחת או רגע אחד (עבודת ישראל אבות ד' ב'), כפי שמובא בזוהר הק' ניתן לעשות תשובה באופן מיידי (ח"א קכ"ט א').

מחשבה על רעיון מסויים לוקחת רגע אחד, אולם עשייה לוקחת יותר זמן. למעשה, מה שלוקח שעה אחת לעשות, לוקח כמה דקות בכדי לדבר ורגע קטן לחשוב. ה"שר שלום" מבעלז אמר שבעולם המחשבה יש פחות "זמן", ולכן תשובה במחשבה יכולה לקחת רגע אחד (ראה בעל שם טוב על התורה פרשת לך לך ל"ב). במחשבה אחת האדם יכול להפוך מרשע לצדיק גמור.

למרות שאדם יכול לבוא לתשובה ברגע אחד, רבים מאמינים שאם היא אורכת זמן רב ולא רגע משמעותי אחד, היא לא תשובה נכונה. הם חושבים שהתשובה ארוכה ומייסרת כל כך, עד שהם מתייאשים עוד טרם החלו. האמת העצובה היא שרבים ממשיכים בנתיב החיים ההרסני בו הם נמצאים, מכיון שהם חושבים שהתשובה ארוכה ומייגעת. לא בגלל שהם לא מעוניינים לעשות תשובה, החשיבה שזה תהליך ארוך היא זו שמונעת זאת מהם. אין הם יודעים כמה פשוטה וקלה דרך התשובה. כל שנדרש מן האדם הוא פשוט להסתובב — "שעה מלשון פנייה" — לפנות אל נתיב התשובה ולצאת לדרך.

מובן שעל מנת שהתשובה תהיה אמיתית, מתמשכת ומשולבת באופן מושלם בחיים, צריך לחיות בדרך זו. זוהי ה"דרך הארוכה" ומסע החיים. ברגע שהאדם פונה לתשובה הוא חייב להתקדם בכל הכוח ולא לוותר, אבל הצעד הראשון — התנועה הראשונה, היא ההתחלה של תהליך התשובה.

האמת היא, שלעתים קרובות אנשים שחייהם השתנו באופן חד אינם יכולים להצביע על אירוע בודד או יום מסויים בו חייהם השתנו. עבור רוב האנשים שינוי אמיתי מגיע לאט, ועובר שלבים של לימוד והארה רוחנית שמתגברים אט אט ככל שהשינוי מתעצם. עבור רבים תשובה היא כמו מעגל, בו אין נקודת התחלה או סיום. בדרך התשובה כל רגע הינו הזדמנות להתחלה חדשה, כל יום נושא בחובו אתגרים והזדמנויות חדשות. עם כל ניסיון שהאדם עובר בחיים מזדמנות לו דרגות חדשות של צמיחה.

תשובה נעלית מהזמן, כיון שכך היא יכולה להשפיע גם על העבר. במובן מסויים תשובה יכולה לבצע שינוי בהווה ובעבר בו זמנית. מסיבה זו השינוי יכול להתבטאות באופן מיידי בהווה. עם זאת, שינוי מיידי אינו סוג התשובה היחיד שקיים. ישנם כאלה שחושבים בטעות, שאם התשובה אינה מחוללת שינוי מהותי ומהיר בחייהם, כנראה שהדרך בה הם צועדים אינה הדרך הנכונה.

כאשר תשובה נעשית באופן נמהר היא גורמת לתקלות רבות. באם אדם חושב שברגע שהחליט לעשות תשובה היא תחולל שינוי מהותי ומוחלט, הרי שנכונה לו אכזבה. הוא עלול להרגיש דו פרצופי. מצד אחד הוא פוסע בדרך התשובה, ומצד שני הוא עדיין נופל מדי פעם בדרכיו הישנות, התנהגותו עדיין אינה מושלמת. כתוצאה מכך הוא מחליט שכנראה אינו

צועד בדרך הנכונה. אם היה צועד בדרך הנכונה לא היה נופל.

הוכחתו היא תחושת התבוסה שהוא חש בכל נפילה. אולם בשאיפתו לאמת מוחלטת ומיידית הוא עלול לוותר על דרך התשובה ולחזור לדרכו הישנה והקלוקלת. הצטדקות זו מאפשרת לאדם להמשיך לחיות כפי שחי עד עתה, אלא אם כן יעבור חוויה מרעישה או יקבל הארה פתאומית שתעוררו שוב לתשובה.

חשיבה זו מוטעית משום שתשובה עמוקה הרבה יותר מהארה פתאומית שמאירה את חשכת החיים. נכון שתשובה באה לעתים כתוצאה מהארה, חוויה, נס או דבר יוצא דופן שמעורר את התשובה, אולם תשובה ושינוי אמיתיים מחייבים עבודה פנימית ועקבית. שינוי אמיתי אורך חיים שלמים.

ילדים באופן טבעי נוטים למרוד כאשר הם חשים מאויימים. נערים רבים מבקשים לשנות את התווית או הדימוי עצמי שיש להם, ואף דוחים את הזהות המסורתית בה גדלו ומאמצים אישיות שונה. הם מחליפים את השיטה החינוכית בה חונכו על ידי הוריהם או מוריהם, ומאמצים שיטה שונה — זו של החברה. שינוי זה שטחי כמובן. שום דבר לא השתנה באמת ובודאי שלא במונחים של חירות פנימית וחופש בחירה. לרוב, כאשר יתבגרו, ישובו לשיטה ולדרך המקורית בה חונכו.

בדומה לכך, באם התשובה מורכבת רק מהליכה בדרך שונה ללא עבודה פנימית מהותית, השינוי המיוחל לא יקרה. במשך הזמן תפוג ההתרגשות והאדם ישוב לדרכו הקודמת.

הנה עצה טובה בכדי להימנע מלשוב להתנהגות שלילית,

"אם יש לו לאדם איזה מדה רעה ח"ו יראה להתגבר עליהם מ' יום נגד יצירת הולד ואזי יגיע אל טבע חדשה ולא יהיה בו מדה זו עוד" (אילנא דחיי אור הנר אות מ'. ראה גם צעטיל קטן ט"ז).

בכדי לבטל התנהגות שלילית על האדם לפעול באופן חיובי במשך ארבעים יום רצופים — זמן שמקביל ליצירת הוולד ברחם האם. כאשר הוא מאמץ התנהגות חדשה במשך ארבעים יום, קל לו להמשיך בדרך זו ו"הריון" התשובה ימשיך.

התנתקות מהרגל ישן והתחברות להרגל חדש תהפוך לטבע שני עד ליום שתיוולד בו התנהגות רוחנית רצויה. ארבעים יום מאפשרים את לידת הדפוס החדש של ההתנהגות.

על מנת להתעורר מהשאננות הרוחנית יש לנקוט בצעדים מהירים, בנחישות ובעוצמה. יש צורך לבצע שינוי של מאה ושמונים מעלות באופן חד ובזריזות (צדקת הצדיק אות א'), אך לאחר שהמסע מתנהל כמצופה, יש לחיות את התשובה מתוך שיקול דעת ומתינות.

כשעם ישראל יצא ממצרים — מלשון מיצרים וגבולות — הוא יצא בחיפזון. הקב"ה ציווה עליהם לאכול את קרבן הפסח בחיפזון, "מָתְנֵיכֶם חֲגֻרִים נַעֲלֵיכֶם בְּרַגְלֵיכֶם וּמַקֶּלְכֶם בְּיֶדְכֶם" (שמות י"א י"ב), ולהיות מוכנים לצאת ממצרים בהתראה קצרה.

בשלבים הראשונים צריכים להתקדם בזריזות ובנחישות, רק בשלב מאוחר יותר כאשר דרך ההתנהגות הקודמת התנדפה, ניתן לתת לשינוי לחלחל בתודעה ובהתנהגות באופן מלא. בשלביה המאוחרים, תשובה אינה דבר נפרד מהאדם אלא דרך חייו.

בגמרא מסופר שכאשר רבי אלעזר בן דורדיא הבחין במצב הרוחני השפל בו היה, נתמלא תשוקה עזה לחזור בתשובה, אך לא היה ערוך לעוצמת המשבר הרוחני ושילוב התשובה בחייו. האפילה הרוחנית בה היה שרוי דחקה בו לחזור בתשובה מתוך התרגשות עצומה עד שנשמתו יצאה מתוך תשובה אמיתית, "הלך וישב בין שני הרים וגבעות, אמר: הרים וגבעות בקשו עלי רחמים, אמרו לו עד שאנו מבקשים עליך נבקש על עצמנו... שמים וארץ בקשו עלי רחמים, אמרו עד שאנו מבקשים עליך נבקש על עצמנו... אמר אין הדבר תלוי אלא בי, הניח ראשו בין ברכיו וגעה בבכיה עד שיצתה נשמתו, יצתה בת קול ואמרה: ר"א בן דורדיא מזומן לחיי העולם הבא" (עבודה זרה י"ז א').

סיפור זה מצביע על כך שכאשר התעוררות רוחנית מתרחשת באופן מהיר וחטוף מדי, היא יכולה להזיק מבחינה נפשית וגופנית. התעלות רוחנית באופן פתאומי יכולה לגרום ל"רצוא בלי שוב", לכך שהנשמה תתעלה מהגוף מבלי לחזור. ואפילו אם הנשמה כן נשארת בגוף, אדם יכול לחוות התמוטטות נפשית — מוות נפשי. העבודה האמיתית היא לחולל שינוי ולצמוח מבחינה רוחנית באופן שקול, להימנע מלהיכנס להלם רוחני כתוצאה מכך.

גם כאשר הדרך לתשובה מאוזנת ומסודרת, הצעדים הראשונים עשויים להיות קשים וכואבים כפי שאמרו חז"ל, "כל ההתחלות קשות" (מכילתא. ראה רש"י שמות י"ט ה'. זוהר ח"ב קפ"ז א').

שינוי דרך חיים הוא שינוי חד, משום בדרך התשובה נוצרת באדם זהות חדשה. במהלך ההתקדמות יש להתנתק באופן חד ממרכיבים מסויימים של הזהות ובשלב מאוחר יותר, כאשר המסע בעיצומו, אפשר להירגע ואפילו לשלב מחדש מרכיבים

חיוביים של הזהות הקודמת. שילוב התשובה בחיים הוא כאשר לוקחים את השראת התשובה והמעלות שבה, ומשלבים אותם בפרטים הקטנים של חיי היום יום.

אם כן, תשובה כוללת שני שלבים: רצון עז לשינוי, תשוקה, רצון, ערגה וכמיהה לחיים חדשים, ושילוב של האדם "החדש" בחיים רגילים, כאשר הוא נפגש באתגרים אמיתיים. בשלב זה, צריך להפנים את התשוקה באופן שתשתלב עם החיים האפורים. כאשר שילוב זה נעשה, אפשר למצוא את הבורא בבריאה, את הפסגה בעמק ואת היקום כולו בגרגיר אחד של חול.

אנשים רבים שהחליטו לפסוע בדרך התשובה מספרים שבהתחלה נראתה להם דרך התשובה קלה ובטוחה, אולם לאחר תקופה קצרה, נתקלו במכשולים ובמהמורות מתסכלים. ההתרגשות הראשונית והתרוממות הרוח שחשו בתחילת המסע פגה, כפי שמובא ב"רוקח", שאין התרגשות כהתרגשות האדם שפוסע לראשונה בדרך החסידות (ראה פרי צדיק בשלח).

אולם התעוררות זו זמנית, לאחר זמן מה האדם חש שהרגשות הישנים של ריחוק מהאמת צפים ועולים על פני השטח (יערות דבש א' עמ' י"ח). למעשה, זה יכול להיות אפילו גרוע מכך, הוא יכול להרגיש חוסר וודאות גדולה יותר ממה שחווה לפני שהחל לפסוע בדרך התשובה — תחושה של תוהו ובוהו רוחני. התרגול הרוחני ודרך התשובה בה הוא פוסע מייגעת ומשעממת.

כאשר אדם חי חיי תשובה נראה שהקירבה של האדם לעצמותו ולקב"ה מתחילה להתעמעם, וקולות מייאשים מהעבר מתחילים להדהד ברקע. בשפת האריז"ל, גדלות המוח והלב מתחלפים בקטנות המוח ונמיכות רוח (ראה מאור ושמש פרשת

יתרו). האדם עשוי לחוש כאילו השכינה עוזבת אותו והוא שוב נמצא בגלות רוחנית גרועה יותר מהגלות בה היה לפני התשובה.

על מנת שהאדם יוכל לשלב את תודעת התשובה באופן מושלם ובריא, חשוב להבין תחושה זו. רבי שמחה בונים מפשיסחא מדמה את התחושה הזו לקניית ממתקים. כאשר אדם נכנס לחנות ממתקים בכדי לקנות דבר מה, עשוי המוכר להציע לו לטעום מהמוצרים שבחנותו. אולם ברגע שטעם מן המוצרים והוא מוכן לקנות, שום דבר כבר לא בחינם (קול שמחה עמ׳ קכ״ג).

״אַל תֹּאמַר מֶה הָיָה שֶׁהַיָּמִים הָרִאשֹׁנִים הָיוּ טוֹבִים מֵאֵלֶּה כִּי לֹא מֵחָכְמָה שָׁאַלְתָּ עַל זֶה״ (קהלת ז׳ י׳). רבי בונים מפרש את הפסוק כך, אל תאמר שהימים הראשונים היו ימים יפים וטובים יותר, שכן הם לא באו כתוצאה מחכמתך, אלא נתנו לך בהשאלה (ראה זוהר חי קאמארנא א׳ א׳ ב׳. זאת הברכה בראשית עמ׳ י״ט). מה שיש לנו הוא מתנה מהקב״ה בכדי לעודד אותנו להתקדם קדימה.

כאשר אדם פוסע בדרך התשובה נדמה לו שהכל חינם. כל אדם החפץ לטעום מהאמת ולחיות חיים של משמעות ומטרה, מקבל טעימה — דוגמית לנסיון. כל מה שנדרש ממנו הוא לעשות את הצעד הראשון ולגלות ענין בתשובה. הטעם הראשון מכונה ״גדלות״, תחושה רוחנית נעלית. אך כאשר האדם מחליט ״לקנות״ את התשובה ולהכניס את התענוג הרוחני לתוך נשמתו, הוא צריך ״לשלם״ על כך עם עבודה ומאמץ רוחני. האדם מוכרח להתחייב לדרך התשובה ולהתקרבות להקב״ה באותו כוח ועוצמה שהתחייב עד עתה לרצונות הגשמיים והשליליים.

אך הגמול של התשובה הוא העבודה עצמה. כאשר התשובה הופכת לדרך חיים, למרות שההתרגשות הראשונית דעכה, השלימות שהאדם מרגיש אמיתית ומתגמלת, כיון שהיא פרי תוצר של עמל ועבודה ולא רק טעם או דוגמית שניתנה לו במתנה.

בעל הדגל מחנה אפרים (פרשת בהעלותך) מסביר, שהתחלת הדרך דומה לצעדיו הראשונים של תינוק. כאשר תינוק לומד לעמוד וללכת בכוחות עצמו, ההורה מחזיק אותו בימים וצועד עימו כמה צעדים. כאשר ההורה שם לב שהילד בטוח בהליכתו, הוא עוזב אותו ורץ לצידו השני של החדר בכדי לתופסו. תנועה זו מניעה את הילד להתקדם לצידו השני של החדר.

כמו כן בתשובה, בתחילת הדרך אדם חש קירבה, כאילו מישהו מחזיק ומדריך אותו, אולם ברגע שהוא כבר עומד על שתי רגליו וצועד בבטחה בדרך התשובה, הוא עשוי להרגיש ריחוק. דבר זה נובע מכך שהקב"ה — ההורה שמדריך אותנו בדרך התשובה — עוזב אותו, ומתבונן איך הוא ממשיך לצעוד באופן עצמאי. עכשיו שהוא יציב הוא יכול להמשיך בדרך התשובה לבד.

כאן כדאי לציין, שישנם אנשים שכבר צועדים בניחותא בדרך התשובה, אולם נוטים לבקר את הסביבה. הביקורת שלהם משולבת עם קדושה ורוחניות. אלו רגשות אמיתיים שמעידים על התקדמות של ממש בדרך התשובה.

אך רגשות קדושים אלו הם מבחן, האם יובילו את האדם להתעלות גדולה יותר או להשתעבדות לאנוכי הרוחני? האם יתנהג בענווה או בגאווה?

דבר זה דומה להורים שמנסים להעריך את מידת האחריות

של בנם לאחר שהתבגר וכיצד הוא מתנהג עם מתנה יקרה. כאשר הם רוצים לתת לילדם תכשיט או חפץ יקר ובעל ערך, הם דבר ראשון קונים לו תכשיט או מכשיר זול, ובוחנים כיצד הוא מתנהג ומטפל בו. על פי התנהגות הילד, מחליטים הם אם להעניק לילדם את המתנה היקרה או לא.

גם בתשובה כך. בשלביה הראשונים עשוי אדם להרגיש גדלות המוחין, ראייה רוחנית צלולה ולב פתוח ורגיש. כתוצאה מכך הוא יכול לחשוב שמהיות והלאה הוא יוכל לבטא את העצמי הרוחני העמוק שלו ולעבוד את ה׳ מתוך שמחה תמידית והרחבת הדעת.

אולם צריך לזכור, שגדלות המוחין — הראייה הרוחנית הצלולה והלב הפתוח והרגיש דומים לתכשיט זול שניתנו לו כנסיון לראות איך הוא מתמודד עם רגשות רוחניים אלו. האם הוא מאפשר לתכונות האלו להגדיל את האנוכיות או שהוא מאפשר להם להוביל אותו לאיזון ושלימות? האם רגשות אלה מולידים בו תחושה של שאננות בצדקת הדרך או רצון לצמיחה גדולה עוד יותר?

בכדי לחיות ולבצע תשובה אמיתית, צריך ללמוד להתנהג בחכמה במהלך העליות והמורדות. במהלך העליות לזכור שיש מקום לצמיחה ולהימנע מיהירות ושאננות. במהלך המורדות לזכור שלפעמים בכדי לעלות צריכים לפעמים לרדת — ״ירידה צורך עלייה״. הירידה היא היא חלק מהעלייה שתבוא בעקבותיה, אולם זו הדרך שמלמדת אותנו איך ללכת, בה יכולים אנו ״לקנות״ את ה״ממתקים״ — התענוגות הרוחניות ותחושת הדביקות האמיתית בה׳.

תקציר:

היה סבלני, שינוי אמיתי לוקח זמן

צעדיה הראשונים של התשובה עשויים להיות מלאי התרגשות ומרץ, חדורים בתחושה שהקב"ה קרוב, אולם בהמשך רגשות אלה ישתנו או ידעכו. בכדי לעשות תשובה אמיתית, יש צורך בסבלנות. שינוי פתאומי הוא שטחי וזמני. שינוי אמיתי בא בהדרגה ויכול להתמשך על פני כל החיים.

חשוב גם לדעת, שמרכיב חשוב בתהליך הצמיחה הרוחני הוא להפסיק להאשים את עצמך כאשר הנך נופל. באם תסלח לעצמך ולאחרים, זה יקל עליך להבין, שאירועי החיים הם בהשגחה פרטית. הבנה זו תתן לך את הכוח לקבל את השינויים ולשלבם בחייך.

תרגול:

יומן

לאחר שההשראה וההתעוררות הראשונית דועכת ועוברת, האדם עלול להרגיש כאילו הגיע לפסגה רוחנית. מומלץ לקחת פסק זמן בכל יום בכדי לבחון את ההצלחות — גם הפשוטות ביותר — ולכתוב אותן ביומן. חגוג את ההצלחות. חשוב על עצות כיצד לשפרן. כתוב את הרעיונות שעולים בראשך. הנך יכול לכתוב גם את הכישלונות והמחשבות והמעשים שהובילו לכישלון. מזמן לזמן, קרא ביומן, עדכן את ההתקדמות וקבע לעצמך יעדים בכדי לשמור על ההתקדמות לאורך זמן.

פרק שמונה עשר
סליחה

תשובה מתקנת את העבר, יוצרת עתיד ומקשרת את האדם עם הקב"ה — בהווה הנצחי. כאשר גנב גונב ח"ו, נדרש ממנו להחזיר את החפצים הגנובים. פעולה זו, אינה מועילה רק לתקן את העבר, אלא יוצרת גם עתיד טוב יותר והתחברות עם הסליחה התמידית של הקב"ה.

כאשר אדם גורם נזק לאדם אחר, הוא למעשה חוטא לשלושה סוגי שלימות שונים: א) ניתוק (כביכול) ממודעות הקב"ה. ב) פירוד חיצוני – בינו לבין האחר. ג) פירוד פנימי – בינו לבין יכולותיו. בכדי לחוות את הסליחה והתשובה יש לתקן את שלושת סוגי השלימות.

נתחיל עם השלישי, פירוד פנימי. על מנת להיות מסוגל להמשיך הלאה בחיים, אדם חייב להפסיק להלקות את עצמו ולטפח הערכה עצמית חיובית ללא תנאים. כאשר אדם עושה זאת התשובה מעצימה אותו. לסלוח לעצמך הוא יסוד חיוני משום שהוא עוזר לך להשלים את העבר, על מנת שלא יטריד אותך בהווה.

מצב זה של תשובה נותן לאדם את החופש לחיות בהווה, מבלי להרגיש את מועקת העבר. האדם חש הרבה יותר משוחרר כאשר הוא סולח לעצמו בלב שלם ומוותר על התקווה הטיפשית של "אם רק הייתי כך וכך...". העבר נעשה ואת הנעשה אין להשיב. עכשיו עליו לתקן את העבר על ידי פעולה בהווה, לעשות תשובה כתוצאה מתודעה רוחנית גבוהה יותר.

בעומק יותר, האדם צריך להתייחס למה שקרה בעבר כהשגחה פרטית — כך הקב"ה רצה שיהיה, כך עליו להבין זאת. אך בכל הקשור להווה ולעתיד — שתלוי בבחירתו החופשית — יש לו את הזכות והחובה לבחור. זוהי נקודת מבט שמשחררת את האדם מהעבר. לאחר שעשה תשובה ולמד מטעויותיו, היא ממריצה אותו לקחת אחריות על ההווה והעתיד.

הפגיעה השנייה היא נגד אדם אחר ולכן הוא צריך לבקש ממנו סליחה, עד שהוא לא סולח תשובתו אינה מושלמת. על פי ההלכה, לא די להחזיר את הגניבה, התשובה אינה שלימה עד שהנגנב לא יסלח או עד שהגנב יעשה מאמץ כנה לבקש סליחה לפחות שלוש פעמים (בבא קמא ס׳ ב׳).

כאשר אדם נמצא בצד הנפגע עליו לסלוח ולהרפות. אם מישהו פגע בך, למרות הכאב בעת בקשת הסליחה, הדבר תלוי בך אם להתחיל את תהליך הריפוי או לא. נטירת טינה יכולה להיות מתישה, היא לעתים כואבת יותר מהמעשה עצמו.

אם הכעס על האדם שחטא כלפיו עדיין מכרסם בו, הוא לוקח את הכאב איתו לכל מקום שהוא הולך. הכוח לנוע קדימה נמצא בידיו של הפוגע, אך נטירת טינה וכעס מזיקים יותר, יש להם השלכות כואבות יותר מאשר הפשע עצמו.

לסלוח היא הדרך להשתחרר מהחטא והחוטא ולמחוק את השפעתם. לסלוח אין הפירוש לשכוח. שכחה היא מעבר לשליטתנו. אנו לא תמיד יכולים לשכוח, אבל בהחלט יכולים לדרוש מעצמנו לסלוח. לסלוח פירושו למחול. שורש המילה מחילה הוא מלשון חלול, ריק, כמו יום חול. אנחנו לא בהכרח שוכחים את מה שהאדם האחר עשה לנו אלא גורמים למעשיהם

להיות חלולים, ריקים, אנו מרוקנים אותם מארסיותם. אף שאנו זוכרים את פעולתם כבר אין בה ארס.

בעומק יותר, שכחה מבוססת על אנוכיות וסליחה מבוססת על חוסר אנוכיות. הסליחה מחזקת את האדם ואילו שכחה לא.

כאשר אדם אומר לחבירו "שכח מזה" או "אל תדאג, אני כבר שכחתי מזה", הוא בעצם אומר שהמעשים לא משנים לו ולכן הוא מסוגל לשכוח ולהמשיך הלאה. בשכחה טמונה חשיבות עצמית וכעס מדכא. לסלוח פירושו להמשיך את החיים מתוך חוסר אנוכיות וענווה, לקחת ברצינות את האדם השני ומעשיו, גם אם המעשים השפיעו לרעה וגם אם הכאב עדיין נרגש.

שכחה משרתת את האדם, מטרתה לקבל מהאחר תחושת כוח מזוייפת. סליחה לעומת זאת, היא נתינה. כאשר אדם סולח, ייתכן שהוא עדיין יזכור את החוטא, את המעשים שעשה ואת תחושת הכאב, אולם הוא מעניק לעצמו מתנה — את הכוח להשתחרר.

כאשר הסליחה היא ללא תועלת אישית, כלכלית, גשמית או נפשית, היא טהורה וללא תנאי. זהו השלב הגבוה ביותר של סליחה, ללא שום חישוב שכלי של "אני סולח לו בכדי שאוכל להרגיש טוב יותר" או "בכדי להיות אדם טוב יותר" או "בכדי לעודד אותו לעשות תשובה". במקום זה, הסליחה היא מעשה טהור ובלתי אנוכי.

אולם הסליחה והצורך לסליחה הינם מורכבים יותר, חובה עלינו לחקור אותם לעומק.

בתור הקדמה נאמר, שישנם שלושה סוגי עוול: א) עוולות

שבוצעו נגד האדם — עליהן ניתן לסלוח. ב) עוולות שבוצעו נגד האדם, אך קשה מאוד לשנות את התוצאה. ג) עוולות שבוצעו נגד גורם שלישי — בהן הסליחה לא תועיל.

א) עוולות שבוצעו נגד האדם. ישנן מספר נסיבות בהן העבר ניתן לתיקון והסליחה היא חובה. לדוגמא, ראובן גנב משמעון סכום כסף. לאחר זמן מה החליט לחזור בתשובה ולהשיב לשמעון את סכום הגניבה ואת כל הנזק שנגרם לו. כל עוד ראובן מבקש סליחה בכנות, נדרש משמעון לסלוח לו. מותר לשמעון לבחון את מידת כנותו של ראובן על ידי כך שיגרום לו לבקש סליחה שלוש פעמים, אולם ברגע שראובן ביקש מחילה באמת שלוש פעמים, על פי התורה מוטל על שמעון למחול לראובן.

ב) עוולות שבוצעו נגד האדם אך הנזק שנגרם הוא בלתי הפיך, ולאדם יש זכות ובחירה האם לסלוח. לדוגמא, ראובן דיבר לשון הרע על שמעון בנוכחות אחרים. לאחר זמן מה מחליט ראובן לחזור בתשובה ולבקש מחילה משמעון. במקרה זה נתונה בידי שמעון הבחירה אם לסלוח או לא, וזאת משום שהדברים שנאמרו נגדו נשמעו על ידי אחרים. אך באם שמעון לא יסלח, הכאב והצער שנגרמו לו כתוצאה מהלשון הרע, ידבקו בו ולא ירפו.

ג) עוולות שבוצעו נגד אדם שלישי. ישנן נסיבות מסויימות בהן הסליחה אסורה. אסור לאדם לסלוח לפוגע בגין עוול שגרם לאדם אחר, משום שהסליחה נתונה בידיו. המעשה היחיד עליו ניתן למחול הוא מעשה שנעשה נגדו והיחיד שיכול למחול הוא הנפגע עצמו. אולם ישנם מקרים בהם אדם חוטא באופן כזה שנראה שזהו נגד אדם מסויים, אולם באמת הם נגד קבוצה או קהילה שלימה. ייתכן גם

שהוא טועה בזהות האדם. במקרה כזה, אין זה אפשרי ואסור לסלוח.

נניח שראובן לועג לשמעון ומכנה אותו קבצן כיון ששמעון לבוש בבגדים מרופטים, וכאשר הוא מבין ששמעון לא באמת קבצן הוא מבקש את סליחתו. במקרה כזה אסור לשמעון לסלוח לראובן, כיון שראובן לעג לשמעון משום שחשב שהוא קבצן. מכיון ששמעון לא באמת קבצן, צריך ראובן למצוא קבצן – ובאמת את כל הקבצנים – ולבקש ממנו סליחה.

לאחר שהאדם נסלח, הוא מרגיש חזק דיוק בכדי להתקדם באופן בריא, משוחרר מכל אשמה או כאב של העבר. ביחד עם הסליחה, הוא פונה לקב״ה ומבקש ממנו סליחה בכדי לחדש את הקשר ביניהם.

כאמור, קשר רעוע בין האדם והקב״ה הוא אך ורק מנקודת מבט האדם, כיון שהוא מוגבל בזמן ומקום. מנקודת המבט של הקב״ה — האחדות האין סופית, אין חטא בלתי נסלח או פירוד שאינו ניתן לתיקון. ובעומק יותר, כל מה שקיים הוא אחדות נצחית ולמעשינו אין השפעה עליו כפי שהפסוק אומר, ״אִם חָטָאתָ מַה תִּפְעָל בּוֹ וְרַבּוּ פְשָׁעֶיךָ מַה תַּעֲשֶׂה לּוֹ, אִם צָדַקְתָּ מַה תִּתֶּן לוֹ אוֹ מַה מִיָּדְךָ יִקָּח״ (איוב ל״ה ו׳-ז׳), ומכיון שמציאות האדם היא זו שמוגבלת, תחילת התשובה היא תנועה של חיבור מחדש ותיקון של מערכת יחסים שבורה.

בעלי המוסר הקדמונים (כבעל שבט המוסר כ״ה י״ד וט״ו) מציעים לאדם שעבר עבירה וסטה מדרך הישר, וחפץ בתשובה אמיתית וטהורה, לצער עצמו בסיגופים ותעניות. לדידם, צער והלקיה עצמית הם הדרך להגיע לתשובה אמיתית (ספר רוקח הלכות תשובה י״א. ספר חסידים קס״ז. ראשית חכמה שער התשובה

ה׳. כד הקמח ראש השנה א׳. אורחות צדיקים שער התשובה כ״ו. עמק המלך שער תיקוני תשובה י״ב. של״ה פרשת נשא). צום ועינוי גשמי נתפסו כדרך יעילה לתקן את השפעת החטא. בגמרא אכן מוזכרת התענית כתיקון ותשובה (ירושלמי ביצה ב׳ ח׳. בבא מציעא ל״ג א׳. חגיגה כ״ב ב׳. מועד קטן כ״ה א׳. עירובין י״ח ב׳), ותענית נתפסת כחלק בלתי נפרד מהתשובה (ראשית חכמה שער התשובה ג׳. ספר החזיונות עמ׳ תצ״ו. ספר החיים ספר סליחה ומחילה ז׳. מדבר קדמות מערכת ת׳. ספר חרדים ס״ג). אולם הקדמונים, בעלי המוסר המוקדמים וחסידי אשכנז יסדו סדר שלם של צומות, וכמה צומות יש לצום עבור כל עבירה ומעשה שלילי.

העיקרון המנחה בדרך זו הוא שיש להילחם בשלילה עם שלילה. כאשר אדם חוטא ונכנס לעולם שלילי, קשה לו להשתחרר מהצורך לחטוא, על מנת להילחם עם תאוות התענוגים, הוא צריך לוותר על מידה מסויימת של תענוג. גרימת כאב לגוף מבטלת את ההשפעה השלילית (בית הלוי תורה דרוש ט״ו). עם זאת, סיגופים ותעניות יעילים רק עבור קבוצה קטנה של אנשים עם אופי מסויים ותמריץ נפשי חזק. עבור רוב האנשים בימינו לא זו הדרך הנכונה, כדלקמן.

חכמי מוסר קדמוניים כגון רבי אלעזר מוורמייזא, וספרים כגון ה״אורחות צדיקים״ מפרטים ארבעה סוגים של תשובה: א) תשובת הבאה, ב) תשובת הגדר, ג) תשובה המשקל, ד) תשובת הכתוב.

תשובת הבאה: תשובה זו היא מענה למצבים שחוזרים על עצמם שוב ושוב. האדם נמנע מלעבור עבירה מסויימת, כאשר הוא נתקל בדיוק באותם תנאים שגרמו לו לחטוא. הפיתוי הוא אותו פיתוי כפי שהיה בעבר, אולם האדם — מתוך רצון לתשובה — מחליט לא לבצע את המעשה. איפוק זה מצביע על

כך שהצליח למחוק מעצמו מידה מגונה, ושהתנהגותו ותשובתו מושלמים, כפי שמבואר ענין זה בדברי חז"ל (יומא פ"ו ב'. עבודה זרה י"ט א'. רמב"ם הלכות תשובה פ"ב ה"א).

בלשון הרמב"ם, האדם צריך לעשות תשובה עד ש"ויעיד עליו יודע תעלומות שלא ישוב לזה החטא לעולם" (הלכות תשובה פ"ב ה"ב), ואם אין לו את דרגת התשובה הזו, אזי "כל המתוודה בדברים ולא גמר בליבו לעזוב, הרי זה דומה לטובל ושרץ בידו" (שם ה"ג). אולם איך האדם יכול לומר בכנות, כאשר על סמך העבר, שנפל וקם, נפל וקם, שלעולם לא יחזור להתנהגות זו? האם כבר אין לו שום בחירה חופשית כפי שהלחם משנה (על אתר) שואל?

התשובה היא, שברגע זה — כך הוא מרגיש. ברגע זה הוא נמצא במצב שבנקודת המבט הנוכחית הוא לא יחזור להתנהגויות כאלה (המבי"ט בית אלוקים שער התשובה ו').

האופן בו אדם יכול לדעת באמת אם הצליח באמת להתגבר על נטייה שלילית, תכונה או התנהגות, ושהשינוי והתשובה אמיתיים הוא כאשר הוא נמנע מביצוע עבירה כאשר תנאי החטא מזדמנים שוב. רק אז הוא יכול לטעון שתשובתו אמיתית ומוחלטת.

בהתבסס על הוראה זו, ישנם מקורות שטוענים שהבעל תשובה צריך להעמיד את עצמו באותם תנאים שהביאו אותו לחטוא, עליו להביא את עצמו לידי פיתוי ולעצור עצמו מלעשות את המעשה על מנת להראות שהוא שולט לחלוטין ביצר (של"ה תורה שבכתב פרשת כי תצא. רבי יעקב יוסף ספר רב ייבי פרשת בלק. יערות דבש א' עמ' י"א. דרשת חתם סופר חנוכה בנוגע ליוסף הצדיק). אפילו בגמרא ישנו לכאורה מקור לענין זה, "רבי

חנינא ורבי יונתן הוו קאזלי באורחא מטו להנהו תרי שבילי חד פצי אפיתחא דעבודת כוכבים וחד פצי אפיתחא דבי זונות אמר ליה חד לחבריה ניזיל אפיתחא דעבודת כוכבים דנכיס יצריה א״ל אידך ניזיל אפיתחא דבי זונות ונכפייה ליצרין ונקבל אגרא״ (רבי חנינא ורבי יונתן הלכו בדרך והגיעו לצומת דרכים. אחת מן הדרכים היתה פתוחה לבית עבודה זרה, והשנייה לבית זונות. אמר אחד לשני, נלך בשביל שפתוח לבית עבודה זרה, כיון שיצר של עבודה זרה חלש יותר (ולא ניכשל. עיין סנהדרין ס״ד א׳). אמר השני נלך מול הבית זונות, נכפה את היצר ונקבל שכר. עבודה זרה י״ז סע״א).

אולם רוב חכמי ישראל אינם דוגלים בהתנהגות זו. באם תשובתו מושלמת, אזי לו יצוייר שהיה נמצא באותו מצב היה עוצר את עצמו מלחטוא, אבל לא מומלץ להיכנס בפועל למצב כזה (מאמרי אדמו״ר הזקן עניינים עמ׳ שי״א).

אחרים שוללים התנהגות זו באופן חד משמעי (עוללות אפרים ב׳ מאמר רכ״ז. אך ראה כלי יקר דברים י״ט כ״א), היינו, אין לאדם לפתות את עצמו ולהכניס עצמו לאותו מצב, אלא שיש לו כוח שאם חלילה היה נקלע למצב כזה היה מתגבר על יצרו. האמת היא שתמיד צריכים להתפלל שלא נבוא לידי נסיון כזה — ״ואל תביאנו לידי נסיון״.

אך ישנם הסבורים שהאדם כן צריך לפתות את עצמו בדברים מותרים ואז לא להתפתות (תקנת השבים ט׳). ישנם הסוברים שכוונת חז״ל היא שאם האדם היה נקלע למצב כזה היה עוצר עצמו, אך אין הכוונה שיכניס את עצמו למצב כזה ביודעין (צדקת הצדיק ע״ג).

כך או כך, ״תשובת הבאה״ היא, כאשר האדם מגיע למצב כזה שגם אם היה נתקל באותם תנאים לא היה חוטא. הוא הפך

את חייו לגמרי וביטל את השפעת החטא, "ויעיד עליו יודע תעלומות שלא ישוב לזה החטא לעולם" (הלכות תשובה ב׳ ג׳).

תשובת הגדר: זוהי תשובה של גבולות וסייגים. האדם מקבל על עצמו חומרות והידורים נוספים, בכדי להימנע מלבוא למצבים שיובילו אותו לחטא (חיבור התשובה משיב נפש א׳ י״ב). בתשובה זו, האדם נמנע לעשות אפילו דברים מותרים (קיצור חובות הלבבות ז׳), כפי שחסידים נוהגים לומר, "מה שאסור אסור, ומה שמותר מיותר". לדוגמא, אם אדם רוצה להפסיק לדבר סרה, באפשרותו להימנע מלדבר על אנשים אחרים כלל, גם אם הוא יכול לדבר באופן בלתי פוגע. באופן תשובה זו, הוא בוחר לדבר על אירועים ולא על אנשים.

תשובת המשקל: תשובה זו היא מלשון משקל המאזניים. בכדי לאזן מאזניים שאינם מאוזנים, יש להניח דבר כבד בצידו השני של המשקל — ששווה בכובדו לדבר הנמצא בצד הראשון — על מנת לאזנם. בתשובה זו האדם מעניש את עצמו בעינוי ששווה לעוצמת התענוג שחש בזמן החטא. לדוגמא, אדם עושה גלגול שלג בכדי לתקן עבירות שעשה עם תשוקה, על מנת לאזן את התשוקה שהיתה לו בשעת העבירה. אופן מעשי יותר שנוגע לימינו הוא, האדם מקבל על עצמו ליהנות אך ורק מעניינים קדושים וטהורים, כגון ניגון, לימוד או תפילה, ששווים לערך התענוג שהתענג בזמן העבירה.

תשובת הכתוב: תשובה זו היא תשובה של "הכתוב". האדם מקבל על עצמו לקיים את המצוות והעונשים הכתובים בתורה. לדוגמא, אם העונש לעבירה מסויימת הוא מלקות, החוטא ילקה את עצמו. כמובן, שגם בתשובה זו ישנם אופנים עדינים יותר שתקפים גם ימינו. למשל, אם התורה אומרת שהעונש על עבירה מסויימת הוא להתרחק ממחנה השכינה או ממחנה

ישראל למשך מספר ימים (כמצורע למשל), האדם בוחר להתרחק מחברת אנשים ולהתבודד למשך זמן מה. בכל מקרה, לא ניתן לכפות על אדם תשובה זו שמטרתה להשפיע עליו להתעורר, להתבונן ולהיטהר. רק הוא עצמו יכול לקבל אותה על עצמו.

לעומת זאת, פוסקי הלכה ומקובלים רבים כותבים שתעניות וסיגופים אינם חיוניים לתשובה (נודע ביהודה אורח חיים תשובה ל״ה. תניא אגרת התשובה א׳. מאמרי אדמו״ר הזקן עניינים עמ׳ תנ״ח. נפש החיים עץ חיים עמ׳ ת״מ. דרך פיקודיך הקדמה. בני יששכר תשרי ד׳). הפרטים החיוניים לתשובה הם חרטה על העבר, קבלה לעתיד והתחייבות לעשיית מעשים באופן נכון, ״עיקר התשובה היא החרטה והוידוי ועזיבת החטא, ואזי הוא מיד בעל תשובה גמור, אך הסיגופים להצילו מעונש על מה שעבר...״ (חת״ם סופר אורח חיים קע״ג). האמת היא שהגמרא כבר מזכירה זאת, המקדש ״על מנת שאני צדיק אפילו רשע גמור מקודשת שמא הרהר תשובה בדעתו״ (קידושין מ״ט ב׳. זו גם ההלכה בשולחן ערוך אבן עזרא סימן ל״ח ל״א). לא כתוב שצם וסיגף את עצמו, אלא שמא הרהר תשובה (חרטה וקבלה), ויצא מכלל רשע.

חרטה פירושה ויתור לגמרי על מעשי העבר. חרטה היא מלשון ״חריטה״ (אוהב ישראל זכור-פורים) החרוטה עמוק בנשמה, וקבלה היא להתבונן בעבר בכנות ולקבל את העבר למען הווה ועתיד טוב יותר. לקבל את מה שהיה כפי שהוא, להשלים איתו על ידי מציאת הכוונה והתועלת שבו ולהמשיך הלאה.

כיום מסכימים כל הפוסקים שיש להימנע מלהתענות או מלגרום לגוף כאבים וייסורים (קריינא דאיגרתא א׳ אגרת ט״ז. רבי עקיבא איגר שו״ת מהדורה ב׳ תשובה ג׳). עבור רוב האנשים, תענית רק מחלישה את הגוף ויכולה לגרום לחוסר סבלנות וכעס והתנהגויות שליליות אחרות (יערות דבש ד׳ עמ׳ ש״ס).

במקום לסגף את הגוף על מנת להגיע לנשמה, יש לעבוד עם הגוף ולהשתמש בו כאמצעי להתקשרות עמוקה יותר עם הנשמה. אם רצונך לתקן את עצמך עשה זאת על ידי מעשים, כגון נתינת צדקה, לימוד תורה, אמירת תהילים או כל מצווה אחרת. ישנה מסורת בשם רבי אלימלך מליז'ענסק, שאדם שאומר את כל התהילים שלוש פעמים ברציפות מבלי לדבר כאילו התענה שבוע שלם.

ניתן להתענות בדרכים נוספות, הקדוש רבי שלמה מולכו אומר שאת המילה תענית — צום, ניתן לחלק לשניים, "תת" מלשון נתינה ו"עני" (ספר חרדים ס"ג. הערה ברכות ו' ב'), על ידי נתינת כסף לעני, האדם "מתענה" מהכסף שאותו הרוויח בעמל כפיו.

שאיפת האדם צריכה להיות, לעבוד ולהתעסק עם הגוף ולא לסגף או להעניש אותו. התעוררות רוחנית באה לא על ידי ציעור הגוף, להיפך, "חור קטן בגוף הוא חור גדול בנשמה" (כתר שם טוב הוספות). בכדי להגיע לשלווה עליו לדאוג לבריאות הגוף וצלילות הראש.

גוף בלי נשמה הוא חסר חיים, ונשמה בלי גוף היא חסרת תועלת. יחד הם משלימים אחד את השניה. הנשמה מחיה את הגוף והגוף נותן לנשמה את הכלי דרכו היא יכולה לפעול בעולם הגשמי, בו האדם יכול וצריך לממש את הרוחניות באופן הכי מושלם.

אדם שרוצה להגיע לשלימות רוחנית צריך לממש את ההשראה עם פעילות מעשית. הגוף שבעבר שימש להעצמת האנוכיות ולמעשים לא טובים, יתמקד מכאן ולהבא בעשיית מעשים טובים וטהורים. רבנו יונה כותב, שאם האדם רוצה

לתקן מידה עליו להתנהג במידה טובה, ״אם חטא בלשון הרע יעסוק בתורה. ובכל האיברים אשר חטא ישתדל לקיים בהם המצות. וכן אמרו רבותינו ז״ל הצדיקים באותו דבר שחוטאים בו מתרצים. עוד אמרו אם עשית חבילות של עבירות. עשה כנגדן חבילות חבילות של מצות. רגלים ממהרות לרוץ לרעה. יהיו רצים לדבר מצוה. לשון שקר. אמת יהגה חכו ופיו יפתח בחכמה ותורת חסד על לשונו... משלח מדנים בין אחים. יבקש שלום וירדפהו״ (שערי תשובה א׳ ל״ה). אדם שרוצה לתקן את מידת הלשון הרע, צריך לדבר רק דיבורים מועילים. כמובן שתמיד צריך לדבר אמת, אולם על ידי תיקון ושיפור העצמי, מתעלה הגוף ומשתף פעולה עם הנשמה בדרך התשובה.

כמו בכל מצוות התורה, אין מטרת התשובה להזניח את הגוף הגשמי למען הרוחניות. התעלות רוחנית באה מתוך הגשמיות בדיוק כפי שהיא מושגת על ידי הרוחניות. הקב״ה אינו רוחני ומופשט. הקב״ה ברא את הרוחניות ואת הגשמיות, את האחדות האין סופית ואת הבריאה המוגבלת. כשם שחיים גשמיים יכולים להיות נטולי רוחניות, כמו כן חיים רוחניים יכולים להיות ריקים מאלוקות.

בכדי להתקרב להקב״ה, אין צורך להיות רוחני יותר — כי אם אלוקי יותר. לא להתנתק מהעולם הגשמי — אלא לאחד אותו עם הרוחניות, לחבר את הכוונה עם המעשה, הבינה/ קודשא בריך הוא, עם מלכות/שכינתיה. גם כאשר אדם הופך להיות אלוקי ולכן רוחני יותר, הוא צריך להיות מעורב עם הבריאה ועם הבריות. איחוד זה נפעל על ידי המצוות, מעשים רוחניים שנעשים בעולם הגשמי.

אי אפשר להניח תפילין מבלי להניח תפילין גשמיות על גוף גשמי, ואי אפשר לנענע את הלולב והאתרוג מבלי לאחוז

לולב ואתרוג גשמיים. המצוות מאחדות את השמים עם הארץ ואת הארץ עם השמים. המעשה הגשמי עצמו מחבר את האדם עם האין סוף.

זהו גם הסבר מדוע סמל ה"מגן דוד" מורכב משני משולשים, אחד כלפי מעלה והשני כלפי מטה. המשולש עם הצד הרחב למעלה, מסמל את האין סוף של הרוחניות האלוקית, היורד לעולם כמו משפך דרך ה"כלי זכוכית" (ראה נפש החיים א' ט"ו). המשולש מצמצם את הכוח הרוחני עד שהוא מוליד ניצוץ רוחני בעולם הגשמי — גוף מוגבל בעולם הגשמי.

המשולש עם הצד הרחב למטה מסמל את ארבעת רוחות העולם המוגבל שעולה כלפי מעלה. המשולש מטפס עד הדרגה הרוחנית הכי גבוהה — הכתר, הנקודה הפנימית של האחדות האלוקית.

האדם נמצא בתוך המשולשים שמשולבים אחד עם השני, משום שהוא מורכב הן מרוחניות והן מגשמיות.

מטרת האדם בעולם היא לרומם את הגוף הגשמי לאש רוחנית, ובה בעת לגלות את הקב"ה בעולם הגשמי. להעלות את הארץ עד לשמים ולהוריד את השמים עד לארץ. להשתמש עם הגשמי עבור הרוחני, ובאותו זמן לקבל השראה רוחנית מהגשמי. בסופו של דבר, האדם מרגיש את האחדות הרוחנית בתוך העולם הגשמי ומאוחד עם ההוויה המוגבלת עצמה.

מצוות התשובה רותמת את כל הכוחות הטבעיים של האדם בכדי להוריד את הרוחניות לעולם. על ידי התשובה, האדם הופך לרחב דעת ומושלם באופן מלא. על ידי העלאת רגע

גשמי לרוחניות אצילה ועל ידי הפיכת אירוע רגיל לחוויה נעלית, האדם חי חיים יוצאים מן הכלל — חיים רוחניים.

לאחר שהאדם עשה תשובה בכל כוחו ויכולתו עליו לחוש שכבר נסלח לו.

ישנה דעה בגמרא (אם כי זו לא נפסקה להלכה. שולחן ערוך אורח החיים תר״ז ד׳) ש״עבירות שהתודה עליהן יום הכיפורים זה לא יתודה עליהן יום הכפורים אחר, ואם שנה בהן צריך להתודות יום הכיפורים אחר ואם לא שנה בהן וחזר והתודה עליהן עליו הכתוב אומר (משלי כ״ו י״א) ככלב שב על קיאו כסיל שונה באולתו״ (יומא פ״ו ב׳).

מגמרא זו אנו למדים שהתשובה צריכה להיות עמוקה יותר ויותר משנה לשנה. אנחנו צריכים להרגיש שנסלח לנו בדרגה אחת, ולאחר מכן להתקדם לדרגה הבאה ולעשות תשובה נעלית יותר. לא לעשות תשובה באותה דרגה עבור אותם מעשים שוב ושוב. בכל דרגה, לאחר שעשינו תשובה עלינו להרגיש שנסלח לנו לגמרי.

במוצאי יום כיפור מיד לאחר תפילת נעילה, מתחילים את תפילת ערבית ואומרים את המילים ״והוא רחום יכפר עוון״. על איזה עוון מדובר? הרי זה עתה הסתיים יום כיפור, יום שהוקדש לתפילה, לסליחה ולכפרה, יום של תענית ותשובה מעומק הלב. איזו עבירה יכול היה אדם לעבור ברגע שבין סיום יום כיפור ותפילת ערבית? רוב האנשים עדיין לובשים את הקיטל שלהם אותו לבשו במהלך יום כיפור. מדוע אומרים ״והוא רחום״? לשם מה?

התשובה היא שברגע ההוא יש די זמן לחשוב ״האם באמת יום כיפור פעל את פעולתו? האם באמת נסלח לי?״

לאחר שיום כיפור הסתיים, החטא הגדול ביותר הוא לחשוב שיום כיפור היה בזבוז, חס ושלום, והחטאים לא נסלחו. לכן אנו אומרים, "והוא רחום" — הקב"ה הרחום וחנון, סלח לנו על כך שאולי עלתה בנו הספק שמא לא נסלח לנו. סלח לנו על שהטלנו ספק בעצמנו. סלח לנו על שהטלנו ספק ביכולתך לסלוח.

ביטחון עצמי והצורך לבקש סליחה אינם סותרים זה לזה. דוד המלך אומר בתהילים, "וְחַטָּאתִי נֶגְדִּי תָמִיד" (תהילים נ"א ה'). אם אדם חטא וחזר בתשובה ועדיין חש בכאב ובעוצמת החטאים או מרגיש חסר סיכוי, אזי המעשים אינם נגדו – מולו – אלא בתוכו. יתר על כן, החטאים עדיין מגדירים אותו.

כאשר האדם מתמודד עם החטאים, משתחרר וסולח, אזי הם "נגדי", הם הורחקו מתוך תוכו, הם משהו שעשה ולא מי שהוא. דבר זה דומה להשפעת אמירת החטאים בקול (פרק ארבעה עשר). לאחר שהאדם מתוודה בדיבור על עבירותיו הן מאבדות מכוחן, והאדם יכול להתמודד איתן ולבטל את השפעתן.

העבר יכול להיות כעוגן שגורר את האדם למצולות ים. מחשבות על עבר יכולות לשלוט על החיים, אולם ישנה נקודה בה האדם חייב להמשיך הלאה. נכון, הוא צריך להתמודד עם העבר, אבל אסור לו לתת לעבר להכביד על ההווה. אין ספק שהוא צריך לתקן את מה שנעשה, אולם אסור לו לתת לעבר להשתלט.

לעתים צריך להפסיק להתמקד בעבר ולהתחיל להתמקד בהווה. לוותר על ה"עצמי הלא מושלם" ולהתחיל לעבוד על ה"עצמי המושלם". כאשר האדם נכשל, אל לו לאבד תקווה או להרגיש ייאוש. עליו להתעלם מהכישלונות — לפחות לזמן מה — ולהמשיך הלאה.

לאחר חטא העגל (לשיטת רש״י) ציווה הקב״ה לבני ישראל להקים את משכן ״אוהל מועד״ ככפרה על החטא. משה רבינו ביקש מבני ישראל לתרום את החומרים עבור בניית המשכן, ובני ישראל תרמו כמות כזו גדולה שבעלי המלאכה אמרו למשה ״מַרְבִּים הָעָם לְהָבִיא״ (שמות ל״ו ה׳). בני ישראל מביאים יותר מדי, אמור להם להפסיק.

בנוסף למשמעות הפשוטה שבני ישראל הביאו יותר מדי, ישנה משמעות נוספת. הפסוק אומר שעבודתם הפנימית והתשובה שעשו ״הספיקה״. על ידי התשובה, האדם עשה מספיק, הוא עשה את שלו. זה מה שהקב״ה אומר כביכול לכלל ישראל, ׳מספיק, עשיתם מספיק תשובה׳.

סליחה פירושה להוריד את הנטל של מעשי העבר, בכדי שלא יעמדו כאבן נגף בהווה. אין הפירוש שהאדם מנתק את בעלותו על המעשים או משליך אותם, אלא שהוא מכיר בהם כחטאים שעומדים ״נגדו״ — מולו. עבירה שנעשתה בחוסר מודעות, הופכת להיות טהורה ורוחנית. על האדם להרגיש בטוח, להכיר בעובדות ולומר לעצמו ״אני לא בסדר. נסלח לי. עכשיו אני יכול לחיות את חיי באופן חופשי״.

הקליפה והמכשול הגדולים ביותר לצמיחה רוחנית אמיתית הם ייאוש והטלת ספק. זהו דבר שלילי ביותר להטיל ספק ביכולתנו. אולם ישנם כאלה שמטילים ספק בעצמם, לעתים כתוצאה ממעשי העבר, ולעתים כתוצאה מחינוך קלוקל שזה אפילו חמור יותר. בכדי להתנתק מהספק וחוסר האמונה בעצמנו בהווה ובעתיד, על האדם לזכור, אם הקב״ה חושב שהוא ראוי להיות חלק מהבריאה ברגע זה ממש, ומהווה ומקיים אותו ברגע זה ממש, נותן לו חיים ואפשרויות חדשות, אזי הוא בהחלט ראוי ובעל חשיבות.

ברגע שעשינו תשובה, אנחנו צריכים להרגיש שנסלח לנו. ברגע שהדבר הקשה מאחורינו, אנחנו צריכים להפסיק להטיל ספק בעצמינו. ספק הוא עמלק, וספק מביא לייאוש. כשאדם מיואש, הוא ממשיך להתנהג באותה הדרך.

כוחו של ה׳ אין סופי, ובניגוד לאדם שפוגעים בו ומבקשים סליחה, ככל שממשיכים לפגוע בו הסליחה קשה יותר, לקב״ה זה לא משנה הוא תמיד סולח, בלשונו של בעל התניא, ״ומה שמשבחים ומברכים את ה׳ חנון המרבה לסלוח המרבה דייקא... דהיינו שבמדת בשר ודם אם יחטא איש לאיש וביקש ממנו מחילה ומחל לו ואחר כך חזר לסורו קשה מאד שימחול לו שנית ומכל שכן בשלישית ורביעית. אבל במדת הקב״ה אין הפרש בין פעם אחת לאלף פעמים כי המחילה היא ממדת הרחמים ומדותיו הקדושות אינן בבחי׳ גבול ותכלית אלא בבחי׳ א״ס כמ״ש כי לא כלו רחמיו״ (אגרת התשובה פרק י״א).

אפילו במקרים וחטאים כאלה בהם נאמר ״אין מספיקין בידו לעשות תשובה״, עדיין ״ואף גם זאת אין מספיקין דייקא. אבל אם דחק ונתחזק ונתגבר על יצרו ועשה תשובה מקבלין תשובתו״ (אגרת התשובה פרק י״א). וזהו מה שרמזו רז״ל, ״כל מה שיאמר לך בעל הבית עשה חוץ מצא״ (פסחים פ״ו ב׳. אבל ראה מהרש״א. מגן אברהם אורח חיים סימן ק״ע ס״ק י׳), מסביר הראשית חכמה, מובא בשל״ה הק׳, שכוונת חכמינו היא ש״בעל הבית היינו הקב״ה, כל מה שיאמר לך עשה מהמצות עשה חוץ מצא שאם יאמר לך צא מביתי ואל תכנס... אל תשמע לו אלא תכנס בתשובה, כי זה חשקו של בעל הבית, אלא שמטעה אותך״ (ראשית חכמה שער הקדושה פרק י״ז).

ענין זה מפורש בזוהר הק׳, ״דהא לית פתגמא דקיימא קמי תיובתא ועל כלא מכפר קודשא בריך הוא כד עבדין תיובתא

שלימתא" (שהרי אין דבר שעומד בפני התשובה, ועל הכל מכפר הקדוש ברוך הוא כאשר עושים תשובה שלמה. זוהר ח"ב ק"ו ב'). יכול להיות שקשה יותר להגיע לתשובה אבל היא תמיד אפשרית, כל מה שצריכים זה רצון עז להמשיך קדימה ולא לוותר.

לעולם אין לוותר, תמיד יש אפשרות לשנות את הדרך ולעלות על דרך התשובה, "אין ליהודי להתייאש משום דבר" (רבי צדוק מלובלין דברי הסופרים אות ט"ז).

האמת היא ששורש כלל ישראל הוא הרעיון של לא להתייאש, זה חלק ממי שאנחנו, עם שנולד על הרעיון של לא להתייאש. היהודי הראשון שנולד היה יצחק אבינו, שבזמן לידתו כתוב שהוריו – אברהם ושרה, היו זקנים ולא יכלו להוליד ילדים. לאחר שהתייאשו מאפשרות להוליד ילדים והמלאך הודיע להם שיהיה להם ילד, אפילו אברהם וכל שכן שרה צחקו, משום שחשבו שזה בלתי אפשרי, "אחר בלותי". למרות זאת נולד להם בן, וכך, עם ישראל נהיה עם לאחר הייאוש, אברהם ושרה הולידו את יצחק "לאחר" הייאוש.

יסוד עם ישראל הוא שאין ייאוש. התשובה תמיד אפשרית, ותמיד יכולים להיסלח ולהתחיל מחדש. לא משנה כמה נפלנו, אנחנו תמיד יכולים להתרומם. אסור לנו להתייאש ולוותר על חיינו. אין זה משנה מה עשינו, מהותינו תמיד נשארת טהורה, כל מה שעלינו לעשות הוא להתחבר מחדש, ולהגיע למהותנו — חלק אלוקה ממעל ממש. לעולם אסור לנו לשכוח מי אנחנו, ולעולם לא נאמר "זה מאוחר מדי, אני זקן מדי, אין לי כוח". מידת היאוש היא סתירה לְמָה שזה אומר להיות יהודי.

תקציר:
להשתחרר

התשובה מושלמת רק כאשר הסליחה זורמת, מנשמתך לאחרים, מאחרים אליך, ומהקב"ה אליך. צריך ללמוד לסלוח, להיסלח ולהרגיש ראוי. כאשר אדם פגע בך סלח לו באמת. זה תלוי בך האם לסלוח ולהרפות ממנו ומהמעשה שעשה. באם הנך מעכב את הסליחה, ההשפעה השלילית של המעשה תמשיך לרדוף אותך.

תרגול:
הרחב את המעגל של קבלת האחר

הקדש מספר דקות בכל יום לתרגול הבא. עצום עיניים ודמיין את עצמך בחדר ריק. בחדר נמצא אחד האנשים האהובים עליך, אבא או אמא, בן או בת הזוג או אפילו בנך או בתך, ישנים בשלווה. נסה לחוש את האהבה העצומה שיש לך כלפי מי ששוכב שם ואת האהבה שלהם כלפיך. לאחר מספר דקות, דמיין עוד אנשים שאתה אוהב נכנסים לחדר. נסה להרגיש איך הרגשות שלך זורמים גם אליהם. לאט לאט, הכנס עוד ועוד אנשים לחדר, גם אנשים שלא כל כך קרובים אליך אולם עדיין מיודדים עמך. לאחר זמן מה, קדם בברכה גם אדם שעימו יש לך מריבה. תן לתחושת הקבלה להקיף גם אותו. הרחב את המעגל גם כלפי אנשים אחרים.

פרק תשעה עשר

אחריות: לקיחת בעלות על החיים

אף אחד לא נולד במצב של חטא, כל אדם נולד טהור ותמים ללא טוב או רע, אך עם יכולת להתבטאות ולהתנהג כרצונו. מכיון שנולדנו טהורים אי אפשר להעניש אותנו עבור מעשים של אדם אחר או על מעשים מגלגול קודם. כל אחר אחראי באופן בלעדי על חייו הפרטיים וכיצד הוא בוחר לחיות ולהתנהג.

תשובה פירושה להגיב לאתגרי החיים ולקחת אחריות על המעשים, לטוב ולמוטב. אחריות מעצימה את האדם. ההכרה בכך שהאדם הוא ה"מנצח" על התזמורת שלו עצמו נותנת לו כוח עצום.

המדרש אומר, "התחילו ישראל לומר כי עונותינו רבו למעלה ראש, אמר רבי יצחק לאדם שעובר בנהר ורגליו שוקעות ומשאוי עליו אמרו ליה העבר המשאוי מעליך ואתה שולף את רגליך, כך אמר הקב"ה לישראל מפני מה אתם אומרים כי עונותינו עבור ראשנו יעזוב רשע דרכו ואני מרחם אתכם" (ילקוט שמעוני תהילים ל"ח תשל"ד).

אדם שחש כאילו הוא טובע רוחנית, עשוי להתלונן שהחטאים מכבידים עליו, כפי שאמר דוד המלך: "כִּי עֲוֺנֹתַי עָבְרוּ רֹאשִׁי כְּמַשָּׂא כָבֵד יִכְבְּדוּ מִמֶּנִּי" (תהילים ל"ח ה'). אולם מפאת סיבה כלשהי הוא עדיין סוחב את המשא שמטביע אותו. הבת קול מעודדת את האדם וקוראת לו, 'פרוק מעליך את המשא שמכביד עליך ומונע ממך להתרומם'.

במעבר בנהר החיים, ניתנת לאדם אפשרות האם להישאר לחוץ תחת מעמסת החיים או להשתחרר באמצעות התשובה. אותו זרם שמטביע את האחד מגביה את האחר. השליטה על זרם החיים היא באחריות האדם, רק הוא יכול לבחור האם להשתמש בזרם הזה כמנוע ודחיפה כלפי מעלה או להיפך. למרות שמבחינה מעשית, האחריות ללמד ילד לשחות מוטלת על האב (קידושין כ"ט א'), בסופו של דבר מוטלת על הילד האחריות להפנים את הלימוד ולהשתמש בו.

אנו חיים בחברה שמנסה לתרץ ולהצטדק, לתת תשובה ומענה לכל אחד ולכל בעיה. כאשר מישהו עושה מעשה לא טוב, החברה מגלגלת את האשמה על מישהו או משהו אחר.

כאשר אדם שביצע פשע חמור מובא לבית משפט לא יהודי, עורכי הדין שמייצגים אותו יציעו הסברים ותירוצים שונים להתנהגותו, "הוא פעל בדרך זו, משום שבעבר היה קרבן להתעללות, לנטישה או פשוט לא היה מקובל בחברה".

האחריות של מעשי העבריין מושלכת על ההורים, הסביבה או על חוויה שעבר. הסיבה שגרמה לפשע מוטלת על גורם אחר, בכדי לתרץ או אפילו להצדיק את מעשי הפושע. כמובן שישנם זמנים בהם הטיעונים הללו מוצדקים, אולם בהנחה שהאדם שפוי מבחינה נפשית, הוא עצמו אחראי למעשיו.

ההתנערות מאחריות מפאת כל סיבה שהיא אינה בריאה, אולם זה בדיוק מה שהאדם עושה כאשר הוא משתמש בתירוצים בכדי להצדיק את התנהגותו. לרחם על עצמך בטענה שהסביבה לא מקבלת אותך, עשוי להיות טענה מוצדקת, אך אין זה מוביל למעשה מועיל, כמאמר החכם, 'עדיף להיות חכם מאשר להיות צודק'.

אם אם לאדם יש בעיות עם הסביבה השאלה היא מה הוא עושה עם הבעיות הללו? האם הוא מתלונן או מנסה לפותרן?

אמת שכדי לקבל תמונה ברורה של האתגרים, צריך לנתח את ההשפעות של החברה או החינוך, אולם לעתים קרובות, לאחר האבחון נתקעים במשחק האשמה, 'המצב הוא כך בגלל סיבה כזו או אחרת'. עלינו לשים לב שבכיוון חשיבה זה נחלשים יותר. השאלה שצריכה להישאל היא "מי אני? מה אני עושה?" או יותר מכך "מה אני יכול לעשות ואיך אני יכול להועיל לעצמי, לסביבה או לחיים?"

ככלות הכל, צורת החיים תלויה כמעט לגמרי ברצון וביכולת לבחור מה ואיך לעשות. לא כל משאלות האדם יתגשמו, אך עדיין יש לו את היכולת לבחור כיצד להגיב לאירועים שונים, מה לעשות כשאירוע מסויים קורה או איך להגיב כאשר אדם מתנהג כלפיו בצורה מסויימת. אנחנו לא יכולים לשלוט על כל מה שקורה, אבל יש לנו יכולת להגיב באופן שכלי ושקול ולא באופן רגשי ופזיז.

לא תמיד האדם יכול לבחור באיזה משפחה לגדול או באיזה סביבה לחיות (אבל ראה חסד לאברהם לרבי אברהם אזולאי מעיין ד' נהר י"א), אך הוא בהחלט יכול לנצל את המצב בו הוא נמצא. לחיות באופן אחראי פירושו להחליט לחיות מתוך תשומת לב. האדם יכול וצריך להתקדם ולהתפתח בתוך הגבולות של המשפחה והסביבה בה הוא חי.

מבין כל היצורים האדם הוא היחיד עם בחירה חופשית מוחלטת. כאשר משהו לא נעים קורה, יש לו יכולת להגיב בהיגיון ולא לאפשר למצב להשתלט עליו. לא תמיד הוא שולט

באירועים עצמם, אבל הוא בהחלט יכול לשפר את האופן בו הוא מגיב.

לדוגמא, כאשר משהו מכעיס אותך, הדחף הראשוני — עבור אדם שלא עבד וזיכך את מידת הכעס — הוא לכעוס. האדם יכול לאפשר לכעס להתבטאות בדיבורים חריפים והתנהגות לא יפה, או לבחור להתנהג בניגוד לרצון הטבעי שלו, לשלוט על הכעס שלו ולהתנהג באדיבות ובנימוס.

היכולת לבחור היא כוח אלוקי שהקב"ה טבע בנו. מנקודת המבט של ה"טבע" כל דבר חייב להוביל לדבר אחר, כתוצאה מכך אין ברירה. בחירה חופשית מגיע מהמימד שמעבר לנסיבות הטבעיות של העולם, היא כוח רוחני. אדם יכול לעצב את חייו בלי קשר לנסיבות אירועי חייו בעבר. באם אדם מכעיס אותנו, למרות שהכעס מוצדק, יש לנו בחירה בהווה האם להגיב במתינות או להשיב לו באותו מטבע. חיות פועלים על פי טבע שהקב"ה טבע בהם, התגובה שלהם טבועה בהם והם לא באמת יכולים להחליט איך להגיב, טבע זה הוא חלק ממהותם.

האדם לעומת זאת יכול להחליט האם התנהגותו תהיה ביטוי של האופי והטבע שלו או לא. רבים מוצאים את עצמם מתנהגים מתוך דחף טבעי, אחרים רוצים בטבעם לעשות דבר אחד, אך מתנהגים באופן שמבוסס על שיקולים מוסריים או שכליים.

המבנה האנושי והדרישה הפנימית של האדם לעמוד בקנה אחד עם העצמי הפנימי שלו, מובילה לחוסר מנוחה שמתבטאת כמעט בכל תחום של התפתחות, רוחנית, אמונית או קהילתית. במידה מסויימת, ההתקדמות האנושית תלויה דווקא בחוסר שביעות רצון זו.

האדם יכול להימנע מהתנהגויות טבעיות, למקד את עצמו במטרה נעלית ולנצל את קיומו באופן חיובי. למרות שמין האדם הוא חלק מעולם החי, הוא נתברך בשכל ויוצר חכמה על ידי לימוד וצורות שונות של מחקר, יש לו יכולת לעצב את המציאות, "ששה דברים נאמרו בבני אדם, שלשה כמלאכי השרת, שלשה כבהמה" (חגיגה ט"ז א'), חלק אחד הוא רוחני ועל-טבעי, ואילו חלק אחר הוא בהמי וטבעי.

בני אדם יכולים לבחור דעות ומטרות שיעצבו את חייהם וליצור חיים שמבוססים על עקרונות וחוקים. כאשר החוקים מבוססים, נמדדת איכות החיים על ידי ההתאמה למערכת עקרונות זו.

ההתמודדות עם היצר הרע אינה שווה אצל כולם. ישנם הבוחרים להתמודד עימו ראש בראש, וישנם הבוחרים לחיות את חייהם מתוך בחירה רוחנית מודעת שמונעת חיכוך עם היצר הרע.

לבחירה החופשית וליצירתיות האדם יש יתרון נוסף. על ידי התשובה, האדם יכול להתחיל לחיות את חייו מהתחלה. ליצור עקרונות חדשים, לנסח מחדש את מטרות חייו ולהחליט מה לעשות. הוא יכול לעצב את חייו מחדש עד כדי כך שהוא הופך לאדם אחר. האדם נברא בצלם אלוקים ולא משנה כמה חטא או התרחק, הוא תמיד יכול לחזור ולהיות מושלם — אלוקי.

מצוות התשובה והרעיון של בחירה נמצאים סמוך אחת לשנייה, "כִּי הַמִּצְוָה הַזֹּאת... לֹא בַשָּׁמַיִם הִוא לֵאמֹר מִי יַעֲלֶה לָּנוּ הַשָּׁמַיְמָה וְיִקָּחֶהָ לָּנוּ... כִּי קָרוֹב אֵלֶיךָ הַדָּבָר מְאֹד... הַחַיִּים וְהַמָּוֶת נָתַתִּי לְפָנֶיךָ הַבְּרָכָה וְהַקְּלָלָה וּבָחַרְתָּ בַּחַיִּים" (דברים ל' י"א-ט"ו),

ה"מצווה" הזו, כפי שהוסבר לעיל, היא מצוות התשובה, ומיד לאחריה מדברת התורה על בחירה חופשית. גם הרמב"ם בספר היד הציב את הרעיון וההלכות של בחירה חופשית, לא במקום נפרד, אלא יחד עם הלכות תשובה.

בעומק, תשובה ובחירה חופשית קשורים זה בזה, משום שאין מקום לשינוי אמיתי אם אי אפשר לבחור בו.

אם אדם היה נברא בלי בחירה חופשית, אזי גם אם היה מקיים מצוות, הקיום היה קבוע מראש. ללא בחירה חופשית לא מוטלת על האדם שום אחריות, משום שהתוצאות קבועות מראש. כאשר התוצאה קבועה אין מציאות של תשובה.

בעולם ללא בחירה בו כל מאורע, פעולה או החלטה קבועים ועומדים כתוצאה מאירועים קודמים, גם אם אדם עשה מעשה לא טוב לא תהיה לו שום סיבה לחזור אל ה'. בעולם כזה אין "נכון או לא נכון", אלא רק "מה נעשה ומה לא נעשה". כל שלב בחיים קבוע מראש, החיים מעבר לשליטת האדם ונמנע ממנו הצורך בתשובה, רצון או שינוי בכלל.

בדרך התשובה יש בחירה והחלטה. לחיות בדרך התשובה בכלל ובתשובה מתוך אהבה בפרט, פירושו להיות חופשי. כאשר אדם פועל בצורה אחראית, הוא מתקדם לעבר עצמאות ושליטה בחייו. התנהגות טבעית לעומת זאת, מובילה את האדם להמשיך לחיות את חייו תמיד באותה הדרך — עבדות פנימית ותלות מוחלטת בתנאים שסובבים אותו.

לאדם יש כוח להתחדש או להשתנות. ההבדל בין שינוי להתחדשות הוא ששינוי מתרחש כאשר האדם רוצה לתקן

בעצמו משהו פגום, התחדשות מתרחשת כאשר האדם מבין שהוא בעצם טהור ומושלם.

בעומק יותר, כל שינוי מכיל את היכולת להתחדשות. על מנת לבצע שינוי, יש צורך לדעת מה לשנות וידיעה זו מובילה את האדם לשינוי, משום שכשהוא מודע לחסרונות, הוא מבין כמה רחוק הוא מהשלימות אותה הוא יכול להשיג.

ידיעת החסרונות, ההבנה שהוא לא מממש את היכולת שטמונה בו ושחייו עוד לא מושלמים כפי שהוא מצייר אותם במעמקי נשמתו, הם הדרכים בהן האדם מבטא את שאיפתו לשלימות.

רבי אברהם בן הרמב״ם מספר מעשה שאירע עם אביו – הרמב״ם (המספיק לעובדי השם הענווה. ראה גם לב דוד לחיד״א י״ב). פעם שמע אביו את אחד מחברי הקהילה מתפאר בערב יום הכיפורים שהוא כה מושלם, שאינו יודע מדוע הוא צריך לעשות תשובה. כשהרמב״ם שמע הצהרה יהירה זו, אמר לבנו, שייתכן שאותו אדם צריך לחזור בתשובה רק בגלל המחשבה שהוא מושלם ואין לו צורך בתשובה.

אחת מהלכות פרה אדומה היא לקחת פרה ״אֲשֶׁר אֵין בָּהּ מוּם אֲשֶׁר לֹא עָלָה עָלֶיהָ עֹל״ (במדבר י״ט ב׳), אומר על כך המגיד מקוזניץ נ״ע, אדם שחושב שאין בו פגם — ״אין בו מום״, הוא אדם שאין עליו עול מלכות שמים — ״לא עלה עליה עול״.

תשובה היא השקפה כזו שעוקרת מהאדם את הצורך להאשים אנשים אחרים בהתנהגותו. כאשר האדם צועד בדרך התשובה יש לו כוח ועוצמה לומר ׳אלה חיי ואני לוקח עליהם אחריות מלאה׳. גם אם יש לו סיבות מוצדקות להתנהגותו,

בגלל התעללות של מוריו או בגלל הזנחה של הוריו, התשובה נותנת לו כוח לבחור ולהגיב באופן חיובי. האדם יכול לאזור כוח פנימי ולחיות את החיים במלוא היכולת. למרות מצוקות וצרות החיים, הוא שולט בהם ובוחר איך להגיב, בייאוש או בשינוי המבט והדרך.

לקיחת אחריות אינה משימה קלה. גם כאשר אדם מבין את הערך של האחריות, לא תמיד זה מתאחד עימו באמת. הבחירה כיצד להגיב לאירועים ודרך החיים שנובעת מבחירה זו קשה ומפרכת אך כדאית ומשתלמת. בחירה חופשית ואחריות הן מתנות מהקב"ה. כאשר משתמשים בהן, מגלים את היכולת הרוחנית והאלוקית שנמצאת בנשמה.

ראש השנה הוא יום ההולדת של המין האנושי הכללי, היום בו נברא אדם הראשון – אב המין האנושי. מענין שמין האדם חוגג את יום הולדתו ביום הדין. המשמעות הפנימית היא שההגדרה של אדם היא אדם ששואף תמיד לקחת אחריות ובעלות על חייו, לבחור את הדרך בה הוא הולך ולקצור את הפירות של בחירתו. להיות אדם אמיתי, להרגיש את יום ההולדת ואת מה שעושה את האדם – אדם ולא חלק ממלכת החיות, זוהי תחושת האחריות.

בעלי חיים הנשלטים על ידי דחף טבעי אינם אחראים ואינם צריכים לקחת אחריות על מעשיהם. האפשרות ללקיחת אחריות היא טבע ייחודי למין האנושי, זוהי זכותנו. ולכן אין זה מקרה שהאדם נולד ביום הדין, יום של לקיחת אחריות לחיים וחשבון נפש. לקיחת אחריות היא מהות מין האדם ששונה לגמרי מכל החיות על פני האדמה.

כאשר אדם לוקח אחריות על מציאותו הוא מגלה את

היכולת האמיתית שלו — שליטה עצמית, וכאשר הוא פועל ללא מחשבה הוא מתנתק מאחריות רוחנית ומחניק את ה"רוח" שבו. לקיחת בעלות על פעולותיו משלבת את ה"אנושיות" עם "האדם". האדם נועד לגלות את היכולת הרוחנית הטמונה בו. כולנו נולדנו כבני אדם, השאלה היא, האם אנחנו "אנושיים" וחיים במלוא היכולת?

לאחר שאדם וחוה אכלו מעץ הדעת אומרת התורה, "וַיְגָרֶשׁ אֶת הָאָדָם" (בראשית ג׳ כ"ד) — הקב"ה שילח את אדם הראשון מגן עדן. מסביר האדמו"ר האמצעי נ"ע (תורת חיים פרשת ויחי רל"ז ג׳), שבעומק יותר הכוונה היא שהגירוש הוא שה"אדם" גורש מגן עדן, אדם הראשון לא התנהג כ"בן אדם", לא לקח אחריות למעשיו. מהות זו גורשה מתוך תוכו. לא שהוא עזב את גן עדן, אלא "האדם" שבתוכו גורש. ומי גירש אותו? הוא עצמו.

לשאלת הקב"ה, "הֲמִן הָעֵץ אֲשֶׁר צִוִּיתִיךָ לְבִלְתִּי אֲכָל מִמֶּנּוּ אָכָלְתָּ?" משיב האדם, "הָאִשָּׁה אֲשֶׁר נָתַתָּה עִמָּדִי הִוא נָתְנָה לִּי מִן הָעֵץ וָאֹכֵל" (בראשית ג׳ י"א-ב), הוא לא לוקח אחריות אלא מאשים את חוה אשתו. באותו רגע, נעלמה ממנו רוח "האדם", והוא, "רוח האדם" שבו גורשה מגן עדן.

מטרת התשובה היא לשחזר את ה"רוח" שבתוכינו ולהחזיר את ה"אדם" לגן עדן, על ידי לקיחת אחריות על החיים בצורה מלאה ולמלאות את התפקיד שלנו בעולם באופן מושלם.

תקציר:

קח בעלות על החיים

לעתים קרובות, האירועים שהחיים מזמנים לך הם מעבר לשליטתך. יש לך את הבחירה כיצד להגיב. ישנם אנשים שכל הזמן מתרצים את עצמם מדוע הם לא מתקדמים. אתה יכול להאשים את ההורים, המורים, החברים ואפילו את הסביבה, אבל אתה, ורק אתה, יכול לקבוע כיצד להתגבר על האתגרים.

תרגול:

הבטחה

בכל פעם שאתה מוצא את עצמך מתרץ את ההתנהגותך, עצור לרגע וחשוב על יכולת התגובה שלך ועל היכולת לבחור אחרת.

אופן אחד הוא להבטיח לעצמך שלא תעשה זאת, באמצעות הבטחה או נדר. לדוגמא, 'בלי נדר במשך השעתיים הקרובות, לא אצדיק את התנהגותי עם שום תירוץ'. לאחר שחלפו שעתיים, הבטח לעצמך שוב את אותו הדבר למשך השעתיים הקרובות. הצלחה גוררת הצלחה, קח על עצמך פרקי זמן שתוכל לעמוד בהם. לאחר שהצלחת כמה פעמים, הנך יכול להאריך את משך הזמן או להרחיב את טווח המטרות.

פרק עשרים

תורשה, חינוך או נשמה?

הגמרא מספרת ש"אמרו עליו על רבי אלעזר בן דורדיא שלא הניח זונה אחת בעולם שלא בא עליה. פעם אחת שמע שיש זונה אחת בכרכי הים והיתה נוטלת כיס דינרין בשכרה. נטל כיס דינרין והלך ועבר אליה שבעה נהרות. בשעת הרגל דבר הפיחה, אמרה כשם שהפיחה זו אינה חוזרת למקומה כך אלעזר בן דורדיא אין מקבלין אותו בתשובה".

"הלך וישב בין שני הרים וגבעות. אמר הרים וגבעות בקשו עלי רחמים, אמרו לו עד שאנו מבקשים עליך נבקש על עצמנו... שמים וארץ בקשו עלי רחמים, אמרו עד שאנו מבקשים עליך נבקש על עצמנו... כוכבים ומזלות בקשו עלי רחמים, אמרו לו עד שאנו מבקשים עליך נבקש על עצמנו. אמר אין הדבר תלוי אלא בי, הניח ראשו בין ברכיו וגעה בבכיה עד שיצתה נשמתו. יצתה בת קול ואמרה רבי אלעזר בן דורדיא מזומן לחיי העולם" (עבודה זרה י"ז א').

ההבנה שהשינוי נחוץ יכולה לבוא גם ממקומות מוזרים ביותר. רצונו של רבי אלעזר בן דורדיא לחזור בתשובה בא מהאשה עמה חטא. אולם גם אם התרחק או התדרדר מאוד השינוי התבטא בשמו "א־ל עזר" — הקב"ה תמיד עוזר. גם בחושך העמוק והשקר העז ביותר יש ניצוץ של אור, קול שקט ורך שמאתגר את האדם לשוב לדרך האמת. אז למרות שהאשה נזפה בו והכריחה אותו לחשוב על תשובה, בעומק יותר היה זה "א־ל עזר" שדיבר אליו דרכה.

עבור רבי אלעזר בן דורדיא, העזרה באה דווקא מהחולשה

— מהחטא. בזמן החטא כאשר כה רחוק מהקב"ה, עוררה בו האשה רצון עז לחזור בתשובה. כאשר אתגר בא לידיו של האדם הוא מחוייב להתבונן עמוק בתוכו ולהכיר בכך שההחלטה נמצאת בידיו בלבד. הוא עצמו אחראי למעשיו ואינו יכול להאשים אף אחד אחר במעשיו.

בתחילה רצה רבי אלעזר להסיר את האשמה ממנו ולהעבירה להרים, לשמים, לארץ, לכל מה שהיה בסביבתו. רק לאחר שהבין שאין שום אפשרות אחרת התעורר בתשובה עצמית. ולכן למרות שחטא בחטאים הכי חמורים, נקרא "רבי" אלעזר. ומדוע נקרא "רבי"? מסביר האריז"ל "כענין שהרי לרבי אלעזר בן דורדיא שמת בתשובה, ויצאה בת קול ואמרה רבי אלעזר, וקראתו רבי... וקשה, אחר שלא קיים ולא סיגל מצות ומעשים טובים, היאך יזכה לעולם הבא, ומהיכן בא לו שם רבי?... אלא זה היה גלגול יוחנן כהן גדול, ששמש פ' שנה בכהונה גדולה, ולבסוף נעשה צדוקי... והנה הלבוש שעשה יוחנן כהן גדול בכל המצות אשר סיגל בשמונים שנה, לקח אותו רבי אלעזר ומלת רבי, היה ראוי אליו מאותו הפעם הראשונה", רבי אלעזר היה גלגול של יוחנן כהן גדול, מסיבה זו קוראים לו רבי אלעזר, נשמת רבי יוחנן התגלגלה בגופו (ספר הליקוטים תהילים ל"ב).

אבל יש להוסיף סיבה נוספת מדוע לאחר מותו הפך אלעזר לרבי אלעזר, מסיפור זה אנו למדים הוראה חשובה ביותר (אגרות משה יורה דעה א' קל"ה). "רבי" הוא תואר שניתן למורה ומלמד, וסיפור זה מלמדנו כיצד לעשות תשובה, במקום להאשים את הסביבה יש לקחת אחריות על עצמנו ומעשינו, לכן הוא נקרא "רבי" לדורות הבאים.

ישנו ויכוח בקרב רופאי הנפש, מהו הגורם של התנהגות האדם? תנאים תורשתיים או הרגלים? ישנם הטוענים שהתנהגות

האדם היא תוצאה של תורשה והיא זו שקובעת את האופן בו אדם מתנהג, חושב ומרגיש, ולכן לא ניתן לשנות זאת, טבעו המולד מכתיב את בחירותיו וגורלו.

אולם אחרים אינם מסכימים עם גישה זו וטוענים שהמוח נולד נקי וחלק. טבע והתנהגות האדם נקבעים על ידי חוויות ואירועים. הבחירות הן תוצאת ההתפתחות. לפי דעה זו, גם התנהגות ששורשה בתת מודע יכולה להשתנות על ידי אהבה ותשומת לב שהאדם מקבל מהסביבה, מחינוך או מבחירות והחלטות שהוא לוקח.

קבוצה שלישית טוענת שמזל האדם מופיע בכוכבים. הספירות השמיימיות וצורת המזלות הן אלו שקובעות את התנהגותו ואישיותו. דבר זה דומה לדעה שטבע האדם הוא תוצאה תורשתית ואנו ניתן לשינוי. [הטענה השלישית היתה נפוצה לפני מאות שנים, ואינה נפוצה כל כך בימינו].

שלושת השיטות הללו מקבילות לשלושת הפניות של אלעזר בן דורדיא בזעקתו לתשובה (ראה יערות דבש א׳ עמ׳ ל״ה). הרים משולים לתורשה, וכשם שהרים אינם ניתנים לשינוי, כך טבע האדם אינו ניתן לשינוי. שמים וארץ משולים לדרך בה האדם גדל, הם אלה המספקים את הצרכים הגשמיים של האדם כאור ומים, ומקבילים לאם (כדור הארץ) ואב (שמים) ולאופן החינוך. כוכבים ומזלות גם הם נעים במעגלים קבועים ובלתי משתנים.

התורשה נבנתה דורות על גבי דורות. כשם שהרים בנויים משכבות של מינרלים שהצטברו במשך שנים רבות, כך גם תורשת האדם היא פרי תוצר של שנים רבות, הורים, סבים ומעלה. כאשר רבי אלעזר בן דורדיא פנה לתשובה, הוא פנה אל ההרים בתחינה, בטענה, הוא ניסה להאשים את התנהגותו בתורשה. אולם ברגע המבחן, כאשר ניסה להישען עליהם וביקש

שיתפללו עבורו, הם סרבו. הם לא יכלו לעזור לו או אפילו לשמש כתירוץ, משום שהם לא היו הסיבה לבחירותיו והחלטותיו.

לאחר שההרים דחו את פנייתו, פנה לשמים וארץ, הוא ניסה להעביר את האשמה מ"התורשה" ל"חינוך". החינוך אותו קיבל הוא ההצדקה למצבו. באם היה מקבל חינוך מתאים, אין ספק שלא היה נמצא במצב כזה. אולם גם השמים והארץ לא יכלו לעזור לו, גם הם לא היו אחראים להתנהגותו.

לבסוף פנה אל המזלות בכדי לתרץ את כישלונותיו, אבל גם עליהם לא היה יכול להישען. לא נותר לו אלא להתבונן בנשמתו פנימה ולחזור בתשובה בעצמו.

בכל אחת מהשיטות ישנה אמת מסויימת, כיון שהאדם הוא שילוב של מרכיבים וגורמים שונים. אופיו של האדם מושפע מהוריו, מחינוך ובמידה מסויימת — כפי שמלמדים חכמינו — מצורת המזלות בזמן הלידה (שבת קנ"ו א').

מחקרים מראים, שלמרות שילדים נולדים עם נטיות מסויימות, הם יתנהגו לפי אופן החינוך שהם מקבלים. גורמים מסויימים יעברו בתורשה וגורמים אחרים ישארו רדומים. כל תאי הגוף דומים אולם הם לא מייצרים תוצאות דומות. אם כן, המשוואה שמתבררת היא לא תורשה לעומת חינוך, אלא תורשה על ידי ודרך חינוך.

תורשה, חינוך ומזלות אינם המרכיבים היחידים בהתפתחות האדם. לאדם יש מהות עמוקה יותר מאלה, מהות נשמתו נעלית ביותר ושורשה עמוק באין סוף, למעלה מהתנהגות או חינוך. עמוק בנשמה יש גרעין רוחני שמעל ומעבר לטבע. עמוק בנשמה ניתנה לאדם היכולת לבחור באופן חופשי מבלי להיות מושפע מהטבע או מאופן החינוך.

כתוצאה מכך יכול כל אדם ליצור את אופיו והתנהגותו ולהכניע ולשלוט על הדחפים שמתעוררים בו. בסופו של דבר גם רבי אלעזר בן דורדיא הבין זאת, מצא את הנקודה שממוקמת מעל חוקי הטבע והשיג וביצע את השינוי האמיתי ממש ברגעים האחרונים לחייו.

המהר"ל (נתיבות עולם נתיב התשובה ח' עמ' ק"ע. הערה מהרש"א הקדמה לחידושי הלכות) מביא, שייתכן מאוד שאם שמו של אלעזר בן דורדיא לא היה רומז למשמעות ותוכן האירוע, הגמרא לא היתה מזכירה אותו כלל. "רבי אלעזר בן דורדיא" רומז על עומק הכוח שניתן לאדם. השמות "אלעזר" ו"דורדיא" מסמלים את ההווה ואת העבר. אלעזר פירושו שהקב"ה "א-ל" עוזר. דורדיא הן השאריות והפסולת שנמצאות בתחתית חבית יין.

עברו של אלעזר אכן תרם לאישיותו הבעייתית, אך גם תרם ליכולת שהיתה חבויה בו. בהתבוננותו פנימה נגע בנקודתו העמוקה ביותר והתעלה מהמגבלות של תורשה, חינוך ומזלות. התשובה שלו הופיעה מעל ההווה שלו ומעבר לאופי וההתנהגות שלו. הוא בבת אחת השתלט על חייו, והפך את השאריות המקולקלות, את ה"דורדיא" לטוב.

כאשר אדם מבין שרק הוא יכול לשנות את חייו, יש לו כוח לשחזר את העבר בתהליך התשובה בהווה. שינוי החסרונות והפיכתם לטוב אפשרי משום שהתשובה נעלית מהטבע ומהזמן. תשובה מחברת את האדם לעולם רוחני, בו הנשמה קשורה לאחדות האין סופית של הקב"ה. בעולם זה אין חסרון, שלילה או חטאים.

תקציר:

לגלות את הנקודה הפנימית

הדרך בה אדם מבטא את עצמו בעולם היא תוצאה של הנטייה והמבנה הטבעי שלו, של החוויות והאירועים שהוא עובר והחינוך שקיבל. אולם גורמים אלה אינם היחידים. לאדם יש חלק נעלה יותר מתורשה וחינוך. בכל אחד ואחד מאיתנו יש נשמה "חלק אלוקה ממעל ממש", חלק אלוקי אין סופי שחבוי בעמקי בתוך הנשמה. על ידי החלק האלוקי הזה יש לאדם כוח לבחור באופן חופשי, ללא קשר לנסיבות.

תרגול:

לקרוא תיגר על היכולת

לפעמים נראה שהיכולת להאמין בעצמך היא תוצאה של הערכה מוגבלת של הסביבה (או שלך). באם הנך מפנים הערכה זו ומנסה להתמודד עם טענות של מגבלות וחסרונות או שהנך מרגיש חסר אונים בגלל חוסר השכלה או חינוך ירוד, אתה נכנע למגבלות הללו.

במקום להתעסק עם המגבלות, עליך לפתח את יכולותך. בכל פעם שאתה מתמודד עם אתגר אל תאמר "אני לא יכולו!" אלא "איך אני יכול?"

הקב"ה מעמיד את האדם באתגרים שהוא יכול לעמוד בהם. כשאתה נתקל באתגר אתה גם מקבל כוח להתגבר עליו. כאשר אתה מוצא את עצמך מתווכח עם מגבלותיך, חדל. קיימים כך כוח ויכולת להתגבר על כל אתגר שעומד בפניך.

פרק עשרים ואחד
התמודדות עם העבר

למרות שחלק עיקרי מנפש האדם נמצא בעבר, האדם עצמו חי בהווה. חוויות העבר והתגובות שלנו כלפיהם יצרו את מי שאנחנו בהווה, וגם מהווים הקדמה לעתיד. וכך, מי שאנחנו הוא תוצאה של מי שהיינו. עם זאת מטרת התשובה היא להיות בהווה ולהתקדם. אם כן, אנחנו מתקדמים קדימה, אך בד בבד מתבוננים אחורה למקומות ולזמנים בהם היינו.

אולם האמת היא שגם ברגעים היפים של העבר ישנם חלקים חשוכים ואפלים. ישנם זמנים שהרגעים הללו עלולים להחליש או לפגוע בהווה. זכרונות אלה הם זכרונות מטרידים של עבר נשכח כאשר הפיתוי גבר על שיקול הדעת.

מעשי העבר נשמרים בתת מודע, ונצמדים בעקשנות לזיכרונות ולמצפון למשך זמן ארוך. למרבה הצער ישנם שנושאים את נטל העבר במשך כל חייהם. הם עשויים לחיות בהווה, אך חלק מתודעתם לכוד בעבר.

המסע אחורה הוא מסע כואב והאתגר הוא ללמוד מהטעויות ולהתקדם הלאה, מחוזק ומחושל.

רוב האנשים עשו בעבר דברים שנראים להם לא מתאימים לאישיותם בהווה, וזאת משום שכעת הם בוגרים ומבינים יותר. תהליך ההתמודדות ותיקון העבר עדין ומסובך באותה מידה.

ההתמודדות עם חוויות שליליות של העבר היא ענין

שלילי בפני עצמו, "חכם למה הוא דומה לאדם שהוא נכנס לבית המרקחים, אף על פי שלא לקח ולא נתן, ריח טוב לקח ויצא" (פרקי דרבי אליעזר כ"ה), אדם שמתעסק עם דברים טובים יידבק בו טוב, ואדם שמתעסק עם דברים שליליים יידבק בשליליות "כי המתאבק עם מנוול מתנוול גם כן" (תניא פרק כ"ח).

כאשר מתמודדים עם שליליות, גם אם הכוונה היא לתקן או למנוע השפעה שלילית בעתיד, יכולים להידבק בשלילה. חשיבה על חטא אפילו למטרת תיקון, יכולה להיות חטא. כמו כן להיפך, על ידי התמקדות בחיוב, האדם הופך להיות רוחני וחיובי יותר, אפילו חשיבת מחשבות חיוביות גורמת לנקודת הטוב הפנימית להתחזק ולהתגלות.

חרטה על שגיאות העבר הינה מרכיב חיוני לשינוי אמיתי, ומשמשת גם כדחף לשינוי. עם זאת, אסור להתעסק או להתמקד בעבר. אמת, אדם שלא זוכר את העבר לא ילמד מטעויותיו, אך יש לערוך הבחנה בין "לחיות את העבר מחדש" לבין "לזכור וללמוד מהעבר".

אסור שהזכרון יאפיל על ההווה. זיכרון אירועי העבר אינו שולל עבודה בהווה. ניתן לחשוב על העבר ומיד להרפות ולהמשיך הלאה עם החיים.

לחיות מחדש את העבר פירושו, להתעסק ולשחזר את העבר בכל רגע נתון. העבר נצמד ונדבק לאדם ללא הרף, ממלא את ההווה ומונע התקדמות אמיתית לעבר עתיד טוב יותר.

צריך ללמוד מהעבר בכדי לוודא שהטעויות לא תחזורנה, אך להישמר שלא לתת להן להתקרב יותר מדי. יש להניח את

הזיכרונות במין "אלבום" בכדי לדפדף וללמוד מהם, אך בד בבד להמשיך הלאה.

"אֵין צַדִּיק בָּאָרֶץ אֲשֶׁר יַעֲשֶׂה טּוֹב וְלֹא יֶחֱטָא" (קהלת ז׳ כ׳). כל אדם עשה מעשה שהוא מתחרט עליו, בין אם זה פספוס הזדמנות או אפילו צעידה בדרך לא טובה. עם זאת, לאדם יש יכולת מופלאה להתחיל מחדש כל הזמן. הוא זקוק להשתמש בעבר כתמרור לעתיד.

אחד מהראשונים כותב שהידיעה שמעשה מסויים הינו שלילי היא חלק מהפתרון. ניתוח העבר ולמידה ממנו הוא צעד בדרך הנכונה. עלינו לשאוף להשתמש בטעויות ובכשלונות העבר כתמרור להווה. הכרה בטעויות בצורה מושלמת תאפשר לאדם להתקדם הלאה בבטחה. העבר עצמו הוא חסרון אך יש ללמוד מהטעויות שנעשו בו.

אולם ישנה תשובה עמוקה יותר. תשובה זו נותנת לאדם את ההזדמנות לגאול את העבר ולהעלותו. המקום הנעלה ביותר של תשובה נעלה משלילה. בנקודה זו, יש לתשובה כוח לחזור אל העבר ולהעלותו. דרך התשובה מובילה את האדם אל עולם היחוד והאחדות — עולם בו ניתנת לו יכולת לגלות את החיוב שנמצא גם בעבר שלילי.

תשובה זו היא כאשר האדם מבין שבתוך כל דבר — אפילו עבירה וחטא — יש ניצוץ אלוקי. בעומק החושך יש אור חיובי ואלוקי שמחיה את הקיום כולו, הטוב והרע. התפתחות התהליך יסודה בגילוי הניצוץ האלוקי שנמצא בתוך השלילה, לכאורה, של החיים.

רמז לכך, שבכל דבר גם שלילי לכאורה, יש אור

אלוקי חיובי, ניתן לראות באחד ממנהגי חג הפורים, "חייב אינש לבסומי בפוריא עד דלא ידע בין ארור המן לברוך מרדכי" (שולחן ערוך אורח חיים תרצ"ה ב'). ההלכה אומרת שעל האדם לשתות כל כך הרבה עד שיגיע לדרגת שכרות עמוקה כזו, שלא יוכל להבחין בין "ברוך מרדכי" ל"ארור המן".

ההבדל ביניהם רחוק כרחוק מזרח ממערב: "ברוך מרדכי" משבח ומפאר את מרדכי, שבזכותו ועל ידו הציל הקב"ה את בני ישראל מגזירת המן, ו"ארור המן" מזכיר את המן, שרצה להשמיד להרוג ולאבד את כל עם ישראל ביום אחד.

אולם לשתי האמירות אותה גימטריא (502). דבר זה רומז, שמתחת לפני השטח, גם ברוע הכי עמוק בהיסטוריה של העם היהודי, יש ניצוץ חיובי שהוא חלק מהאין סוף. אי שם בתוך הקללה ישנה ברכה שמחכה להתגלות.

בעולם הפירוד, כל דבר מכיל את היפוכו, "אין רע בלא טוב ואין טוב בלא רע". בכל חושך ישנה נקודה של אור שאינה ניתנת לכיבוי, ובתוך נקודה של אור ישנה מהות של חושך. אין שום דבר בעולם הפירוד שהוא רק טוב או רק רע (קומץ המנחה י'. הערה מגדל עוז יעב"ץ עליית יצר טוב). בעולם שלנו לא באמת קיים פילוג, אלא יכולת (כתוצאה מחטא עץ הדעת) לסנן ולהבין את הניגודים בין טוב ורע.

כאשר האדם מבין את מהות התשובה, חודרת בו הכרה שגם בסתירות והניגודים של העולם, ישנו מצב של שלימות אמיתית — עולם הייחוד. כאשר מודעים לאמת זו השליליות מתחילה להתפוגג, כיון שהיא עצמה ניתנת להעלאה.

בעבודת האדם, מודעות זו מעניקה את היכולת לזהות את הטוב והברכה שנמצאים בטעויות שנעשו בעבר.

עוד יותר, אפילו מידות שליליות בתוך האדם יכולות להיות חיוביות. כעס, למשל, יכול להיות ממוקד כזעם על עוולות שמתרחשות בעולם עם תשוקה בוערת לצדק. יהירות יכולה להתבטאות כחוסר סובלנות כלפי התנהגות לא טובה של האדם עצמו. כאשר האדם מתחבר עם נקודת המבט של עולם היחוד וההכללה, תכונות הריפוי והשיקום מחלחלות בכל רובדי נשמתו.

מושגים מנוגדים אלו, אחדות ופירוד, הם הסתירה המהותית של הבריאה, אף שלמען האמת בעולם היחוד מאוחדים הם. האדם צריך לנקוט עמדה איתנה נוכח כל סבל שהוא רואה ולהילחם בו בכל התוקף, כאילו רק הוא יכול להציל את המצב. כל זה תקף רק לגבי ההווה והעתיד. לגבי העבר, צריך לחפש את נקודת הטוב החבוייה בתוך כל דבר — אפילו בתוך סבל.

המילא "חטא" מורכבת משלוש אותיות, ח' ט' א'. האות א' היא אות שקטה שאינה נשמעת בהגיית המילה. הבעל שם טוב הקדוש אומר שדבר זה מראה שאפילו בתוך החטא — בתוך מעשה שלילי — הקב"ה נמצא, אפילו שהוא נמצא שם באופן חבוי ושקט. הא' מסמלת את אלופו של עולם — את הקב"ה, שנמצא בתווך (אותיות דרבי עקיבא אות א'). הידיעה שבתוך כל דבר שוכנת נקודת טוב אלוקי נותנת לאדם את הכוח לצמיחה והבנה עמוקה עוד יותר, אפילו מתוך טעויות העבר.

על האדם לזכור את ה', שלא רק ייזכר אחר מעשה שה' נמצא שם למרות שהוא חבוי ושקט, אלא גם בזמן החטא עליו לזכור על כל פנים שה' נמצא גם שם. רק בגלל שעשה מעשה לא טוב

אין זה אומר שעליו לשכוח את ה׳ מכל וכל, כפי שרואים משאול המלך שגם כאשר חטא בהולכו לבעלת האוב, נשבע ואמר ״חי ה׳״ (שמואל א׳ כ״ח ז׳-י׳. ראה תשב״ץ מגן אבות על אבות ב׳ י״ז).

כל תכונה טומנת בחובה שלילה וחיוב. אך יותר מזה, בכל מעשה שנעשה בעבר, אפילו מעשה שלילי — יש חיוב. יש קדושה וניצוץ של טוב בכל מה שקרה בעבר.

מעלת התשובה היא שהפעולות השליליות מהעבר הן אלו שממריצות ודוחפות את האדם לתשובה. המעשים עצמם שליליים אך הם עצמם מעוררים רצון חזק לחפש ולמצוא את האמת. העבר השלילי הוא זה שמוביל את האדם לנקודה בה הוא מחליט לשנות ולתקן את דרכיו.

כשלונות יכולים לעורר את האדם להעריך את חייו מחדש. מסיבה זו ובאופן זה, מעשי העבר נכללים בתשובה, כיון שהם מהווים את המניע שהביא לשינוי. ההווה הוא תוצאה של העבר, שהופך לבסיס עליו בנוי העתיד.

טעויות יכולות להביא את האדם לגבהים רוחניים או למציאת עומק בנשמה, שבאופן אחר אי אפשר להגיע אליהם. למען האמת, העבר צריך להתגאות בעובדה שהוא משרת ומשמש למטרה נעלה זו — דחף לתשובה. כאשר תובנה זו חדורה בראשו של האדם הוא יכול להתחיל בתהליך של שילוב העבר בהווה ולגאול את ניצוצות הקדושה שנמצאים בעבר.

בעומק, תשובה מנקודת מבט של יחוד, אינה מחייבת ויתור או ניתוק מהעבר, להיפך, היא מאפשרת לאחד את חוויות החיים בתהליך התשובה, על ידי לקיחת העבר ושילובו באופן

חיובי בהווה. במקום לזנוח את העבר, התשובה מאפשרת לכלול את העבר בקשר המחודש של האדם עם הקב"ה. למעשה, זוהי מטרת התשובה, לצרף ולחבר את כל חוויות החיים בעבר, אל תוך החיים הנוכחיים — אל דרך החיים של תשובה.

רבים שחוו שינוי מוחלט בחיים, מניחים שהיה טוב יותר לו מעשי העבר היו נשכחים. העבר נראה הזוי ומרגיז, כאילו שייך לעולם או לאיש אחר. בהשוואה למצב בו האדם נמצא עתה, כל מה שנעשה נתפס כבזבוז, עדיף להשאירו במרתף הזיכרון. דבר זה נכון רק ביחס לחוויות מסויימות אותן אי אפשר לתקן. אולם הדרך להשיג שלימות אמיתית היא כאשר מסוגלים להביט אחורה על הזמנים האפלים, למצוא בהם נקודה חיובית ולנצל זאת בדרך החדשה.

באמת ישנם כאלה שצריכים להסתיר למשך זמן מה את העבר, בכדי שהתהליך יהיה מושלם. אין ספק שאדם שביצע מעשים חמורים, צריך לבצע שינוי חד בחייו על מנת לחזור בתשובה. אין די להביע בפה את הרצון לתשובה, דרוש מהלך קיצוני שמאפשר ניתוק ופירוק של העבר. לעתים נדרש מן האדם לעבור לעיר או מדינה אחרת, לשנות את שמו או לנתק מערכות יחסים עם אנשים מסויימים.

אולם אחר שהצליח להתקדם מספר צעדים בתהליך התשובה, אפשר לנסות ולשלב מחדש את העבר, ובמיוחד, לתקן את הנזקים הקשורים ליחסים בין משפחתיים שנגרמו מהתשובה.

במילים פשוטות, סוג התשובה הנחוץ לרוב האנשים דורש ניתוק זמני מהעבר. על מנת ליצור מרחק בריא מההתנהגות הקודמת, צריך להיפרד לזמן מה מההרגלים של החיים הישנים.

אולם לאחר מכן יש להיזכר בעבר, בכדי לבחון ולנתח חלקים ממנו.

תהליך השינוי מתחיל עם "הבדלה" חד משמעית. דבר זה יכול להתבטאות בניתוק מוחלט מהעבר, מבלי להתעסק בו למשך זמן מה, מיתת העבר כביכול, בכדי שהמציאות החדשה תיוולד. אולם לאחר מכן מגיע האתגר האמיתי — תהליך ה"המתקה", שילוב וחיבור שברי העבר עם ההווה המחודש.

ראשית, יש להפריד ולבודד את המרכיבים הבריאים מהמרכיבים המזיקים. פעולה זו מאפשרת למיין את תכונות הנפש, לראות את מה כדאי לשמור, ואת מה צריך לזרוק אל פח האשפה של העבר.

רבי פנחס בן יאיר מלמד, שהצעד הראשון בתשובה הוא פירוד שיביא את האדם לטהרה וצדקות (כלה רבתי ב׳ ו׳). תהליך — לעתים כואב — של הפרדה, חיוני בכדי למצוא את הקדושה, כפי שהמילה "קדושה" עצמה רומזת.

קדושה היא גם מלשון קדוש וגם מלשון נפרד, ומרמזת שההפרדה היא שלב נחוץ בכדי להגיע לקדושה. לאחר השלב הראשוני של ההפרדה וההבדלה, מסוגל האדם לספוג את מה שנראה חיובי בהתנהגות הקודמת ולצרף אותו אל העצמי החדש, שהוא התהליך של "המתקה".

את העיקרון הזה אנו לומדים משני חגים בהם כלל ישראל חוגג חירות — חג הפסח וחג הסוכות. בחגים האלה תיקנו חכמינו ז"ל פעולות סמליות שמייצגות חזרה של מה שנשאר מאחור, של חתיכות שבורות כביכול, מההעבר אל ההווה.

פסח: החלק העיקרי של ההגדה נאמר לאחר שאנו חוצים את המצה האמצעית לשני חלקים. חלק אחד מוטמן ונאכל כאפיקומן לקראת סוף הסדר, והחלק השני נשאר מונח בין שתי המצות השלימות. ישנן עדות רבות בהן נוהגים שהילדים מחפשים את האפיקומן ומשיבים אותו בחזרה בכדי לאוכלו בסיום הסדר.

ילדים משקפים את הטוהר העצמי שלפני תחושת השבר או הסבל, לפני שהמצה נשברה. העובדה שילדים מחזירים את האפיקומן - המצה השבורה, מייצגת למבוגר את ימי הנערות — ימי התום והטוהר. "הילד" שבו מחזיר ל"מבוגר" שבו חלק שבור.

מנהג זה מהווה תזכורת מוחשית לכך צריך לפעול ביתר אכפתיות וזהירות בהווה. ילדים מייצגים את הדור הבא, מנהג זה מהווה תזכורת לכך שהילדים הם אלה שיתמודדו עם השבירה וההרס שהמבוגרים משאירים מאחור. רעיון זה חשוב במיוחד לאדם שפוסע בדרך התשובה וחש את החירות שחג הפסח מסמל באופן כה מוחשי, כיון שזה לא נדיר למצוא אדם שמשתמש לרעה עם תחושת החירות עבור מטרה אישית או קהילתית.

השלב הראשון הוא לקחת את השבירה, את מה שנבדל, ולהסתיר אותה, כמו באפיקומן, אך לאחר מכן, לקראת סיום הסדר, אנחנו כבר מוכנים להתמודד עם זה. אנו לוקחים את החתיכה השבורה שהוחבאה, מקבלים אותה מהמקום הטהור של ה"ילד", ואוכלים אותה. קודם הבדלה והסתתרות, ורק לאחר מכן המתקה.

החלק השני של המצה שנשאר בתוך הקערה בין שתי

המצות השלמות, מייצג את הנשמה — שעל אף ולמרות החושך, מחוברת לשלמות והאחדות האין סופית - לשתי המצות השלימות. המצה השבורה מזכירה לאדם שלמרות שהוא עשוי להרגיש מנותק, הרגשת הניתוק נובעת ממקום של שלימות, ובסופו של דבר הנשמה תשוב למקום השלימות, הטהרה והאחדות. זהו החלק של העצמי שמחכה להתגלות, החלק שתמיד היה ונשאר מושלם — ורק ממתין שהאדם יחזור בתשובה.

סוכות: ראש השנה וחג הסוכות קשורים ביניהם על ידי מנהג של השלכה מחד וחזרה מאידך, הבדלה והמתקה, בדיוק כמו האפיקומן שנעלם לזמן קצר ולאחר מכן מתגלה על ידי הילדים.

בראש השנה נהוג ללכת ל"תשליך". הקהילה מתקבצת על יד נהר, מעיין או מאגר אחר של מים ו"משליכים" את החטאים למים כפי שהפסוק אומר "וְתַשְׁלִיךְ בִּמְצֻלוֹת יָם כָּל חַטֹּאותָם" (מיכה ז' י"ט), פעולה סמלית של התנתקות מהרוחניות השלילית והשלכתה למים. פעולת ההשלכה היא בכדי להתנקות ולהזדכך מהכוח השלילי שבמעשים משום שבכל מעשה, גם שלילי, יש ניצוץ של קדושה וכוח רוחני שנחוץ לאדם.

במהלך חג הסוכות שחל שבועיים לאחר מכן חוגגים את "שמחת בית השואבה" עם ריקודים, מוזיקה ופעלולים. מנהג זה נחוג מתוך שמחה רבה ועצומה, עד שאמרו חכמינו, "כל מי שלא ראה שמחת בית השואבה, לא ראה שמחה מימיו" (משניות סוכה ה' א'). כיום, אירוע זה מתקיים באופן סמלי, עם שירה וריקודים ברחובה של עיר.

בתקופת בית המקדש האירוע החל מבעוד ערב בשאיבת

מים ממעיין השילוח. למחרת היו מנסכים את המים על גבי המזבח. בניגוד לתשליך, בו "משליכים" את השליליות אל תוך המים, כעת "שואבים" את אותם מים שמקודם השלכנו לתוכם את השליליות. כעת המים יקדמו צמיחה בחיים.

לאחר ראש השנה, לאחר שהחטאים "הושלכו" אל תוך המים, שואבים מהמים את מה ש"הושלך" אליהם ומנסכים אותם על גבי המזבח. השמחה שהיתה בזמן ניסוך המים היא תחושת האיחוד מחדש, מציאת דבר שהיה שלנו בעבר. אחת מההנאות הגדולות של החיים היא למצוא משהו שאבד לנו. זוהי מהות התשובה, תיקון העבר השבור עד שאפילו הזדון הופך לזכות.

פעולה זו שנעשית בשלבים, מגלה את הכוח המסתורי של המים. מים יכולים גם לקחת וגם לתת. לקחת את הטומאה ולהעניק כוח רוחני עצום. המקווה קולט את הטומאה ובכל זאת נשאר טהור, מקווה נשאר טהור גם אם יטבלו בו אין ספור טמאים. אף שהמקווה הוא מאגר שנכנס בו טומאה, הוא נשאר מקור של טהרה.

בשלב הראשון של תשובה יש צורך בהבדלה, שינוי קיצוני וניתוק מוחלט מהעבר, רק לאחר מכן יכול תהליך המתקת העבר יכול להיות יעיל.

אבל עוד לפני הבדלה והמתקת העבר והעלאתו, לפני שאדם משליך את חטאיו והרגליו השליליים אל תוך המים, הוא צריך לעבור הכנעה — ענווה עצמית.

בתהליך התשובה ישנם בכללות שלושה שלבים: הכנעה, הבדלה וניתוק מהעבר ולבסוף המתקה.

הכנעה היא קבלה וענווה. על האדם להתבונן בכנות בחייו עד לרגע זה, להכיר בטעויותיו וכשלונותיו ולקבל אותם כפי שהם, לקחת אחריות על חייו ומעשיו. רק לאחר מכן ניתן להמשיך עם השלב השני של ניתוק — ההבדלה.

אסור לאדם לשכוח את מה שהוא מעדיף שלא לזכור. ראשית צריכה להיות הכנעה — קבלה של העבר והבנה שאת הנעשה אין להשיב. לאחר מכן, הוא יכול לבצע הבדלה אמיתית והתנתקות מכל מה שאינו רצוי או עומד בניגוד לדרך החדשה.

בסופו של דבר, ממקום זה של הפרדה ניתן לבצע המתקה, גאולה של ניצוצות האור החבויים בתוך החושך. ההעלאה שבאה לאחר הירידה היא כמו "מיחזור רוחני", בדיוק כמו שבתהליך המיחזור כל מה שנחשב כפסולת, משמש כדשן המועיל לגדילה ולצמיחה יפה ומשובחת.

האדם החדש חייב להיות מורכב מכל חלקי נשמתו — לא רק ממעשי העבר — הוא זקוק להשתמש בכל כשרונותיו ותכונותיו. הוא זקוק לגייס את כל הצדדים שבאישיותו בכדי להגיע לתשובה אמיתית. תהליך התשובה דורש שהאדם ישנה כיוון ויצעד בדרך התשובה, אך בשום פנים ואופן לא יוותר על העצמי ועל תכונותיו הפנימיות.

אם לאדם יש תחביבים, כשרונות או תכונות אופי מסויימות, הוא צריך לשמור עליהם, אסור לו לזנוח נטייה או כשרון. אם האדם ישאיר מאחור את כשרונותיו, הוא לא יהיה מושלם והתהליך לא יהיה מושלם.

האדם צריך לבצע שינוי חד מהאופן בו הוא חי עד עתה, ולהפנות את הכשרונות והנטיות שלו לאפיקים חיוביים. במקום

לחשוב שהחיים היו בזבוז — מחשבה שמשתקת את התשובה — הוא צריך לשאוף לאחד את כל כולו, את התכונות והכשרונות, האישיות והיכולת, במסע המיוחד של תשובה.

הגמרא מספרת שהאמורא ריש לקיש היה אחד מחשובי חכמי התלמוד, אך לפני שחזר בתשובה והפך לאמורא, היה שודד, "יומא חד הוה קא סחי רבי יוחנן בירדנא חזייה ריש לקיש ושוור לירדנא אבתריה אמר ליה חילך לאורייתא אמר ליה שופרך לנשי א"ל אי הדרת בך יהיבנא לך אחותי דשפירא מינאי קביל עליה" (יום אחד שחה רבי יוחנן בנהר, ראה אותו ריש לקיש וקפץ אחריו לנהר. אמר לו רבי יוחנן: נצל כוחך לתורה, השיב לו ריש לקיש: נצל יופייך לנשים. אמר לו רבי יוחנן: באם אתה מקבל על עצמך לחזור בך מדרכך, אשיא לך את אחותי שהיא יפה ממני. הסכים ריש לקיש. בבא מציעא פ"ד א'). כך הפך ריש לקיש משודד לאמורא. הכוח, העוצמה והיצירתיות ששימשו בעבר לגניבה ולחמס, נוצלו כעת ללימוד תורה.

אך בכדי שהתשובה לא תגרום לאדם לאבד את ההתלהבות ושמחת חייו ותכניסו חלילה לייאוש, במילים אחרות, בכדי שתהיה ההמתקה לאחר ההבדלה הנחוצה, נקדים לבאר את הדרגות הרוחניות והשורש של קין והבל בנפש האדם.

הפסוק אומר, "וַיְהִי הֶבֶל רֹעֵה צֹאן וְקַיִן הָיָה עֹבֵד אֲדָמָה" (בראשית ד' ב). "קין" הוא מלשון קנין — התעסקות באדמה, בהוויות העולם ובגשמיות. מצד שני "הבל" הוא מלשון הבל וריק, אוויר ורוחניות. לכן היה קין איכר שהתעסק בעבודת האדמה, והבל היה רועה צאן. רועי צאן רועים את צאנם במרחבים מוריקים ובשדות פוריות. הם אינם חפצים רוצים להשתלב בחיי היום יום ובטרדותיהם של המון העם. הבל מנותק מהוויות העולם ואינו חפץ להתעסק בעולם ולהיות תלוי

וקשור למקום ואיזור אחד (רבי אברהם אבולעפיה סתרי תורה אורח חיים עמ׳ כ״ד).

האבות הקדושים — אברהם, יצחק ויעקב, השבטים (למעט יוסף) ומשה רבינו (שנשמתו היתה משורש הבל) היו רועי צאן מכיוון שלא רצו להשתלב בארציות ובחומריות ולהתעסק בגשמיות. רעיית צאן העניקה להם את המרחב והחופש לעסוק ברוחניות ולא להיות תלוי בגשמיות ובמקום ואיזור אחד.

האריז״ל מסביר שנשמות משורש קין, הם אנשים גשמיים ומעשיים הרבה יותר מנשמות ששורשם מהבל (פרי עץ חיים ל״ט ב׳).

לכן נשמות ״קין״ זקוקים להיות זהירים יותר במעשה כיון שמטבעם הם מתעסקים בעבודה מעשית בעולם, ולכן עליהם להפשיל את טליתותיהם כלפי מטה, בכדי להמשיך ולברר את כוח העשייה. כמו כן, בברכת המזון, נשמות קין צריכים להוריד את הסכין מהשולחן, כיון שעליהם להישמר יותר בכוח העשייה.

אנשים ששורש נשמתם מנשמות ״הבל״ לעומת זאת זקוקים להיות זהירים בדיבור יותר ממעשה, כיון שמטבעם הם מרוחקים יותר מעשייה גשמית ומחוברים יותר עם חכמה ושכל, וכל רצונם הוא להתייחד עם עצמם.

לדיבורו של אדם רוחני ומשכיל יותר — נשמת הבל, יש השפעה ומשמעות רבה יותר, ולכן אמירתו יכולה להזיק יותר מאשר אדם שנשמתו משורש קין — מעשי יותר, שכאשר הוא אומר איזו אמירה, מתייחסים לדיבורו ביתר סלחנות ובפחות רצינות.

בנוסף לכך מגלה לנו האריז״ל (שער הגלגולים הקדמה ל״ו ול״ח. פרי עץ חיים שער קריאת שמע ל״ט ב׳), שנשמות משורש קין יראים מסביבת מים ונשמות משורש הבל מרגישים נוח בסביבת מים. ההסבר הוא שקין הוא ביטוי של עשייה גשמית. כוח המעשה הוא כמו אש שנעה ומרצדת בתזזיתיות שאינה יכולה לדור יחד עם מים. הבל הוא ביטוי של דיבור ומחשבה — בחינת המוחין. הבל עדין יותר, וקשור לבחינה של חסד ומים. באופן טבעי, אנשים שנשמתם משורש קין או הבל, יפחדו או יחושו בנוח — בהתאמה, במחיצת מים.

כעת, כיצד זה קשור לתשובה? בתהליך התשובה יש להשתמש במעלות ולהימנע מהחסרונות של קין והבל.

המעלה של הבל היא, שהוא מכניס אור ורוחניות כאשר הוא מתעסק עם גשמיות, מכיון שהוא באמת מנותק מגשמיות. קליפתו, היינו הבחינה השלילית של הבל כאשר היא לא כוח חיובי, היא שהוא רוחני ואוורירי מדי, ביטוי של אי יצירתיות שיכולה בהמשך להוביל להעדר של שמחת חיים. הבל חי עם שאיפה שאין לה מהות ממשית, ולכן הוא יכול להתייאש ולאבד את הכוונה במהירות רבה (שם משמואל קרח). להבל אין מהות וכוונה אישית אמיתית, וכאשר ״וַיָּבֵא קַיִן מִפְּרִי הָאֲדָמָה מִנְחָה״, ממשיך הכתוב ואומר ״וְהֶבֶל הֵבִיא גַם הוּא״, הבל גם הביא מנחה, ומבאר המהר״ל על ענין זה, ״גם הבל היה כוונתו להביא דבר שהוא הפך קין״ (גור אריה בראשית ד׳ ג׳). להבל, כאשר הוא לא האופן החיובי של הבל אלא הקליפה, אזי בחינתו השלילית היא שאין לו מטרה אישית, אין לו קנין ושום דבר משלו, הוא מעתיק מאחרים, הוא מעתיק את הרעיון מקין.

קליפה זו יכולה לבוא מהבל. כיון שמעלתו רוחנית ונעלה, הוא עלול להפסיק להשקיע מאמץ בחיים גשמיים וחומריים,

ולפיכך מאבד את הדחף לחיים יצירתיים. זוהי הסיבה מדוע במהלך התשובה אנשים מסויימים מאבדים כסף או מפסיקים להשקיע מאמץ בנסיון לצבור עוד כסף. הם איבדו את החשק והרצון לחומריות.

קליפת קין לעומת זאת נובעת מתפקידו. כיון שהוא מתעסק עם העולם ונושא ונותן עם החומריות, אזי ככל שהוא יותר מצליח הוא יותר חושב על עצמו, אנוכיות וכבוד יכולים להיות קליפה ששורשה בקין.

על אדם שנמצא בתהליך של תשובה, לתעל את המעלות של קין והבל, להתעסק עם חומריות (קין) ולהכניס בה רוחניות (הבל), אך בד בבד להישמר מהקליפה, הרגשת עצמו — קין, ואי כוונה ומהות — הבל.

כיום רוב הנשמות שורשן בקין והבל, ומטרתנו לסלול דרך, שביל, בצורה בריאה וקדושה. לקנות קנין בעולם אבל עם הרגישות הרוחנית של הבל, להיות נוכח ברגע הזה, במקום הזה אבל עבור מטרה נעלית, מבלי להיתפס לכבוד או לחוסר יצירתיות ותשוקה. לקנות ולהיות הבעלים על העבר, ובכל זאת להיות חופשי כרוח. כמו הבל, להתחיל מחדש, להיות הבל בריא וקין בריא.

תקציר:

לחיות עם מבט לעתיד ובד בבד להעלות את העבר

על מנת להתקדם לעתיד טוב יותר, צריך ללמוד להעריך את העבר. גם אם עשינו טעויות עלינו להיות עדינים בהערכה העצמית שלנו. התמקדות בשלילת העבר תרוקן מאיתנו את הכוח לבצע את השינוי. זאת ועוד, בשליליות העבר יש ניצוץ של טוב שמחכה להתבטאות. אנו זקוקים לגלות את הניצוץ.

אנו צריכים לזנוח את הכיוון והדרך בה צעדנו עד עתה, אך בשום אופן לא להתכחש או לוותר על התכונות של העצמי. בסופו של דבר, עלינו לשלב את כל מימדי הנפש, ובכלל זה את הדברים שעשינו בעבר. המטרה היא לגייס ולכלול את כל התכונות הייחודיות והכישרונות שלנו במסע לריפוי ושלימות אמיתית – עבורינו ועבור כלל הבריאה.

תרגול:

הכנעה, הבדלה, המתקה

ישנם שלושה שלבים בתהליך התשובה:

ראשית, האדם חייב להיות בהכנעה וענווה. דבר זה דורש ממנו לבצע דין וחשבון מפורט ולקיחת אחריות. להכיר בפער בין המעשים שנעשו לבין העצמי האמיתי. איפה היית והיכן אתה רוצה להיות, ומה עליך לעשות בכדי להגיע לשם? לאחר שלקחת אחריות על העבר, אפשר להתקדם לשלב השני.

שנית, הבדלה מהעבר. להוריד את הנטל והעול של מעשי העבר, וממה שזה הפך אותך. להדגיש את הפער בינך לבין המעשה. זכור, אין אתה חוטא או בעל חסרון. אתה נשמה טהורה. עכשיו זה הזמן לשכוח מהעבר ולשנות את כיוון החיים.

שלישית, המתקה. שלב של סליחה, קבלה ושילוב מחדש של כל החלקים בעצמי שלך. ברגע שהתקדמת מהעבר, אפשר לכלול אותו במציאות החדשה.

באיזה שלב הנך נמצא ברגע זה?

פרק עשרים ושניים

חרטה על העבר וקבלה לעתיד

אהבה היא מרכיב חיוני בתהליך התשובה, אהבה עצמית ואהבת האחר. אדם אינו יכול לאהוב אדם אחר באמת אם הוא לא אוהב את עצמו. הצעד הראשון בכדי לאהוב ולהיות נחמד לסביבה הוא להיות נחמד ולאהוב את עצמנו, להאמין ולהתבונן בעבר מתוך חמלה ורחמים. אדם שחושב על עצמו באופן שלילי לא יוכל להתפתח ולהיות אדם טוב יותר.

הסבר זה מבהיר את מצוות "ואהבת לרעך כמוך" — לאהוב את האחר כמו את עצמך. מנקודת מבט זו לא רק שאדם מחוייב לאהוב את האחר כפי שהוא אוהב את עצמו, הוא לא מסוגל לאהוב את האחר אם הוא לא אוהב את עצמו. האהבה לזולת מתחילה בעצמו. אהבה, תמיכה והרגשה סלחנית כלפי עצמו, יקבעו את איכות התשומת לב, האהבה והסלחנות כלפי האחר.

אדם צריך לראות את עצמו באור חיובי. ראייה זו מאפשרת לו לראות את ההווה כהזדמנות לשינוי. באם אינו מעריך את עצמו באופן חיובי בהווה, יקשה עליו להתנתק מהשליליות שחונקת אותו. תיעוב עצמי והשפלה אינם מועילים לצמיחה או התפתחות חיובית. אהבה וכבוד עצמי הם דרישות בסיסיות לתשובה אמיתית.

על האדם לטפח אמונה בטוב הטבוע בו ובאחרים, ולהוסיף ולהביא לחייו עוד ועוד טוב. באם אדם חושב על עצמו באופן שלילי ושפל, אזי יתחבר לאנשים, חוויות ורעיונות שליליים,

כפי שרש״י אומר, ״אין ארור מדבק בברוך״ (בראשית כ״ד ל״ט), ארור לא מדבק בברוך ולהיפך.

אמונה פנימית בטוב שבעמקי נשמתו, תביא עוד ועוד ברכות אל חייו. וכן להיפך, אם אדם משפיל ומתעב את עצמו הוא באמת יהיה מושפל ונתעב. אחד מהצעדים הראשונים לתשובה הוא אהבה והערכה עצמית.

דבר ברור הוא, שאהבה עצמית לא נועדה לכסות על המציאות ולמנוע הערכה יסודית ואמיתית. האדם תמיד יכול לעבוד עם עצמו, להתקדם ולמצוא עוד תחומים בהם הוא יכול להיות מושלם יותר. איזון בריא של אהבה עצמית ואמונה בטוב המולד שלו יאפשר לו להעריך את העבר, ולפעול בהווה עבור עתיד טוב יותר.

באם האדם מתייחס לביקורת בונה בקיצוניות חריפה מדי, הוא יתעב את עצמו. לעתים קרובות ניתן לייחס זאת לאופן החינוך של האדם בבית, בבית הספר או בכל מערכת אחרת. למרבה הצער, בשל כישורי הורות חלשים או ניהול כיתה באופן מוטעה, אנשים מושפעים לרעה עוד מתקופת הילדות. כתוצאה מכך, אישיותם משותקת והם סובלים מחוסר הערכה עצמית בריאה.

לא תמיד ביקורת באה לידי ביטוי באופן מילולי. לפעמים הורים או מורים תובעניים או שתלטניים מדי, ונותנים לילד תחושה שהוא לא טוב או חכם מספיק בכדי להתמודד בעצמו עם אתגרי החיים. כתוצאה מכך, הילד מתחיל להטיל ספק בעצמו. במקרים חמורים יותר, זה יכול להוביל לדיכאון או חס ושלום למעשים קיצוניים יותר. לפעמים רגשות אלה כה עמוקים, עד שהוא מרגיש לא טוב עם עצמו אבל אין לו מושג מדוע.

תשובה מציעה לאדם חיים חדשים. חלק נכבד מתהליך התשובה הוא לדעת קבל את עצמו כפי שהוא, לדעת את מעלותיו ואת היכולת הייחודית שלו. אהבה עצמית נחוצה ביותר לתשובה אמיתית ובריאה. מאידך עליו לזכור, שאהבה זו לא נועדה לכסות על העובדה שלפניו עוד הרבה עבודה. "קבלה" אין פירושה "מחילה". האדם זקוק לאמוד את כשלונות העבר, לקבוע מה עליו לעשות בהווה בכדי להפוך את החיים שלו לטובים יותר בעתיד.

כל מה שקרה בחייו היה אמור לקרות, אבל זה נכון רק לגבי העבר. בהווה לעומת זאת, יש לו את החופש לבחור. האתמול כבר היה. ההיום והמחר תלויים לחלוטין בבחירתו החופשית. דווקא העבר נותן לאדם את הכוח ואת היכולת לבחור.

שלימות פנימית נרכשת במלואה, כאשר האדם כולל בנתיב התשובה את כל חלקי העצמי בלי רגשות שליליים. אדם יכול וצריך לקבל את העבר ולזכור את הכוונה שנובעת מהעבר, ברם, עדיין עליו לעבוד בחריצות, להתמקד בעבודה של הפיכת העצמי ועשיית מעשים חיוביים בהווה, בכדי ליצור עתיד טוב יותר.

שילוב אמיתי של התשובה בחיי האדם, הוא מעל ומעבר להתכללות של המרכיבים ברמה האישית בלבד. קרע במערכות יחסים, במיוחד עם הורים, אך גם עם אחים או בני משפחה, אינו חלק מדרך התשובה (למעט במקרים קיצוניים כגון התעללות, בהם האדם מוכרח להתנתק לחלוטין בכדי להתפתח באופן בריא).

מצער לראות שאצל אנשים מסויימים, התשובה יוצרת מצב בו הם מוצאים דרך חדשה בחיים, ורואים לנכון להתנתק

מהסביבה שכה אוהבת אותם, אף שהיא לא מסכימה עם דעותיהם והשקפותיהם.

נצייר לעצמנו את המצב באופן הפוך. לו יצוייר שהנך הורה טוב ואוהב המשקיע מאמצים ניכרים בחינוך ילדך, ובוקר אחד בא ילדך ואומר, שבכדי שהוא יוכל לחיות חיים משמעותיים יותר ועל מנת שיוכל להתחייב באופן מלא לאורח החיים החדש שלו עליו לנטוש אותך ולהתנתק ממך. האם לא תתקומם?

הכאב שההורה חש מהעובדה שהילד דוחה אותו, מציף אותו בתחושת כשלון. על מנת להימנע מגרימת קרע משפחתי בעיצומו של תהליך שמטרתו גילוי ועידון נפשי, החוזר בתשובה חייב לקחת רגשות אלה בחשבון. אפילו בעיצומו של תהליך חיובי ונעלה כמו תהליך התשובה, הוא עדיין יכול לפגוע באחרים.

אמת, ייתכן והבן מרגיש נבגד ומרומה משום שקיבל חינוך לא ראוי או לא משמעותי, אולם גם על הילד וגם על ההורה מוטל להיות בוגרים מספיק בכדי להבין שאין זו אשמתו של אחד מהם. רוב האנשים פועלים מתוך חוסר ידיעה. השאלה ״מי צודק״ או ״למי נעשה עוול״, אינה נוגעת לתהליך התשובה כלל. על כל המעורבים בתהליך התשובה, ההורה, המשפחה והחוזר בתשובה עצמו, לקבל את השני ולכבד ולתמוך זה בזה.

הוראה זו נלמדת ישירות מהמצווה ״כבד את אביך ואת אמך״. אין שום כוונה נסתרת במצווה זו, היא אינה מותנית בכך שעל האדם לכבד את הוריו רק אם נתנו לו חינוך מסויים, שלחו אותו לבית ספר או התפללו בבית כנסת מסויים. על האדם לכבד את הוריו ללא שום קשר לדרך ואופן החינוך שנתנו לו. בעל תשובה שצועד בדרך התשובה, מוכרח לכבד את הבחירה

וההקרבה שנעשתה על ידי הוריו במשך השנים שגידלו וחינכו אותו.

תשובה אינה מתחילה בחלל ריק. לכל אחד יש סיבה שפעלה את החזרה בתשובה, אך אם ההתעוררות לתשובה אינה כוללת רגישות עמוקה לאנשים אחרים, בפרט לאנשים שכה אוהבים אותו, ייתכן שהתשובה שלו מרוכזת אך ורק בעצמו. ייתכן שהוא לא מחפש את הקב"ה — אחת הסיבות לחזרה בתשובה — אלא מחפש עוד דרך לבטאות את אנוכיותו. בכדי לעשות את הבחירה החכמה ביותר עם הרגישות הגבוהה ביותר לסביבה, האדם החוזר זקוק לחשוב, להתבונן ולהתייעץ.

האופי ומבנה האישיות של כל אדם שזור בחוויות ופעולות חיוביות וטובות, כמו גם השליליות וההרסניות שעשה בעבר. מה שהאדם עשה בעבר, מעצב ויוצר את האדם שהוא עכשיו, אולם ההתמקדות בשלילת העבר עלולה לשתק את הרצון של האדם לשינוי. אם חרטה ואשמה כתוצאה ממעשי העבר מחלחלים בתודעת האדם, העבר ישמש כאבן נגף ומכשול בדרך בה הוא רוצה לצעוד וימנע צמיחה ותקווה לשינוי אמיתי.

על האדם להתבונן ולבחון, אלו חוויות מהעבר ניתן לנצל באופן חיובי בכדי לקבל כוח בהווה, ואת החוויות השליליות לגמרי מהן אין שום תועלת כדאי לשכוח.

העבר יכול לחנוק את התקדמות האדם רק אם הוא לא מודע לתוכן של העבר. אם יש בעבר דבר טוב יש לנצל אותו עכשיו, באם הוא שלילי לגמרי עליו להישכח. לעבר יש כוח רק אם האדם נותן לו כוח. הדבר האמיתי היחיד הוא, הרגע הנוכחי בו האדם נמצא כרגע.

האדם צריך לשאוף לחיות ללא שום חרטה או תוכחה כלפי עצמו. חיים אקראיים זרועים זרעים של אשמה וחרטה. לכן צריך לוודא שהמעשים לא יולידו השלכות שליליות. כאשר האדם חי את חייו ללא שום כוונה אלא באקראיות, הוא מלא בחרטה.

רבותינו אמרו ש"רשעים מלאים חרטות" (ספר התניא י"א. שבט המוסר כ"ה ה'. משך חכמה פרשת נצבים. מדרגות האדם דרכי התשובה א'. ראה גם נדרים ט' ב'). משמעות רעיון זה כפולה, לוודא שנקודת המבט ברורה והמצפון נקי ביחס לפעולות בהווה, על מנת שלא יתחרט על המעשים האלה בעתיד.

מצד שני, גם אם האדם עשה מעשה שמעורר בו צער וחרטה, רגש החרטה בפני עצמו הינו חסר טעם ומביא לתוצאות הפוכות. לחרטה יש תועלת רק אם היא מקדמת את האדם ומאלצת אותו לקחת החלטות טובות יותר בהווה, להווה ולעתיד. אם לא, הצער והחרטה הופכים לסוג של אנוכיות ופינוק עצמי בהווה חסר הטעם.

אמירה כמו "הייתי צריך לעשות את זה" או "לא הייתי צריך לעשות את זה" היא אמירה חסרת משמעות ומטופשת, אפילו כפירה — כפי שאומרים חסידים. מה יכולה להיות התוצאה של חרטה עצמה חוץ מאשר טיפוח רגשות שליליים כלפי האדם עצמו? מה שנעשה בעבר כבר היה ואי אפשר לשנותו, בשלב זה הוא זיכרון קלוש בלבד. במחשבה על "מה יכול להיות" או "מה היה צריך להיות" אין שום תועלת, מחשבה זו רק מעצימה רגש עוין כלפי האדם עצמו, וכאשר אנשים מרגישים לא טוב עם עצמם, הם עושים פחות בכדי לשנות את המצב.

ההיבט החיובי של חרטה הוא היכולת לאבחן את העבר

ולהשתמש בו כמדריך להתנהגות נכונה בהווה. למרות שאי אפשר לשנות את העבר, האופן בו האדם מתבונן ומאבחן את העבר, יכול להשפיע על עתיד טוב, מודע וזהיר יותר. רק אז, מותר לסמוך ולהישען על העבר.

בכדי לעשות זאת, האדם צריך להתבונן באופן כנה ולנתק את עצמו מבחינה רגשית מהעבר, בכדי שיוכל לזהות את המכשולים. כאשר משתמשים בחרטה בכדי לבחון את מעשי העבר ואת המסר שהם מלמדים את האדם, אזי החרטה חיובית. שינוי אמיתי מתרחש כאשר העבר השלילי הופך להיות מגדלור המאיר את הדרך לעתיד טוב יותר.

פוסקי הלכה רבים וביניהם הרמב״ם סוברים, שאחד המרכיבים העיקריים של תשובה הוא חרטה וקבלה. קבלה פירושה שהאדם מקבל על עצמו לעשות מעשים ובחירות טובות יותר בעתיד. באופן עמוק יותר, קבלה היא מלשון פתיחות. בכדי להתחרט באמת, על האדם להכיר תחילה באופן ברור מה לא היה בסדר בהתנהגותו, וכיצד חייו השתנו לטובה כאשר התוודה והחליט להתייחס ביתר רצינות לנשמתו. החרטה הכי טובה היא קבלה טובה לעתיד.

על פי הרמב״ם, הקבלה באה לפני החרטה (הלכות תשובה פ״ב ה״ב. מועדים וזמנים ו׳ פרק י״ט), הקבלה מביאה את החרטה, כיון שהקבלה היא החרטה הטובה ביותר. קבלה שטחית ללא חרטה אמיתית אינה מועילה כלל. אם אדם אינו מביע חרטה, יש להניח שהקבלה אינה בגלל שהוא רוצה לתקן את דרכיו, אלא מסיבות אחרות שאינן קשורות לתשובה (בית אלוקים שער התשובה ב׳). קבלה אמיתית לעתיד טוב יותר מובילה לחרטה. בעומק יותר, הקבלה היא החרטה עצמה.

חרטה אמיתית באה לידי ביטוי בקבלה שהאדם מקבל על עצמו (אורחות צדיקים שער החרטה י"א). קבלה אמיתית היא לא רק קבלה של העבר "כפי שהוא", אלא למצוא את הדרך לעתיד מתוך תבונה והכרה בתשובה, עם אמונה מוחלטת שהקב"ה ישחרר את האדם מהמצב בו הוא נמצא ויתן לו כוח לבחור בדרך הנכונה. לפי הבנה זו, קבלה היא להיות פתוח וכלי להשפעתו של הקב"ה.

למרות שחרטה יכולה לדחוף ולזרז את האדם לבחור באורח חיים של משמעות, בסופו של דבר, ההתקדמות הרוחנית באה רק אם ההחלטה נובעת מרצון לעתיד טוב יותר. קבלה היא, לא רק להיות פתוח לחסדו של הקב"ה, כי אם לחשוב איך לחיות מהיום והלאה בצורה שונה. אם כן, המקום שהיה מלא בשליליות ותחושות חרטה, מלא עכשיו בכוח חיובי וחיים מאושרים שמחלחלים בתודעת האדם ומולידים בו צמיחה אמיתית והתפתחות רוחנית חזקה עוד יותר.

המטרה הסופית של ה"קבלה" היא לקבל בכדי לתת. האדם מקבל את האמת של העבר "כפי שהוא", ולאחר מכן פותח את עצמו לקבל את החסד והרחמים של הקב"ה. כל זה, בכדי שהוא יוכל להעניק לעצמו ולעולם את ה"אדם חדש" שמבין את הכוונה באופן מלא וכל חלקי עצמיותו שלובים יחד.

כפי שהובא לעיל, דעת הרמב"ם היא שקודם צריך לעזוב את החטא ורק לאחר מכן להתחרט, "ומה היא התשובה, הוא שיעזוב החוטא חטאו... ויגמור בליבו שלא יעשהו עוד... וכן יתנחם על שעבר" (הלכות תשובה פ"ב ה"ב). קודם שיעזוב החוטא חטאו ואז שיגמור בליבו שלא יעשה עוד.

לעומת זאת יש דעה בראשונים כמו רבינו יונה שכותב

בספרו "שערי תשובה", "העיקר הראשון — החרטה. יבין לבבו כי רע ומר... ויתחרט על מעשיו הרעים. ויאמר בלבו מה עשיתי... מפני הנאת רגע אחד. העיקר השני — עזיבת החטא. כי יעזוב דרכיו הרעים ויגמור בכל לבבו כי לא יוסיף לשוב בדרך הזה עוד. ואם און פעל לא יוסיף" (שער ראשון י' וי"א). קודם חרטה ורק לאחר מכן עזיבת החטא. אזי מהו הסדר הנכון? חרטה ולאחר מכן עזיבה או עזיבה קודם ולאחר מכן חרטה?

ההבדל בין השיטות יש לומר הוא, האם ההתנהגות השלילית והחטא היו דרך חיים או רק נפילה זמנית. באם אדם רק מעד לרגע, אזי קודם הוא צריך להתחרט, וזאת משום שבדרך כלל הוא חי ומתנהג באופן ישר והנפילה היא זמנית. הוא צריך קודם להתחרט ולאחר מכן לעזוב את החטא. אולם כאשר דרך החטא היא דרך חיים והופכת להיות הטבע השני של האדם, אזי הוא צריך קודם לעזוב את החטא.

כאשר אדם שקוע מדי בשלילה, הוא לא יכול להתחיל עם חרטה, משום שהחרטה לא תהיהי אמיתית. גם אם יתחרט לרגע קט, החרטה לא תהפוך ותשנה את חייו, משום שדרך חייו אינה מתואמת עם החרטה.

ראשית עליו לעזוב את החטא ורק לאחר מכן להתחרט. הוא צריך לשנות את דרך חייו ולחיות כך משך זמן. רק כך תהיה החרטה אמיתית, כפי שמובא בפסוק שהרמב"ם מביא בהלכה זו, "כִּי אַחֲרֵי שׁוּבִי נִחַמְתִּי" (ירמיהו ל"א י"ח).

רעיון זה הינו עמוק ביותר. כאשר אדם שקוע בהרגלים שליליים, הוא יכול להתחרט באמת רק אם הוא משנה את הדרך והאופן בו הוא חי. אדם שמתחרט לפני שהוא עוזב את החטא, בודאי יכשל שוב ושוב מכיון שהוא קשור למעשים הללו, זה

ה״טבע השני״ שלו, וישאר רק עם רגשות שליליים כלפי עצמו. ולכן עליו להפסיק קודם לעשות את המעשים ורק לאחר מכן להתחרט באמת.

בכללות, מלחמה כה עיקשת עם השליליות עשויה לחזק את השלילה, מכיון שהטבע הוא, שככל שנלחמים בה יותר במיוחד אם עדיין קשורים אליה, ישנה התנגדות. ולכן חוץ מעזיבת החטא ולוודא שהתגובות הינן תגובות חדשות, דרך נוספת להתנהגות חיובית ולהתנתקות מהתנהגות שלילית היא להפסיק להתנהג כך ולנסות משהו חדש. אחת מהדרכים להילחם עם השלילה היא להסיט את המחשבות והמעשים למחשבות ומעשים אחרים לגמרי.

רבי מנדל מקוצק סיפר פעם (אמת ואמונה קט״ז), שבאחד מן הקרבות בהם נלחם נפוליאון, היה צבאו מוקף באויב ועל סף תבוסה. נפוליאון יזם רעש ומהומה הרחק משדה הקרב. האויב פנה אל מקור הרעש כך שתשומת הלב הופנתה מצבאו של נפוליאון, ואנשיו ניצלו. בדומה לכך, לעתים הדרך הטובה ביותר להימנע מהשפעה שלילית, היא לא על ידי מלחמה באופן ישיר, כי אם בהתמקדות בענין חיובי אחר לגמרי.

התרופה הטובה ביותר להתנתקות מהעבר השלילי היא להתמקד בענין חיובי בהווה.

כאשר התורה משתמשת במילה ״ועתה״ היא מתייחסת למצוות התשובה (מדרש רבה בראשית כ״א ו׳). כאמור, החלק החשוב והמשמעותי בזמן, הוא ה״עכשיו״ — ההווה. נכון שה״עכשיו״ הוא תוצאה ישירה של ״מה שהיה״, אולם המרכיב החיוני ביותר של תשובה הוא ״עכשיו״. לאדם יש את היכולת להתעלות מעל מה שכבר נעשה בעבר ולהסתכל על ההווה

כנקודת התחלה לעתיד עם משמעות. היכולת לראות את ההווה כהתחלה נקייה — זמינה לאדם בכל רגע.

האדם משיג תשובה מלאה כאשר הוא מרגיש שנסלח לחלוטין. הוא סלח לעצמו, אחרים סולחים לו והקב"ה סולח לו. כאשר האדם עושה תשובה כנה, אסור לו לחשוב שעוד לא נסלח לו, אלא לדמיין כאילו שליליות העבר נמחקה לחלוטין (ליקוטי מהרי"ל טעמי המנהגים עניני תפילה צ"ז). בשיא התשובה, האדם יכול להחזיר לעצמו את תחושת החופש ולצעוד אל עבר העתיד, נקי וחופשי מהשפעה שלילית של העבר.

ישנם שני מושגים של חופש, "חופש שלילי" ו"חופש חיובי". חופש שלילי הוא חופש של התנתקות מדבר מעיק, חברתי, כלכלי או אחר, חופש ממה שהיה בעבר. חופש חיובי לעומת זאת, הוא החופש לבחור את מסלול החיים מכאן ולהבא, בכדי להגשים את הרצונות. בדרך התשובה, האדם פועל לא רק ממקום של חופש שלילי — חופש מהעבר ומהעבר השלילי, אלא גם ממקום של חופש חיובי — החופש לבחור את הדברים החיוביים מהיום והלאה.

ברגע שאדם חי את התשובה באמת — חיי חופש והתחדשות, ההווה הופך להיות החלק הכי חשוב של הזמן. ההווה הוא הזמן היחיד בו הוא חי, רגע שמכיל זרעים של עתיד טוב יותר וזרעים של שיקום העבר.

תקציר:
חשוב על עצמך באופן חיובי

היסוד לכל תנועה חיובית בחיים הוא האמונה שאפשר לשנות, שניתן לעשות הבדל ושיש לנו את היכולת להביא ברכה ואושר לחיינו. עם זאת, אם רק נקבל את העבר כפי שהוא, ללא חשבון נפש אמיתי להשלכות של מעשי העבר, ייתכן שנתחיל לגנות את המעשים שעשינו, ללא קשר לתוצאות המעשים. דרוש לבצע איזון עדין בין אהבה עצמית בריאה לבין חרטה בריאה, מבלי לאפשר לתחושות הצער של החרטה לפגוע בנו. יש להשתמש בעבר כמורה דרך להווה, ובכך לעצב את העתיד שלנו באופן חיובי.

תרגול:
קבלה עצמית

קבלה פירושה הכרה במציאות — אתה הוא מי שאתה. קבלה אין פירושה מחילה. קבלה נובעת מטוב הלב הפנימי שלנו, ומעודדת אותנו לחיות במלוא היכולת. כאשר אנו חיים ממקום של קבלה ומתחרטים על המעשים מבלי לנזוף בעצמנו, השילוב של העבר בהווה מביא תיקון לעבר ומגלה את הכוח החיובי של התכונות שהובילו אותנו לטעויות בעבר.

חשוב על סדר היום שלך ועל תכונה אחת שתמיד מופיעה על פני השטח, קוצר רוח או אי יכולת להתמקד בדבר אחד באופן רצוף. כתוב אותה על דף. בשלבים הראשונים של תשובה, הֱיה

עדין עם עצמך. במקום להתלונן על החסרונות או להלקות את עצמך על שנכנעת להם, שאף לנסות להתגבר עליהם.

על ידי הקבלה, ייתכן שתזהה מקצוע או נסיבות בהן תכונות אלו תהיינה בעלי ערך. חוסר יכולת לעסוק ביותר מפעילות אחת ברציפות יכול להועיל עבור תפילה אישית, ואילו הצורך לריגושים עזים יכול להיות תכונה מושלמת עבור התנדבות בפעילות קהילתית כגון הצלה ועזרה ראשונה. על ידי פעולות אלו ניתן להעלות את התכונות הללו.

פרק עשרים ושלושה
להשתחרר מאשמה

תחושת האשמה היא הרגשה מעיקה. כאשר אדם מרגיש אותה במלוא עוצמתה – בלי קשר לגורם שגרם לה – היא משתלטת על חייו. ישנם אנשים שמקבלים החלטות שמבוססות אך ורק על רגשות אשם. ישנם שמושפעים יותר וישנם פחות, אולם נראה שעבור רוב האנשים, האשמה בלתי נמנעת.

בחיפוש אחר שינוי אישי מוכרחים להתמודד עם האשמה. בעוד שישנם המסוגלים להשתמש ברגשות האשמה כדחיפה לשיקום, לעתים קרובות, על מנת להגיע לשינוי אמיתי יש להתגבר על רגשות אלה. על פי רוב, נטל האשמה הוא מכשול עצום בדרך התשובה. רק לאחר שהאדם משיג מידה של תמימות ואמונה בטוב שטמון בו, יש לו את הכוח לבחור בדרך התשובה. עד שהאשמה לא מתעלה, הרצון לשינוי עשוי להיות תגובה מהתת מודע שנובעת משליליות או מרצון להימנע משליליות.

רגש של בושה מתלווה בדרך כלל לאשמה. רגשות אלה טמונים במעמקי התודעה וכרוכים זה בזה בקשר בל יינתק. האדם מרגיש אשמה על מעשה שלילי שעשה או על מעשה חיובי שלא עשה, ומיד חש רגש של בושה ומבוכה.

אולם במחשבה שנייה, ישנו הבדל דק בין האשמה ובין תחושת הבושה הבאה לאחריה. האשמה היא רגש המופנה כלפי פנים ואילו הבושה היא הרגשה חיצונית. אשמה היא רגש שהאדם מרגיש כלפי עצמו כתוצאה מכך שהפר התנהגות או

סטה מהדרך הנכונה. בושה היא רגש שבא כתוצאה מתפיסת האדם את הציפיות של אנשים אחרים ממנו, בין אם הציפייה היא אמיתית או דמיונית. האדם חושב שאחרים מעריכים את התנהגותו, ומרגיש בושה כתוצאה מהמחשבה שהם חושבים עליו.

אשמה היא רגש שבא ממתח הנפשי כתוצאה מהפער בין המעשים והעקרונות. על מנת להרגיש אשמה מוכרחים שיהיו עקרונות מסויימים בהם האדם שואף לעמוד. אשמה יכולה להתקיים אך ורק בהקשר של התנהגות שבאה כתוצאה מסטייה מעקרונות.

אשמה היא דבר שלילי, באם אדם נאחז בה יתר על המידה היא תכביד על שיווי משקלו הנפשי והרוחני. אשמה מכלה והורסת כל רגש חיובי שעשוי להיות באדם כלפי עצמו.

במקרים מסויימים האשמה כה מעיקה, שהאדם חושב שהוא שלילי ובלתי ניתן לשינוי. תחושה זו משמרת טינה עצמית כעוגן המושך כלפי מטה. תוצאת האשמה היא חוסר תנועה, האדם לכוד במעגל של אשמה ואינו יכול להשתחרר ממנה. אט אט, תחת כובד האשמה, הוא נחנק מבחינה רוחנית מבלי יכולת לנשום.

אחד המצבים הנפוצים יותר בהם אשמה פוגעת באדם, הוא במסגרת יחסי הורה וילד. לעתים קרובות הורים רואים את תפקידם באופן מסויים, אולם כאשר הם מתמודדים עם בעיות התנהגות, הם חשים תחושת אשמה על כך שהציפיות לא מתפתחות כפי שהם מקווים. האשמה היא תוצאה ישירה מהתחושה שלא הצליחו לעמוד בעקרונותיהם. ילדים חווים רגש של אשמה כאשר הם לא עומדים בצפי הלא מציאותי של

הוריהם. הפוך על הפוך. התוצאה של דוגמא שכיחה זו היא חיים הסובבים רגשות אשמה.

תחושת האשמה נובעת מעקרונות שנכפו על האדם. אדם שהושפע על ידי סביבה, מוסד חינוך או הוריו, ומתנהג באופן שונה מכפי שחונך, חש שאינו עומד בעקרונות, וכתוצאה מכך — אשמה.

האדם שואל את עצמו "איך אני יכול לעשות דבר זה, כאשר אין אני אמור לעשות זאת?" מילת המפתח בשאלה זו היא אמור, הרומזת על ציפיות שהאדם מרגיש כתוצאה משכנוע, חינוך או לחץ חברתי שלא הוא החליט עליהן בעצמו, אולם חש אשמה כאשר הוא חורג מהם.

לעתים האשמה היא רק תגובה לדרישה או רצון אחרים. במצב זה האדם עובד קשה בכדי לחשוב, להרגיש או לפעול, באופן שהאחרים מאמינים שהוא צריך לחשוב, להרגיש או לפעול. תחושת אשמה מכסה על ה"אני" שלו, ה"אני" שלו הופך להיות תוצאה של הסביבה. תחושת הזהות של האדם באה מתכתיבים חיצוניים ולא מחיבור עם העצמי שלו, והוא חי בכדי לממש דימוי שמישהו אחר החליט עבורו. הציפיות שלו באות ממקורות אחרים ולא מתוך שכנוע פנימי.

האדם זקוק להגדיר ולקבוע את עקרונותיו על פי מה שהוא מאמין. אם לאחר מכן יפר את התנהגותו הסטייה לא תוליד בו רגשות אשם.

כאשר האדם מפר את עקרונותיו שלו עצמו, הוא יכול וצריך להיות מאוכזב. מאוכזב — לא אשם. אין ספק שהוא לא

ימשיך להתבוסס ברגשות אכזבה, מכיון שהוא מבין שאת הנזק שגרם הוא יכול גם לתקן. הדבר תלוי אך ורק בו לשנות את התנהגותו ולהתאזן מחדש עם עקרונותיו.

מעניין וראוי לציין, שאין בתורה מילה אחת המגדירה במדוייק את תחושת האשמה. בתורה יש את המילים "בושה" ו"חרטה" (המילה אשמה מוזכרת בתורה בהקשר אחר מ"תחושת אשמה" שהאדם חש כתוצאה ממעשה שעשה), אך אין אשמה. אשמה אינה מקובלת בתורה. צער, בושה וחרטה כן. רגשות צער, בושה וחרטה יכולים להיות חיוביים באם הם מתמקדים במעשה שהאדם עשה או לא עשה, ומובילים את האדם לתיקון או לשינוי התנהגות.

אולם אשמה לעצמה היא חסרת תועלת, ועוד חמורה מכך, כיון שהיא גורמת לאדם להלקאה עצמית מבלי לגרום לו לשנות את התנהגותו או למצוא דרך חדשה. אשמה היא רגש שלילי ללא דחיפה לעשיית מעשה חיובי. כאשר לא מתלווה לרגש זה רצון להתפתח, הוא שלילי.

באופן עמוק יותר, בקיום של תורה ומצוות באופן הנעלה ביותר אין מקום לשום דרגה של אשמה. תורתינו הקדושה רוצה שאדם יקבע את עקרונות התורה כעקרונותיו, מבלי להרגיש שנכפו עליו. האדם צריך להיות רגיש ולדעת שחיי תורה משלימים את אישיותו. באופן זה התורה הופכת להיות התורה שלו — התורה היא האדם עצמו, ולא רק מעשים או פעולות שהוא צריך לעשות.

המסלול שהאדם צריך לפסוע בו הוא תנועה רוחנית כלפי מעלה ופנימה, מ"אני חייב" ל"אני יכול", מ"אני צריך" ל"יש לי את היכולת", מ"אני מרגיש מאולץ לקיים את התורה והמצוות

בגלל רצון חיצוני שנכפה עלי" ל"אני מסוגל ורוצה לקיים את המצוות כי זה מי שאני".

הבחירה של "אני יכול" באה ממעמקי הנפש, אולם היא כה חזקה ואמיתית עד שהאדם מרגיש שבעצם אין לו ברירה. כיצד יכול האדם לבחור ובכל זאת להרגיש שאין לו ברירה?

ההסבר לכך טמון באופן בו הקב"ה העניק את התורה. כאשר הקב"ה שאל את בני ישראל האם ברצונם לקבל את התורה, השיבו בני ישראל מתוך אמונה מוחלטת, "נעשה ונשמע". לאחר מכן מספרת הגמרא, "ויתיצבו בתחתית ההר, אמר רב אבדימי בר חמא בר חסא מלמד שכפה הקב"ה עליהם את ההר כגיגית, ואמר להם אם אתם מקבלים התורה מוטב, ואם לאו שם תהא קבורתכם" (שבת פ"ח א').

מדוע כפה הקב"ה על בני ישראל לקבל את התורה? בני ישראל הרי הסכימו לקבל את התורה מרצונם החופשי. לכאורה זה לא עולה בקנה אחד עם העובדה שבני ישראל הסכימו לקבל את התורה מרצונם החופשי.

אולם המשמעות הפנימית של "כפה עליהם הר כגיגית" היא שלאחר אמירת נעשה ונשמע קבלת התורה כה עמוקה ואמיתית, עד שנראה לאדם כאילו אין לו ברירה, כאילו מישהו מחזיק הר מעל ראשו, משום שזוהי כל מציאותו.

דבר זה דומה לחיים עצמם. בחיים אין לאדם את הבחירה האם לבחור או לא. יש לו את החופש במה לבחור אבל אין לו את החופש האם לבחור. אדם יכול לבחור שלא לבחור ולחיות על טייס אוטומטי אבל גם ההחלטה לא לבחור היא בחירה.

דבר זה נכון גם לתורה שהיא מקור ושורש החיים. אנחנו צריכים להרגיש כך לגבי התורה וכיצד היא דרך החיים של האדם, לא תוספת לחיים — התורה היא "חיינו".

כשאדם מגיע לדרגה זו, הוא עובר מהדרגות הנמוכות של "אני חייב, אני צריך, אני מרגיש מאולץ לקיים את התורה והמצוות בגלל סיבה חיצונית שנכפתה עלי", ומתעלה לשלב גבוה יותר, בו התורה היא חלק ממנו "אני יכול, מסוגל ורוצה לקיים את המצוות כי זה מי שאני".

הדרגה הגבוהה יותר של בחירה אינה נובעת מכוח חיצוני שנכפה עליו, אלא מתוך תוכו. התורה היא מהות האדם, ולאדם שחי בדרך התורה היא החיים עצמם.

מהבנה זו נובעות שלוש תנועות של צמיחה רוחנית:

א) אני חייב. ב) אני יכול. ג) זה מי שאני.

ההתקדמות מהשלב של "אני חייב" ל"אני יכול" ל"זה מי שאני", אינה התקדמות משלב אחד לשלב שני. אדם אינו מגיע לדרגה מסויימת ונשאר בה. שלוש תנועות אלו הם מצבים שמתרחשים באופן סדיר במהלך החיים. האדם נמצא במצב של "אני חייב", לאחר מכן מתעלה למצב של "אני יכול", ובסופו של דבר מגיע למצב של "זה מי שאני". בשלב זה הוא יכול להישאר למשך זמן מה, עד שהוא צריך לעבור שוב דרך שלבים אלו, בכדי להגיע למצב נעלה יותר של "זה מי שאני".

בסופו של דבר "זה מי שאני", הוא המצב העמוק ביותר בו התורה היא האדם והתורה יכולה להיקרא תורתו, התורה נקראת על שמו (קידושין ל"ב ב'. עבודה זרה י"ט א'), עד כדי כך,

שאם הוא מחדש חידושי תורה הם נקראים חידושיו. במצב של דביקות עם התורה היא הופכת להיות התורה של האדם — תורתו.

כאשר פעולות או מעשים אינם עולים בקנה אחד עם התורה, האדם מרגיש חוסר עקביות עם העצמי האצילי שלו. התורה רוצה שהאדם יחשוף ויגלה כיצד רצונו הפנימי ביותר עומד בקנה אחד עם רצון הקב״ה, ויחיה את חייו באופן בו הוא מאוחד עם עצמו ומבטא את שלימות הבריאה.

כפי שהמשנה אומרת, ״עֲשֵׂה רְצוֹנוֹ כִּרְצוֹנֶךָ... בַּטֵּל רְצוֹנְךָ מִפְּנֵי רְצוֹנוֹ״ (אבות ב׳ ג׳). כאשר רצון האדם שונה מרצון ה׳, אזי הוא צריך לבטל את רצונו עבור רצון ה׳. אולם בעומק יותר, רצון ה׳ הוא הוא רצונו של האדם, כפי שהמשנה אומרת, ״עֲשֵׂה רְצוֹנוֹ כִּרְצוֹנֶךָ״ — אין פירוד ואין הבדל, ה״אני״ של האדם הוא הביטוי הגשמי כביכול של ה״אני״ של הקב״ה.

האופן בו אדם מרגיש את הקול הרוחני שבו, אם כזעקה וייעוד פנימי או ככפייה מבחוץ, תלוי באופן בו הוא משולב ומיוחד עם נשמתו. הסיבה מדוע רבים אינם חשים בנוח לקיים את מצוות התורה היא משום שאין הם משולבים עימה לגמרי. התורה שונה ונפרדת מה״אני״ הפנימי שלהם ולכן הם מרגישים שהאמת של התורה מגיעה מבחוץ וכפויה עליהם.

כאשר האדם מתאחד באופן מושלם עם ה״אני״ הרוחני שלו שמושרש באחדות המוחלטת, הוא לא יחוש כפייה כלל וכלל. כאשר האדם חושף את האחדות הזו וחי ממקום של שלימות, האמת היא ״מי שהוא״, ולא מערכת של חוקים והוראות של ״את זה מותר לי לעשות ואת זה לא״.

כפי שרואים בחיי היום יום, שישנם חוקים שהאדם מקבל כמוחלטים ללא שום התנגדות. חוקים מסויימים אינם כתובים בשום מקום. פעולות פשוטות הדרושות כדי לחיות, אוכל, שתייה, שינה ואוויר לנשימה, מתקבלות כמציאות ללא שום ערעור והאדם לא ינסה למרוד בהם. אם אדם ינסה לא לאכול שלא למטרת צום, הוא כנראה סובל ממחלת נפש.

התורה שואפת להתאחד עם האדם באותה מידה של טבעיות שהוא מקבל את חוקי הטבע, ועוד יותר. אמנם לאנשים שרק מתחילים לשמור תורה ומצוות, מצוות ומנהגים מסויימים נראים מאולצים. אדם חש שחודרים לסדר היום שלו ורוצה למרוד במה שהוטל עליו לעשות. אך לעתים יראה היא שלב מוקדם לאהבה שתבוא אחריה, ובהדרגה התורה תחדור אל תוכו, ויבין שהתורה היא "מי שהוא" באמת — חיי תורה ומצוות הופכים להיות חייו.

רמה זו של שילוב ואחדות עם האמת, היא שאיפה מרוממת עבור רוב האנשים. למרבה הצער, עבור רבים האשמה ממשיכה להיות כוח חיים פעיל. עלינו לדעת דבר אחד, אין סיבה לייאוש. ייאוש לא בה בחשבון.

כמו בכל דבר בחיים, אשמה אינה טובה או רעה באופן מוחלט. האשמה תלויה באופן בו מפרשים ומנצלים אותה. עובדה היא, שלעתים קרובות אשמה מניעה אנשים למעשים טובים.

ישנן שתי גישות בהבנת ההתנהגות האנושית. הבנה אחת מצביעה על כך, שהחוץ הוא השתקפות של הפנים, והכוח זורם בכיוון אחד בלבד — מהפנים אל החוץ. אם כן, דבר שלילי אינו יכול להיות מקור להשפעה חיובית ולהיפך, כיון שיסוד המעשה

הוא שלילי. על פי נקודת מבט זו, אם אדם פועל מתוך כעס, אפילו אם כוונתו חיובית — הכעס עדיין שלילי. לדוגמא, באם אדם עד לעוול שנעשה ומרגיש כעס כלפי העבריין, כל פעולה שהוא יעשה מתוך כעס תיחשב כדבר שלילי. נקרא להתנהגות זו, מוסר רוחני.

ליתר המחשה, על פי הבנה זו, אדם לא היה רואה שום נקודת זכות בכל פעולה תוקפנית שנעשית, גם אם היא לטובת אנשים חלשים, כגון הריגת המצרי על ידי משה רבינו. הביטוי היחיד של אדם עם השקפה זו הוא כעס על האלימות שעיניו רואות, בהתעלמות מוחלטת מההקשר והסיבה שגרמו לפעולה.

הגישה השנייה, היא גישה שמבוססת על מבחן התוצאה. מה שחשוב הוא המעשה ולא הכוונה. התנהגות זו היא — מוסר מעשי. אם הפעולות הן חיוביות — יעזרו לחלש או ימנעו פשע, גם אם הסיבה של הפעולה היא כעס או גאווה, הפעולה היא פעולה חיובית. אם אדם עושה מעשה חיובי, אין זה משנה מה היתה כוונתו. מבחן התוצאה הוא, האם המעשה הוא מעשה טוב.

התורה היא גם רוחנית וגם מעשית, מעשים עם כוונה פנימית. מצד אחד מעשיות רוחנית, ומצד שני רוחניות מעשית. רוחניות התורה מתבטאת הן בהקשר הלכתי ופעולה מעשית — עשיית מעשים טובים, והן בהקשר של כוונה פנימית. חוסר צדק צריך להפריע לאדם ואפילו להכעיס אותו, אך כתוצאה מכך עליו לעשות מעשים טובים יותר בכדי לשנות על המצב. עם זאת, אין הם רק מעשים טובים גרידא, משום שכאשר אדם פותח את ידו ונותן צדקה לעני, סופו של דבר שגם לב ונפשו ייתרחבו.

לא משנה מה הסיבה, מעשה טוב הוא מעשה טוב. לעני

שמקבל צדקה לא נוגע אם לנותן היו מניעים נסתרים או תחושת אשמה. אף שהכוונה הרצויה חסרה בפעולה זו פנימיות האדם תצעד בעקבות המעשים החיצוניים. לכל פעולה חיובית הנעשית כלפי חוץ — צדקה או כל מעשה חסד אחר, יש יכולת לפתוח את לב האדם ולחולל בו שינוי אמיתי.

כפי שמובא בספר החינוך שבעשיית מעשי חסד נפתחים הלב והראש, "אחרי המעשים נמשכים הלבבות", מעשים טובים עוזרים ליצור אדם עם לב טוב. התנהגות חיובית גורמת לאדם להבין ולחיות על פי נקודות מבט חיוביות. המעשה הטוב הופך אותו בפנימיותו, וכל פעולה משפיעה על המציאות הפנימית. ה"פְּנים" של האדם מתהפך בעקבות ה"פָּנִים" — המעשים שהוא עושה באופן חיצוני. הפנימיות והחיצוניות קשורים בקשר אדוק.

פנימיות האדם מוקרנת כלפי חוץ, אם אדם סובל מנימוסים מגונים זה יוקרן כלפי חוץ. אולם, התנועה יכולה להיות גם באופן הפוך: החיצוניות יכולה להשפיע על הפנימיות, ומעשים טובים יכולים לשנותו ולהפוך את ליבו לטובה.

על פי התורה, הן הכוונה והן הפעולה נחוצים. הדבר הכי חשוב הוא לעשות את הפעולה בפועל, אולם גם הכוונה הפנימית בעלת חשיבות.

בכללות, כיון שאנו מדברים על אשמה, חשוב לציין שבעוד שמרירות ואשמה דומות זו לזו הן שונות מאוד, משום שמרירות בניגוד לאשמה מסייעת לשינוי. מרירות אינה מדכאת. דיכאון הוא הרגשה של חוסר תקווה וחוסר אונים, ללא שום כוח לנוע מעל ומעבר למצב הנוכחי. דיכאון יכול להוביל את האדם למצב כה חמור עד שהוא מפסיק לחוש בכלל.

מרירות לעומת זאת היא רגש חיוני. האדם חש כה מריר וחוסר שביעות רצון מהמצב בו הוא נמצא, עד שהוא מחליט לעשות משהו, לבצע שינוי בחייו, רק בגלל שאינו יכול להמשיך במצב הנוכחי. למרירות יש כוח לזעזע את האדם השרוי בשאננות רוחנית, להעמיד את המציאות מול עיניו ולגרום לו להבין שהשינוי נחוץ ודחוף ביותר. מרירות היא ביטוי לכאב הנשמה שחשה ניתוק ופירוד מאמת וחמצן רוחניים. מרירות היא תוצאה של הרגשת בדידות כה חזקה עד שהאדם מחליט לקום ולעשות מעשה. הכאב עצמו מניע אותו לחפש ולמצוא את הדרך הנכונה.

ניתן למצוא נקודות דמיון בין כאב לבין מרירות. על הכאב אפשר להסתכל משתי נקודות מבט שונות. מחד, הכאב הוא תחושה לא נעימה אך התחושה לא תוביל לפעולה שתרפא את הכאב. במובן זה הכאב דומה ומקביל לאשמה.

מאידך, לכאב יש גם היבט חיובי. ללא כאב אדם לא היה מודע לכך שהוא סובל ממחלה. כאב הוא האופן בו הגוף מודיע שקיים איבר שאינו מתפקד כשורה. אם חס וחלילה אדם לא היה מרגיש בכאב הוא לא היה מודע למחלה. המחלה היתה מתגברת והאדם היה נמצא בדרגת סיכון גבוהה יותר. במובן זה, הכאב דומה ומקביל למרירות.

הכאב שומר על הגוף. מטרת הכאב היא לגרום לגוף לרפא את עצמו או לומר לאדם לחפש רופא או תרופה שתביא מזור למחלתו, כמאמר חז״ל, ״דכאיב ליה כאיבא אזיל לבי אסיא״ (אדם שחש כאבים הולך לבית הרופא. בבא קמא מ״ו ב׳).

דבר זה נכון גם עם תחושת מרירות. אדם יכול להיות לא בריא באופן רוחני או רגשי ולא להכיר במחלתו. הוא מתמודד

עם הכאב של הרגש מבלי לחקור או לנסות לטפל בו. דבר זה דומה לדרכי הרפואה בהן מטפלים בתופעות המחלה מבלי לחקור את שורשה.

לעומת זאת ישנו אדם שחש באותו כאב ממש — כאב המרירות — ומנסה לנתח ולעקור את שורש הכאב. הוא לוקח את המרירות ומפנה אותה למציאת פתרון ותרופה למחלתו.

לאדם יש יכולת להפנות את כוחותיו לכיוון של התעוררות והתפתחות רוחנית. אפילו מרירות יכולה לשמש כקרש קפיצה להתקדמות נמרצת יותר, אל עבר חיים בריאים ומאושרים יותר.

לפי דוגמא זאת זרעי השלילה אינם נובטים. התוכן והמהות הפנימית משמשים כדחף לעשיית הדבר הנכון ולמציאת הדרך הנכונה. האדם מנצל את המרירות בכדי לשנות את חייו. הוא מפיק מהאשמה את התכונות החיוביות, ומשתמש ברגשות כמנוף לבניית וסלילת דרך להתפתחות רוחנית.

אמנם, הדרך הכי בריאה והשלימה לצמוח מבחינה רוחנית היא להשתחרר לגמרי מרגשות שליליים ולא לאפשר למתח פנימי להתבשל בנשמה. אך בכל פעם שהאדם מוצא עצמו חש במתח או מלא רגשות אשם, במקום להרגיש נחות או לא מסוגל — תחושות של חוסר אונים הנגרמות על ידי אשמה — ובמקום לשקוע בייאוש, עליו להפנות את משאביו לעשיית מעשה טוב וחיובי, ולתת לשליליות שבאשמה להתפוגג.

תקציר:

להשתחרר מרגשות אשמה

אנשים רבים מסתובבים עם נטל של רגשות אשמה שמכלים כל חלקה טובה בנשמתם, ממעיטים את שמחת חייהם ואת הדחיפה לעשיית מעשים טובים. רבים מאמינים באופן מוטעה שהאשמה תעזור להם לשנות את חייהם. עלינו לדעת שאשמה בדרך כלל אינה מובילה לתוצאות חיוביות. לעומת זאת, מרירות וחרטה יכולות להניע אותנו קדימה מתוך שמחת חיים ולקיחת אחריות ויחוללו שינוי אמיתי בחיינו.

תרגול:

שימת לב

בכל פעם שמתעוררים בך רגשות אשמה, שים לב להשפעתם השלילית על הנשמה. שים לב לקולות בראשך הבאים כתוצאה מרגשות האשמה. שים לב כיצד הם משפיעים על התודעה ועל הבחירות שאתה עושה.

חשוב לעצמך, האם רגש זה מוביל אותי לעבר שמחה והתעוררות או לעבר דיכאון וחוסר אונים? חשוב על פעולה או מעשה טוב שיעמדו בקנה אחד עם העקרונות האמיתיים שלך. שים לב לכוח ולעוצמה שמפכים בך מעצם המחשבה על עשיית מעשה טוב.

פרק עשרים וארבעה

התגברות על הבושה

לאחר שביארנו את המעלות, ובעיקר את החסרונות של האשמה וכיצד יכולים וצריכים להתגבר עליה, ניתן להבין ולהתעמק יותר בבת זוגו — הבושה. השאלה היא איך צריך להתייחס אליה והאם צריך להתעלות ממנה לגמרי? ביסודה השאלה היא, האם בושה היא רגש שניתן לתעל באופן חיובי או רגש שלילי שמוטב למחוק מהתודעה לגמרי?

אם כן, אשמה היא תוצאה של מתח הנוצר מהבנה שהמעשים והציפיות אינם מתואמים, בושה לעומת זאת, היא תחושה של זלזול עצמי. במילים אחרות, אשמה היא רגש שנוצר על ידי האדם עצמו ואילו הבושה נוצרת במחשבתו - איך אנשים אחרים מרגישים וחושבים עליו. בושה היא רגש שמתעורר כאשר האדם מרגיש שהוא נבחן על ידי מקור חיצוני, בין אם זה אנשים אחרים או אפילו חלק חיצוני בתוך עצמו.

"וַיִּהְיוּ שְׁנֵיהֶם עֲרוּמִּים הָאָדָם וְאִשְׁתּוֹ וְלֹא יִתְבֹּשָׁשׁוּ" (בראשית ב' כ"ה), בושה היא רגש שיכול להתקיים רק כאשר קיימת מודעות למציאות חיצונית. לפני שאדם וחוה אכלו מעץ הדעת לא היתה שום מציאות אחרת, רק אחדות - עץ החיים, ולכן לא חשו שום בושה להתהלך באופן טבעי — ערומים.

מבין כל היצורים החיים בעולם בני האדם הם היחידים שיכולים להתבייש. התנהגותם של בעלי החיים עולה בקנה אחד עם פנימיותם, הדרך בה הם חיים היא ביטוי לפנימיות שבתוך תוכם. בעלי חיים אינם נמנעים מלהתנהג באופן מסויים

בגלל בושה, אין אצלם אי התאמה בין הטבע הפנימי לבין ההתנהגות.

לבני אדם לעומת זאת, יש בחירה חופשית. האדם יכול לחיות בסתירה עם טבעו הפנימי — דבר שעשוי לעורר בו רגש של בושה. רק יצורים בעלי שכל יכולים לחוש בושה, כיון שבושה מגיעה מהבנה שמעשה מסויים אינו מעשה ראוי או נכון (אורחות צדיקים שער הבושה ג׳. מגדל עוז עליית הבושה. ראה שם משמואל הגדה עמ׳ מ״ח).

חופש הבחירה הוא תוצאה של הבנה והכרה – מהשכל, אדם חש בושה משום שיש לו מודעות עצמית. חופש הבחירה נותן לו את היכולת שלא לעמוד בקנה אחד עם עקרונותיו, הבושה גורמת לו להיות מודע לכך וכתוצאה מכך — להתבייש.

לאדם יש רגישות לזהות את חוסר ההתאמה בין מי שהוא לבין הנהגתו. יכולת שכלית היא תנאי מוקדם לבחירה חופשית אמיתית, ולכן רק אדם יכול להתבייש כתוצאה מבחירה או מעשה שעומד בניגוד למצפונו ועקרונותיו. אם אדם חושב שהוא עומד בקנה אחד עם עקרונותיו, ואינו חש בושה כאשר הוא הוא מתוודע לכך שמעשה שעשה הוא שלילי או שטותי, אזי או שהוא חסר מודעות עצמית או שאופיו אינו כנוע לבושה.

בושה אינה רגש שלילי לגמרי. בשלביה הראשונים של המסע הרוחני לחקר האמת ניתן להשתמש ולתעל את הבושה, כפי שחז״ל אומרים, ״כל העושה דבר עבירה ומתבייש בו מוחלין לו על כל עונותיו״ (ברכות י״ב ב׳). המילה ״בושה״ מורכבת מאותם אותיות של המילה ״שובה״ (של״ה יומא נר מצוה רכ״ז בהגהה), היא בהחלט עשויה לעורר את האדם ל״תשובה״.

בושה יכולה להמריץ את האדם לפתח תכונות טובות ואופי נוח. למעשה, במהלך ההתפתחות, המצפון מבוסס במידה רבה על תחושת הבושה. ילד צעיר לומד אם התנהגותו חיובית או שלילית, על ידי התבוננות בתגובת הוריו למעשיו. כאשר ילד מתפרע הוא חש בושה ומבוכה כלפי הוריו, כיון שהוא מרגיש שאכזב אותם. גם כאשר הוא מתבגר, הוא מבטא את הרגישות שלו כלפי הסביבה על ידי בושה. במובן מסויים, הסומק שעולה על פניו מבטא סוג של התנצלות על התנהגות לא הולמת.

יש לומר, שניתן לחלק את הבושה לשלושה סוגים. הסוג השלישי והנמוך ביותר הוא בושה שהאדם מרגיש מול ובגלל הסביבה, הסוג השני הוא בושה שמקורה מאופן התנהגות שהאדם קיבל על עצמו לעמוד בו, ואילו הסוג הנעלה של בושה נובע מהעצמי של האדם. ככל שהאדם מתעלה ומפתח את יכולתו הרוחנית, הבושה הופכת להיות פחות בולטת. בבוא הזמן, האדם ישאף ואף יגיע לדרגה, בה גם בושה וגם אשמה לא יפרו את האיזון הנפשי שלו.

ככל שהאדם הופך להיות יותר בטוח בעצמו ועצמאי יותר, הוא פחות חי במטרה להרשים את הסביבה ויותר עבור עצמו. הוא פחות זקוק לאישור מהסביבה למעשים שהוא עושה. האדם מפתח מצב של השתוות — שוויון נפש בריא. ביטויי שבח, גנאי, הערצה או נזיפה אינם משפיעים עליו או מסוגלים לערער את נקודת מבטו או את ערכו העצמי. בדרגתה הנעלית של בושה, האדם אינו לוקח שום דבר שמופנה אליו מהסביבה באופן אישי, בין אם זה אישור חיובי — כמחמאה, או שלילי — כלעג.

ילדים צעירים מעריכים את ה״אני״ שלהם על פי הסביבה. ייתכן שהערכה זו נובעת מכך שתכונת ההישרדות נטועה

עמוק באדם, שהרי מגיל צעיר הוא תלוי באחרים, עבור מזון ומגורים למשל. אולם ישנם אנשים שאינם מתפתחים מעבר לשלב זה, והם תמיד זקוקים ומחפשים למקור חיצוני שיעודד ויאשר את התנהגותם. המדד שלהם האם התנהגותם נאותה או לא, מוגדרת על ידי אחרים ואינה מבוססת על איך הם עצמם חושבים או מרגישים.

אנשים אלה חווים בושה כאשר הם בחברת אנשים אחרים. חיים אלה הם חיים במצב תמידי של בושה שרק מחכה להתממש. המניע היחיד עבור אנשים אלה להתנהגות טובה — הוא בושה. כאשר אדם כזה רוצה לעשות משהו שלילי, הוא צריך לוודא שאף אחד לא רואה אותו, כמו שחז״ל אומרים, ״ולואי תדעו כשאדם עובר עבירה אומר שלא יראני אדם״ (ברכות כ״ח ב׳), כשאף אחד לא בסביבה הוא יעשה כרצונו, וזאת משום שהמדד שלו נקבע על ידי הסביבה, אין לו מצפן ומורה דרך פנימי שמורה לו את הדרך הנכונה. זו הדרגה הראשונה והנמוכה של בושה.

בושה פחות חזקה היא, כאשר אדם חש בושה מסטייה מעקרונות ודרך חיים שקבע או אימץ לעצמו. אין זו הדרגה הנעלית של בושה, שכן היא עדיין תוצאה של גירוי חיצוני — העיקרון או הדרך חיים שהוא בחר לעצמו. כאשר אינו עומד בעקרונותיו הוא חש בושה.

הבושה הנעלית ביותר היא, כאשר האדם חש בטוח בעצמו עד כדי כך שחייו נעים סביב ציר פנימי, ללא הצורך להרשים אחרים. הבושה נובעת אך ורק מתוך העצמי שלו. המצפן הפנימי מזהיר אותו מחוסר עקביות או מעשה לא ראוי, הבושה נובעת מהקול הפנימי שבו. היותו קשוב לקול העדין שבוקע ממעמקי הנשמה תערוב לכך שיישאר עקבי. כאשר הוא חורג מתוואי

המצפון, הוא חש בושה שתעזור לו לא לחרוג מעקרונותיו ואמונתו הפנימית הבוערת.

הדרך הטובה ביותר לצמיחה אמיתית היא להתעלות למצב בו לא זקוקים לרגשות שליליים בכדי להיות טובים יותר, ובסיס ויסוד ההתנהגות הוא אהבה. בדרך זו של התאחדות עם העצמי אין אשמה או בושה. האתגר של האדם לנוע קדימה הוא אך ורק רגש של אהבה ואחדות עם הקב"ה. אהבה היא הדרגה הגבוהה ביותר כפי שמובא ב"חובות הלבבות", "וכשתרגיש הנפש בעניין שיוסיף לה אור בעצמה, וכוח נפשה תטה במזימתה אליו, ותדבק בו במחשבתה, ותעבירהו ברעיונה, ומתאווה אליו וכוספת לו — וזאת תכלית האהבה הזכה" (שער האהבה א').

במקום רגש של מרירות ובושה שגורמים לו להיות חלש ונטול כוח, יש אדם חזק ועוצמתי שחש בנוח עם החיים ועם עצמו. הוא חפץ להתאחד עם הקב"ה מתוך תשוקה והתלהבות, הוא רוצה לחיות חיים שנותנים לו את המתנה הנעלית ביותר — אהבה.

רגשות אשמה ובושה סתמיים אינם מועילים. השאלה היא, אם אדם חש בושה איך הוא יכול להתעלות, או מדוייק יותר, איך הוא יכול להעלות ולתעל את הרגשות האלו? יתרה מזו, האם אפשר להשתחרר מרגש של בושה בדרך לחיים חופשיים משלילה? ואם כן, איך?

ישנן אינספור עצות כיצד ניתן להתגבר על הבושה. הרי הבושה מופיעה כאשר האדם מרגיש נפילה — הרגשה של חוסר שלימות או חוסר איזון. נראה שהמכנה המשותף לכל העצות הוא שכאשר הוא חש חוסר אונים, במקום להתבייש,

עליו לחשוב ולהבין שחוסר שלימות היא תכונה אנושית לגמרי. לטעות זה אנושי.

באופן אחר, ניתן להתעלות מהבושה על ידי ההבנה הפשוטה — שאין ממה להתבייש. הבושה היא תוצאה מדרישה לשלימות. על ידי ההכרה שהאדם אינו מושלם, הוא יחדל להתבייש.

כפי שהוזכר, הרעיון של בושה — "ויתבוששו", מובא בתורה לאחר שאדם וחוה אכלו מעץ הדעת. הם חשו בושה כאשר הבינו שהם עירומים. מסיפור זה למדים שהעלאת הבושה היא על ידי חזרה לחיים של "גן עדן", להניח את הפירות של עץ הדעת על עץ החיים, ולהרגיש את האיחוד והשילוב של העולם ושל האדם עצמו.

ישנם הטוענים שלא צריך לחוש בושה בנוכחות הקב"ה. הקב"ה ברא אותנו ויודע באיזה מצב אנו נמצאים, ולכן אין ממה להתבייש.

למרות שיש אמת מסויימת בנקודת מבט זו, הבעייתיות בה היא שהרגש הבסיסי של בושה הוא תחושה של חוסר התאמה או חוסר אונים. זוהי בעצם גישה האדם כלפי מקור הבריאה. למרות שגישה של פתיחות ואי בושה עשויה לספק הקלה לטווח קצר, בטווח הארוך היא עשויה לחזק דווקא את חוסר ההתאמה.

כאשר אדם אומר לעצמו שהוא לא צריך להתבייש מהקב"ה, תחושת הבושה המיידית תפוג, אך תחושת האי נעימות והבושה בטווח הארוך צפויה לגדול. על ידי תחושה נפשית חזקה שבאה מתוך אישיות חלשה, האדם מסתכן בשקיעה וירידה למצב רוחני נמוך עוד יותר. בסופו של דבר יאמין בעצמו פחות.

גישה בריאה יותר היא לא להתעלם מהבושה, אלא להגיב אליה עם כוח חיים חזק יותר. על ידי בחירה מכוונת שלא להתבוסס בבושה ועשיית מעשים חיוביים, האדם מבטל את הרגשות השליליים כלפי עצמו ומתחיל להרגיש טוב יותר, לא בגלל שהוא מתעלם מהבושה, אלא בגלל שהוא מנצל אותה לחיוב — הכוח והמעשה עצמו הם אלה שמחזקים אותו.

בושה נובעת מהרגשה של חוסר אונים ומשפיעה על האדם עד שהוא מפסיק להעריך את עצמו באופן חיובי. היא גורמת לאדם להרגיש יותר גרוע עם עצמו מאשר בזמן המעשה שגרם לה. האדם נחלש מבחינה רוחנית ואין בו כוח ואומץ להעמיד את עצמו בדרך הנכונה. הגישה הנכונה כלפי בושה היא להילחם בה על ידי עשיית מעשה שיעצים אותו.

כאשר אדם חש נבוך עקב מעשים שעשה או מכך שנכנע לפיתוי, עליו לקבל ולהבין את הרגשות, ומיד לאחר מכן לגאול את עצמו בכוח על ידי עשיית מעשה חיובי. שינוי פנימי יבוא על ידי פסיעה אחת בכל פעם. פעולות אלו יביאו אט אט לשינוי המיוחל.

עם זאת, באם האדם רוצה לנקוט במעשה מיידי עליו להיכנס לעולם התשובה. במקום להרגיש חסר אונים, עליו לדעת שיש לו את היכולת לצאת מהמצב בו הוא נמצא. כאשר הוא עושה את הפעולות הנכונות השינוי נובע מדרגת התשובה הנעלית ביותר. תשובה הופכת את החוזר מבפנים ובהתאם לכך מעלה את כוח הפעולה מבפנים.

שאיפתו של האדם היא לחיות את החיים מבלי לחוות את הבושה, בדיוק כפי שהאדם וחוה חיו בגן עדן לפני שאכלו מעץ הדעת. כאשר חיים חיי "עץ החיים", אין מקום לבושה. ההווייה

הפנימית של האדם באה לידי ביטוי בהתנהגות החיצונית, הכל מאוחד ללא פירוד.

אך כאשר אדם סוטה מהדרך הנכונה ומתמודד עם שליליות, המענה הוא פעולה חיובית ותשובה. במקום לאפשר לרגשות שליליים להשתלט עליו ולגרום לחוסר אונים, עליו לגדוע רגשות אלה באיבם. המענה הטוב ביותר לתחושות שליליות, כגון תיעוב, אשמה או הלקאה עצמית, הוא פעולה חיובית. פעולה שתעקור את הרגשת החוסר אונים ותטע במקומה תחושת כוח ויכולת.

תקציר:

בושה

בושה עלולה לשתק את האדם מבחינה רוחנית. הבושה שאדם מרגיש היא תחושת בלבול בין מה שהוא עשה לבין מי שהוא באמת. להתבייש זה לא הוגן ולא צודק. באותו אופן שבו היית נעמד ומנסה לעזור לקרבן שנפגע בפעולה של עוול, עליך לעמוד ולהגן על האדם הטוב שהנך באמת.

תרגול:

מעשה

באם הנך מתבייש במעשה שעשית או מרגיש חלש בגלל שנכנעת לאנוכיותך, במקום להתפלש ברגשות אשמה, קום והגן על מי שאתה באמת. באותו כוח ועוצמה רגשית שהנך מאשים את עצמך, עשה מעשה טוב או מצווה.

פרק עשרים וחמשה

ענווה וביטחון עצמי

רגשות סותרים באים עלינו כאשר אנו מתחילים לצעוד בדרך התשובה, ובפרט תשובה כה מהפכנית והתחלתה של דרך חדשה בחיים. כאשר אדם חפץ לחולל שינוי בחייו מתעוררים בו רגשי עצב וגם שמחה. תשובה כרוכה במידה של ניתוק מהעבר ויכולה להיות התחייבות מכבידה מדי. אין זה חשוב כמה האדם נרגש בבחירה של דרך חדשה ומשמעותית יותר לחייו, תמיד תישאר בו מידה של געגוע לעבר, משום שכל ניתוק הוא מקור לכאב. העובדה שהוא מרוצה ממצבו הנוכחי ומלא בתקווה לעתיד מאיר יותר, אינה שוללת רגשות של מצוקה ועצב שעלולים להתעורר בו כאשר הוא בוחר במסלול השונה ממסלול חייו עד עתה.

כאשר יתרו מגיע יחד עם בתו ונכדיו אל משה ומצטרף לכלל ישראל לאחר יציאת מצרים, מתארת התורה רגשות של שמחה ועצב בו זמנית. משה רבינו מספר ליתרו על הניסים שעשה הקב״ה לבני ישראל, ותגובת יתרו היא, ״וַיִּחַדְּ יִתְרוֹ״ (שמות י״ח ט׳). ישנם שני פירושים למילה ״ויחד״. האחד ״שמחה״ והשני ״עצב״, כפי שמובא ברש״י על אתר, ״ויחד יתרו: וישמח יתרו זהו פשוטו. ומדרש אגדה נעשה בשרו חדודין חדודין — מיצר על אבוד מצרים״ (רש״י על אתר. סנהדרין צ״ד א׳).

ובעומק, שורש המילה ״ויחד״ הוא ״מאוחד״ (בעל הטורים), יתרו הפך להיות מאוחד יותר, הוא חווה שינוי. עד עתה נקודת מבטו היתה של פירוד ועבודה זרה ועתה היא הפכה להיות כזו של אחדות ה׳. לכן חש בשני רגשות שלכאורה סותרים זה לזה.

ולכן ניתן לומר ששני הפירושים – שמחה ועצב – נכונים. מחד שמח על הניסים, ובגלל זה התעורר בו רצון להצטרף לכלל ישראל. מאידך כאב על האסון שקרה למצרים ורצה לחבור גם אליהם, כיון ששניהם היו עובדי אלילים.

בנוגע לאדם שעושה תשובה, שינוי נקודת המבט גורם לתנועה פנימית וחיצונית. האדם חווה תערובת של רגשות, שמחה עצומה שמהולה בעצב. שמחה כלפי עתיד חדש, ועצב וצער על כך שהוא משתחרר מהישן והנוח — דרך החיים שהורגל בה עד עתה.

כל לידה או לידה מחדש מלווה בצורה מסויימת של מוות או ניתוק. "חדש" פירושו להתנתק ולהרפות מהישן. אי אפשר להתחיל מחדש, באם אין סיום למה שהיה עד עתה. התפתחות, מעבר או השגת יעד חדש, רומזים על סיום מצב ישן. מסיבה זו רבים ממשיכים לעבוד בעבודה לא נוחה אותה החלו שנים רבות לפני כן או נשארים במצב חברתי לא נעים, ואינם עושים צעד או תנועה כלפי שינוי. גם אם הצעד או התנועה הם לטובת האדם, כמעט תמיד המעבר טומן בחובו רגשות מעורבים.

בכל פעם שאדם חווה שינוי הוא חש תערובת של כאב וצער. גם אם יש לו הצעת עבודה עם תנאים טובים יותר והוא משתוקק ומצפה לה, הוא עדיין חש תחושת הפסד כאשר הוא מוותר על עבודתו הנוכחית. דבר זה נכון שבעתיים עם תשובה — שורש השינויים.

חתימת וסיום פרק בחיים והתחלה חדשה הם מהלכים שטומנים בחובם עצב, גם אם האדם בחר לעשות זאת מרצונו החופשי. אדם שמורגל בהתנהגות או בנקודת מבט מסויימת

אפילו פוגענית ומעוניין להתנתק ממנה, עומד בפני אתגר רציני.

תשובה יכולה גם להיות חוויה משפילה. אין חולק שיושר הינו מרכיב חשוב בתשובה (יערות דבש א׳ עמ׳ שע״ו. מדרש פנחס עמ׳ פ״ב. מנורת זהב עמ׳ פ״ח). בכל פעם שאדם נמצא בעמדה שדורשת ממנו מבט כנה על צדדיה השליליים של התנהגותו, ישנה אפשרות להונאה עצמית או לכנות מופרזות מדי. האתגר הוא שינוי כיוון והתנתקות מדרך החיים הישנה והפוגעת, שהרי היא חושפת את האדם למצבים קיצוניים של אשמה ופגיעה נפשית.

ההשפלה אותה האדם חווה כאשר הוא מנתח את צדדיה השליליים של אישיותו יכולה להזיק יותר מאשר להועיל. השפלה היא מרכיב חשוב בדרך התשובה, משום שהוא צריך לאבחן באופן כנה מעשים שעשה, טעויות שבצע והזדמנויות שפספס. אולם לאחר ההבחנה, תכונות אופי שליליות יכולות להאפיל על החיוב והטוב של אישיותו, וישנו חשש שהוא יחשוב שאינו ראוי ואינו עומד בתנאים לתשובה.

תשובה אכן עלולה לגרום לו להרגיש נחות כפי שמביא הרמב״ם, ״בעלי תשובה, דרכן להיות שפלים וענווים ביותר״ (הלכות תשובה פ״ז ה״ח. ראה אורחות צדיקים שער התשובה כ״ו). אולם רגשות אלו, כאשר הם קיצוניים הם שליליים. רגשות שליליים אלו משתקים את כוח הרצון, ממעיטים את האמונה של האדם ביכולתו לצאת מהתהום בו הוא נמצא ולהפוך את חייו לטובים יותר.

בכדי להגיע למצב של תשובה כוללת ומגובשת, בו האדם מתחבר לעצמי קדוש ונעלה יותר, בו כל החלקים השליליים של

העבר נמחקים והוא מנצל ומשתמש עם הכשרונות והיכולות שלו לטוב — עליו להתמודד ולהתגבר על התחושות הללו.

כאשר רגשותיו של האדם מאוזנים היטב — תחושה של צער על העבר מחד ותחושה של שמחה פנימית מאידך — אזי הוא בדרכו ל"תשובה שלימה" ובריאה (דרך חיים שער התשובה עמ' ט'). יחד עם ההכנעה, הידיעה וההכרה בחסרונותיו, ישנו מינון נכון של ביטחון והערכה עצמית כנה (אוהב ישראל פרשת מצורע).

על מנת שהאדם יוכל לחיות חיים מאוזנים עליו לשלב את ההערכה העצמית שלו עם ההכרה בטעויות העבר. להיות כנה ביחס לחסרונותיו אך באותה מידה להכיר בחוזקו ובחוסנו הנפשי.

פנימיות האדם תמיד מושלמת, רק היבטים חיצוניים של האדם זקוקים לשיפור ולתשובה. הדרך הנכונה היא להיות מודע לעצמי הנחות שזקוק לתשובה, ובד בבד לזכור שהעצמי הפנימי הוא נעלה וטהור. האדם זקוק לשלוט בעליות ובמורדות ולנתב ביניהם, בכדי לאזן את הרב מימדיות של הנשמה.

הגימטריא של "דרך" היא 224, והגימטריא של "בקי" היא 112, כאשר האדם בקי ורגיל בשני העולמות יחד, בעולם החיצוני בו יש מקום לחסרון ובעולם הפנימי שתמיד מושלם, הוא מגלה את ה"דרך" הנכונה. הדרך הנכונה היא לחיות כמציאות מאוחדת וקדושה בשני עולמות בו זמנית.

בתהליך של חשבון נפש כנה ויסודי, עלול האדם להיות מופתע לרעה, משום שהוא חש תחושת השפלה כלפי דברים שאולי עשה או שרצה לעשות ולא עשה. בכדי להתמודד עם

רגשות אלה, כדאי לזכור שלכל אדם יש נקודה פנימית — נקודה טובה, שאינה ניתנת למחיקה ולטשטוש. בנקודה זו האדם תמיד טהור ומושלם. ייתכן שהעצמי השטחי והחיצוני זקוק לתיקון, אולם בפנימיות — העצמי העמוק ביותר תמיד מושלם. האדם צריך לשמור על שיווי משקל ואיזון עדין בין שני היבטים אלו, מצד אחד, להתמיד, לשפר ולתקן, ומצד שני, לדעת שהעצמי הפנימי תמיד מושלם.

בתשובה ישנן דרגות שונות. עבור אחדים, התשובה מחוללת שינוי מוחלט ומהפך מושלם — דרך חיים חדשה ומרעננת. עבור אחרים זהו תהליך בו הם ממשיכים להתפתח באופן ובדרך בה הם כבר צועדים. ככל שהשינוי חד יותר, כך גדל הסיכוי להרגיש מושפל יותר. כמו כן, תשובה שמונעת מיראה, עלולה להביא רגשות נוספים, כגון נחיתות וענווה, ולעתים — כפי שהוזכר — גם השפלה.

כאשר אדם מחליט לצאת לדרך חדשה בחייו, הוא עלול להרגיש שכל מה שעשה בחייו עד עתה היה בזבוז וחסר משמעות. מחשבה זו עלולה לגרום לו דיכאון או חולשה.

רגשות אלה מתעוררים במיוחד כאשר האדם משווה את הדרגה הרוחנית בה הוא נמצא לדרגתו של מי שנולד לתוך חיי תורה ומצוות. הוא עלול לסבול מרגשי נחיתות קשים ולחשוב, שכיון שאנשים אלה נולדו אל חיי תורה, יש להם מעלה שאין לו. מחשבה זו היא אחת מן המחשבות הנפוצות ביותר בקרב המחפשים דרך חדשה בחיים, אך היא כלל לא נכונה.

לעתים מתרחש ההיפך הגמור. אנשים שחוו התעלות רוחנית מרגישים נעלים מאחרים שלא חוו התעלות זו. אנשים אלה יכולים ללקות בשביעות רצון עצמית וצדקנות לא בריאה.

כאשר רגשותיו של האדם מאוזנים היטב, מצד אחד תחושת חרטה על העבר, ויחד עם זאת תחושה של שמחה פנימית על כך שמעתה הוא מודע יותר להווה, אזי הוא בדרך לתשובה בריאה, אמיתית ושלימה. האדם מלא בביטחון והערכה עצמית נכונה וכנה — עם תחושה בריאה של הכנעה. הוא מטפח ומחזק תחושת ערך עצמי — יחד עם התחושה שייתכן והוא לא ראוי משום שהדרך בה התנהג בעבר אינה מתאימה. טיפוח רגשות אלה, יאפשר לו להתעלות ולדלג מעל הייאוש ולהמשיך בעוצמה בדרך התשובה. האיזון רומז על שחרור אישי וחיים מאוזנים. אדם בריא הוא אדם המתואם ומאוזן היטב מבחינה גשמית, רגשית ורוחנית.

לדעת החוקרים, גשמיות בריאה נובעת מאיזון בין ארבעת היסודות (שבילי אמונה נתיב ד׳. ראה דגל מחנה אפרים בראשית). הבריאה מורכבת מארבעה יסודות בסיסיים: אש, רוח, מים ועפר (מדרש רבה במדבר י״ד י״ב. ספר יצירה א׳ ט׳-י״ב). בכדי לחיות נכון, זקוקים לאיזון של ארבעת היסודות הללו. כאשר הם מאוזנים אדם יכול לחיות חיים בריאים.

הנחת יסוד זו, שגשמיות בריאה תלויה באיזון הפנימי של יסודות גשמיים אלו, נכונה גם מבחינה נפשית ורוחנית. בכדי לנהל אורח חיים בריא ומתואם עם הכוונה העליונה, חשוב שהאדם יחיה באיזון רגשי תקין. עליו לשאוף להיות שפל — מבלי להיות מושפל. להיות בטוח וחדור ביטחון עצמי — מבלי להיות יהיר או גאוותן. להיות מאושר — מבלי להרגיש עליונות כלפי אחרים שלא זכו. להיות מפוכח ולדעת את מצבו הפנימי לאשורו — מבלי להיות מיואש ואדיש.

בראש השנה אנו מצווים לתקוע בשופר, אולם התורה אינה אומרת מדוע, רק ״יוֹם תְּרוּעָה יִהְיֶה לָכֶם״ (במדבר כ״ט א׳).

ראש השנה ט"ז א'). הרמב"ם הניח שקול השופר נועד לעורר את האדם לתשובה, "אף על פי שתקיעת שופר בראש השנה גזירת הכתוב, רמז יש בו, כלומר עורו ישנים משינתכם, והקיצו נרדמים מתרדמתכם, וחפשו במעשיכם, וחזרו בתשובה" (הלכות תשובה פ"ג ה"ד).

קולות השופר מורכבים משלושה סוגים, תקיעה: קול פשוט רועם ומתמשך. שברים: קול משולש, כביכול אדם שנאנח. תרועה: קול שבור, כביכול אדם שמתייפח במהירות.

לפני ואחרי כל רצף של שברים ותרועה, יש לתקוע "תקיעה" — קול פשוט ורועם. תקיעה זו היא תקיעה של ביטחון. האריז"ל כותב שהגימטריא של המילה "תקיעה" היא אותה גימטריא של המילה "תוקף" — כוח ועוצמה (שער הכוונות ראש השנה דרוש ח'), רמז לכך שלפני ואחרי כל תהליך של התבוננות עצמית — שברים ותרועה — צריך האדם להרגיש תחושה של חיבור יציב ובלתי מעורער עם הבורא שתמיד נמצא איתו. תקיעה זו — ההרגשה שהקב"ה תמיד איתו, נוסכת בו ביטחון.

התקיעה מזכירה לאדם שהטבע הנצחי והבלתי משתנה שלו, קשור תדיר עם הקב"ה, היא מעניקה לו השראה, עידוד וכוח, להיאנח ולהתייפח בזמן של "שברים ותרועה" — זמן של עבודה קשה של תשובה ושינוי.

כאשר אדם יוצא לדרך חדשה — לדרך של תשובה, ענווה היא הרגש החזק ביותר שהוא חש. כאשר הדימוי העצמי של האדם משתנה, לטוב ולמוטב, הוא מרגיש צנוע או פגיע — תנועה שמתבטאת בקולות "שברים ותרועה". אולם, מיד לאחר מכן, בוקעת ועולה קולה הרועם של התקיעה, קול שבונה, מחזק ונוסך באדם כוח ועוצמה, להמשיך קדימה בדרך התשובה.

האדם עשוי להבחין במציאות קשה ושלילית, ולחוש שבור ומרוסק לחתיכות כצלילים הקטועים של ה״שברים והתרועה״. אך רגשות אלה מרופדים משני הצדדים עם ביטחון ומודעות עצמית בריאה — קול רועם ובוטח של התקיעה. אם האדם יאפשר לענווה לזרום ללא מעצורים, הוא יצעד בעל כורחו אל מסע מתיש של הלקאה עצמית והשפלה. ללא ערך עצמי בריא, ענווה תוביל לתחושות שליליות של חוסר התאמה ונחיתות. רגשות אלה יפילו אותו מרוחו וימעיטו את שמחת חייו — תוצאה שאינה רצויה עבור תהליך כה מרגש ומעורר השראה.

הרב סעדיה גאון מבאר, שתקיעת שופר בראש השנה דומה לתקיעת החצוצרה בהכתרת המלך. בראש השנה ניתן לנו הכבוד, הזכות והאחריות, להכתיר את הבורא כ״מלך על כל הארץ״, ככתוב בתפילות ראש השנה. הכתרה זו מתבטאת על ידי התקיעה בשופר.

דבר זה גורם לתחושה מעצימה ביותר. ההכתרה של הבורא האין סופי למלך על העולם, תלויה בנו — יצורים גשמיים וחסרי חשיבות לכאורה, כלפי הבורא האין סופי. תחושה של שמחה והעצמה עצמית יחד עם מודעות לכך שהאדם נמצא בעיצומו של תהליך מורכב של איזון רוחני, עשויה להיראות מנוגדת, אולם מתעוררת מקול השופר. למעשה, תחושות אלו אינן מנוגדות אלא משלימות אחת את השנייה.

אולם אין לבלבל בין ענווה הבאה עם התשובה לבין השפלה. השפלה הינה הרס עצמי וחנק, ענווה לעומת זאת — מעצימה ומשחררת. חיי ענווה פירושם לחיות את החיים עם כוונה ומסר עמוק ופנימי מעבר למגבלות של האנוכיות שמונעות צמיחה אמיתית, ולהגיע לעבודת ה׳ מתוך יראה פנימית ועמוקה.

על ידי הענווה האדם לא יחוש מושפל. להיפך, הענווה מאפשרת לו לנתח את המצב, ולראות שיש מקום לגדול ולהתפתח במבט שאינו מושפע מהאנוכיות. על ידי הענווה, ניתן לראות את העולם באופן אין סופי, שמעניק אין סוף הזדמנויות להתקדם מבחינה רוחנית.

"כשם שצריכים לידע חסרונות עצמו כן צריכים לידע מעלת עצמו" כותב האדמו"ר הריי"ץ נ"ע, האדם "צריך לידע מדריגת עצמו כפי שהיא לאמיתתה" (ספר המאמרים תרפ"ז עמ' רל"ז-ח'). האתגר הוא, לאזן בין ההכרה בנקודותיו החלשות לבין נקודותיו הטובות.

רבי שמחה בונים מפשיסחה היה רגיל לומר, שאדם צריך להחזיק בכיס אחד פתק בו כתוב "בשבילי נברא העולם" (סנהדרין ל"ז א'), ובכיס שני פתק בו כתוב "יתוש קדמך במעשה בראשית" (סנהדרין ל"ח א'. מדרש רבה ויקרא י"ד א').

אדם צריך להעמיד מולו באופן תמידי את שתי נקודות המבט הללו — נקודות שכל כך שונות אחת מרעותה. "בשבילי נברא העולם" רומז שהבריאה כולה נבראה עבור האדם, משימתו בעולם חשובה והוא עצמו נחוץ להגשמת התוכנית האלוקית בעולם. "יתוש קדמך" מזכיר לאדם שזמן בואו לעולם הוא רק לאחר שהקב"ה ברא את אחת הבריות הנחותות ביותר — היתוש. אפילו היתוש נברא לפני האדם.

רעיונות מנוגדים אלו שנמצאים בשני כיסיו נותנים לו את האיזון בין ערך עצמי לבין ענווה בריאה. אדם שמצליח להתאזן בתוך הקטבים האלה, יצליח להשיג תשובה אמיתית — מבלי לאבד את תחושת החשיבות שלו בעולם.

אנו צריכים למצוא את האיזון, ולמרות מה שייתכן ועשינו, אסור לנו לשכוח את הנקודה הטובה.

אולם התמקדות קיצונית רק על הנקודה הטובה, המקום בו אדם יכול לתלות את הביטחון העצמי שלו, יכולה גם להיות חרב פיפיות. הרעיון של הנקודה הטובה הוא, שלא משנה כמה נמוך האדם נופל, הוא תמיד יכול להתרומם, משום שעמוק בפנים יש בו נקודה טובה. דבר זה מועיל ביותר עבור אדם שסובל מהערכה עצמית – רוחנית או נפשית – נמוכה ושפילה. הרעיון של התמקדות בחיוב יכול לרומם את האדם מבפנים. אך עבור אדם עם ביטחון עצמי בריא, אדם שמרגיש באופן חזק ש"בשבילי נברא העולם", התמקדות אך ורק בחיוב שבו, יכולה להעיב על חסרונותיו שלו עצמו, ולהביא אותו ליהירות (ליקוטי הלכות השכמת הבוקר א' י"א).

לאדם עם הערכה עצמית בריאה, שהיא הדרך הטובה יותר לחיים, מומלץ לבדוק את חסרונותיו מפעם לפעם ולראות על מה הוא עדיין צריך לעבוד, ומכיון שהוא נמצא במקום טוב ובטוח, זה לא יגרום לו להרים ידים אלא לצמוח ולגדול עוד יותר.

צריכים לדעת שהערכה עצמית בריאה מגיעה מאיזון של ביטחון וענווה. כאשר אדם מרגיש צנוע ומושפל מדי עליו להתמקד ב"נקודה הטובה". לעומת זאת, כאשר הוא מרגיש בטוח במידה כה רבה עד שהוא מאבד את ענוותו, עליו להתמקד ב"נקודת החסר". אולם מכיון שהוא נמצא במקום טוב, החשיבה על "נקודת החסר" לא תגרום לו לוותר אלא להמשיך לנוע קדימה.

לעיל (פרק ארבעה עשר) הובא, שישנו קשר הדוק בין תשובה

ווידוי. וידוי בפה מטרתו להביע חרטה על מעשה שלילי שנעשה או על מעשה חיובי שלא נעשה. הכרה במעשים חיוביים מחד ושליליים מאידך.

עם זאת, בנוסף להכרה במעשים הלא טובים של האדם, התורה נותנת מקום לוידוי מילולי על התנהגות חיובית וטובה. וידוי זה הוא חיפוש ומציאת הנקודות הטובות של האדם — הכרה בטוב ובחיוב של האדם, כפי שלמדים ממצוות מעשר, המצווה להביא מעשר מן הרווחים.

כאשר בית המקדש עמד על מכונו היו מביאים מעשר לבית המקדש ואומרים, "בִּעַרְתִּי הַקֹּדֶשׁ מִן הַבַּיִת וְגַם נְתַתִּיו לַלֵּוִי וְלַגֵּר לַיָּתוֹם וְלָאַלְמָנָה כְּכָל מִצְוָתְךָ אֲשֶׁר צִוִּיתָנִי... שָׁמַעְתִּי בְּקוֹל ה' אֱלֹקָי עָשִׂיתִי כְּכֹל אֲשֶׁר צִוִּיתָנִי" (דברים כ"ו י"ג-י"ד), אמירה זו נקראת וידוי מעשר.

וידוי זה אינו וידוי שלילי על מעשים לא טובים, כי אם הצהרה על התנהגות חיובית. האדם שנותן את המעשר מפרט את המעשים הטובים שעשה במהלך קיום המצווה, ובסיומם אומר, "הַשְׁקִיפָה מִמְּעוֹן קָדְשְׁךָ מִן הַשָּׁמַיִם וּבָרֵךְ אֶת עַמְּךָ אֶת יִשְׂרָאֵל וְאֵת הָאֲדָמָה אֲשֶׁר נָתַתָּה לָנוּ כַּאֲשֶׁר נִשְׁבַּעְתָּ לַאֲבֹתֵינוּ אֶרֶץ זָבַת חָלָב וּדְבָשׁ" (שם ט"ו).

כתוצאה מהמעשים הראויים שעשה, מתחנן האדם ומבקש שיורעפו עליו ברכות. הוידוי אינו פירוט של מחשבות או מעשים שליליים, אלא הזדמנות להתמקד בהישגי האדם, בהכרה חיובית וביכולת לצמיחה בהמשך. מצווה זו נותנת לאדם סיכוי להגיע למודעות רחבה יותר לנוכחותו של הקב"ה, לבקש ואף לדרוש מהקב"ה ברכות, בזכות המעשים הטובים שעשה. מצווה זו היא עדות לענווה מאוזנת היטב.

אנשים נוטים להעניש את עצמם כאשר הם חוזרים על אותן טעויות שוב ושוב. ההלקאה עצמית גורמת לכך שאט אט הם רואים את עצמם כאנשים שליליים. חיזוק הרגשות הללו מטפח באדם נקודת מבט שלילית, עד שאינו מסוגל לעשות שום דבר חיובי. המעשים השליליים משפיעים על האדם במידה כזו שהוא מרגיש חסר תקנה ושוכח את הטוב שקיים בו. הרגע בו האדם מפסיק להאמין שהוא מסוגל לטוב, הוא הרגע בו הצלם האלוקי שלו נכנע.

כמו כן, אם האדם היה מטאטא את טעויותיו וכשלונותיו אל מתחת לשטיח, הוא לעולם לא היה לוקח אחריות למעשיו. יש צורך באיזון עדין, הכרה בפעולותיו לטוב ולמוטב יחד עם מנה בריאה של מודעות שהמעשים השליליים שעשה לא מגדירים אותו באמת.

אדם שמעשיו המוסריים גובלים במעשיו של רשע, יכול לחוות תחושה של חרטה עמוקה. אך במקביל עליו תמיד לזכור את הצדיק שנטוע עמוק בתוך תוכו — החלק האלוקי של נשמתו. באם ישכח זאת לא יתקדם לשום מקום, כיון שהוא מרגיש נורא על מה שעשה, ועקב חומרת מעשיו — לא יהיה מסוגל לשנות את מהלך חייו.

כדאי מאוד לאדם לראות את עצמו כצדיק (צו וזירוז פיאסצנה כ״ד) ולשאוף כל העת להגיע לדרגה זו באמת, מאשר לראות את עצמו כרשע ולהיאבק ללא הרף בכדי להתגבר על כך. האדם הופך להיות מה שהוא רוצה להיות.

אנשים שטוענים שהם מוגבלים — בין אם הם חשים עצמם חסרי אונים עקב פעולות או החלטות שגויות שעשו בעבר, ובין אם הם לא מבינים את גודל האתגר או שלא חונכו בדרך זו — יישארו מוגבלים. טיפוח מגבלות רק מגביל יותר.

חיים מיטביים הם כאשר האדם מדמיין את עצמו במיטבו, ושואף להיות צדיק באמת ובתמים — מצב בו האדם תמיד נמצא בפנימיות. כאשר הוא חי באופן כזה לא יחטא אף פעם, ולו רק בגלל "שלא מתאים לי לחטוא". ממקום של גאווה רוחנית, הוא ימנע מעצמו מלהתפתות באומרו "איך אני יכול? זה לא מתאים לי".

כאשר האדם יראה את עצמו כצדיק יחדל לעשות מעשים רבים שהוא עושה ולחשוב מחשבות שהוא חושב, רק בגלל שזה לא מתאים לו "אני הרבה יותר טוב מזה, איך אני יכול לשקר? אני הרי אדם כנה ואמיתי. איך אני יכול להיכנס למריבות עם אחרים? אני הרי סבלני וסולח. אני נעלה יותר מהתנהגות לא ראויה זו".

אם וכאשר האדם נכשל חס ושלום, הוא יוכל תיכף להתרומם, כיון שהוא יודע שפעולות אלה אינן אופייניות לו ואינן מי שהוא באמת. סופו של דבר, שהדמות של העצמי הצדיק תהיה מוטבעת באישיותו — במעמקי הנפש, והתנהגותו הטבעית תהיה השתקפות של שלימות זו.

תקציר:

היה סמוך ובטוח שאתה יכול לשנות כיוון

הענווה צריכה להיות מאוזנת עם ביטחון עצמי. בדיוק כמו שאדם צריך להכיר בחסרונותיו, כך הוא צריך להכיר ולשפר את מעלותיו. אנו מתנהגים כפי שאנו מדמיינים את עצמנו. אם נחשוב על עצמנו כחלשים, נהיה חלשים. אם נראה את עצמנו כחזקים ומושלמים, נוכל להתחזק ולחזק אחרים. במקום לחשוב על חולשה או כשלונות, עלינו לרתום את הדמיון לקדושה. לדמיין את עצמנו כצדיקים שהרי "ועמך כולם צדיקים". במעשה בפועל, כל אדם יכול להיות צדיק. עשייה ואי עשייה יכולים להעצים אותנו בכדי שנוכל להתחיל לחיות את החיים באופן מלא.

תרגול:

דמיון

הקדש כמה דקות בכל יום בכדי לדמיין את עצמך במצב אצילי וקדוש. דמיין את עצמך עושה את מה שאתה באמת רוצה לעשות או נמצא במקום בו אתה באמת רוצה להיות. כאשר אתה מתפלל או מקיים מצווה, דמיין את עצמך כצדיק אמיתי והיה שמח בחיבור שנוצר בינך ובין הקב"ה. לאחר מכן כאשר אתה מתעסק בענייניך היום יומיים, המשך לדמיין את עצמך כצדיק, שמעלה ומרומם את העולם עם כל מעשה.

פרק עשרים וששה
לחיות את החיים במודע

אדם עלול להיות מופתע כאשר יווכח לדעת שאירועים שונים בחייו פשוט מתרחשים, בין אם הוא מוכן לכך או לא. נראה לו שהמחשבות, הרגשות והתגובות שלו אינם בשליטתו.

לעתים אדם חי את חייו באופן אקראי ובלתי מכוון. החלטות ובחירות רוחניות מתקבלות באווחה של רגע, ללא מחשבה מסודרת. התחושות והרגשות שהוא מרגיש באות והולכות באווחה אחת. הוא מרגיש קשר מיוחד וחיובי כלפי אדם אחד ושלילי כלפי אחר ללא שום סיבה מיוחדת.

החיים בדרך זו הופכים לחיים מדכאים, בהם נמנעים ממנו ייחודיות ובחירה חופשית. מסע התשובה הוא מסע של שחרור מנתק מהכבלים, בכדי שנוכל להתחיל לחיות מתוך כוונה ומודעות אלוקית.

ישנם אמנם מצבים מסויימים בחיים אותם לא ניתן לשנות, למשל, היכן ובאיזו משפחה נולדנו. אולם ישנם מצבים רבים בהם לאדם יש בחירה. היכולת לשנות את הנסיבות טמונה באופן בו הוא מגיב למצבים בהם הוא מוצא את עצמו.

אדם צריך להיות אחראי ולקחת אחריות לחיים, לטוב ולמוטב. רק הוא יכול לתקן או לשנות את חייו.

מעיון בנביאים אנו רואים מצב מעניין. נראה שדוד המלך חטא מספר פעמים (אולם ראה שבת נ"ו ב': "כל האומר דוד חטא אינו

אלא טועה". זוהר ח"ב ק"ז א׳) ואילו שאול המלך טעה רק פעם אחת. למרות זאת הקב"ה סלח לדוד המלך, ולא לשאול המלך. מדוע?

הסיבה בפשטות היא שחטאו של שאול היה בעצם המלכות ואילו חטאו של דוד היה חטא פרטי, אולם חז"ל מסבירים שהמענה לכך נעוץ בתגובתם כאשר נודע להם על החטא (יומא כ"ב ב׳). כאשר שמואל הנביא נוזף בשאול המלך על שלא הקשיב להקב"ה הוא משיב, "אֲשֶׁר שָׁמַעְתִּי בְּקוֹל ה׳ וָאֵלֵךְ בַּדֶּרֶךְ אֲשֶׁר שְׁלָחַנִי ה׳" (שמואל א׳ ט"ו כ׳). תגובתו הראשונית היא שהקשיב לקול ה׳, ורק לאחר מכן הכיר בחטאו.

אולם כאשר נתן הנביא אומר לדוד המלך שהוא חטא הוא מיד מודה בחטאו, "מַדּוּעַ בָּזִיתָ אֶת דְּבַר ה׳ לַעֲשׂוֹת הָרַע... וַיֹּאמֶר דָּוִד אֶל נָתָן חָטָאתִי לַה׳ וַיֹּאמֶר נָתָן אֶל דָּוִד גַּם ה׳ הֶעֱבִיר חַטָּאתְךָ לֹא תָמוּת" (שמואל ב׳ י"ב ט׳-י"ג).

הפסוק אומר "מְכַסֶּה פְשָׁעָיו לֹא יַצְלִיחַ וּמוֹדֶה וְעֹזֵב יְרֻחָם" (משלי כ"ח י"ג), ומובא במדרש תהילים, "מכסה פשעיו לא יצליח זה שאול... ומודה ועוזב ירוחם זה דוד" (מזמור ק׳).

על ידי לקיחת אחריות למעשיו העמיד דוד המלך את עצמו במצב של תשובה, ומכיון שהיה מוכן להודות בטעויותיו, היה מסוגל לחפש ולמצוא את התיקון. ענין זה יכול להתבצע רק כאשר האדם יכול להתמודד עם כישלונותיו בכנות, בשילוב מנה בריאה של ענווה.

שאול המלך לעומת זאת לא היה מוכן לתת דין וחשבון על מעשיו, וכך מנע מעצמו את האפשרות לתשובה. אם היה מודה ומתקן את מעשי העבר, היה יכול בהווה ליהנות מאפשרות של שינוי העתיד.

דבר זה נכון לגבי לקיחת אחריות על מעשים שנעשו שניתן לחשוב שנעשו באופן מכוון, אולם נראה שעלינו לקחת אחריות גם על מעשים שנעשו שלא במתכוון.

בזמן בית המקדש אדם שחטא בשוגג היה צריך להביא קרבן, גם עבור מעשה שנעשה בלי כוונה. דבר זה נראה תמוה, מדוע חייבה התורה להביא קרבן על מעשה שעשה בטעות, מבלי כוונה? מדוע מוטלת עלינו אחריות על מעשים שנעשו בטעות?

אולם זה בדיוק הרעיון. התורה שואפת לחנך את האדם לחיות את חייו מתוך כוונה, תשומת לב ומתוך דעת, ולא מתוך אקראיות והיסח הדעת (רבנו בחיי ויקרא א׳ ט׳. עקידת יצחק ויקרא שער נ״ז. רמ״א תורת העולה ב׳ פרק א׳). התורה מלמדת את האדם לקחת שליטה על חייו ולא לאפשר לאירועים בחיים לשלוט עליו. אדם שנאמן לתורה ולהוראותיה בקפדנות — ״לֹא יְאֻנֶּה לַצַּדִּיק כָּל אָוֶן״ (משלי י״ב כ״א). אדם שחי בעולם של מודעות וכוונה ״יקרה״ לו שום דבר, אפילו לא טעויות. אם חלילה נכשל בלי כוונה בעשיית חטא, הוא מודע לכך ומיד עושה תשובה.

בכללות ישנן מספר דרכים בכדי להבין מדוע יש לעשות תשובה על עבירות בשוגג. הרמב״ן כותב ״וטעם הקרבנות על הנפש השוגגת מפני שכל העונות יולידו גנאי בנפש והם מום בה״ (ויקרא ד׳ ב׳). לפי הרמב״ן כל מה שאנחנו עושים, גם אם נעשה זאת בלי מודעות ודעת – אם זה שלילי – זה יביא שליליות. לכן צריכים את התשובה.

הדבר נכון רק אם הפעולה היא שלילית מיסודה או אם היא איסור חפצא, או דבר שהוא לגמרי שלילי כגון גניבה. אך אם היה זה איסור גברא, איסורים מדרבנן למשל (כסף משנה איסורי

ביאה ב׳ י״ב. אתוון דאורייתא כלל י׳. שו״ת מנחת אליעזר ג׳ י״ב), אי אפשר לומר שהיא פועלת שליליות באדם, משום שהאדם לא פעל במוחו שום דבר רע, וכפי שכותב הגאון בעל התורת חסד, מדוע על איסורי דרבנן לא צריכים לעשות תשובה באם נעשו בשוגג, ״דאף שהתורה צותה בלאו דלא תסור שלא לעבור על דברי סופרים, מכל מקום איסור זה הוא אקרקפתא דגברא שאסור לו לעבור על דברי חכמים אבל לא איסור חפצא, דבאיסור תורה כמו חלב ודם שהדבר עצמו אסור מה״ת... ומשום הכי אף שאוכלו בשוגג צריך כפרה שהרי אכל דבר איסור בשוגג, אבל באיסור דרבנן אין איסור תורה על הדבר בעצמותו אבל הוא רק על האדם העובר ומשום הכי כל שהי׳ שוגג ולא כיון לעבור על דברי חכמים לא עבד איסורא כלל״ (שו״ת תורת חסד אורח חיים סימן ל״ב).

הרמב״ן (בשער הגמול) גם מבאר סיבה זו ומוסיף עוד סיבה מדוע שוגג צריך תשובה, ״הרי שאכל חלב בשוגג נקרא חוטא, שכן קראתו התורה בכל מקום, ומהו חטאו, שלא נזהר בעצמו ולא הי׳ ירא וחרד אל דברי המקום ב״ה שלא יאכל ולא יעשה דבר עד שיבדוק יפה יפה ויתגלה לו הדבר שהוא מותר וראוי לו לפי גזרותיו של הקב״ה ועל הדרך הזו הוא הטעם חטא השגגה בכל התורה״.

ענין וביאור זה דומה למה שכתב הרמב״ם (הלכות שגגות פ״ה ה״ו) ״שהשוגג היה לו לבדוק ולדקדק ואילו בדק יפה יפה ודקדק בשאלות לא היה בא לידי שגגה ולפי שלא טרח בדרישה ובחקירה ואחר כך יעשה צריך כפרה״. זו יכולה להיות הסיבה מדוע צריכים להביא כפרה על שוגג, משום שעצם העובדה שאדם עשה משהו מוכיחה שלא היה זהיר דיו.

דבר זה ניתן להבנה בעמקות יותר. האדם מביא קרבן ועושה תשובה עבור שוגג לא רק מכיון שהיה צריך להיות

זהיר יותר, אלא שהעובדה שנכשל בדבר שלילי מראה שבעומק נשמתו הוא עדיין קשור למעשים אלה, כפי שמסביר המהר״ל במקומות שונים, שמאדם טוב יוצא טוב ומאדם רע יוצא שלילה. אם כן, גם עשיית עבירה בשוגג מראה שהוא עדיין קשור אליה, ובלשונו של השם משמואל (פרשת צו) שזו הוכחה שיש לו תשוקה לדברים הללו, ״השוגג שהזדמן לאיש ישראלי לעבור עליו בלי דעת, הוא מחמת שבודאי מכבר השתוקק לאותו דבר אף שהיה זהיר מלעשותו מחמת ציווי השי״ת, מכל מקום מאחר שהשתוקק לזה הרי יש לו חיבור לזה הדבר, ועל כן מזדמן אליו הדבר הזה לעבור עליו בשוגג, והכפרה היא על מה שהשתוקק אליו כבר״, או שזה קשור לעמקי הנפש, ולכן כיון שהוא קשור בעמקי הנפש להתנהגות זו, הוא ממשיך ליפול ולהיכשל כתוצאה מדפוס התנהגות זה.

מלבד האמור לעיל, שאדם היה צריך להיות זהיר יותר כיון שזה מראה על קשר ותשוקה למעשים אלה, יש הבדל מהותי בין מחשבתו של אדם שחטא במזיד לבין אדם שחטא בשוגג. לאדם שנכשל בטעות יש סיכוי גבוה יותר לקבל ביקורת בונה, מאשר מי שפעל וחטא ביודעין שחושב שלא עשה מעשה חמור.

האמת היא, שרבים אינם חיים באופן מכוון או משולב לגמרי. לעתים קרובות, אדם מוצא את עצמו תחת השפעת כוחות פנימיים וחיצוניים שאינו מודע להם, שביכולתם גם לסתור זה את זה. כוח אחד דורש ממנו לבצע את המעשה וכוח שני דורש ההיפך. לפעמים אדם מופתע מהמעשים שעושה.

קורה והאדם מתבונן על היום שעבר ותוהה לעצמו איך יכול להיות שאמר או עשה מעשים מסויימים. במבט לאחור, מעשה, דיבור, מחשבה או התפרצות רגשית, יכולים להיראות לאדם עצמו כבלתי אופייניים ומתאימים לאישיותו.

חוסר עקביות, בשונה מיושר, גורם לחוסר תיאום בין הצדדים השונים של האופי והאישיות. זהו עומק הסיבה מדוע התורה דורשת שאדם יקריב קרבן כאשר הוא חוטא בשוגג. על ידי תהליך התשובה והבאת קרבן לבית המקדש, האדם חוזר לעצמי הטהור והמושלם כפי שהוא באמת. הוא חוזר להיות ישות משולבת, וחי בלי טעויות.

במצב של שלימות גם העבר כלול במציאות החדשה־ישנה של האדם — שום דבר לא נשאר מחוץ לתמונה. כאשר הוא חי בעולם התשובה שום מעשה אינו יכול לתבוע ולדרוש מן האדם הצטדקות, משום שהוא לא כפוף לשום השפעה חיצונית. האדם ומעשיו בהווה הם הסיבה היחידה לחייו, והם יוצרים את התגובה שלו לאירועים בעתיד — עד כמה שידו מגעת.

בעומק יותר, באם האדם חפץ להבין מי הוא באמת ובאיזו רמה הוא פועל [ולא מהי עצמותו, אלא], היכן הוא אוחז בעבודתו בעולם וכמה הוא מפותח, עליו לבחון את עצמו איך הוא מתנהג ומגיב לאירועים ללא מחשבה תחילה ומה הן המחשבות בשוגג שעולות במוחו? (מאמרי אדמו״ר הזקן מאמרז״ל עמ׳ ל״ג). מהי התגובה המיידית שלו כאשר אתגר לא צפוי מופיע מולו? מהן המחשבות הראשונות שעולות לו בראש? התבוננות זו עוזרת לו להבין באמת מה קורה בתוך תוכו. הרגשות שעולות לו באותו רגע, הם ההיבטים של העצמי שלו והם אמיתיים עבורו ברגע זה.

כאשר אדם מאבחן את מצבו זה ונוכח במעשיו, דיבוריו ומחשבותיו שעולים ללא כוונה מודעת ומוצא את עצמו בלתי מושלם, הוא זקוק לתשובה עמוקה יותר מאשר אדם שחטא במזיד ובכוונה (של״ה ראש השנה עמ׳ קצ״ד. תניא אגרת הקודש כ״ח). מעשה במזיד, למשל, כאשר הוא מחליט לכעוס, יכול להיות רק על פני השטח אבל אין זה מכריח שהוא אכן כועס בתוך תוכו.

אולם כעס שבא ועולה מתוך תוכו פירושו שהוא מושרש עמוק בנפשו, עד כדי כך שהוא לא יודע שהוא אדם שמטפח כעס, אולם העובדה שהוא מגיב ללא כוונה בכעס, מוכיחה שזה דבר עמוק בנפשו. כאשר אדם מגיב מיידית באופן שלילי, זה סימן ועדות לכך שעמוק בליבו עדיין שוכנות נטיות שליליות, אחרת לא היה מגיב כך (בית יעקב אישביץ שמיני). באם לא היתה בו שליליות, לא היה מגיב באופן שלילי. טוב נובע מטוב ושלילה נובעת משלילה. כל ביטוי של האדם, במחשבה, בדיבור או במעשה, במודע — לאחר תהליך של חשיבה — או שלא במודע, נובע ממקום עמוק בתוכו.

המחשבות שעולות לו בראש אינן מחשבות אקראיות שפועלות בחלל ריק. להיפך, תמיד יש הקשר ומקור למחשבותיו. המעשים — בוודאי אלה שאינם מתוכננים מראש — הם ביטויים למצב בו הוא נמצא ברגע זה. מעשים שהוא עושה בשוגג ובלי כוונה הם תוצאה של מעשים מכוונים שנעשו בעבר (אלשיך ויקרא ד׳. גר״א משלי י״ג ו׳). פעולות אלו, נטועות אי שם במעמקי התודעה, ובמעשיו כעת — דפוס התנהגות שהיה רדום עד עתה, הן באות לידי ביטוי. ולכן מאדם שחטא בשוגג נדרשת התמקדות יתר, באם ירצה להתפתח באמת.

המעשים שאדם עושה בשוגג לא תמיד קשורים לבגרותו ולמעשים שעשה בעבר בכוונה, פעמים רבות הם מושרשים בהתנהגותו ובמעשים שעשה בתום לב כשהיה ילד. ייתכן שהמחשבות, המילים או המעשים שהאדם עושה, בחושבו שהוא עושה אותם מתוך מודעות ברורה, מושרשים בדפוסים עמוק במעמקי הנפש שהוטבעו בו עוד מילדות, כתוצאה מכך, הוא מניח שהוא באמת חושב איך להגיב בדיבור או בפעולה, אך למען האמת הם ביטויים לדפוסים ישנים בתוך תוכו.

מסיבה זו, יש סברה בהלכה שאדם צריך לעשות תשובה פנימית, לעבוד ולתקן את עצמו אפילו על מעשים שעשה בתור ילד (רמ״א שולחן ערוך אורח חיים סימן שמ״ג. הערה סנהדרין נ״ה ב׳. ספר מאמרים תרצ״ב. אדמו״ר האמצעי פוקח עוורים כ״ב). הצדיק רבי אלימלך מליז׳נסק פעם אמר שעשה תשובה על כך שגרם לאמו כאבים כאשר היה עוד ברחם! הסיבה לתשובה זו היא משום שהאירועים ברמה השטחית — המחשבות, הדיבורים והמעשים — הם תוצאה של מה שמתרחש עמוק בתוך האדם או בעברו. דרך החשיבה של האדם מוגדרת לעתים מדיבורים ומעשים שעשה בשנותיו המוקדמות בתור ילד קטן.

בכדי להשתנות היום ברמה השטחית, יש להשתנות ברמה העמוקה יותר, הפנימית. הבנה של המתרחש ברמה העמוקה ביותר של הנפש חשובה מאוד עבור שינוי אמיתי, ובאופן מסויים חשובה יותר ממה שמתרחש ברמה החיצונית. אם אדם רוצה בכנות לשנות את הפנימיות שלו, עליו להפוך את האני הפנימי שלו, כך שהעצמי החיצוני שלו יתאזן עם הפנימי.

קיימת תופעה מעניינת של אנשים בעלי מזג רע הכועסים על כל דבר שלאחר שהם נרגעים אומרים לעצמם, ״אני פשוט לא יכול לשלוט בזה, אני פשוט מאבד את עצמי״. דבר זה קורה משום שלא בחרו במודע להתנהג בדרך זו — הכעס שלהם פשוט התעורר.

תופעה זו היא ביטוי לכך שהעצמי ״העמוק״ שלהם, בא לידי ביטוי במצבים שונים ככעס. ולמרות זאת, עצמי פנימי רקוב אינו תירוץ מספק להמשיך להתנהג כך. על ידי דרך חדשה וכיוון נכון ניתן להשיג מידה של שליטה עצמית. אפשר לשנות את ההתנהגותינו מה״בובה״ שאנחנו, הבובה שתלויה על חוטי הרגשות הפנימיים, ולהיות המפעיל של ה״בובה״ —

לשלוט על כיוון ועוצמת הרגשות, לתת לשכל ולמוח לשלוט על ההתנהגות.

ברמה העמוקה ביותר, השינוי יהיה מושלם כאשר האדם יאמר לעצמו בכנות "עשיתי טובה לאחר ואיני יודע למה. אני פשוט מאבד את עצמי". במקום לאבד את עצמו באופן שלילי שמרוכז בעצמו, האדם מניח לטבע השני — הטבע האמיתי שלו — לשלוט, ומאבד את עצמו לזרימה טבעית של חיוב וקדושה. האדם מוצא את עצמו עושה מעשים טובים, אציליים וקדושים, בלי שום מחשבה או כוונה תחילה. התנהגות זו של עשיית מצוות ומעשים טובים, הופכת להיות טבעית אצלו בדיוק כפי שבעבר הגיב לרצונות שליליים ללא מחשבה.

כפי שצוין, למרות שמטרת התורה היא להכשיר את האדם לחיים במכוון ובמודע, לעתים טוב לחיות את החיים מבלי מודעות, חיים של "בדרך ממילא". לא הכל צריך להיות בעיה או קושי. האדם לא צריך לחשוב איך להיכנס לביתו, הוא יודע בדיוק מה הוא צריך לעשות.

באם אדם חי את חייו בלי מודעות, עדיף שבתת מודע יעשה מעשים טובים וחיוביים. אולם אם אינו יכול לפעול במודעות, אזי עדיף לעשות מעשים טובים שלא במודע, מאשר לעשות מעשים שליליים או מזיקים.

ענין זה אנו למדים ממצוות ה"שכחה". כאשר בעל השדה קוצר את שדהו ושוכח לאסוף אלומה אחת, הוא חייב להשאירה עבור העניים. מצווה זו ניתנת לקיום רק אם האדם "שכח" — על ידי מעשה של שכחה (דברים כ"ד י"ט). אי אפשר לקיים מצווה זו מתוך מודעות, אי אפשר "לשכוח בכוונה" אלומות בשדה עבור העניים. מהות מצווה זו היא לשכוח משהו ואז להעניקו לעניים.

בתוספתא מובא המעשה הבא, "מעשה בחסיד אחד ששכח עומר בתוך שדהו, ואמר לבנו צא והקריב עלי פר לעולה ופר לשלמים. אמר לו אבא מה ראית לשמוח בשמחת מצוה זו [יותר] מכל מצות שבתורה, אמר לו כל מצות שבתורה נתן [להם המקום] לדעתנו, זו שלא לדעתנו" (פאה כ"ב).

החסיד הסביר לבנו שמצווה זו באה לידיו כיון ששכח עומר בשדה. חסיד זה היה כה מודע למעשיו שאף פעם לא נכשל. כאשר פעם אחת עשה מעשה בלי כוונה התוצאה היתה מצווה. פנימיותו היתה כה טהורה וחיובית עד שכל מה שאי פעם בא לידי ביטוי אצלו, במודע ושלא במודע — מתוך תשומת לב או מתוך היסח הדעת — היה מצווה.

אחת מהדרכים בהן האדם יכול להגיע למצב כזה ולהכשיר את עצמו להתנהג בתת מודע באופן חיובי, הוא פשוט לעשות כמה שיותר טוב. אט אט, תהפוך התנהגות זו לטבעו הפנימי. המעשה הופך את העושה והחיוב והטוב הופכים להיות מי שהוא באמת — מבפנים. ככל שירבה לעשות פעולות טובות באופן שטחי, הן יחלחלו באיטיות אל תוך נפשו ויהפכו אותה.

בזמן הבית היו מקריבים קרבן על שגגות — עבירות שנעשו בלי כוונה. היום, כאשר בעוונותינו חרב בית המקדש, שומה עלינו לשאוף לעשות כמה שיותר מצוות ומעשים טובים — גם אם הם נעשים שלא במתכוון — בכדי להמעיט את השפעתם של מעשים שליליים הנעשים בטעות (עבודת ישראל — קאזניץ' ראש השנה עמ' קנ"א. ראה מדרש רבה ויקרא כ"ה ה'). עלינו לעשות כמה שיותר פעולות חיוביות אפילו אם אין לנו את הכוונה הדרושה.

כל מחשבה, דיבור ומעשה יוצרים סביבה, גם אלה שנעשים

בשוגג ותום לב. מצווה יוצרת סביבה של גן עדן שמקיפה את האדם באור של קדושה, ופעולה שלילית יוצרת סביבה של גיהנום שאופפת את האדם בחושך ורמיה (נפש חיים א׳ ו׳ בהגהה. ראה עבודה זרה ה׳ א׳. זוהר ח״ג ל״א ב׳). כאשר עושים מעשה טוב גם ללא כוונה רצויה, זה יוצר אווירה של טוב וטוהר ומשפיע אור וקדושה. אור זה מנחה את האדם לאורך הדרך שבסופו של דבר יחדור אל תוך תוכו. על ידי עשיית טוב, הופך האדם לאדם טוב.

עשיית מצוות משפרת את האני הרוחני של האדם ונוסכת בו רוח של אהבה ומודעות כלפי הסביבה. המעשים החיוביים עצמם, גם אלה שנעשים ללא מודעות, יוצרים מרחב ואווירה שתומכים בפעולות, מחשבות, רגשות ודיבורים שיבואו בהמשך.

לעיל הזכרנו מצבים שונים אותם אי אפשר לבחור מראש, כגון, היכן או באיזו משפחה וסביבה האדם נולד. אולם ישנם מעשים שאדם יכול לעשות, בכדי לשפר או לשנות את התנאים בהם הוא נמצא. הדרך הטובה ביותר היא לפסוע בדרכו של אברהם אבינו, שנענה לקריאה האלוקית כשעקר את עצמו ממשפחתו וממולדתו ונסע אל המקום אליו אמר לו הקב״ה ללכת. התורה (רמב״ם הלכות דעות פ״ו ה״א) מבקשת מהאדם לחיות בסביבה שתתרום לצמיחה הרוחנית שלו. האדם צריך להשפיע על סביבתו, אולם כאשר אינו חזק דיו, הוא עלול להיות מושפע מהסביבה.

אדם בוחר באיזו סביבה ושכונה הוא גר ובאיזו אווירה רוחנית הוא מעדיף לחיות, ויכול וצריך לשאוף שסביבתו תהיה סביבה שתורמת לצמיחה ולהתבגרות רוחנית.

על פי חכמינו ז״ל, ״אם רואה אדם שיצרו מתגבר עליו

ילך למקום שאין מכירין אותו וילבש שחורים ויתעטף שחורים ויעשה מה שלבו חפץ ואל יחלל שם שמים בפרהסיא" (מועד קטן י"ז א'), האם הכוונה בפשטות ש"יעשה מה שלבו חפץ"? אלא שישנה עומק בהוראה זו.

חטאים ועוונות מלבלבים באווירה של פריקת עול. המסע למקום רחוק ולבישת בגדים שחורים — הקשורים לאבל — מוציאה מהאדם את החיות והתאווה מנטייתו הראשונית לחטא. על ידי יצירת סביבה שלא מעודדת את האדם לחטוא, קשה יותר לחטוא.

כמו כן מלמדים אותנו חז"ל, "אין אדם עובר עבירה אלא אם כן נכנס בו רוח שטות". ברגע שהאדם נמצא במסלול של הרס רוחני, הוא אפוף ונשלט על ידי החושך וה"רוח שטות", והאמת היא שהוא מאבד שליטה.

אם כך, באם אין זה נתון לבחירתו של האדם — כיון שהרוח שטות שולטת בו — מדוע הוא אחראי למעשים שהוא עושה בשעה זו?

התשובה היא, שהאחריות מוטלת עליו משום שהכניס את עצמו למעמד ומצב זה. באם האדם התיר לעצמו להגיע לנקודה בה הוא נתון לגמרי לשליטת הרוח שטות, באם הוביל את עצמו בדרך זו — אזי הוא אחראי גם לתוצאות ההרסניות.

ענין זה דומה לאדם שחש בהתפרצות כעס. במקום לעצור ולמנוע מעצמו להמשיך ולכעוס, הוא מבעיר את תחושת הכעס עוד ועוד, עד שהוא מגיע למצב שאינו יכול לשלוט בה יותר. האחריות נתונה עליו, משום שמלכתחילה אסור היה לו להרשות לעצמו להגיע לנקודה זו בה הוא לא יכול לשלוט עליה.

הרצון והתשוקה לחטא הם החטא החמור ביותר, באופן מסויים חמור יותר מהחטא בפועל, משום שבכל פעם שיש לאדם רצון בוער לחטא, הוא נתון ועטוף כל כולו בטירוף ובאפילה של "הרוח שטות" והיא זו ששולטת עליו.

למעשה, ניתן לראות את העבירה עצמה כסוג של עונש. הרצון לחטא הוא החטא עצמו, ואילו העונש הינו חלק מהתיקון. הידיעה שהוא חטא, יוצרת בו רצון להתנתק מהאווירה ומדרך החיים בה הוא נמצא כעת.

לכן ניתן לראות לפעמים שריחוק מסביבה לא טובה, הינו הצעד הראשון להימנעות ממצבים שליליים ופיתויים. האפשרויות והנסיבות היוצרות את הרצון והתשוקה לחטא במצב כזה, הינן קלושות יותר. החסרון של פתרון זה הוא, שהוא זמני. הצעד הראשון והחשוב יותר הוא להסיר את המכשול — האווירה — שגורם לעבירה. אולם, תשובה מעולה היא, לעקור ולמנוע מהאדם את הרצון והפיתוי עצמו. לעבוד על כך שלא יתפתה בעתיד, ושימנע מלפתח רצונות ותשוקה לעניינים שליליים.

"התרחקות" ברמה עמוקה יותר היא לא רק ריחוק גשמי — עקירה ממקום אחד למקום אחר — כי אם ניתוק רגשי ושכלי. ריחוק מהתנהגות שתוביל לחטא, כך שהאדם לא יתפתה מלכתחילה. הריחוק השכלי נעשה על ידי ניתוח מעמיק של הרצון, על ידי הבנת הריקנות ואי היכולת שלה לגרום לאדם סיפוק או שמחה פנימית, והעובדה שאין באפשרותה לתרום לפיתוח והערכה חיובית.

על מנת לשלוט בחיים ולחיות חיים מודעים, דרוש יותר ממעבר למקום אחר, לעיר אחרת. השליטה באה על ידי העלאת

המודעות מחולשה להעצמה אישית ורוחנית.

לאדם יש בחירה ויכולת להעלות ולרומם את מודעותו למקום עמוק בתוכו, מקום ממנו הוא מגיב בתשומת לב שקולה וראויה לכל מצב, בכל מקום וכל זמן. ההתרחשויות והנסיבות עצמן עשויות להיות מעבר לשליטתו, אך התגובה שלו כלפיהן — תלויה בו. תגובות אלה הן ההבדל בין חייו ובין חיי הסובבים אותו. אם הוא רוצה לחיות חיים של משמעות, זוהי אחריות שהוא צריך לקחת על עצמו.

מטרת החיים אינה למצוא תירוצים והסברים מי צודק ומי לא, מי אשם ומי זכאי. השאלה היא, האם הוא מוכן לקחת את חייו בידיים? האם הוא מוכן לקחת אחריות ולתת דין וחשבון על מעשיו ועל איך שהוא חי או שימשיך לגלגל את האשמה והאחריות על הסביבה?

תגובת האדם להתרחשויות משפיעה על חייו יותר מאשר ההתרחשויות עצמן. המענה שלו הוא זה שבאמת משפיע על חייו. האתגר בידיו. כיצד הוא מגיב לחיים, באופן מודע או לא? האם הוא בוגר ובשל לקחת אחריות על חייו? האם חייו מסתכמים בהטלת האשמה על האחר? האם הוא נותן לחיים לחלוף מול פניו?

הבחירה בידינו, "רְאֵה נָתַתִּי לְפָנֶיךָ הַיּוֹם אֶת הַחַיִּים וְאֶת הַטּוֹב... וּבָחַרְתָּ בַּחַיִּים" (דברים ל׳ ט״ו־י״ט).

תקציר:

תשומת לב

עליה רוחנית דורשת תשומת לב וכוונה, להיות עירני אך נינוח. על ידי מודעות ניתן לקחת לידיים את מושכות החיים ולעצב את הדרך והאופן בו אנחנו רוצים לראות את עצמנו צועדים. כאשר מודעים לנטייתנו הטבעית להגיב באופן לא מודע, נוכל לעשות בחירות טובות יותר ולשחרר את עצמנו מה"בלתי נמנע". נוכל לחיות עם שליטה בנסיבות החיים, במקום ללכת לאיבוד בהשפעותיה השליליות.

הרגעים הראשונים בהם אנו מודעים ובעלי דעת הם רגעי הבוקר. רגעים אלה הם תחילת היום שעומד לפנינו. ברגעים אלו, נמצאים במקום של "סיבה", אנו יכולים אז לחוות מצב של טרום נסיבתיות והתרחשות, אפילו לפני המחשבות והמילים — מצב פשוט של הוויה.

הפעם הראשונה בה אנו מדברים וחושבים, היא הזדמנות מצויינת להשפיע על היום שלפנינו, מכיון שהמחשבות, המילים והפעולות הראשונות שאנחנו עושים, הן הגרעין של המחשבות, המילים והפעולות של היום שיבוא. ידיעה זו נוסכת בנו את הכוח לנטוע זרעים של תשומת לב והצלחה רוחנית שיפרחו וישאו פרי במהלך היום.

תרגול:

אמירה

נצל את הרגע הראשון בו אתה מודע, ואמור בקול ברור, "מוֹדֶה אֲנִי לְפָנֶיךָ מֶלֶךְ חַי וְקַיָּם שֶׁהֶחֱזַרְתָּ בִּי נִשְׁמָתִי בְּחֶמְלָה. רַבָּה

אֱמוּנָתֶךָ". תפילה זו נתקנה על ידי החכמים, בכדי לאומרה מיד בקום האדם משנתו.

בזמן שהנך אומר פסקה זו של הכרת תודה לבורא, על המתנה שנתן לך — יום חדש והזדמנות חדשה — תן את הדעת והכר בכך שהנך נמצא בנוכחותו של הקב"ה בכבודו ובעצמו. בתמימות ובענווה, הֱיה מאושר שהבורא מאמין בך. הֱיה מאושר שעשה עמך חסד והחזיר את נשמתך לגוף לאחר לילה של שינה. הקב"ה בוטח בך שבכל יום תוכל להוביל את חייך ולהגשים את יעודך הייחודי.

פרק עשרים ושבעה
חיים של שילוב והכללה

"בעל תשובה" הוא כינוי לאדם שנמצא בתהליך של תשובה (בית אלוקים שער התשובה ג'), אבל בעומק יותר ניתן לפרש זאת פשוטו כמשמעו, כ"בעל" — שולט על התשובה, האדם עצמו שולט ומשתלט על תהליך התשובה.

האמת היא, שתשובה מביאה את האדם לפתיחות ושלימות, משחררת אותו מכבליו הרוחניים ומאפשרת לרוחו הפנימית לדאות בחופשיות.

אך כמו בכל דבר, האדם יכול להיות שולט - בעל או נשלט. על אף המעלות הנעלות והאפשרויות החיוביות שאדם יכול להשיג על ידי תשובה, ייתכן שבמהלך תהליך התשובה היא תשתלט ותשלוט עליו, התשובה תהיה הבעלים עליו. יכול לקרות שבמהלך התהליך הוא יהרהר ללא הרף בעברו השלילי והמזיק, וכל מה שיעלה בדעתו זה הטעויות שעשה. המחשבות הללו כה מרעישות שהן מביאות אותו לייאוש. הוא יאמר לעצמו, "אני לא צריך את זה", "אני אדם רע", "אני צריך כל כך הרבה עזרה שאני חסר סיכוי ותקווה".

בצעדיה הראשונים — בתחילת התהליך, כאשר הוא מהרהר בטעויות העבר — היא יכולה להכניס אותו לדיכאון, מצב גרוע יותר מאשר המצב בו היה בתחילת הדרך. עוצמת הדיכאון יכולה להכריעו ולהביאו למצב בו הוא מרגיש מותש ומנוצח. במקום לשלוט על התשובה, הוא מרגיש מובס. המערבולת הרוחנית בה הוא נתון מכריעה אותו.

למרות שזה נשמע מופרך, האדם יכול להיות "משועבד" לתשובה, לאבד את עצמו בתהליך ולא להיות ה"בעל" על התשובה, להיות משועבד לתהליך שמתפתח במהלך התשובה. בכדי לשלוט ולהיות "בעל" על התשובה ולהימנע ממצב בו התשובה שולטת בו, יש לוודא שהאדם יכול, מסוגל וצריך למצוא את עצמו במהלך התהליך של תשובה. דבר זה נעשה באמצעות שילוב והכללה של כל חוויותיו אל תוך התשובה. השילוב והכללה יוצרים כוח שמניע את העלייה הרוחנית. שום חלק מהעצמי לא נשאר מאחור.

"בעל" תשובה הוא אדם המנצל את התשובה בכדי ליצור "כלי" לחיים, אותו הוא ממלא בתוכן של החיים שלו עצמו.

נחקור רעיון זה לעומק. לכל דבר יש תוכן והקשר. בדרך כלל אדם מבטא את עצמו דרך ההקשר. תמיד ישנו הקשר מסויים, או שהאדם בוחר בו או שהוא נבחר מאליו, אך בדרך כלל, ההקשר הוא התרבות והסביבה בה האדם חי.

באם האדם בוחר בתשובה, אזי כל מה שמאפיין אותו בדרגת התוכן של החיים, הסיפורים, הכשרונות, העיסוקים, השקפת עולם, הדעות וההנהגות, יתאימו בהדרגה להקשר של תשובה.

רבים הפונים אל עולם התשובה מניחים שיש לצעוד בכובד ראש ובתחושת רצינות בדרך החדשה של חיי קדושה וטהרה. כיון שהתשובה היא ענין רציני, וברוב המקרים הופכת את חייו מן הקצה אל הקצה, חושבים הם שהיא צריכה להיעשות מתוך כובד ראש. כתוצאה מכך, במהלך התשובה הם "משליכים" את העבר הלא רצוי מאחוריהם, מוותרים על חלקים חיוניים בעצמם ויכולים חלילה לאבד את הקלילות והזרימה המאושרת של החיים.

הנחת יסוד מוטעית היא ששמחה ואושר הן מילים נרדפות לקלות דעת והוללות, ואילו כבדות ורצינות הם מושגים נרדפים לקדושה וטהרה. הנחת יסוד זו היא חסרת בסיס במידה רבה. בעולם שנברא בחסדו ובאהבתו של הקב"ה — "עולם חסד יבנה", אין מקום לדכדוך, ייאוש או ביטול עצמי.

רק כאשר כל מציאותו ומעשיו בעבר ובהווה שלובים במציאות ובדרך החדשה שהוא מאמץ לעצמו, משיג האדם שליטה על חייו. כמובן שזה צריך להיעשות מתוך משמעת — דרישת בסיס בדרך חדשה זו — אך בסופו של דבר, יש צורך לשמור על שמחת חיים וקלילות בריאה, להשתמש בכשרונות הטבעיים ולהישאר מעוניין בתחומי החיים השונים. התשובה יכולה להיות מוחלטת רק כאשר חוזרים לתחילת המעגל, לנקודת ההתחלה של האישיות בה כל הבחינות מאוגדות ומאוחדות באישיות החדשה.

בדיוק כפי שאסון יכול לנתץ את הדימוי העצמי הנוקשה של האדם כדי לאפשר הערכה עצמית מחודשת, כך יכולים הצחוק והשמחה לשרת את אותה מטרה ובאופן הרבה יותר בריא. הצחוק על שטויות העולם — עולם ריקני וראוותן, יכול גם הוא להוות פתח לתשובה.

חג הפורים — החג הכי שמח בלוח השנה, נחשב כיום של תשובה. בספרים הקדושים מובא שאת יום הכיפורים ניתן לקרוא גם כ"פורים" — כמו פורים. יום הכיפורים על כל מעלותיו, הוא רק "כמו פורים" (תיקוני זוהר נז,ב), זאת משום שמהות התשובה היא לא להשליך את המסיכה והתדמית הישנה של האדם, כי אם לגלות את ה"אני" הפנימי — האני האמיתי.

כשם שאסון מנפץ את התדמית הרגועה והשלווה של החיים,

כך הצחוק משחרר את האדם מהתדמית הנושנה, מאפשר לו לחיות באורח נוח יותר ולהתעלות מדימוי שלילי ולפרוץ במסע בכדי להשיב ולמצוא את העצמי האמיתי.

"אבל הבעל תשובה הוא עושה את הכל בשעת אחת, כי עיקר התשובה הוא רק חרטה בלב נשבר, ומאוד יש לו שמחה על זה" (תפארת שלמה בראשית מ"ה ה' עמ' צ"ט), התשובה היא מצווה, וכמו כל מצווה עליה להיעשות מתוך שמחה (של"ה עמוד התשובה עמ' ס"ט). השמחה עוזרת לאדם להשתחרר מתודעה מכווצת ומדוכאת ולהשיג את הבהירות לה הוא זקוק בכדי להתקדם.

פעם אחת חצה האדמו"ר רבי שמחה בונים גשר. לפתע ראה אדם בנהר שנאבק עם הגלים בכדי לצוף מעל המים. האיש נראה כה תשוש עד שלא היה מסוגל לצאת מהמערבולת. רבי בונים צעק לעברו בהומור "מסור דרישת שלום ללוויתן". עד מהרה מצא האיש לוח עץ והחזיק בו עד שהגיע למקום מבטחים.

בהמשך הסביר רבי בונים שבמצב בו היה האיש לא היה יכול להינצל. הייאוש אפף אותו ואיים להטביעו כיון שהיה ממוקד כל כך בחשש של טביעה. מטרת ההומור היתה להתמקד ולהבין את המצב העגום אליו נקלע. ניצוץ קטן זה של שמחה החיה את האיש, שהצליח בסופו של דבר להציל את עצמו.

בדומה לכך, כאשר אדם לחוץ ומיואש, אין הוא שם לב לאפשרויות של צמיחה והתקדמות הנקלעות לפתחו. שמחה וצחוק של קדושה יכולים להקל עליו לפתוח את הפתח ולסלול את הדרך לפעולה יעילה.

סיפור נוסף שממחיש רעיון זה. בעירו של רבי ברוך

ממעז׳יבוז׳ השתוללה מגיפה איומה, שקטלה אנשים, נשים וילדים. רצה הצדיק להתפלל אל ה׳ שיבטל את הקטרוג הנורא שנגזר על בני העיר, אך מרוב צער ועגמת נפש לא הצליח להתרכז בתפילה. תלמידו רבי הרשל׳ה מאוסטרופול, הגיע לרבו ואמר לו, ״רבי, חדשות טובות, המגיפה נעצרה״, בחושבו שהבשורה תפיג את רוחו, וכך יוכל רבו להתפלל שהמגיפה אכן תיעצר. רבי ברוך ניגש אל החלון הבית דרכו החוצה וראה קברנים נושאים מתים אל עבר בית הקברות. ״אוי״ נאנח רבי ברוך, ״נראה שהמגיפה לא פסקה״. ״לא״, השיב רבי הרשל׳ה, ״אנשים אלה נושאים את המתים מבית הקברות חזרה העירה, משום שהם מחכים לתחיית המתים״. בשומעו זאת, חייך רבי ברוך. מיד לאחר מכן היה מסוגל להתרכז ולהתפלל. הקטרוג התבטל והמגיפה נעצרה.

כאשר האדם מרגיש נחות ושפל, הוא לא מסוגל להרגיש את האור והתקווה, הוא מוכרח להשתחרר מההתכווצות שלוחצת עליו. הצחוק והשמחה של קדושה מקלים את התהליך.

עלינו להבהיר שישנם שני סוגי צחוק, ישנו צחוק ציני ושטחי והוא קליפה, שלעתים קרובות מבטא תחושה שהחיים חסרי משמעות. לדוגמא, אדם יכול לצחוק כאשר הוא מפוחד, מבוייש או נבוך, אולם הצחוק עשוי לחזק את התפיסה המוגבלת שלו. צחוק ציני הוא צחוק שמבטא חוסר משמעות ומביא לדיכאון ודכדוך.

אולם ישנו צחוק חיובי שהוא עצמו קדוש, שמבטא שחרור מהתפיסה המוגבלת של האדם והבנה שהכל יסתדר, אפילו אם כאשר אי אפשר להסביר זאת באופן הגיוני. כאשר האדם מגיב לחיים בצחוק חיובי וקדוש, השמחה משחררת אותו מההגבלה של עצמו.

האדם זקוק להעריך את הצחוק ולחשוב האם הוא גדל ומתקדם בזכות ועל ידי הצחוק או שהצחוק מחזק תחושה חסרת משמעות? האם השמחה מדכאת או משחררת? האם היא מטלטלת אותו ומוצאת דרכים ואפשרויות חדשות לתשובה ולהתקדמות או שהיא רק מאשררת חוסר וודאות נוסף וציניות, שבסופו של דבר תנשל אותו מכל רצון להתקדמות ולעשייה?

הגימטריא של "שחוק" היא 414, אותה גימטריא של "אור אין סוף". דבר זה רומז לכך שעל ידי צחוק חיובי, אדם יכול להתעלות מהעולם ולהתחבר לאור האין סופי שפותח בפניו צוהר של אפשרויות, ובעיקר, את האפשרות להתחדש ברגע זה ממש.

הבעל תשובה עובר שינוי עצום מהיכן שהיה להיכן שנמצא כעת, אולם אל לו להיתפס עקב כך לגינוני רצינות. אושר ושמחה צריכים להיות חלק קבוע במסע החיים. על ידי שמחה פנימית ואמיתית, ניתן לחדור ולהבין אמיתות רוחניות עמוקות ביותר. האריז"ל אמר שרק בזכות עבודת ה' בשמחה זכה להבין סודות אלוקיים עמוקים ביותר (ספר חרדים הקדמה למצוות ד'. עבודת הקודש מורה באצבע י' קכ"ז עמ' ז"ט. לב דוד י"ד ג'. תורה אור תולדות כ' ב'. משנה ברורה סימן תרס"ט י"א). על האדם להימנע בכל כוחו מייאוש ודיכאון. רגשות אלה מתישים אותו, משתקים כל עשייה טובה ומונעים מחשבה או רגש חיובי של צמיחה.

באמת, ענווה ושמחה תלויות אחת בשניה, ככתוב, "וְיָסְפוּ עֲנָוִים בַּה' שִׂמְחָה" (ישעיהו כ"ט י"ט), רק כאשר האדם עניו באמת, הוא יכול לחוות אושר אמיתי (ספר המאמרים הריי"ץ תש"י עמ' 237–241). שמחה זו, היא שמחה פשוטה שנובעת מעצם העובדה שהוא חי.

אם אדם חפץ לדעת אם הוא צועד בדרך הנכונה ונמצא במצב הנכון של תשובה, עליו לבדוק את עצמו, האם הוא חש צנוע או זחוח? אם התשובה גורמת לו להרגיש קל יותר ובעל הבנה גדולה ופתוחה יותר, אזי הוא צועד בדרך הנכונה. אולם, אם ההיפך הוא הנכון, ייתכן שבשלב מסויים סטה מדרך המלך ואינו צועד בדרך הנכונה.

תמימות היא מרכיב יסודי בתהליך התשובה, אולם אין להתבלבל בין רצינות וכנות, לבין דכדוך ועצבות. תמימות לא אמורה לגרום לאדם להרגיש כבד או מאויים, שבסופו של דבר יוביל אותו לדיכאון וייאוש.

על הפסוק "וְלֹא אֹתִי קָרָאתָ יַעֲקֹב" (ישעיהו מ"ג כ"ב), מביא המגיד מדובנא משל נפלא (כוכב מיעקב הפטרות ויקרא). עשיר אחד בא מן הדרך וביקש מבעל העגלה שיביא את חבילתו לביתו, ששלח נער שיביא את חבילתו לעשיר. כאשר נכנס הנער לבית העשיר מיוזע כולו מסחיבת המשא שאל אותו העשיר, "היכן חבילתי?", השיב הנער "בחדר החיצוני". אמר לו העשיר "מה שהבאת לא שלי". "לך תראה את החפצים, וודאי ששלך הם", השיב הנער. "אני יודע שאין הם שלי, משום שחבילתי קטנה, ואין שום צורך להזיע בכדי להביאה אלי" אמר העשיר.

הנמשל הוא כך, אם עבודת ה' מרגישה כטורח וכמשא וללא שמחת חיים, אזי סימן שהאדם אינו עובד את ה'. עול התורה צריך להיות קל עם שמחת חיים, אושר פנימי, הנאה ותענוג. עבודת ה' היא עבודה שמרגישה קלה.

עבודת ה' צריכה להיות דוגמת ארון הברית שנשא את נושאיו. היא זו שנושאת אותנו. אם ישנם קשיים, זה רק

בהתחלה, אולם כאשר מתרגלים אליה היא צריכה להיות קלה ומלאה באושר ושמחת חיים (מי השילוח דברים).

ייתכן שתמימות – מבלי לבלבל עם עצבות – היא לא רק מרכיב יסודי, אלא גם צעד ראשוני בדרך לתשובה. בשם תלמידי הרב המגיד מובא (אמרי פנחס עמ׳ קפ״ח. מדרש פנחס עמ׳ פ״ד. מנורת זהב עמ׳ קפ״א. אמרי קודש עמ׳ ק״. היום יום ג׳־ח׳ תשרי), שחמשת האותיות של המילה תשובה הן ראשי תיבות של חמישה פסוקים, "תָּמִים תִּהְיֶה עִם ה׳ אֱלֹהֶיךָ" (דברים י״ח י״ג), "שִׁוִּיתִי ה׳ לְנֶגְדִּי תָמִיד" (תהילים ט״ז ח׳), "וְאָהַבְתָּ לְרֵעֲךָ כָּמוֹךָ" (ויקרא י״ט י״ח), "בְּכָל דְּרָכֶיךָ דָעֵהוּ" (משלי ג׳ ו׳), "וְהַצְנֵעַ לֶכֶת, עִם אֱלֹהֶיךָ" (מיכה ו׳ ח׳).

חמשת הפסוקים מציעים מפה מדוייקת לתשובה אמיתית. נתעמק מעט בתוכנם של פסוקים אלו על מנת להבין את תהליך התשובה כפי שהוא מצטייר מתוכם.

לנשמה האלוקית יש חמש דרגות, נפש, רוח, נשמה, חיה ויחידה. כל פסוק מאפשר להתעמק בדרגה אחת ולהתקדם לדרגה הבאה.

על הדרגה החמישית והגבוהה ביותר של הנשמה, לא יכולה להיות אפילו הסתר קל שמצריך תשובה, "דלית ליה בבואה דבבואה", ולכן נתעמק רק בארבע הדרגות הנמוכות יותר של הנשמה בסדר עולה. נבדוק את המגבלות של כל דרגה ואת התיקונים ודרכי התשובה לכל אחת ואחת.

הדרגה הראשונה היא "נפש" — האני הגשמי. האדם יחוש מוגבל באם יאמין שלא יכול להשתנות. האדם חושב שבגלל כוחו הגשמי או מזלו הוא לא יכול להשתנות כפי שהוזכר עם

רבי אלעזר בן דורדיא (פרק שבעה עשר). האדם משוכנע שכוחותיו הגשמיים הם אלה שמונעים ממנו תנועה אמיתית של תשובה.

הדרגה השנייה היא "רוח" — האני הרגשי. האדם יחוש מוגבל כאשר הוא מושפע באופן רגשי מביקורת שלילית של אחרים. הוא מפנים את תחושות החולשה ומתמלא בחוסר הערכה עצמית, הוא לא מאמין שהוא באמת מסוגל ליותר.

הדרגה השלישית היא "נשמה" — האני השכלי. האדם יחוש מוגבל כאשר הוא חושב שהוא לא יכול לעלות על דרך התשובה. האדם עצמו מתחיל לחשוב שהוא לא ראוי ומסוגל להתעלות רוחנית.

הדרגה הרביעית היא "חיה" — כוח החיים — האני העצמי. האדם יחוש מוגבל באופן קיומי, כאשר ברמה על־שכלית הוא מאמין שהקשר חייו מוגבל. הוא מאמין שהמבנה של מציאות החיים מוגבל, אם בגלל האופי שלו או בגלל חינוך שקיבל. מציאות בה הוא מתאחד עם הטבע העמוק ביותר שלו — נראית לו כבלתי אפשרית.

לכל אחת מהגישות הללו, ישנה דרך של תשובה:

המענה למגבלה שנובעת מהנפש הוא האות הראשונה של המילה "תשובה": "תמים" — להתהלך בתמימות עם הקב"ה. הגמרא במסכת פסחים (קי"ג א') אומרת שלא צריך לתת את הדעת על המזלות והכוכבים, אלא לחיות בתמימות. האדם לא צריך להאמין במזלות או בסיבתיות של סיבה ותוצאה. על האדם להיות "תמים" — שלם וממוקד. לחיות את החיים בפשטות על ידי התמקדות בקב"ה בלבד ולא במקורות ארציים כאלה ואחרים, כדוגמת כוכבים ומזלות.

תשובה דורשת התמקדות וכנות — תמימות. אין הכוונה להיות מריר או עצוב. "תמימות" היא להרגיש מושלם יותר, ולקבל חיות וכוח בכדי לחולל את השינוי. תשובה אינה חוויה מרתיעה, ועניינה הוא לא להקטין את האדם או להמעיט בחשיבותו. תשובה גואלת את האדם ונוסכת בו כוח וחיות מרעננת. גולת הכותרת של תשובה היא כאשר הוא משיג שלימות. חטאים גורמים לחסרון בשלום ושלימות כפי שנאמר, "אֵין שָׁלוֹם... מִפְּנֵי חַטָּאתִי" (תהילים ל"ח ד'). תשובה עניינה להשיב את השלום ולתת תחושה בריאה של חיים במילואם.

כאשר האדם מתמקד במטרה, הוא משתחרר ממגבלות ה"נפש" — האני הגשמי.

המענה למגבלה שנובעת מהרוח — המגבלה הנפשית מביקורת של אחרים הוא האות השנייה של המילה "תשובה": "שיויתי ה' לנגדי תמיד" — להעמיד את הקב"ה מול העיניים בכל עת. המילה "שיויתי" רומזת למידת ההשתוות וההתיישבות. כאשר האדם במצב של השתוות, מצב בו בחיצוניותו הכל שווה ובפנימיותו הוא ביישוב הדעת. הוא לא מגיב לביקורת בצורה שלילית משום שהוא לא חש שהביקורת מגבילה אותו. את הביקורת הוא מתרגם ככזו שבאה ממקור נעלה הרבה יותר. שום דבר אינו חוסם ועומד בפני הרוח, והנשמה זורמת באופן חופשי כאשר היא מתאחדת עם הקב"ה האין סופי.

המענה למגבלה שנובעת מהנשמה — האני השכלי הוא האות השלישית של המילה "תשובה": "ואהבת לרעך כמוך". פסוק זה מלמד שאהבה חייבת להתחיל באדם עצמו, אך זקוקה להמשיך ולפנות לאנשים הקרובים אל ליבו, למשפחתו, לקהילתו וכן הלאה. האהבה כלפי הסביבה, מבטלת את החסימה של ה"אני השכלי", ואת הגישה השלילית של האדם כלפי הסביבה.

פסוק זה מסתיים במילים "אני ה'". במילים אחרות, האדם חייב לאהוב את עצמו ואת הסביבה, כיון שהכל חלק מהקב"ה. גישה מאוחדת זו, היא נקודת המבט שנובעת מהתשובה של דרגת החשיבה השכלית — נשמה.

"כמוך" בגימטריא 86, אותה גימטריא של שם "אלוקים" — השם האלוקי שמבטא הגבלה וצמצום — והגימטריא של המילה "הטבע". מה שמתחיל באופי המוגבל של האדם ואהבה עצמית — "כמוך", מתרחב ונמשך עד ל"אני ה'" — האני האמיתי האין סופי, שנובע מנקודת מבט של אחדות הנשמה.

המענה למגבלה של כוח החיים — האני העצמי הוא האות הרביעית של המילה "תשובה": "בכל דרכיך דעהו". פסוק זה מורה, שישנה מודעות עליונה שמקיפה את האדם. מודעות זו נקראת "דעת עליון", מציאות של דעת שנעלית מהאדם. כאשר האדם מתחבר אל מציאות זו הוא מתחבר להקשר האמיתי של החיים, אל העדשה דרכה הוא רואה את חייו. דרגת ה"חיה" היא המכלול של האדם כפי שהוא. באם הוא מוגבל בדרגה זו, הוא לא מאוזן עם החופש הקיומי שלו. כאשר הדעת שלו מתקשרת ומתחברת עם ה"דעת עליון" — הדעת האלוקית, הקיום שלו מאוזן לגמרי עם האין סוף. ההקשר הרחב יותר של חייו אינו מוגבל ומצומצם אלא פתוח ומאוזן עם האלוקי.

האות האחרונה של מילת "תשובה" היא ה': "הצנע לכת עם ה' אלוקיך". להיות מוצנע עם הקב"ה פירושו להתאחד עם ה"אחד". זוהי המהות של חזרה בתשובה. ההבנה שבסופו של דבר האדם אף פעם לא יצא, אין לו מקום אחר ללכת — תמיד היה מאוחד ומקושר עם הקב"ה.

אלה הם חמשת שלבי התשובה.

ולכן "תמימות" היא המידה הנחוצה, היסוד. תמימות ולא רצינות, כבידות או עצבות. התשובה נועדה להפוך את האדם לפתוח יותר, לעצמו, לאחרים ולעולם כולו, לא חלילה סגור יותר. חוויית התשובה היא חוויה מתוקה ומשמחת, לא כזו שממררת את הנשמה.

לחיות במצב של תשובה, אין הפירוש להיות במצב שברירי, כפוף ועגום. להיפך, האדם רוצה ומעוניין לפרוץ את הדרך, לחיות את חייו עם כוח וחיוניות, התרגשות ושמחת חיים. תשובה אינה חוויה מפחידה ומלחיצה שגורמת לאדם לחוש חסר משמעות, חסר יכולת ומלא אשמה. התשובה היא חוויה שגואלת אותו מהצמצום הרוחני אליו נקלע ומרעננת ומחיה את חייו מכאן והלאה. גולת הכותרת של תשובה היא, כאשר האדם משיג תחושה של חיים מלאים ובעלי משמעות. כאשר כל הבחינות שמאפיינות את מי שהוא, משולבות אחת עם רעותה, אזי הוא חי חיים של משמעות — חיים של תשובה.

"תשובה שלימה" כוללת הן את היצר הטוב והן את היצר הרע, הן את הנשמה הרוחנית והן את הגוף הגשמי.

הנטייה הטבעית של אלה המשנים את חייהם ובוחרים בדרך חדשה, היא רתיעה ובריחה מכל מה שסימל את העבר. כתוצאה מכך התשובה כוללת רק את היצר טוב. האדם מקבל על עצמו לקיים מצוות ומעשים טובים מתוך עבודת נפש חיובית, אך מזניח את היצר הרע, את תכונות האופי והנטיות הטבעיות, אשר במשך הזמן נרקבות ונעלמות אל תהום הנשייה. תשובה זו אינה שלימה משום שאינה משלבת את כל הווייתו.

תשובה מוחלטת היא כאשר האדם משלב את כל חלקי אישיותו אל המציאות החדשה. משמעות המילים בפסוק "בְּכָל

לְבָבְךָ" (דברים ו' ה') היא שבדרך התשובה על האדם לחבר ולאחד את הכוחות הנובעים משני צידי הלב — היצר טוב והיצר הרע. לאחד את העצמי הרוחני שמשתוקק להתעלות עם הכוח, העוצמה והיכולת של הגוף.

חשק או כוח הרצון הוא מקור לשליליות. גם אם האדם עשה תשובה בכוח המעשה ועידן את התנהגותו אין זו תשובה מלאה, משום שהרצון עצמו טרם התעדן.

תשובה מלאה ושלימה כוללת את רתימת הכוח הראשוני של החשק והרצון לקדושה. למרבה המזל, הרצון העמוק ביותר של האדם הוא קדוש. כאשר שאיפה זו חשופה ומשוחררת האדם מאוחד עם מקור החיים.

חודש אלול הוא חודש שמוקדש לחשבון נפש והתבוננות פנימית כנה. לאחר חודש אלול באים עשרת ימי תשובה, המוקדשים לכפרה ותקווה לשינוי. ימים אלה מתחילים עם ראש השנה ומגיעים לשיאם ביום כיפור. מיד לאחר מכן חל חג הסוכות, חג של שמחה, עד שבתפילות הוא מוזכר כ"זמן שמחתנו". בחג הסוכות מצווה התורה על האדם שלוש פעמים להיות בשמחה (ילקוט שמעוני אמור רמ"ז תרנ"ד).

ייתכן שבמהלך חודש אלול, בעקבות המשימה היסודית של זיכוך העצמי ובירור כוחות הנפש, ולאחר מכן בימים הנוראים, צריך האדם לרענן את עצמו, בכדי להשיב את תחושת הרווחה ושמחת החיים. תהליך הבחינה העצמית יכול להשאיר באדם תחושה מדולדלת ומושלמת פחות מבעבר.

לכן חוגגים את "זמן שמחתנו" מיד לאחר מכן. חג זה מספק לאדם אוויר צח וטהור לנשימה. הזרימה מיום הכיפורים אל חג

הסוכות מוודאת שהתשובה תגרום לתחושה רחבה ומושלמת ולא להיפך. התחושה הפנימית של שמחה — שייתכן ואבדה במהלך הימים הנוראים — שבה ועולה ביתר שאת בימי השמחה של החג. חג הסוכות הוא זמן שמוקדש להתחדשות הרוח שנרמסה במהלך הימים שעברו, אף שהתחושה היתה נחוצה עבור התשובה.

מלבד תחושת התשישות הנפשית שנובעת מחודש אלול והימים הנוראים, עוצמה התשובה עלולה לגרום לאדם לאבד מגע עם הדימוי העצמי ותחושת הזהות שלו, עד כדי כך שקשה לו למצוא את עצמו. כשהוא נפרד ותלוש מהשקפת עולמו הקודמת, הוא עשוי למצוא את עצמו שקוע בתהום של ריקנות. הכנות של חשיפת האני הפנימי באמצעות תפילה וחשבון נפש עלולה להשאיר אותו חסר אונים.

בכדי להשיב את האיזון הנפשי, ולוודא שהאדם מוצא את שיווי המשקל הרוחני, חוגגים את חג הסוכות שמאפשר להתארגן מחדש ולמצוא את הכיוון (שפת אמת סוכות קפ״ד).

האדם יוצא החוצה — גם כפשוטו וגם בדרך משל — לאחר תקופה שבה שהה ארוכות בבית הכנסת והתעמק בתוך תוכו ובתוך ליבו, ובונה, יוצר, מקשט, מחזיק, מנפנף, מריח, אוכל, שר ורוקד. הוא שב לחיים עם תחושה של הכרת תודה לקב״ה עבור כל חייו. לכן אנו מתפללים לקב״ה להגנה ולשלווה.

הסוכה היא מרחב קדוש ואלוקי. סוכה בגימטריא 91 אותה גימטריא של יחוד ה׳ (26) וא־דני (65). הסוכה היא חלק משמו של ה׳, מרחב אלוקי. כאשר נכנסים לסוכה הופכים להיות מודעים לכך שנכנסים למרחב קדוש שאפוף בפקעת של קדושה. לאחר שהאדם מבסס את אחיזתו בסוכה, הוא יכול לצאת ממנה כאדם חדש ורענן עם כוחות מחודשים ותחושה חדשה של עצמי בריא.

הסוכה היא כביכול החיבוק של "האם" הרוחנית. כשם שילד בורח מדבר שמפחיד אותו ורץ לחבק את שולי שמלתה של אמו, כך האדם, לאחר שעבר תקופה של יראה וחשבון נפש במהלך חודש אלול — עובר דרך הימים הנוראים וכלה ביום כיפור — חפץ לחבק את מדריגת ה"בינה" — אמא עילאה — האם הרוחנית (מאור ושמש רמזי יום ב׳ סוכות).

הסוכה היא החיבוק האלוקי כביכול של השכינה (תיקוני זוהר תיקון כ"א), ההיבט של הקב"ה כפי שהוא שוכן ומתלבש בעולם הזה הגשמי, בניגוד לבחינת שם אלוקים שמתגלית במהלך הימים הנוראים — "המלך המשפט", כפי שאדם חווה אותה במהלך הימים הנוראים.

חודש אלול והימים הנוראים הם הזמן בו מתעלים מטעויות וכשלונות העבר. ימי שמחה אלו מטרתם לעורר באדם חיות ומודעות מחודשת. יחד הם משלימים את המחזור של יש־אין־יש הנפשי הרוחני: מ"אני" שלפני תהליך התשובה, ל"אתה" — הקב"ה, וחזרה ל"אני" מחודש ומחוזק.

עובדה מעניינת היא שחודש מר־חשוון שבא לאחר חודש תשרי, הוא חודש ריקני. חודש תשרי עמוס בחגים, החל מהימים הנוראים — ראש השנה ויום כיפור, וכלה בימים השמחים של חג הסוכות, שמיני עצרת ושמחת תורה. חודש חשוון הוא החודש היחיד בשנה שאינו בו שום חג. חשוון מלשון "חש" — שקט, חודש שקט.

האישור לכך שהשינוי של האדם התקבל בהצלחה, אינו בא לידי ביטוי בלהט ובהתלהבות של חודש תשרי, כי אם דווקא בחודש חשוון השקט והשלו. באמצעות המשכת ההשראה הנשגבת של חודש תשרי בחיי היום יום השלווים והאפורים,

יכולים הברכות וההישגים של חודש תשרי להשתלב בחיי האדם באופן מלא.

היכולת להטמיע את היכולות והרגשות במציאות הרגילה של ימי חשוון, היא עדות לכך שהשינוי אכן מושלם (עבודת הקודש מורה באצבע ט׳ רצ״ח). באם לא, ניתן לחשוב שהתשובה וההשראה הן תגובה לאירועים שונים שנחגגו במהלך חודש תשרי, תוצאה של השראה ולא של תהליך שנובע מהאדם ונעשה מתוך אמונה אמיתית ובחירה מודעת, ובוודאי שאינו שינוי מתמשך שישולב בחיי היום יום.

חשוון הוא חודש שקט ואפור. מבחינה רוחנית ועונתית הוא נתפס כחודש משעמם ורדוד. לא רק שהוא חודש שקט שבא מיד לאחר חודש גדוש באירועים, אז גם מתחילה עונת החורף הקרה והגשומה, אור השמש מופיע פחות ופחות. אפילו כשהשמש זורחת היא חודרת רק דרך האוויר הסגרירי של החורף הקר.

מזלו של חודש מר־חשוון הוא עקרב. העקרב הארסי מייצג את האתגרים של המחזור החדש שהחל בחודש חשוון. חיים נטולי רוחניות ושמחה, חיים של קור מצמית שיכול לנגוס ולאכול בתחושת הרווחה של האדם. אולם רק בחודש חשוון ניתן לוודא שהתשובה אמיתית וברת קיימא. כאשר האדם מוודא שתהליך התשובה שלו אמיתי בכך שהוא שומר על הישגיו, הוא הופך את ״מר״ חשוון ל״רם״ — פיסגה גבוהה של שלימות שמחזיקה מעמד בכל עונה ובכל מצב.

בעומק יותר, המטרה הסופית של השינוי האישי ותהליך התשובה היא להשיג מידה של עידוד עצמי שיכול לתחזק את עצמו, ולא כזה שנובע מאירועים חיצוניים.

היגיוני לחשוב שאם אדם מקבל השראה מחגים ומאירועים שמחים, ההיפך גם הוא נכון, היעדרם של חגים צריך להיות מייאש ומדכא. אדם צריך ללמוד לשלוט על עצמו ולבטל משוואה זו.

אחריות היא מושג חשוב בתהליך התשובה. התנהגות אחראית אמיתית היא כזו שמנחה את האדם במסעו ללקיחת אחריות על חייו. בכדי להצליח, עליו ללמוד ליצור בעצמו מקור ושורש למעשים שהוא עושה. התנהגות רוחנית אינה נטל על האדם ואף אחד לא מכתיב לו מה לעשות, הוא בעצמו מעורר יכולת פנימית שכבר קיימת בו.

היכולת לשמר את השראת חודש תשרי במהלך חודש חשוון הסגרירי, מוכיחה שהתשובה היא חלק מהמרקם של המציאות הקיומית של האדם. חודש חשוון הוא תוצאה של המאמץ של חודש תשרי.

ביום כיפור כדאי לאדם לזכור שבני אהרן מתו ביום זה (מגן אברהם שולחן ערוך סימן תכ״א). התורה מספרת שבני אהרן — ״בְּקָרְבָתָם לִפְנֵי ה׳ וַיָּמֻתוּ״ (ויקרא ט״ז א׳). האור החיים הקדוש מגלה שבני אהרן התעלו לדרגה כזו של התלהבות והתעלות — עד שהגיעו למצב של ״רצוא בלי שוב״, הם התעלו מהגבלות הגוף הגשמי ולא רצו לשוב חזרה אל העולם.

כאשר אדם חושב על כך, הוא נזכר שהמרכיב החשוב ביותר של חוויית התשובה הנעלית של יום כיפור, הוא להוריד את ההשראה אל המציאות היום יומית. היופי של ״רצוא״ הוא שלאחר מכן ישנו ״שוב״. הפריצה אל הקב״ה מתבטאת בשיא יופייה כאשר היא חוזרת ״שוב״ לעולם. תנועה של יציאה מההגבלות וחזרה לעולם עם כוחות מחודשים ותשוקה לשלב את האלוקות בגוף ובעולם.

מטרת הנשמה בירידתה לעולם והתאחדותה עם הגוף הגשמי היא לנצל את היכולת הרוחנית באמצעות המציאות הגשמית. הביטוי המושלם של איחוד הנשמה עם הגוף יכול להתקיים רק בתחום של כאן ועכשיו. התעלות היא דבר נעלה המשרת את האדם רק כאשר הוא מרגיש אותה כ"נקודת שיא" שתעניק לחיי היום יום שלו נקודת מבט רעננה ומחודשת.

חוויה רוחנית משמעותית היא כזו שמציעה הבנה טובה יותר כיצד לעבוד ולשרת את הקב"ה באופן טוב יותר, ואיך לגלות את הכוונה ואת המשמעות של החיים בעולם. אם לא, החוויה תהיה כמו ממתק שעשוי להיות טעים לזמן קצר, אך ללא ממשות לאורך זמן.

בכדי להבחין אם השינוי הוא שינוי אמיתי שמשלב את כל חלקי העצמי, על האדם לבחון כיצד הוא מתנהג לאחר שהשראת החגים פגה והחיים חוזרים לתלם. תשובה במובנה האמיתי היא — לשוב ולחזור. סגירת המעגל והיכולת לבטא את ההשראה וההתעלות של השלבים הראשונים והמרגשים של הרוחניות בחיי היום יום.

החוזר המושלם הוא מי שרצונו העמוק ביותר וההשתוקקות הנפלאה שלו היא להתעלות — "רצוא", אך בכל זאת נשאר מודע להכרה ולהבנה שהמטרה והכוונה של תהליך התשובה טמונה ב"שוב", ביכולת של האדם לחזור למצב רגיל ופשוט של חיים ולשלב בהם את ההתעלות של התשובה.

שינוי אמיתי מושג כאשר אדם מסוגל להמשיך ולחיות את חייו באופן מועיל ובריא עם אותו רגש וחיוניות שהיו לו בזמן שעשה מעשים אנוכיים ששירתו את הרצון שלו ל"כאן ועכשיו". לאחר שהאדם עבר את מסע התשובה, הוא יכול לנצל ולתעל את הרגש והחיוניות לכיוון חיובי בעוצמה רבה יותר.

על ידי רתימה של כל חלקי העצמי, המחשבה, הרגש והשמחה, הוא מסוגל לחשוף חלקים עמוקים, רוחניים ונשגבים יותר של העצמי שלו — "כאן ועכשיו".

אחדות פנימית מופיעה כאשר שני הקצוות של הקיום, הפסגה הרוחנית מחד והבסיס הגשמי מאידך, מאוחדים כלפי מציאות נעלה יותר. בעל תשובה, הוא זה שיש לו היכולת לשלב את כל הדרגות הקיום ולחיות את החיים באופן מאוזן ומשולב.

ה"עצמי" הוא שילוב של הגוף והנפש, אנוכיות והתעלות, הגבלה ואין סופיות, זמני ונצחי. עצמיות אמיתית מושגת כאשר האדם מאוזן באופן מלא, ויוצר הרמוניה מושלמת בין כל ההיבטים של הווייתו.

עלינו לדעת, שבסופו של דבר שלימות היא ברת השגה, וכי האדם יכול לחיות חיי תשובה בכל יום ובכל רגע. כתוצאה מהתשובה, משתחרר מאגר עצום של כוח שמחזיק ומחבר את הכל ביחד, כך שהדבר שבעבר היה חסר ונעדר נמצא עתה בשלימות.

על ידי החזרה למציאות שהוא יכול וצריך להיות בעצם מהותו, האדם הופך להיות כלי לכוח ושפע עצום, לרוחניות האין סופית. נקודה מעניינת היא, שהאדם בעצם נאבק בכדי להשיג את מה שכבר שלו. תשובה משנה את נקודת המבט והתפיסה למצב של קבלה, כך שהאדם יוכל ליהנות ולקבל את מה שמגיע לו באמת. כל מה שהוא צריך לעשות זה לאשר את התפיסה הזו ולהחליט לחיות את חייו בהתאם.

תקציר:

שמחה

תשובה פירושה להיות חכם יותר, לא רציני או עצוב יותר. תשובה מאירה אותנו בשמחת חיים אמיתית. תחושה שחפץ יקר ערך — העצמי או טוהר הנשמה — שאבד לנו, נמצא. שמחה גם מביאה אותנו אל עבר התשובה. לכן, לא משנה מה האדם עובר, חיוני לשמור על התחושה של קלילות ושמחת חיים. תמיד להישאר שמח.

תרגול:

ניגון

בכל פעם שהנך מרגיש ירוד או מדוכדך, זמזם לעצמך שיר של שמחה ותקווה. תוכל לבחור ניגון או שיר עם מילים של תקווה. המשך לשיר עד שהנך חש שינוי בתודעתך. גם ללא מילים למנגינה יש כוח לחדור את הנשמה ולעורר בה תחושה של שמחה ועליצות.

פרק עשרים ושמונה

להתבונן ולחקור, שוב ושוב

אף אחד לא מעלה על דעתו שניתוח לב הוא תהליך פשוט, במיוחד כאשר המנותח הוא גם המנתח. במסע החיים ישנן דרכים רבות בהן ניתן לצעוד, ולעתים קרובות האחת חוצה את השנייה. לעולם אי אפשר להיתקע, האפשרויות והדרכים בלתי מוגבלות. אולם כיצד נוודא שאנו לוקחים את ההחלטות הטובות ביותר עבור עצמנו ועבור נשמתנו היקרה מפז? כיצד מוודאים שאנו באמת קשובים לשלימותנו, ולא רק לגוף או לרוח?

עלינו לבדוק את עצמנו על בסיס יום יומי. אנו חייבים למצוא זמן ומקום בו נוכל להיות במקום קדוש, או על כל פנים מקום מקודש בו הרעש אפסי, כדי שנוכל להיפתח ולשמוע את הקול הפנימי שבוקע ממעמקי הנפש. בכל יום עלינו להקדיש מעט זמן, בכדי לשבת עם עצמינו ולהעריך את הצמיחה שלנו. פשוט לקחת מספר נשימות עמוקות, להירגע ולהעריך את עצמינו. אפשר לעשות זאת בבית, במקום שמוקדש לכך או במקומינו הקבוע בבית הכנסת. בכל מקום בו אנו מרגישים בנוח עם עצמינו ומחשבותינו, עם הסחות הדעת הכי פחותות שיכולות להיות. אנחנו יכולים לנצל את הזמן הזה בכדי לכוון את עצמנו אל התדר העצמי המתנגן בהרמוניה עם הנשמה, בסימפוניה הכלל עולמית.

לאחר שסיימת לקרוא את הספר, האם תוכל לציין פרק מסויים שבאמת דיבר אליך? ייתכן שבהתחלה זה היה נשמע בלתי סביר, לא ברור או תובעני מדי, אך לאחר קריאה חוזרת

ומספר תרגולים מצאת שהוא נותן לך משמעות עמוקה יותר? אל תעצור עכשיו. בחר תרגול או שניים שמדברים אליך יותר מהשאר או לחילופין תרגול שהיה נראה מעניין בהתחלה אך לא הצליח לספק את התוצאה הרצויה או אפילו תרגול שיאתגר אותך. תן ללב שלך להוביל אותך, המשך להתאמן על התרגול במשך כמה ימים או שבועות, החל מעכשיו. בהצלחה!

מקורות והערות

פרק ראשון:

- קשירת נעליים (שולחן ערוך אורח חיים סימן ב׳ ד׳). המדרש כותב (מדרש תלפיות ערך חנוך) ש״חנוך תופר מנעלים היה, ועל כל תפירה ותפירה היה מייחד יחודים לקונו״, כאשר היה קושר ומאחד את החלק התחתון והעליון של הנעל היה מהרהר ב״קשירת״ הארץ לשמים באחדות מלאה (רבי יצחק מעכו מאירת עיניים פרשת לך לך עמ׳ ס״ז. ראה רבי אשר בן דוד ספר היחוד, עמודי הקבלה ב׳ עמ׳ ע׳. ספר האורה עמ׳ ב׳). ביאור אחד הוא כך המחט היא כצורת האות ו׳, שתי הידיים כשתי אותיות ה׳ (חמש אצבעות בכל יד), והנקב הוא כאות י׳ (דרכי צדק א׳ ע״ט). כמובן שבפשיטות יותר כל מעשיו היו לשם שמים.
- קיום המצוות לא מתוך תחושה של התרפקות לאחור או מתוך תקווה שבזכותם נזכה לשכר ולהינצל מעונש בעתיד (אבות א׳ ג׳. עבודה זרה י״ט א׳. רמב״ם הלכות תשובה פ״י ה״א).
- ביחס לאסיר שנכלא וניתנה לו היכולת לשמור יום אחד כדת וכדין (תשובות הרדב״ז ח״ד תשובה פ״ז. חיד״א חדרי בטן על התורה שבת תשובה עמ׳ שס״ט. נימוקי אורח חיים מונקאטש הלכות מגילה תרצ״ה ד׳. ראה גם יומא ל״ג א׳. פסחים ס״ד ב׳. רש״י בשם מכילתא שמות י״ב י״ז. מגילה ו ב׳. ר״ן מועד קטן ל א׳).
- אולם החכם צבי בחיבורו טוען שעדיף להמתין ולקיים את המצוה בהידור (שו״ת חכם צבי תשובה ק״ו. ראה גם באר היטב אורח חיים סימן צ׳. כמו כן שדה חמד כללים ז׳ כלל א׳-ג׳, פ׳ כלל ל״ט. הערה טורי אבן מגילה ז׳ ב׳ בנוגע לדעת התוספות. אך ראה דברי מלכיאל אורח חיים סימן ח׳. וכן לגבי המתנה שולחן ערוך הרב אורח חיים פ״ד ה׳).
- י׳ היא האות הקטנה ביותר שמבטאת את נקודת ההתחלה הראשונית שמקיפה את כל הביטויים העתידיים (רש״י איוב א׳ ה׳. תניא שער היחוד והאמונה פרק ד׳).

- הגימטריא של שם י־ה־ו־ה היא כ״ו — עשרים ושש. בגימטריא מלאה [כל אות כפול עצמה, כלומר י׳ פעמים י׳ = 100, ה׳ פעמים ה׳ = 25, ו׳ פעמים ו׳ = 36, ה׳ פעמים ה׳ = 25, סה״כ 180], מקבלים את המספר מאה שמונים ושש, בגימטריא ״מקום״. הקשר בין שם זה ל״מקום״ מראה, שההווה הוא המהות האמיתית של אין סוף, שכולל היה, הווה ויהיה. המציאות בה מתאחדים המקום והזמן היא בהווה (כתבי האריז״ל שער הכוונות דרוש ב׳ דעמידה דף כ״ט ע״ד. ושם דף ל״ג ע״ד). ופירש מאמרז״ל ״כל הקובע מקום לתפלתו אלקי אברהם בעזרו״ (ברכות ו׳ ע״ב), ומקורו בתיקוני זוהר (תיקון מ״ב דף פ״א ע״ב) ושם פירש בזה מאמר חז״ל (מדרש רבה בראשית פ׳ ס״ח) שהקב״ה נקרא מקומו של עולם. ועיין בספר נפש החיים (שער ג׳ פ״א) בביאור דברי חז״ל אלו.
- בתורה אין שום פסוק או מילה שמוכיחים במפורש את קיום עולם הבא (בכדי להבין את הסיבה מדוע התורה לא מדברת במפורש על החיים שלאחר החיים ראה אמונות ודעות מאמר ט׳ פרק ב׳. אבן עזרא דברים ל״ב ל״ט. כוזרי מאמר א׳ ק״ד־ק״ט. רמב״ם אגרת תחיית המתים פרק ט׳. רבי אברהם בן הרמב״ם המספיק לעובדי ה׳ ערך הפרישות עמ׳ קכ״ז. רמב״ן שמות ו׳ ב׳. דברים י״א ג׳. רבנו בחיי ויקרא כ״ו ט׳. דרשת הר״ן דרוש א׳ עמ׳ י״ח־כ׳. ראב״ד האמונה הרמה מאמר א׳ סעיף ז׳ עמ׳ ל״ט. ספר העיקרים מאמר ד׳ סעיף ל״ט. תשב״ץ מגן אבות חלק ג׳ עמ׳ פ״ז א׳. שבילי אמונה נתיב ט׳ עמ׳ שס״ח־ט׳. עבודת הקודש חלק ב׳ סעיפים י״ז־ט׳. מהר״ל תפארת ישראל פרק נ״ז, וגבורות ה׳ הקדמה א׳. הכלי יקר ויקרא כ״ו י״ב מציע הסברים רבים. השל״ה הקדוש תולדות אדם בית אחרון עמ׳ מ״ח. מגלה עמוקות על התורה בחוקותי עמ׳ ס״ב. רבי מנשה בן ישראל נשמת חיים מאמר א׳ סעיף ב׳. בני יששכר מאמרי השבתות עמ׳ י״ד. שם משמואל וישלח עמ׳ י״א).
- הביטוי ״נאסף אל עמיו״, המופיע פעמים רבות בתורה (בראשית כ״ה ח׳. כ״ה י״ז. ל״ה כ״ט. מ״ט ל״ג. במדבר כ׳ כ״ד. כ״ז

י״ג. דברים ל״ב נ׳) משמעו חיים לאחר המות. מאחר ובמקרים רבים אין הכונה לקבורה עם האבות, כי האדם נקבר לבדו או שהוא הראשון שנקבר במקום זה.

- כשם שאין מקיימים מעשים טובים על מנת לקבל בזכותם שכר בעולם הבא, כך אין לחיות את החיים בכדי לתקן מעשים שנעשו בגלגול קודם: ״התשובה הא׳ היא שהטובות והרעות שבאו בפרשיות הברית אינן שכר ולא עונש על המצוות, כי הנה השכר או עונש אמיתי הוא רוחני מגיע אל הנפש בעולם הנשמות ושכר מצוות בהאי עלמא ליכא. והתורה לא רצתה להזכיר שכר המצוות וענשם האמתי כדי שיעבוד אדם את בוראו לשמה ולא לתקוות העונש. וכמו שאמרו בספרי ואהבת את ה׳ אלוקיך כל מה שתעשה לא תעשה אלא מאהבה. וכן אמרו במצותיו חפץ מאד ולא בשכר מצוותי, אבל הטובות והרעות שנזכרו בדברי הברית היו בלבד הסרת המונעים והרחקת הדברים המעכבים את האדם מקניין שלמותו, כאלו יאמר אם תעשה ותשמור מצותי הנה אני אסיר מתוכך מוטה וכל דבר מעכב ומונע באופן שתוכל לקנות יותר שלמותך. ואם לא תשמור... ואני במקום הנזכר טענתי טענות רבות כנגד הדעת הזה״ (פרשת בחוקותי תשובה א׳).
- עבודה יכולה להיות מיראה או באופן נעלה יותר – מאהבה (תנא דבי אליהו רבא פרק כ״ח. סוטה ל״א ע״א. ספרי ואתחנן פ״ז). אמנם בילקוט שמעוני (איוב פ״א רמז תתצ״א) מבואר שצריך לעולם לעבוד בשתי המדות וז״ל, ״עשה מאהבה שאם באת לשנוא דע שאתה אוהב ואין אוהב שונא, עשה מיראה שאם באת לבעוט דע שאתה ירא ואין ירא בועט״.
- תשובה עניינה עכשיו (רבי פנחס מקוריץ מדרש פנחס עמ׳ ל״ח פרק י״ב. רבי ירחמיאל ישראל יצחק מאלכסנדר ה״ישמח ישראל״ כרך ב׳ הגדה של פסח עמ׳ נ״ז. ראה גם: תפארת שלמה על התורה בראשית מ״ה ה׳).

- בגדים מלוכלכים (רבי שלום שכנא מפראהביטש משמיע שלום לקוטים עמ' ר"ח). מעשה שלילי דומה לכתם על הבגד (ירמיהו ב' כ"ב).
- מושג זה של יש ואין יכולים לבאר גם כן על פי דברי נפש החיים (פרק א'), שמבאר ענין נפש רוח ונשמה שבאדם, באופן שכל החטאים הם רק בנפש שהיא משותפת לגוף הגשמי כמ"ש "הנפש החוטאת", ותפקיד האדם על ידי הרוח להעלות ולתקן את הנפש ואת הגוף, והרוח צריכה לקבל מהנשמה את הכח להעלות את הנפש. ומבאר שם שהנשמה לעולם אינה נפגמת על ידי החטאים, אלא מסתלקת מהאדם ואינה מאירה להרוח וממילא אין הרוח יכולה לתקן את הנפש, אלא אדרבה הרוח נגררת אחר הנפש, ואמנם על ידי תשובה חוזר האדם להאיר את אור הנשמה עליו, ועל ידי כך מאירה הנשמה לרוח, ובכח זה יכולה הרוח להעלות ולתקן את הנפש.

ועל פי זה יכולים לבאר את המושגים של יש ואין בנפש האדם, שבחינת היש והמציאות שהאדם נמצא בו היא בחינת הנפש והגוף, ובו כל החטאים, מה שאין כן הנשמה שהיא חלק אלוקה ממעל אינה נפגמת לעולם, והיא בחי' ה'אין' של האדם, שקשורה לאין סוף, ולכן דרך התשובה הוא להתקשר לבחינת ה'אין' שהוא שורש נשמת האדם, והיא המדרגה של האין סופי שהיא חלק אלוקה ממעל, והיא באמת הפנימיות והעצמיות האמיתית של האדם, נקודת הרצון הפנימי שלו להיות טהור וקדוש, ועל ידי כך יכול להתנתק מהמציאות של הישות שלו שהיא הנפש והגוף שנפלה בעוונותיו, ולחזור להתחבר לנשמה הטהורה, ועל ידי כך יוכל גם להגביה את הנפש ולטהר אותה מכל העוונות.

בכללות, הנשמה משכנה במח שהוא השכל של האדם שמבין את אמיתות חובתו בעולמו, והרוח משכנה בלב שהוא כל ההרגשים והמדות של האדם, והנפש משכנה בכבד שהוא

החלק התחתון והגשמי של האדם, ועל ידי העוונות מסתלקת הנשמה בסוד אין אדם חוטא אלא אם כן נכנסה בו רוח שטות, וכאשר מסתלקת הנשמה שהוא השכל והדעת האמיתית של האדם, נופלת הנפש וממילא מתקלקל הרוח של האדם שהוא הרגשי הלב שהם היראה והאהבה וכו׳, והוא ענין ערלת הלב, אך כאשר מתעורר לחזור בתשובה, צריך לחזור ולהתחבר עם הנשמה הטהורה שלא נפגמה מעולם, רק הסתלקה מעל ראשו, והוא ענין הרצון הפנימי שלו להיות טוב, ועי״כ חוזר ומאיר להרוח שבלב ומתחיל להתעורר בו המדות הטובות ורגשי הקדושה, ובכח זה יכול בקלות להעלות את הנפש ולתקנה.

פרק שני:

- הבריאה מתחדשת תדיר מאין ליש. ולכן מלמד האריז״ל, שכל תפילה חדשה וייחודית והתפילות מזמן בריאת העולם ועד לגאולה אינן זהות זו לזו (פרי עץ חיים שער התפילה ז׳ עמ׳ י״ז. עולת תמיד שער התפילה עמ׳ י״א. שולחן ערוך האריז״ל אורח חיים פ״ט א׳. ראה גם רמ״ק שיעור קומה הקדמה פרק י״ג. אור יקר פרשת קדושים ד׳).
- עיין בזוהר הקדוש (ח״ב ב׳ ע״ב) בענין נבואת יחזקאל על ׳נהר כבר׳ שזה היה כאשר יצאו בני ישראל לגלות בבל וחשבו שאין להם קיום לעולם כי הקב״ה (חס ושלום) עזב אותם ולא ישגיח עוד בהם לעולם, ובאותה שעה קרא הקב״ה לכל החבורה שלו וכל המרכבות והמחנות ושריו וכל צבאות השמים, ואמר להם, מה אתם עושים כאן, ומה בני אהובי בגלות בבל ואתם כאן, קומו רדו כולכם לבבל ואני עמכם, זהו שכתוב כה אמר ה׳ וגו׳ ׳למענכם שולחתי בבלה׳ זהו הקב״ה, ׳והורדתי בריחים כולם׳ אלו הם כל המרכבות והמחנות העליונים. וכשירדו לבבל נפתחו השמים ורוח נבואה הקדושה שרתה על יחזקאל, וראה כל מה שראה, ואמר להם

לישראל: הרי אדונכם כאן, וכל צבאות השמים והמרכבות שבאו לדור עמכם, לא האמינוהו, עד שנצרך לגלות כל מה שראה, וארא אך, וארא כך, וכו׳. כיון שראו ישראל את זה שמחו, וכששמעו מפי יחזקאל לא פחדו על גלותם כלל, כי ידעו שהקב״ה לא יעזוב אותם ע״כ (מתוך תרגום לשון הזוהר בפירוש הסולם). ומבואר בזה שעם ישראל היו בסכנה של יאוש וחשבו שהקב״ה עזב אותם ושוב לא ישגיח עליהם, ועל זה באה נבואת יחזקאל במעשה מרכבה להראות לעם ישראל שהקב״ה יורד אתם לגלות ונמצא עמהם בכל מקום, וזה נתן להם את החיזוק והיכולת להתחדש בכל עת גם בזמן הגלות, על ידי שיתקשרו לקב״ה שנמצא אתם בכל מקום ובכל זמן.

- בעוד ש״כבר״ נחשב בדרך כלל לגלות ו״חידוש״ נחשב לחופש, פתיחות ותשובה באופן עמוק יותר, נדרש שינוי של ה״כבר״ עצמו, היינו שהאדם משנה את נקודת מבטו, ו״כבר״ מרגיש את התשובה, היינו שתשובתו ״כבר״ נתקבלה, והוא מושלם וקדוש, ורק צריך לחזור למצב זה, של ״לֵךְ אֱכֹל בְּשִׂמְחָה לַחְמֶךָ וּשְׁתֵה בְלֶב טוֹב יֵינֶךָ כִּי כְבָר רָצָה הָאֱלֹהִים אֶת מַעֲשֶׂיךָ״, כפי שהפסוק אומר (קהלת ט׳ ז׳). דבר זה נכון בפרט לאחרי יום כיפור, יום שמוקדש לתשובה (שולחן ערוך אורח חיים סימן תכ״ד).
- ״כי המצוה הזאת אשר אנכי מצוך היום״ (דברים ל׳ י״א), רבים ממפרשי התורה סבורים ש״המצוה הזאת״ מתייחסת למצות התשובה (רמב״ן שם). מקור קודם יותר נמצא בגאונים (אוצר הגאונים סנהדרין תקי״ד. אברבנאל, ספורנו, בעל הטורים, כלי יקר על אתר. ספר העיקרים מאמר ד׳ פרק כ״ה. ראשית חכמה שער התשובה פרק א׳ עמ׳ ק״א ב׳).
- בכוחנו לבצע הערכה עצמית אמיתית. מומלץ לכל אחד לכתוב בכל לילה את הדברים השליליים בהם נתקל במהלך היום, ואת הדברים החיוביים שאולי התרשל בביצועם (שערי

תשובה שער א׳ פרק ח׳. ספר חסידים פרק כ״א). הזוהר ממליץ לכל אחד לערוך ״חשבון נפש״ כל לילה לפני השינה (זוהר ח״א קצא א׳. ראה שם קצ״ח ב׳, קצ״ט א׳, זוהר ח״ג קע״ח. ספר חרדים פרק ל״ה ל׳ עמ׳ קנ״ב. שבט המוסר פרק כ׳ י״ז עמ׳ ר״צ. סור מרע ועשה טוב זידיטשוב עמ׳ מ׳). השל״ה הקדוש מדבר באריכות על הצורך לחזור בתשובה באותו יום או אפילו באותה שעה בה נעשית העבירה, ועל הצורך לערוך חשבון נפש כל לילה (של״ה חולין פרק תורה אור פרקים ס״ג-ע״ב. מאמרי האדמו״ר הזקן הקצרים עמ׳ שנ״ט. ספר הברית ח״ב מאמר י״ב פרק א׳ עמ׳ תפ״ח). רצוי בלילות שישי (רבי ישראל דב בער מוולדניק שארית ישראל עמ׳ כ״א. תניא אגרת התשובה פרק י׳).

- ״חֲדָשִׁים לַבְּקָרִים רַבָּה אֱמוּנָתֶךָ״ (איכה ג׳ כ״ג), ויש להתבונן שפסוק זה מובא במגלת איכה אחר תיאור עומק הגלות, בו מבאר הנביא את הדרך כיצד להתחזק בגלות? על ידי התקווה לחסדי ה׳ שמתחדשים בכל יום ויום, וזהו מאמר הכתובים שם (פסוקים כ״א-כ״ג), ״זֹאת אָשִׁיב אֶל לִבִּי עַל כֵּן אוֹחִיל. חַסְדֵי יְהֹוָה כִּי לֹא תָמְנוּ כִּי לֹא כָלוּ רַחֲמָיו. חֲדָשִׁים לַבְּקָרִים רַבָּה אֱמוּנָתֶךָ״, ופירש״י שם, ״חדשים לבקרים: מתחדשים הם חסדיך מיום אל יום. רבה אמונתך: גדולה היא הבטחתך ודבר גדול הוא להאמין בך שתקיים ותשמור מה שהבטחת לנו״.
- ״וטוב להרגיל עצמו לומר מיד שניעור משינתו (מודה אני לפניך מלך חי וקים שהחזרת בי נשמתי בחמלה רבה אמונתך) ועל ידי זה יזכור את ה׳ העומד עליו ויקום בזריזות״ (שו״ע הרב שם אות ו׳. ראה גם משנה ברורה סימן א׳ ח׳).
- תשובה בדומה לתיקון כלים שבורים (ראשית חכמה שער התשובה פרק ה׳ עמ׳ קט״ז ב׳).
- מהות התשובה היא העלאת הנפש ולא רק תיקון חלקים מסויימים ממנה. תשובה היא שילוב פנימי וחיצוני, והיא כה נעלה עד שבזמן הגאולה אפילו הצדיקים יחזרו בתשובה, ״משיח אתא לאתבא צדיקיא בתיובתא״ (זוהר ח״ג קנ״ג ב׳.

לקוטי תורה שמיני עצרת עמ' צ"ב ב'. שיר השירים עמ' נ' ב'), **בזמן הגאולה אפילו הצדיקים הגדולים ביותר יתעלו עוד יותר מכפי דרגתם.** (תפארת שלמה על התורה ראדומסק פרשת בשלח עמ' ק"ז).

- **התשובה דומה לריפוי** (ישעיהו י' ז', נ"ז י"ח. תהילים מ"א ה'. ירמיהו ג' כ"ב. הושע י"ד ה'. תהילים ל' ג' רש"י. ראה גם מגילה י"ז ב'. ראש השנה י"ז ב' תוס' ד"ה ושב. יומא פ"ו א'. שמונה פרקים להרמב"ם פרק ג'. רבינו בחיי חובות הלבבות שער התשובה. קיצור חובות הלבבות פרק ז' עמ' ז"ו. המאירי חיבור התשובה משיב נפש מאמר א' פרק י"ב עמ' רט"ז. עקידת יצחק פרשת נצבים שער ק' עמ' קי"ז ב'. שבט המוסר פרק ל"ח י"ב עמ' תקמ"ט. הערה פרי קודש הילולים עמ' ל"ט).
- **במצב של תשובה נחשב האדם למציאות חדשה** (ספרא פרשת ואתחנן פרק ל'. מדרש רבה ויקרא ל' ג'. מדרש תהלים ק"ב א'. רמב"ם הלכות תשובה פ"ב ה"ד. סמ"ג מצוה ט"ז. מהרש"א בשם הר"ן ראש השנה ט"ז ב'. עבודת הקודש פרק ב' פרק ל"ה. **בעל תשובה דומה לתינוק שנולד** (שבט המוסר ל"ח ו' עמ' תקמ"ה. ראה גם: פרי הארץ ויטבסק פרשת ראה. נתיבות שלום סלונים תשובה פתיחה עמ' קצ"ז). **תשובה אינה רק כריפוי איברים אלא נחשבת כקבלת איברים חדשים** (שם משמואל ראש השנה עמ' י"ב).
- **תשובה בדומה לתחיית המתים** (יערות דבש חלק א' עמ' י"ד-ט"ו).
- **טבילה במקווה בתהליך התשובה** (מהרי"ל בדרכי משה אורח חיים סימן תר"ז).
- **שינוי השם** (ראש השנה ט"ז ב'. רמב"ם הלכות תשובה פ"ב ה"ד).
- **יש להאמין בכוח התשובה** (אורחות צדיקים שער התשובה עמ' רי"ג. ראה גם בני יששכר מאמרי חודש תשרי מאמר ד' עמ' י"ט ג').

פרק שלישי:

- **התשובה קדמה לבריאת העולם** (פסחים נ"ד א'. נדרים ל"ט ב'. מדרש רבה בראשית א' ד'. פרקי דרבי אליעזר פרק ג'), **והעולם אינו יכול להתקיים ללא תשובה** (ר"ן נדרים ל"ט ב').

- תשובה מעלה את הבריאה כולה חזרה לשורשה האלוקי (ליקוטים יקרים. יושר דברי אמת עמ׳ קל״ז ב׳).
- האנושות נבראה בתנאי שתהיה האפשרות לתשובה (זוהר ח״ג ס״ט ב׳, ח״א עמ׳ קל״ד. פרקי דרבי אליעזר פרק ג׳).
- ״אין צדיק בארץ״ (קהלת ז׳ כ׳. ראה גם מלכים א׳ ח׳ מ״ד. חיבור התשובה משיב נפש מאמר א׳ פרק א׳ עמ׳ כ״ג. ראשית חכמה שער התשובה פרק א׳ עמ׳ קא ב׳).
- ״ולו האמין האדם שלא יוכל לתקן זה המעות לעולם, היה מתמיד על טעותו ואפשר שהיה מוסיף במריו אחר שלא נשארה לו תחבולה״ (מורה נבוכים ג׳ ל״ו. בית אלוקים שער התשובה פרק א׳ עמ׳ ק׳. ראה גם אורחות צדיקים שער התשובה שער כ״ו עמ׳ ר״ט. כד הקמח תשובה עמ׳ תל״ח. עקידת יצחק פרשת נצבים שער ק״א עמ׳ קכ״א א׳. מנורת המאור נר חמישי הקדמה עמ׳ רמ״ה).
- הנשמה יורדת לעולם הזה בכדי לחוות תשובה (לקוטי תורה פרשת בלק עמ׳ ע״ג א׳). התשובה נחשבת כבסיס לעולם הזה, היסוד שעליו נברא העולם כולו (ספר הישר שער י׳ עמ׳ קי״ד. שבט המוסר פרק י׳ כ״ג עמ׳ קס״א. ראה גם עבודת הקודש חלק ב׳ פרק ל״ה).
- העולם נברא באות ה׳, האות שמאפשרת את התשובה (מנחות כ״ט ב׳. יש לציין ירושלמי חגיגה פרק ב׳. זוהר הקדמה עמ׳ ד׳ א׳. זוהר תהלים פרק ס״ח ל״א. ראה מדרש רבה בראשית פרשה י״ב ב׳. אותיות דרבי עקיבא עמ׳ ק״ח). ישנו גם מדרש שמדבר גם על כך שהעולם נברא באות ב׳ (תחילת מדרש רבה בראשית). מוסבר שמדרשים סותרים אלה מתיישבים באמצעות העמדת הה׳ על צידה שנראית כמו ב׳ (חיד״א חדרי בטן על התורה חיי שרה עמ׳ מ״א).
- ״נע ונד תהיה בארץ״ (בראשית ד׳ י״ב). תשובת קין ״גדול עוני מנשוא״ (בראשית ד׳ י״ג). כוח התשובה עורר את אדם הראשון לטפוח על פניו ולחבר את ״מזמור שיר ליום השבת״ (מדרש רבה בראשית פרשה כ״ב י״ג, ויקרא פרשה י׳ ה׳. פסיקתא דרב כהנא

שובה עמ' שנ"ט). אולי הסיבה לכך שאדם טפח על פניו היתה, כי הבין שבכוח התשובה לחדש את האדם, לעשות לו פנים חדשות. התחדשות זו מיוצגת על ידי "פנים חדשות" — כלומר הפיכת האדם לאדם חדש, כמו שהשבת היא "פנים חדשות" (תוס' כתובות ז' א'), וכך הוא חיבר את השיר לכבוד שבת.

- המלה "שבת" מורכבת משלוש אותיות, אותן אותיות שמרכיבות את המילה "תשב" (בעל שם טוב על התורה פרשת יתרו עמ' של"ב. קדושת לוי בסוף אבות. תניא אגרת התשובה פרק י'. שארית ישראל עמ' כ"א. חדרי בטן על התורה בראשית עמ' ג'. מדרש רבה בראשית פרשה כ"ב י"ג. יפה תואר שם. לקוטי מוהר"ן חלק א' פרק נ"ח ז'). הרמ"א מבאר שהשבת היא עת רצון לתשובה (מחיר יין עמ' כ"ה).
- שלושת הימים שלאחר השבת קשורים לשבת הקודמת ("בתר שבתא". פסחים ק"ו א'), וגם קדושים לנפש, רוח ונשמה מה"נשמה היתירה" של שבת (פרי עץ חיים שער השבת פרק א' עמ' שפ"א).
- שבת היא מעין עולם הבא (ברכות נ"ז ב'. זוהר ח"א מ"ח א'). השבת אף מברכת את השבוע שלאחריה, "מיני" מתברכין כולהו יומין" (זוהר ח"א ס"ג ב', פ"ח א'). השבת מסכמת את השבוע שהיה ומברכת את השבוע שיבוא (שם משמואל בראשית עמ' ח').
- איננו נעולים בתוך עולם של מעשים רעים. אין דבר שעומד בפני התשובה (זוהר ח"ב ק"ו א'. זוהר חדש סוף פרשת בראשית. תלמוד ירושלמי פאה א' א'. קידושין מ' ב'. רמב"ם הלכות תשובה פ"ד ה"ו. אורחות צדיקים שער התשובה שער כ"ו עמ' רכ"ו. זוהר ח"ג קכ"ב ב'). אף שישנם מקרים בהם אמרו שאפילו תשובה אינה מועילה (מנחות ק"ט א' תוס' ד"ה לא ישמשו. רמב"ם הלכות נשיאת כפים פט"ו ה"ג. יבמות כ"א ב' ביחס לגנב. זוהר ח"א ס' א', רי"ט ב', ח"ב רי"ד ב'. אך ראה סוטה ל"ט א' תוס' ד"ה ויחי. תענית כ"ז א' תוס'

ד"ה אי מה). **האמת היא שאין עבירה שאין לה תקנה בתשובה** (תניא אגרת התשובה פרק ד'. רבי יצחק בלאזר כוכבי אור עמ' רל"ט. תוס' בבא בתרא פ"ח ב' ד"ה התם).

- **"אם יאמר לך יצר הרע חטוא והקדוש ברוך הוא מוחל אל תאמן"** (חגיגה ט"ז א'). **כאשר אומר אדם "אחטא ואשוב שערי תשובה סגורים"** (יומא פ"ח ב'. פסיקתא דרב כהנא פרשה מ"ה א'. רמב"ם הלכות תשובה פ"ד ה"א). **אף על פי כן כאשר דלתי תשובה סגורות אין הן נעולות לחלוטין ואם מתאמץ האדם ייפתחו הדלתות** (רבי חסדאי קרשקש אור השם מאמר ג' כלל ב' פרק ב'. תניא אגרת התשובה פרק י"א. מאירי חיבור התשובה משיב נפש מאמר א' פרק ג' עמ' ס"ח-ט'. נתיבות שלום תשובה מאמר ח'). **אפילו לאנשים הרחוקים ביותר יש הזדמנות לשוב בתשובה "שערי תשובה תמיד פתוחים"** (סנהדרין ק"ג א'. פסיקתא דרב כהנא פרשה מ"ה ח'. רקנאטי פרשת נשא. חיבור התשובה משיב נפש מאמר א' פרק א' עמ' כ"ט).
- **התשובה מועילה אפילו ביחס למעשים שיש עליהם עונש בידי אדם. זאת על אף שאין האדם יודע מה בליבו של חברו ואינו יכול להחליט אם התשובה שלימה או כנה ולכן עדיין ישנו עונש** (חיד"א עין זוכר מערכת מ' – כ'. אולם ראה, נודע ביהודה אורח חיים תשובה ל"ה).

פרק רביעי:

- **שורש המילה מצווה "צוותא" — חיבור** (של"ה עשרה מאמרות מאמר ג"ד'. אור תורה המגיד ממעזריטש ת"ז. דגל מנחה אפרים פרשת קורח עמ' קפ"ג. לקוטי תורה פרשת בחוקותי עמ' מ"ה ג'. אוהב ישראל פרשת וירא עמ' י"ד. ספר חרדים פרק ע' עמ' רס"ח. ראשית חכמה שער האהבה פרק א' עמ' נ"ד. מהר"ל תפארת ישראל פרק ט', שארית ישראל עמ' רכ"ט). **מערכת היחסים עם הקב"ה עם כנסת ישראל משולה לנישואין** (תענית כ"ו ב'. מדרש רבה שמות פרשה ט"ו ל"א).

- ״מחטא לשון ירידה היא״ (רש״י יומא נ״ח ב׳ ד״ה התחיל).
- ״מִכֹּל הָעָם הַזֶּה שְׁבַע מֵאוֹת אִישׁ בָּחוּר אִטֵּר יַד יְמִינוֹ כָּל זֶה קֹלֵעַ בָּאֶבֶן אֶל הַשַּׂעֲרָה וְלֹא יַחֲטִא״ (שופטים כ׳ ט״ז). חטא פירוש חוטא למטרה.
- החטאים מהווים מחסום פנימי, הנחה מוטעית שהבורא אינו מתעניין בבריאה (מדרש רבה במדבר ט׳ א׳).
- בכל חטא מצוי עקבות של עבודה זרה (רבי יצחק מקומרנא היכל הברכה דברים עמ׳ פ״ח ב׳).
- כאשר אדם עובר עבירה הוא מנתק את עצמו מהקב״ה ״כִּי אִם עֲוֹנֹתֵיכֶם הָיוּ מַבְדִּלִים בֵּינֵכֶם לְבֵין אֱלֹקֵיכֶם״ (ישעיהו נ״ט ב׳. ראה רמב״ם הלכות תשובה פ״ה ה״ז. ראה בארוכה תניא אגרת התשובה פרק ה׳). הקב״ה הוא מקור ושאיפת חיינו, ״לְאַהֲבָה אֶת ה׳ אֱלֹקֶיךָ לִשְׁמֹעַ בְּקֹלוֹ וּלְדָבְקָה בוֹ כִּי הוּא חַיֶּיךָ וְאֹרֶךְ יָמֶיךָ״ (דברים ל׳ כ׳). עבירה או מעשה שלילי נובעים מטומאה (מדרש שוחר טוב תהלים נ״א. אור זרוע קי״ב. נתיבות שלום תשובה מאמר ב׳). טומאה משורש סגור ונבדל.
- אחד מהרמזים בתורה לענין התשובה הוא במקרה של גניבה (במדבר ה׳ ז׳). והסיבה היא שכיון שכאשר אדם עובר עבירה, כל עבירה, הוא גוזל מעצמו את יכולתו האמיתית (שפת אמת במדבר פרק ו׳ ב׳. ראה גם אור החיים משפטים פרק כ״ב ו׳).
- ״אין אדם עובר עבירה אלא אם כן נכנס בו רוח שטות״ (סוטה ג׳ א׳. מדרש רבה במדבר פרשה ט׳ ו׳. תרגום מלכים א׳ ח׳ מ״ז. ספרי קל״ב ב׳. עבודה זרה נ״ד ב׳. לקוטי מוהר״ן א׳ א׳).
- העבירות עצמן הן העונש על העבירות (נפש החיים שער א׳ פרק י״ב. אוהב ישראל כי תשא עמ׳ קנ״ו). התוצאה הקשה ביותר של עבירות מוסריות, הוא חנק רוחני שמשתלט על האדם ״עונותיו פורשין מצודה חוטא ללכדו״ (מדרש משלי ה׳ כ״ה).
- ללא תשובה ״הענשו יתחייב להיות שמם ואבד בו״ (רמב״ן ויקרא ה׳ ט״ו). חטא ללא תשובה משול לאבילות (שמות ל״ג ד׳).

- "עבירה גוררת עבירה" (אבות פרק ד' ב'. ישמח ישראל ב' שבת שובה עמ' קכ"ג).
- אדם שחוטא אינו צריך להתייסר רק על חטא זה לבדו שעשה, אלא אף על כך שמעשה זה עלול לפתוח בפניו את הדלת למעשים שליליים נוספים, ולהובילו במדרון של עבירות נוספות (מדרש תנחומא פרשת ויקרא).
- הרגלים שליליים מצמצמים את נקודת המבט של האדם ומפחיתים את רגישותו לטוב (ספר חורב פרקי המצות תשובה פרק ב'). לאחר שחטא האדם עליו להתמודד עם נטייתו למעשים אלה (שיחות מוסר ל"א מאמר י"ד). רבי יוסף יעב"ץ כותב כי כאשר מרגיל האדם את עצמו לדרכי עבירה, מתרגלים איברי גופו להתנהגות כזו ורק באמצעות מחשבה מאומצת הוא מסוגל להתנער מדפוס התנהגות זה (יעב"ץ אבות ד' י"ג).
- הדיבר הראשון בעשרת הדברות הוא "אנכי ה' אלקיך" והדיבר האחרון הוא "לא תחמוד", אם תקיים את הראשון ודאי תקיים את האחרון (רבי יצחק אייזיק מקומרנא אוצר החיים שמות עמ' קל"א ב'). הדיבר העשירי מהוה תוצאה של הדברות הקודמים יותר מאשר מצווה בפני עצמה (מלכי בקודש יתרו עמ' מ"ה). כל הדברות כלולים ב"לא תחמוד" (כלי יקר חיי שרה פרק כ"ד כ"ב). כיצד ניתן לצוות על האדם לא לחוש חמדה כלפי חפץ של האחר? יכולה להיות מצווה עבור מעשה, אולם איך יכולה להיות מצווה על רגש? איך אפשר להכריח אדם לא לחוש חמדה? התשובה לעיל (ראה אבן עזרא שמות כ' י"ד).

פרק חמישי:

- המילה קרי מופיעה כאשר מתארים את כלל ישראל כחוטאים, למשל "וַהֲלַכְתֶּם עִמִּי קֶרִי". אולם בכללות, פעמים רבות בתורה כוונת הכתוב היא עבירה בשוגג (ויקרא כ"ו כ"א). "קרי" פירושו מעשה בלתי צפוי ובלתי מתוכנן, שמהווה סטייה ממהלך החיים התקין והבריא (צדקת הצדיק אות קנ"ו).

- שורש המילה "עבירה" נובע מהשורש ע׳ ב׳ ר׳ — פירוש לעבור מצד אחד לצד אחר (מאמרי אדמו"ר הזקן ענינים עמ׳ תנ"ח. מאמרי אדמו"ר הזקן כתובים עמ׳ נ"ח. ספר המאמרים אדמו"ר הריי"ץ תש"ח עמ׳ קי"ד, ספר המאמרים קונטרסים כרך א׳ עמ׳ ע"ה. שארית ישראל עמ׳ ל"ט).
- מצבים אלה מכונים "יצר טוב" ו"יצר הרע" (ברכות ס"א א׳. סוכה נ"ב ב׳).
- בריא מאוד לאדם לדאוג לקיומו הגשמי (מדרש רבה בראשית ט׳ ז׳. מדרש רבה קהלת ג׳ י"א). היצר הוא האנוכי שדואג לשימור העצמי. על אף שממקורות אחרים בחז"ל נדמה שהיצר הורס את האדם אפילו בינקותו (אבות דרבי נתן פרק ט"ז). יש לומר שאולי ישנן רמות שונות ביצר עצמו (ראה אור החיים שופטים כ׳ י׳).
- חומר משמר נחוץ עבור יין משובח משום שהוא משקע את השמרים לתחתית החבית והיין משתבח ומזדכך עוד יותר (פירוש הגר"א ישעיהו ה׳ ו׳).
- כאשר האדם מסגל לעצמו התנהגות מסויימת, יקשה עליו להתנער ממנה, "אמר רבא בתחלה קראו הלך ולבסוף [אם אין מרסנים אותו] קראו אורח ולבסוף קראו איש" (סוכה נ"ב ב׳).
- ההגזמה, חוסר ההתאמה או העמידה במקום של חוש הישרדות הן אלה שהופכות את האנוכי לכלי רשע. יצר הרע קרוי רע, אבל "אתה עושה אותו רע" (תנחומא פרשת בראשית פרק ג׳ סימן ז׳. אך ראה קדושין ל׳ ב׳. אגרת המוסר סוף מסילת ישרים עמ׳ ק"ס-א׳. אור ישראל עמ׳ קנ"ד-ה׳). ולכן היצר מנסה לשכנע את האדם לחטוא במקום בו ישנו רק ספק חטא — ולא כאשר מדובר בחטא ודאי (סנהדרין ק"ג א׳. ברכות נ"ה ב׳ רש"י שם).
- לדעה אחת דומה יצר הרע לזבוב, דעה אחרת לחִטה (ברכות ס"א א׳). הוויכוח הוא, האם היצר הוא שלילי במהותו או שטמון בו כוח לשליליות (עין יעקב שם).

- כינוי נוסף לרמה זו של העצמי או היצר הרע הוא "נפש בהמית" (תניא פרק ט'. ראה גם מאירת עיניים פרשת אמור עמ' רכ"ו. שבילי אמונה נתיב ג' עמ' ק"ז, נתיב ו' עמ' ש"ו. ארבע מאות שקל כסף עמ' ע"ב ב' – ע"ג. פירוש הגר"א לספרא דצניעותא פרק ד' עמ' כ"ט א').
- שני הכוחות האלה הם הגורמים לסתירה הפנימית. האחד מורה לאדם לחפש את מה שמהנה באותו הרגע וזולתו נעלה ממנו והוא תופס את התמונה כולה — עבר, הווה ועתיד — בעת ובעונה אחת (עקידת יצחק פרשת נשא שער ע"ג). במצב של ניכור רוחני חשיבת האדם מוגבלת ומסוייגת, הוא חושב במונחים לטווח קצר בלי קשר לעתיד (שם שער ע"ב. אור ישראל עמ' קנ"ג. מדרגת האדם מאמר תיקון המדות פרק א'). הגמרא מלמדת שהיצר הרע עשוי להיות מתוק ומפתה בתחילה, אך בסופו של דבר הוא מר (ירושלמי שבת י"ד ג'. מדרש רבה ויקרא ט"ו ח'. חיבור התשובה משיב נפש מאמר א' ב' עמ' לח).
- בכל חטא מצוי עקבות של עבודה זרה וכפירה בתורה (תניא פרק כ"ד. ראה גם רש"י ויקרא ה' ט"ו).
- הדרך לדעת באם מניע למעשה הוא חיובי או שלילי היא לשים לב כיצד מרגישים לאחר מעשה (שבט המוסר כ"ה ח' עמ' שנ"ח-ט').
- בעת עשיית מעשה מוטל על האדם להתבונן בעצמו היטב, האם הוא חש התעלות או לא (קדושת לוי דרוש פורים עמ' נ"ה).
- מקובל בשם הרמב"ן שעלינו לנסות להתעלם מההנאה והרווח האישי שלנו וכך יתאפשר לנו לבצע בחירה אמיתית ללא פניות (בן פורת יוסף עמ' ט'. תולדות יעקב יצחק פרשת שופטים. בעל שם טוב על התורה פרשת בראשית אות קנ"ב).
- לפי הזוהר הקדוש, היצר האנוכי הוא שליח שנשלח מהקב"ה (זוהר ח"ב פרשת תרומה עמ' קס"ג א'. בבא בתרא ט"ז א'). היצר הרע הוא מלאך, על אף שמובא במקורות מסויימים שהוא שד (ראה עץ חיים שער קיצור אבי"ע פרק ג').

- משל למלך ששולח את עבדו הנאמן (תולדות יעקב יוסף פרשת ויקהל עמ׳ רנ״ב). היצר אינו אלא אשליה (אבני נזר אבן עזרא סימן רל״ב י׳). הבעל שם טוב מלמד שהיצר הרע מתעטף במסכה קדושה בכדי שיוכל לפתות את האדם ללכת בעקבותיו. הוא מופיע עם תחפושת ומציע סיבות טובות (בעל שם טוב על התורה מגילת אסתר עמ׳ תר״מ. שם משמואל הגדה של פסח עמ׳ קל״א. יערות דבש א׳ עמ׳ קנ״ט).

פרק שישי:

- תשובה יכולה להיות ״חזרה״ ״אל״ או ״מן״, כלומר חזרה אל ה׳ או התרחקות מהחטא? אם המקור לתשובה הוא מהפסוק ״וְשַׁבְתָּ עַד ה׳ אֱלֹקֶיךָ״ (דברים ד׳ ל׳), אזי תשובה היא מעשה של חזרה ״אל״ ה׳ (סמ״ק מצוה נ״ג. ראשית חכמה שער התשובה פרק א׳. ספר חרדים ט׳ ל״ד). הרמב״ם אינו מביא פסוק זה כמקור לתשובה, ובהתאם לכך סבור שהתשובה היא מעשה של חזרה והתרחקות מדרך השלילה (הלכות תשובה פ״א ה״א, פ״ב ה״א), על אף, שכתוצאה מהתרחקות מהשלילה, מתקרב האדם לה׳ (שם פ״ז ה״ז).
- המלה תשובה נחלקת לשנים ״תשוב״ ״ה״ (זוהר ח״ג קכ״ב א׳. תניא אגרת התשובה פרק ד׳. מאמרי אדמו״ר הזקן עניינים עמ׳ ת״ס. עמק המלך שער תיקוני תשובה פרק ט׳ עמ׳ י״ח ד׳).
- תשובה היא לכל הנשמות שנמצאות בגוף, ״כי העולם טועים לומר דוקא אנשים פחותי הערך ובעלי עבירות הם הם הצריכים לתשובה והאמת אינו כן״ (ליקוטי תורה פרשת נצבים ס׳ ד׳. דרושים לשבת שובה ס״ו ג׳. ראה גם מאירי יומא כ׳ א׳). ״כי כללות ישראל צריכים לחזור בתשובה קודם ביאת המשיח וביאת המשיח תלוי בזה כמארז״ל אם ישראל עושים תשובה נגאלין כו׳. אבל צדיקים שיזכו למעלת התשובה יהיה אחר ביאת המשיח דוקא״ (ליקוטי תורה דרושים לשמיני עצרת צ״ב ב׳ ושיר השירים נ׳ ב׳. ראה גם זוהר ח״ג קנ״ג ב׳).

- אף הצדיקים זקוקים לתשובה (תניא אגרת התשובה פרק ח'. לקוטי תורה פרשת האזינו).
- כאשר מכריזים על תשובה חוזרים למצב של תמימות וטהרה (מהר"ל נתיבות עולם נתיב התשובה פרק ב').
- "גדולה תשובה שמביאה רפאות לעולם" (יומא פ"ו א'. נתיבות עולם נתיב התשובה פרק ב'), ומביאה גאולה (יומא פ"ו ב').
- לחיות את החיים ממקור של השתוות (צוואת הריב"ש א'. כתר שם טוב ר"כ. ליקוטי יקרים קע"ט. אור האמת עמ' קס"ד. מלכי בקודש עמ' צ"ח). בכללות הרעיון של השתוות בעבודת ה' בא לידי ביטוי בכל השנה (חובות הלבבות שער הכניעה ז'. שער יחוד המעשה ח'. מגיד מישרים פרשת בשלח. יסוד ושורש העבודה עבודת הלב י').

פרק שביעי:

- התשובה היא דבר ודאי. אחד משמות ה' הוא "ודאי". האותיות הראשונות בתפלת "ויברך דוד את ה'" (ו' ד' א' י') הן ראשי תיבות המילה "ודאי". הגימטריא של שם זה היא עשרים ואחד, אותה גימטריא של "אהיה" (מעניין לציין ששם "אהיה" הוא ביטוי של "כתר" — דרגה של אי ודאות), עם השם ודאי — לפי שיטת האריז"ל — עלה משה רבינו להר סיני. לעומת זאת השכינה, שנמצאת עכשיו במצב של גלות, נקראת "אולי" (תיקוני זוהר תיקון ס"ט. קהלת יעקב ערך א'). כיון ש"נעוץ תחילתן בסופן" (ספר יצירה), הדרגות הגבוהות ביותר של כתר "רדל"א" (רישא דלא אתיידע) — הראשוניות שאינה ניתנת לידיעה. דרגה זו נקראת רדל"א משום שהיא מכילה וסובלת הפכים שונים בו זמנית, מקום בו יש מקום לסתירות הכי בסיסיות של היקום מתבטאת בדרגה הנמוכה של שכינה, התחילה קשורה לסוף. באמת ישנם שני סוגי ספק, מצב של ספק בו שום דבר לא אפשרי הוא קליפה כיוון שאיננה מועילה, ואדרבה היא משתקת את האדם מכל

אפשרות, ומצב של ספק בו הכול אפשרי מהווה את הרמה העמוקה ביותר של קדושה. דרך אגב, המי השילוח מבאר שישנו גם מצב רוחני גבוה שהאדם מכניס את עצמו למקום של ספק על מנת להגיע לחקר האמת (תולדות ויאהב יצחק עמ' ל"ד).

- בוא ואומר לך מהו חסיד? (עמוד האמת עמ' ק"א).

פרק שמיני:

- "בת קול מכרזת ואומרת שובו בנים שובבים" (מדרש רבה איכה הקדמה פרשה כ"ה. פרקי דרבי אליעזר ט"ו. זוהר ח"ג קכ"ו. ראה גם ראשית חכמה שער התשובה ח"א עמ' ק"ג ב'). "בכל יום ויום בת קול יוצאת מהר חורב ומכרזת ואומרת אוי להם לבריות מעלבונה של תורה" (אבות ו' ב'. מדרש רבה שמות פרשה מ"א ז'. מדרש רבה איכה. מדרש תנחומא פרשת כי תשא ט"ז. תנא דבי אליהו זוטא י"ז. ראה גם: זוהר ח"ג י"ג ב'). ישנם אחרונים שסוברים שישנו קול גשמי שיוצא מהר סיני (תפארת ישראל אבות ו' ב'), ואילו אחרים מבאים שזהו רק על דרך המשל (מדרש שמואל אבות ו' ב').
- הערכה העצמית היא דווקא על ידי תפילה. המילה תפילה דומה ל"יפלל" היינו משפט או דין כמו "וַיַּעֲמֹד פִּינְחָס וַיְפַלֵּל" (תהילים ק"ו ל'. "ויפלל: ענין דין ומשפט כמו ונתן בפלילים". מצודת ציון על אתר וראה תרגום. סנהדרין מ"ד א'). וכך תפילה מביאה את האדם לידי תשובה (ספר המאמרים קונטרסים חלק א' עמ' רכ"א. ראה גם סידור עם דא"ח עמ' ס'-ס"א).

פרק תשיעי:

- "קרבן" מלשון קירוב (ספר הבהיר פרק ק"ט. ראה גם שערי אורה שער ב' עמ' ס"ג. שני לוחות הברית תולדות אדם עמ' ו'. ראה מדרש ויקרא רבא ב' י"ב. יפה תואר שם).
- המטרה היא לכלות את החשק והרצון הגשמיים בתך ההקשר

של רוחנית נעלית (מי השילוח א' פרשת נצבים "והיה". ראה גם: בן פורת יוסף פרשת ויחי).

- "וְרָב תְּבוּאוֹת בְּכֹחַ שׁוֹר" (משלי י"ד ד'). כוח השור מסמל את הנפש הבהמית (ליקוטי תורה פרשת האזינו ע"ה ב'). שור מסמל יצר הרע (קהלת יעקב אות ש' — שור. ראה גם עבודה זרה ה' ב'). ראשי התיבות של שור שונא, טמא ורע, שהם שלושה כינויים ליצר הרע (סוכה נ"ב ע"א).
- תשובה מביאה גאולה (יומא פ"ו ע"ב. עין יעקב שם).
- המדד על פיו האדם יכול לדעת אם אכן השתנה, הוא בסיום כאשר הוא מתמודד שוב עם אוכל (ראה ראשית חכמה שער התשובה ד' קי"ד ע"א).
- מודעות חדשה ויום חדש מביאים לתשובה (חובות הלבבות שער עבודת האלוקים ג').
- מה חשוב יותר – להשיג את הרצונות או הרצונות עצמם? (מי מרום א' עמ' קל"ו).
- רבי חסדאי קרשקש אחד מהקדמונים כותב שהמטרה היא לא רק האהבה עצמה ולהגיע למקום של אהבת ה' כי אם החיפוש והיגיעה (אור השם מאמר ג' כלל ב' ב').
- אחד מההבדלים בין בני אדם למלאכים הוא שלבני אדם יש רצון (צדקת הצדיק אות רמ"ט. ראה גם משך חכמה פרשת בהעלותך עמ' ת"ד-ה'). רצון, שאיפות ועליות הם אלה שמגדירים את מהות האדם (זכריה ג' ז'). אנו יכולים לבחור במה אנחנו רוצים, אך לא נוכל אף פעם להשתחרר מהצורך לרצות (מי מרום ג' פרק א' עמ' ט').
- למלאכים אין יצר (מדרש רבה בראשית י"ח ה'). "שאין יצה"ר שולט" (רש"י על פסוק ה'). לחיות אין יצר (אבות דרבי נתן ט"ז). אולם במקומות אחרים בחז"ל מובא שלחיות יש יצר הרע (ברכות ס"א א'. ראה גם בבא קמא י"ט ב'). אולם כנראה מדובר שם על יצר ההישרדות ולא על יצר הרע בפועל.
- תחילת מסע התשובה הוא על ידי רצון (צדקת הצדיק אות קפ"ד).

- בן עזאי אומר, הוי רץ למצוה קלה [כבחמורה] (אבות ד׳ ב׳). הריצה למצווה היא גם כן מצווה (רבי חיים מוולוז׳ין רוח חיים למסכת אבות ד׳ ב׳. ראה גם: רשימות שיעורים סולובייצ׳יק סוכה עמ׳ צ״ה).
- ״גדולה שמושה של תורה יותר מלמודה״ (ברכות ז׳ א׳). ״אמר רבי יוחנן כל המונע תלמידו מלשמשו כאילו מונע ממנו חסד״ (כתובות צ״ו א׳).
- ״הנפטר מן המת לא יאמר לו לך לשלום אלא לך בשלום הנפטר מן החי לא יאמר לו לך בשלום אלא לך לשלום״ (מועד קטן כ״ט א׳), לאדם חי לא אומרים בשלום, משום שכאשר אדם חי היא תמיד מתקדם לעבר שלום, תמיד אפשר להספיק עוד ועוד, הוא הולך לשלום (שם משמואל וישב).
- ״להפסיד כסף זה לא כזה נורא, אולם כאשר הנך מאבד את האומץ, אתה מאבד הכל״ (שם משמואל יתרו).

פרק עשירי:

- כל אחת מארבעת האותיות המרכיבות את המילה ״ממון״ היא אות שחוזרת על עצמה [מ״ם-מ״ם, נו״ן-נו״ן, וא״ו-וא״ו] (כלי יקר חיי שרה כ״ד כ״ב. ראה גם: חיד״א מדבר קדמות מערכת מ׳ עמ׳ ל״ז. חדרי בטן על התורה תולדות עמ׳ מ״ו).
- רעב רוחני יכול להתבטאות ברעב גשמי כפשוטו (אוצר סיפור חב״ד י״ד עמ׳ 183. ראה גם: הכשרת האברכים ד׳ עמ׳ כ״ט). ״הבעל שם טוב אמר, ״הרהורי תשובה יש לכולם, אבער אנדערע פארטרינקן דאס מיט משקה״ [אבל אחרים מטביעים אותם במשקה]״ (רמ״ח אותיות צ״ב עמ׳ כ׳).

פרק אחד עשר:

- באם העצמי רחוק מקדושה ורוחניות עלולים דברי התעוררות ליפול על אוזניים ערלות, ולכן נפסק, ״ואמר רבי אילעא משום רבי אלעזר ברבי שמעון כשם שמצוה על אדם

לומר דבר הנשמע כך מצוה על אדם שלא לומר דבר שאינו נשמע" (יבמות ס"ה ב'. ירושלמי חגיגה א' ח').

- "אך אית רצון שנקרא רצון המורכב ונקרא רצון הנולד, שנולד לפי שעה והוא נקרא רצון התחתון שלמטה מן הדעת" (האדמו"ר האמצעי תורת חיים שמות קצ"ט א'. הרבי מליובאוויטש ספר המאמרים מלוקט ח"ה עמ' ר"ה. ראה מאור עיניים פרק וירא עמ' כ"א). לגבי השאלה מהיכן נובע השורש של התעוררות תשובה (ראה ראשית חכמה שער התשובה א' עמ' ק"ה ב'. מאור עיניים יומא עמ' כ"ו. אוהב ישראל ליקוטים חדשים עמ' שכ"א. שארית ישראל עמ' ח').
- הנטיות, הרצונות ותחושות הבטן הם תוצאה של כמיהת הנשמה להעלות את הניצוצות הכלולים בדברים אותם רוצים (כתר שם טוב עמ' נ'. צוואת הריב"ש ק"ט עמ' ל"ח. בעל שם טוב על התורה פרשת ויחי עמ' רפ"ר-ח'. ראה גם מאור עיניים ליקוטים עמ' קס"ו). המשיכה שלנו כלפיהם מהווה סימן שאנו נקראים לרומם אותם (סוד ישרים פרשת תרומה עמ' קמ"ז). יכולים להעלות את הניצוצות שלהם (ראה חולין ה' ב').
- אנו חייבים לעשות את הצעד הראשון (ראשית חכמה שער התשובה א' עמ' ק"ב ב').
- הקב"ה נותן את הכוח (בעל שם טוב על התורה פרשת בחוקותי עמ' תמ"ז. קהלת עמ' תרמ"ט. כתר שם טוב ע"ט. תולדות יעקב יוסף פרשת צו עמ' רפ"א. אוהב ישראל ליקוטים חדשים עמ' שכ"א. שארית ישראל עמ' ט'. רבי צדוק הכהן מלובלין רסיסי לילה כ"ח). אדמו"ר הרש"ב מליובאוויטש נ"ע כותב ש"זהו ע"י אור עליון דוקא" (בשעה שהקדימו תער"ב ג' עמ' א'שכ"ח. ראה גם ליקוטי שיחות חי"ט עמ' 13). ההתעוררות מלמעלה מעוררת את האדם לתשובה (שבט המוסר י"ט ח' עמ' רע"ב).
- תשובה מתעוררת באופן בלתי צפוי, לעתים נשמת משה תרד לעולם על מנת לעזור ליהודי בתהליך התשובה (ספר חרדים עמ' רס"ז-ח').

- שתי הצורות של גילוי אלוקות, האחת כפי שהיא מתגלה לפני החטא – "קודם שיחטא", והשנייה כפי שהיא לאחר החטא – "לאחר שיחטא" (רש"י שמות ל"ד ו'. ראש השנה י"ז ב' תוס' ד"ה שלוש. ראה חתם סופר תורת משה פרשת נצבים עמ' נ"ב-ג'). מכל מקום, אפילו בזמן החטא, הא' — הקב"ה, נוכח (בעל שם טוב על התורה פרשת כי תצא עמ' תקע"ח. דגל מחנה אפרים פרשת אמור עמ' קס"ה).
- ה' תמיד מחכה בכדי להושיט לנו יד (הרבי מליובאוויטש ליקוטי שיחות ח"ט עמ 172. ראה גם אלשיך תהילים כ"ז א').
- יש לנו את הכוח לשינוי ולחזרה לדרך הנכונה (שערי תשובה שער א' פרק א', שער ב' פרק ב'. אורחות צדיקים שער התשובה שער כ"ו עמ' ק"ל. ספר הישר שער י' עמ' קי"ד. חובות הלבבות שער התשובה פרק ו'. קיצור חובות הלבבות פרק ז'. עמ' ס"ח-ט'. דרשות הר"ן דרוש ו' עמ' ק"ז. דרוש ט' עמ' קס"א. דרוש י' עמ' קס"ה. חיבור התשובה משיב נפש מאמר א' פרק ב' עמ' מ"ט. מנורת המאור נר ה' כלל א' פרק ב' ה' עמ' רנ"ה. ראה גם ליקוטי מנורה ב' פ"ח).
- חוויות חיוביות עם זאת לעתים קרובות משביעות וממלאות האנוכיות בחיות. "וַיִּשְׁמַן יְשֻׁרוּן וַיִּבְעָט" (דברים ל"ב ט"ו. ראה גם אבן עזרא ואברבנאל על אתר).
- דרגה נעלית של תשובה היא ביטוי של אהבה (שערי תשובה שער א' פרק א'. אורחות צדיקים שער התשובה שער כ"ו עמ' רכ"ט. שבט המוסר ו' כ"ה עמ' ק"ח. ראה גם ספר חורב פרקי המצוות תשובה פרק ד').
- האדם נכנס לתנועה של תשובה עם התלהבות ומרץ שבעבר היה מופנה למעשים בלי רצויים. בלהט שהיה לו בזמן המעשה הלא טוב, הוא עכשיו מתאחד ומתחבר עם הקב"ה (יומא פ"ו ב'. רמב"ם הלכות תשובה פ"ב ה"א. אמונות ודעות מאמר ה' פרק ו'. אורחות צדיקים שער התשובה שער כ"ו עמ' רכ"ו. ספר חסידים כ'. חיבור התשובה משיב נפש מאמר א' ב' עמ' מ'. ראשית חכמה שער התשובה א' עמ' ק"ג. מנורת המאור נר ה' כלל א' ב' ב'

עמ׳ רנ״ג שבט המוסר ל״ח י״ח עמ׳ תקנ״א. ראה גם שבת קנ״א ב׳. עבודה זרה י״ט א׳).

- על פי המדרש, ראובן בנו בכורו של יעקב אבינו היה הראשון שחזר בתשובה (מדרש רבה בראשית פרשה פ״ד י״ט). חטאו היה ש״וַיִּשְׁכַּב אֶת בִּלְהָה פִּילֶגֶשׁ אָבִיו״ (בראשית ל״ה כ״ב), ״וישכב: מתוך שבלבל משכבו מעלה עליו הכתוב כאילו שכבה. ולמה בלבל וחלל יצועיו, שכשמתה רחל, נטל יעקב מטתו שהיתה נתונה תדיר באהל רחל, ולא בשאר אהלים, ונתנה באהל בלהה, בא ראובן ותבע עלבון אמו, אמר, אם אחות אמי היתה צרה לאמי, שפחת אחות אמי תהא צרה לאמי, לכך בלבל״ (רש״י על אתר), ״א״ר שמואל בר נחמני א״ר יונתן כל האומר ראובן חטא אינו אלא טועה״ (שבת נ״ה ב׳). ראובן חזר בתשובה מיד כשחטא (מדרש רבה שם. פירוש מהרז״ב שם).

פרק שנים עשר:

- במדרש מבואר שהמילה ״ועתה״ מתייחסת ישירות לתשובה (מדרש רבה בראשית כ״א ו׳). הזמן לתשובה הוא ״עתה״ (של״ה מסכת יומא נר מצוה עמ׳ רל״ז).
- על פי הלכה לאחר שאדם חזר בתשובה אסור להזכיר לו את עברו (בבא מציעא נ״ח ב׳. רמב״ם הלכות מכירה פי״ד הי״ג. שולחן ערוך חושן משפט רכ״ח ד׳).
- לתשובה יש יכולת לשנות טעויות שנעשו בעבר (יומא פ״ו א׳ רש״י שם). תשובה מיראה הופכת מעשים שנעשו במזיד לשוגג, לתשובה מאהבה יש השפעה גדולה יותר, עד ש״זדונות נעשות לו כזכויות״ (יומא פ״ו ב׳). רבי יוסף אלבו בעל ספר העיקרים טוען, ששינוי זה מגיע כמתנה מלמעלה (ספר העיקרים ד׳ כ״ז). סיבה עמוקה יותר מדוע העבירות הופכות לזכויות היא משום שאילולא ההתרחקות מה׳ האדם לא היה מגיע לדרגה כזו של דביקות (באר מים חיים בהעלותך עמ׳ כ׳).

- כוח התשובה הוא כזה שלא רק שהוא מנתק את העובר מהעבירה כך שהכוח השלילי לא ישפיע יותר, אלא מחולל מהפכה של ממש. על פי הגמרא "ג' מוחלים להן עונותיהן... והנושא אשה" (ירושלמי ביכורים ג' ג'. רש"י בראשית ל"ו ג'). כיון שעד עתה אינו אדם שלם, "א"ר אלעזר כל אדם שאין לו אשה אינו אדם" (יבמות ס"ג א'. זוהר ח"א פ"ה ב', צ"א ב'). לכן כל העוונות שעשה עד עתה נמחלים לו, משום שהאדם שחטא כבר אינו.
- במבט לאחור נראה, שהפעולות שבוצעו בעבר נעשו בטעות ושלא במתכוון (ספר העיקרים ד' כ"ז. ראה גם רמב"ם הלכות תשובה פ"ב ה"ד. מהרש"א בשם הר"ן ראש השנה ט"ז א'). הרמח"ל כותב שכשאדם חוזר בתשובה הוא מטהר את הרצון והחשק של העבירות, וכך מטהר את התוצאה — העבירות (מסילת ישרים פרק ד' עמ' כ"ה).
- בבבל העתיקה, היו קוטעים לגנב את היד (למרות שרעיון זה אינו נמצא בתורה ראה סנהדרין נ"ח ב'. נדה י"ג ב').
- בתרבויות אחרות, היו מקעקעים פושע שנכנס לכלא (זוהר ח"ג ע"ז ב'). "ורבינו יהודה החסיד פירש לא דן אותה יהודה לשריפה אלא שישרפו לה רושם בין פניה לסימן שהיא זונה" (בעל הטורים בראשית ל"ח כ"ד). אולם אין זו הלכה למעשה.
- פיצוי הבעלים עם ערך כספי (גיטין נ"ה א'. רמב"ם הלכות גזילה פ"א ה"ה. שולחן ערוך חושן משפט סימן ש"ס). ישנם כאלה שפוסקים שהלכה זו נוהגת אפילו כשאדם אינו רוצה לחזור בתשובה (טור אורח חיים תרל"ז. ראה בית יוסף לשיטת רש"י).
- "מעשה באדם אחד שבקש לעשות תשובה א"ל אשתו ריקה אם אתה עושה תשובה אפילו אבנט אינו שלך ונמנע ולא עשה תשובה באותה שעה אמרו הגזלנין ומלוי רביות שהחזירו אין מקבלין מהם והמקבל מהם אין רוח חכמים נוחה הימנו" (בבא קמא צ"ד ב'). בהלכה ישנם כמה פרטים ששונים מסיפור זה (בבא קמא צ"ד ב' תוס' ד"ה בימי. רא"ש שם.

רמב"ם הלכות גזילה פ"ב. שולחן ערוך יורה דעה סימן קס"א. חושן משפט סימן שס"ו).

- "כִּי הַמִּצְוָה הַזֹּאת אֲשֶׁר אָנֹכִי מְצַוְּךָ הַיּוֹם לֹא נִפְלֵאת הִוא מִמְּךָ וְלֹא רְחֹקָה הִוא" (דברים ל' י"א). לפי הרמב"ן "המצוה הזאת" היא תשובה. רבים ממפרשי התורה מסכימים עם הרמב"ן (ראה רבינו בחיי דברים ל' י"א. אברבנאל, ספורנו, בעל הטורים, כלי יקר. ראה גם ספר העיקרים ד' כ"ה. בית אלוקים עמ' רמ"ה-ו'). ישנם כאלה שפוסקים שהתשובה כמצוות עשה מקורה ב"וְשַׁבְתָּ עַד ה' אֱלֹקֶיךָ" (דברים ד' ל'. סמ"ק מצוה נ"ג. ראשית חכמה שער התשובה א' עמ' ק"א ב'. ספר חרדים ט' ל"ד עמ' ס"ב). רבי ירוחם פישל פערלא מביא זאת בשם מוני המצוות הקדומים (ספר המצוות לרבינו סעדיה גאון ח"ג פרשה מ"ב עמ' שע"ה. ראה גם מדרש רבה בראשית פ"ד י"ט. יפה תואר שם).
- לשיטת המנחת חינוך לפי הרמב"ם, אין מצוות התשובה מן התורה (מצוה שס"ד. ראה גם ליקוטי שיחות ח"ל עמ' 200 הערה 21. ליקוטי שיחות חל"ח עמ' 4–23). הבה"ג אינו מונה את התשובה כחלק מתרי"ג מצוות (ראה מעם לועז דברים נצבים ל' י"ד-י"ד).
- תשובה נעלית משאר תרי"ג מצוות (ליקוטי שיחות ח"ד עמ' 1144–1145 הערה 5). סברה זו חלה גם על תפילה. ישנו ויכוח בין הראשונים האם ישנה מצווה להתפלל בכל יום, הרמב"ם פוסק שזו מצווה להתפלל בכל יום (רמב"ם הלכות תפילה פ"א ה"א), אחרים סוברים אחרת (רמב"ן לספר המצוות מצוה ה'. ספר החינוך מצוה תל"ג. רא"ש ברכות פרק מי שמתו סימן ב'. ראה גם רש"י ותוס' ברכות י"ז ב' וכ' ב'. הערה סוכה ל"ח א'). הסיבה של הרמב"ם, החינוך והרא"ש היא שהתפילה אינה מצות מהתורה, כיון שבאופן מסויים תפילה קשורה יותר להקב"ה ולכן במובן מסויים היא נעלית מגדרי המצוות (ליקוטי תורה ע' ד'). בספר העיקרים מבואר שתשובה נעלית יותר מתפילה (ד' כ"ה).
- מצוות מקשרות את האדם עם בעל הרצון (מאמרי אדמו"ר הזקן

על מארז״ל עמ׳ תמ״ח ספר המאמרים קונטרסים א׳ עמ׳ 126. ליקוטי שיחות ח״ד עמ׳ 1145. ליקוטי שיחות חי״ד עמ׳ קמ״ו הערה 24. ראה גם ספר המאמרים תרע״א עמ׳ כ״ב).

- תשובה נוגעת ישירות עם בעל הרצון — הקב״ה, מעל מעבר לרצון עצמו (צמח צדק אור התורה בראשית ו׳ עמ׳ 2090. ראה גם ליקוטי שיחות ח״ד עמ׳ 1152 הערה 12. ליקוטי שיחות חי״ד עמ׳ 146. ספר המאמרים מלוקט ח״ד עמ׳ ט״ז-י״ז). הרמ״ק נ״ע כותב שהורים הם היחידים שיכולים לסבול את הריח של בגדי ילדיהם שהתלכלכו ולכן רק הם יכולים לנקות אותם. בדומה לכך, החטאים יכולים להתכפר רק על ידי הקב״ה עצמו (תומר דבורה א׳ ג׳ עמ׳ ג׳. ראה גם ישעיהו ד׳ ד׳. מדרש רבה במדבר י״ט ד׳. תניא אגרת הקודש כ״ב. רבי אברהם מטריסק מגן אברהם עמ׳ תע״ד).
- בעולם השכל אין מקום לתשובה (בית אלוקים שער התשובה א׳ עמ׳ צ״ח. נתיבות עולם נתיב התשובה א׳. עקידת יצחק פרשת ויקרא שער נ״ז). בעולם החוק אין מקום לתשובה (ספר העיקרים ד׳ כ״ה. מאירי חיבור התשובה א׳ א׳. מאירי לאבות ג׳ י״ח. מסילת ישרים ד׳. ראה גם סנהדרין ק״ג א׳ ורש״י על אתר. מידת הדין אוהב ישראל פרשת מצורע עמ׳ קע״ה). רבי אלחנן וסרמן מסביר שתשובה משנה את העבר ועושה זאת על פי גדרי ההלכה (קובץ מאמרים עמ׳ כ״ג).
- להתחבר לעצמי הפנימי על ידי גילוי האחדות הפנימית בין הנשמה והקב״ה (ליקוטי שיחות ח״ג עמ׳ 1152. ראה גם נתיבות עולם נתיב התשובה א׳. תניא כ״ד).

פרק שלושה עשר:

- עבירה היא ככתם על בגד, ״כִּי אִם תְּכַבְּסִי בַּנֶּתֶר... נִכְתָּם עֲוֹנֵךְ לְפָנַי״ (ירמיהו ב׳ כ״ב). ״הָסִירוּ הַבְּגָדִים הַצֹּאִים מֵעָלָיו, וַיֹּאמֶר אֵלָיו רְאֵה הֶעֱבַרְתִּי מֵעָלֶיךָ עֲוֹנֶךָ וְהַלְבֵּשׁ אֹתְךָ מַחֲלָצוֹת״ (זכריה ג׳ ד׳).
- החטא הוא כיסוי שטחי וחיצוני למהות הטהורה של הנשמה (ספר המאמרים תרנ״ט עמ׳ פ״ח. ליקוטי שיחות ח״ו עמ׳ 5–54. ראה גם

שב שמעתתא הקדמה עמ׳ י״ד. בני יששכר תשרי מאמר ב׳ ומאמר ד׳. בית יעקב אישביץ פרשת אמור קי״ב ב׳. ליקוטי מוהר״ן ז׳). שלילה היא הפך טבע הנשמה (זוהר ח״ג ט״ז א׳).

- שם י־ה־ו־ה מורכב מארבע אותיות שיוצרות, ״היה, הווה ויהיה״ (זוהר ח״ג רנ״ז ב׳. ראה תניא שער היחוד והאמונה ז׳). מעל ומעבר לכל הזמנים, עבר הווה ועתיד.
- בנוגע ל״נעשו לו כזכויות״, מפרשים רבים מסיקים שאין המעשה בפועל נהפך, אלא שעל ידי התשובה האדם עצמו מתהפך (מהרש״א יומא פ״ו ב׳). לחלופין, ישנם שמסבירים את הענין באופן זה: כשהאדם מתחרט על מעשיו באופן כזה יסודי, שבמעמדו ומצבו כעת הוא חושב שאם לא היה חוטא באותו זמן ללא ספק היה מקיים מצוות. מחשבותיו הופכות להיות מעשים והרי זה כאילו ביצע את המצוות שהוא עתה מתחרט על שלא עשה (כוכבי אור עמ׳ ק״ו).
- העבירה שגרמה לתשובה מתעלה על ידי האדם שמבקש לעשות תשובה (כפות תמרים על יומא פ״ו ב׳). הפיכת החטא למצווה (מהר״ל נתיבות עולם נתיב התשובה פרק ב׳). הפיכת כוח שלילי לחיובי (מעבר יבק מאמר ג׳ כ״ז, עמ׳ קצ״א).
- לבעל תשובה יש יותר מצוות מאשר לצדיק, שכן כל החטאים נחשבים למצוות (חדרי בטן על התורה תולדות ב׳ עמ׳ נ״ד).
- הירידה היא חלק מהעלייה וכתוצאה מכך נעשים הן זכויות (תניא פרק ז׳. שם משמואל יתרו עמ׳ רנ״ג. תקנת השבים י׳ עמ׳ ע״ח. ראה גם בית אלוקים שער התשובה ג׳ עמ׳ ק׳. שפת אמת ויגש. צדקת הצדיק מ׳ וק׳).
- חטא בשוגג (ויקרא ד׳ ב׳). עוון במזיד (במדבר ט״ו ל״א). פשע נעשה למרות (מלכים ב׳ ג׳ ז׳). שלושה אלה הם החטאים הבסיסיים ולכן צריך לאמרם בוידוי (יומא ל״ו ב׳. רמב״ם הלכות תשובה פרק פ״א ה״א).
- חטא מלשון טהרה (במדבר ח׳ כ״א). חטא מלשון חיטוי (תוספות ישנים יומא נ״ט א׳ ד״ה היה. ראה גם חולין כ״ז א׳).

- און מלשון כוח (ישעיהו מ' כ"ו. הושע י"ב ט'). למרות שעון כתוב עם ע' ואון עם א', אנו מוצאים שאון מרמז גם לעוונות (ראה לדוגמא במדבר כ"ג כ"א). בנוסף, ע' וא' הן אותיות מתחלפות (פסחים ל"ו א').
- דוגמא בו הכשר מצווה נחשב כחלק מהמצווה היא מצוות פרו ורבו. למרות שהחובה מוטלת על האיש ולא על האישה, כיון שהמצווה אינה יכולה להתבצע מבלי האשה כך שגם לאשה יש בה חלק ומצווה (ר"ן קידושין תחילת פרק ב'. תשובת הר"ן סימן ל"ב. ברכי יוסף א' קט"ז. אוצר הפוסקים סימן ל"ו ב'. ראה גם תורה תמימה בראשית).
- לבוא לתשובה בעוצמה רבה (זוהר ח"א קכ"ט ב'. תניא פרק ז'. ראה גם אור ה' מאמר ג' כלל ב' א'). תשובה היא דרך חדשה בחיים וכמו בכל דבר חדש היא נעשית מתוך התרגשות (בעל שם טוב על התורה פרשת נצבים עמ' תקצ"ב).
- "מקום שבעלי תשובה עומדין, צדיקים גמורים אינם עומדין" (ברכות ל"ד ב'). אולם ברמב"ם הגירסא מעט שונה, "מקום שבעלי תשובה עומדין בו, אין צדיקים גמורין יכולין לעמוד בו" (הלכות תשובה פ"ז ה"ד. ספר חסידים פרק ס'. חובות הלבבות שער התשובה פרק ח'. קיצור חובות הלבבות פרק ז' עמ ע"א. רבנו בחיי ויקרא א' ט'. כד הקמח ראש השנה א' עמ' ש"ע. בית אלוקים שער התשובה פרק ד' עמ' קי"ג. אורחות צדיקים שער התשובה שער כ"ו עמ' קנ"ב. עקידת יצחק פרשת נצבים שער ק' עמ' קי"ג. ספר האמונות שער ו' פרק ב' ס' ב'. מנורת המאור נר ה' כלל א' פרק ב' ו' עמ' רנ"ב. עבודת הקודש ב' פרק ל"ה. תומר דבורה פרק א' ז' עמ' ז'. ספר חדשים פרק ס"ו ק"ס עמ' קנ"ז. עשרה מאמרות מאמר חיקור דין ד' פרק א' עמ' קמ"ג. שבט המוסר פרק ל"ח י"ז עמ' תקנ"א. ראה זוהר ח"ב ק"ו ב'. ראה גם זוהר ח"א קכ"ט א'. אולם ראה חובות הלבבות שער התשובה הקדמה. פת לחם. ספר הישר שער י' עמ' קי"א. ראה גם עשרה מאמרות מאמר חיקור דין ד' א' עמ' רמ"ה).

- העלאת הניצוצות בתוך האיסור (ספר המאמרים מלוקט א׳ עמ׳ קצ״ב).
- לבעל תשובה יש תוספת בנשמתו (תיקוני זוהר. ראה ראשית חכמה שער התשובה ו׳ עמ׳ ק״כ א׳. ראה גם מי השילוח י״א עמ׳ קע״ט).

פרק ארבעה עשר:

- על פי פוסקים רבים קיימת מצווה מהתורה להתוודות בדיבור (רמב״ם הלכות תשובה פ״א ה״א. ספר המצוות מצוה ע״ג בשם מדרש מכילתא. סמ״ג מצוות עשה ט״ז. ספר החינוך מצוה שס״ד. סמ״ק פרק נ״ג. ספר חסידים כ׳. ראה גם מדרש תורת כהנים פרשת בחוקותי. ראשית חכמה שער התשובה ה׳ עמ׳ קי״ח. הערה כריתות י״ב א׳). אחרים סוברים שוידוי היא מצווה מדרבנן (ראה רבי ירוחם פישל פערלאוו על ספר המצוות לרבינו סעדיה גאון חלק ג׳ פרשה מ״ב עמ׳ שע״ד-ה׳).
- הבית יצחק שואל מדוע אין ברכה על תשובה? (יורה דעה חלק ב׳ סימן קס״ח). במילים אחרות, מדוע איננו מברכים לפני עשיית תשובה? אחד מהתירוצים הוא שמהות התשובה היא התעוררות בלב והוידוי הוא ביטוי חיצוני, ואי אפשר לברך על רגש (פרדס יוסף פרשת אחרי מות ט״ו ל׳). עיון נוסף מראה שייתכן שזוהי דעת הרמב״ם (הלכות תשובה פ״ב ה״ב). כמו כן, משום שתשובה וקבלת התשובה אינם תלויים לגמרי בבעל התשובה כי אם בקב״ה וכיון שזה לא תלוי באדם לכן אי אפשר לברך על כך (הערה תשובת הרשב״א א׳ סימן י״ח).
- על פי הרמב״ם הוידוי נאמר לאחר שהאדם עשה תשובה (הלכות תשובה פ״ב ה״ב). אחרים כותבים שהוידוי הוא ההשראה לתשובה, כפי שהפסוק אומר ״וּמוֹדֶה וְעֹזֵב יְרֻחָם״, ולאחר הוידוי הוא עושה תשובה (משלי כ״ח י״ג. שערי תשובה א׳ י״א. אולם ראה נפש חיים עמ׳ ת״ג-ד׳). רבינו בחיי כותב שבאמצעות הדיבור אדם מתעורר לתשובה (חובות הלבבות שער הבחינה ה׳).

החינוך כותב, שעל ידי הוידוי האדם יתעורר לתשובה (ספר החינוך מצוה שס״ד). שתי הדעות גורסות שתשובה היא מצוות עשה (ראה גם זוהר ח״ג קכ״ב א׳). ישנם גם אלה שסוברים שתשובה אינה מצווה כלל, אלא שכשאדם חוטא המצווה היא להתוודות. לדעת כמה וכמה אחרונים זוהי דעת הרמב״ם (מנחת חינוך מצוה שס״ד. משפט כהן קכ״ח. ראה גם רמב״ם הלכות תשובה פ״א ה״א. קרית סופר תחילת הלכות תשובה. ספר המצוות מצוה ע״ג. ליקוטי ביאורים לתניא עמ׳ מ׳). עם זאת, כולם מסכימים שתשובה אינה שלמה עד שהאדם מתוודה על רגשותיו (אולם ראה רס״ג ספר המצוות של״ו). המשך חכמה שואל איך ייתכן שישנה מצווה נפרדת לעשות תשובה, הרי גם ללא המצווה של תשובה, האדם צריך לקיים את המצוות? ומתרץ שתשובה היא הוידוי בדיבור (משך חכמה פרשת וילך עמ׳ תרי״ח).

- על ידי הדיבור של תשובה וחרטה, התשובה חזקה ועוצמתית יותר (ספר החינוך מצוה שס״ד). הדיבור מעניק למחשבות של תשובה מציאות מוחשית (ספר חורב פרקי המצוות תשובה ב׳).
- ״הקול מעורר הכוונה״ (ט״ז אורח חיים ק״א ג׳. ראשית חכמה שער הקדושה ט״ו. של״ה שער האותיות עמ׳ פ״ב ב׳).
- וידוי מגלה את כוונת האדם (ספר החינוך מצוה שס״ד).
- ככל שהאדם מדבר יותר על התחושות כך הן הופכות מוחשיות יותר (רש״ב ספר המאמרים רנ״ט עמ׳ ה׳). התחושות ילכו בעקבות הדיבור (מכתב מאליהו ד׳ עמ רנ״ז. ראה גם מהר״ל דרך חיים אבות א׳ י״ז).
- חכמינו ז״ל אומרים על הפסוק (משלי י״ב כ״ה) ״דאגה בלב איש ישחנה, רבי אמי ורבי אסי חד אמר ישחנה מדעתו וחד אמר ישיחנה לאחרים״ (סוטה מ״ב ב׳. יומא ע״ה א׳. סנהדרין ק׳ ב׳).
- חכמי תורה בכל הדורות המליצו להיות פתוח וכנה עם הקב״ה (ספר חרדים ס״ו עמ׳ רכ״ו. ליקוטי מוהר״ן ב׳ צ״ו וצ״ט. ליקוטי עצות התבודדות כ׳ עמ׳ ס״א. שיחות הר״ן רכ״ט. מכתבי חפץ חיים עמ׳ 7–96). באמצעות כוח הדיבור מסוגלים להתגבר על

כל האתגרים (שיחות הר״ן רל״ב). הרעיון של להיות פתוח עם ה׳ – ״התבודדות״, מומלצת במיוחד לאדם החפץ בתשובה (ספר חרדים ס״ה עמ׳ רכ״ו. של״ה מובא במשנה ברורה ביאור הלכה תקע״א ב׳. ראה שבט המוסר כ׳ ל״ט עמ׳ קצ״ו. מאור ושמש הפטרת שבת שובה עמ׳ תר״ע. סור מרע ועשה טוב עמ׳ מ״ג. צו וזירוז ד׳ עמ׳ שכ״ז).

- לשוב בתשובה עד שה׳ יהיה אלוקיך — שלך (בני יששכר תשרי מאמר ד׳ עמ׳ י״ד ד). עד שתוכל להתייחס להקב״ה כאל ידיד (עבודת ישראל קאז׳ניץ שבת תשובה עמ׳ רנ״ז).
- המדרש מלמד שוידוי הוא הדרך לבטל את היצר הרע (מדרש רבה ויקרא ט׳ א׳).

פרק חמשה עשר:

- תשובה עניינה לדלל את ההשפעות השליליות של מעשים לא טובים, לטהר את הזיהום השלילי ולהוסיף השפעות טובות לעולם (מאור עיניים פרשת חוקת עמ׳ ק״ה. ראה גם אדמו״ר האמצעי ביאורי זוהר עמ׳ קכ״ד א׳). על ידי דיבור של תשובה שליליות המעשים נפרדת מחיותם — עצמותם (ליקוטי מהר״ן א׳ קע״ח).
- ״רבי אליעזר בן יעקב אומר, העושה מצוה אחת קונה לו פרקליט אחד. והעובר עברה אחת קונה לו קטיגור אחד״ (אבות ד׳ י״א). מעשה טוב יוצר מלאך טוב ומעשה שלילי יוצר מלאך לא טוב (ברטנורא שם. ראה גם תומר דבורה א׳ ב׳. שערי קדושה ג׳ שער ז׳ שער רוח הקודש דרוש א׳ עמ׳ א׳. חסד לאברהם חלק ב׳ י״ט. אור החיים דברים י״ג ז׳. ספר הברית חלק ב׳ מאמר י״ד ד׳. מאור ושמש פרשת יתרו קל״ב. הערה תנחומא פרשת ויצא).
- כוחות רוחניים אלו נוצרים על ידי הפעולות שנעשו. וידוי בפה מבטל את כוח החיים שלהם (מאמרי אדמו״ר הזקן הקצרים עמ׳ תקפ״ח. אוהב ישראל פורים. עשרה מאמרות מאמר חיקור דין א׳ ג׳ עמ׳ י׳. ראה פירוש יד יהודה שם שמביא את הזוהר כמקור לכך).

- "מחשבה" על שינוי חיובי מטהרת את המחשבות, "דיבור" על שינוי חיובי מטהר את כוח הדיבור השלילי, וה"החלטה" לשנות את מעשינו מכאן ולהבא מטהרת את המעשים (ספר העיקרים ד' כ"ו. עקידת יצחק פרשת נצבים שער ק' עמ' קי"ז ב'. ראשית חכמה שער התשובה א' עמ' ק"א ב'. הערה ויקרא א' ט'. חיבור התשובה משיב נפש מאמר ב' י"ג עמ' תקמ"ד).
- חטא פוגם באותיות התורה בהן המעשה מוזכר (מאור עיניים פרשת ויצא עמ' פ"ג-ד'. ראה גם ליקוטי מוהר"ן א' ד' ה'. הערה עשרה מאמרות מאמר חיקור דין א' ג'. חסד לאברהם ד' ל"ז. אור המאיר פרשת וירא עמ' כ"ה). האותיות הפנימיות של האדם (מהר"ל תפארת ישראל פרק י"ב).
- תשובה מוכרחת להיעשות מתוך שמחה (ראשית חכמה שער התשובה ו' עמ' קי"ט א'. תיקוני זוהר תיקון כ"ב). וכך יכולים להבין את קושיית הזוהר, שמקשה היכן היתה השמחה בזמן בית המקדש כאשר אדם הביא קרבן חטאת? (ח"ג ח' א'. ראה גם שארית ישראל עמ' ק"ע-א'). הרמ"ק מסביר שמסיבה זו, שתשובה צריכה להיות מתוך שמחה, ולכן היום שלפני יום כיפור הוא יום חג שמצווה לאכול ולשתות בו (עבודת יום הכיפורים. ראה גם חמדת הימים ערב יום כיפור עמ' רע"ג).
- ישנה מחלוקת בחז"ל האם המתוודה צריך לפרט את חטאיו או לא (תוספתא יומא ד' י"ד. ירושלמי ח' ז'. ראה גם יומא פ"ו ב'). הוויכוח נובע מעמדתם מה מניע את התשובה, אהבה או יראה? (ליקוטי שיחות כ"ד עמ' 2–241). האם צריך לפרט את החטאים או לא? זו מחלוקת הפוסקים. יש שטוענים שאדם חייב להתוודות בפרטות (רמב"ם הלכות תשובה פ"ב ה"ג. מרדכי יומא תשכ"ה. סמ"ג מצוה ט"ז. שערי תשובה שער ד' כ"א. ספר חסידים כ"ב ומ"ב. חיבור התשובה משיב נפש מאמר א' י' עמ' קצ"ח. ראה גם ראשית חכמה שער התשובה ז' עמ' קכ"ז א'. מנורת המאור נר ה' כלל א' חלק א' וג' עמ' רס"א. ספר חרדים פרק י"ב כ"ה עמ' ע"ג פרק ס"ב י"ד עמ' רט"ו, פרק ס"ג עמ' רי"ז. שבט המוסר ו' כ"ד עמ'

ק״ז. של״ה מסכת יומא נר מצוה עמ׳ רכ״ג. רבי חיים בן בצלאל ספר החיים ספר סליחה ומחילה ו׳ עמ׳ קע״ד), ואילו אחרים טוענים שאין צריך (העיטור סוף הלכות יום הכיפורים. מאירי יומא פ״ו ב׳. טור אורח חיים תר״ז, ובית יוסף שם בשם הרי״ף והרא״ש. ראה גם חיבור התשובה משיב נפש ב׳ ח׳ עמ׳ ת״ב).

- הזוהר הקדוש מלמד שהכניסה לשער הקדושה היא באמצעות כוח הדמיון (ח״א ק״ג ב׳). חסיד הוא אדם שיש לו שליטה מלאה על המוח, וברצונו, יכול לדמיין את מתן התורה או בית המקדש למשל (ספר הכוזרי ג׳ ה׳).
- לדמיין את האדם כפי שהוא צדיק (רבי קלונימוס קלמיש מפיאסצנה צו וזירוז כ״ד עמ׳ ש״מ. ראה גם מכתב מאליהו ה׳ עמ׳ ל״ח). התכונות הפנימיות שלנו מושלמות באמת (מכתב מאליהו ד׳ עמ׳ רנ״ב־ג׳. ראה גם חובת התלמידים פיאסצנה עמ׳ ע״ח). לדמיין את עצמו כמלאך (ספר הישר שער י״ג). כוח הציור והדמיון הוא בעל עוצמה חזקה יותר מכוח השכל (כתבי הסבא מקעלם א׳ עמ׳ קמ״ג־ד׳). רבי יחזקאל לווינשטיין מלמד משמו של רבי שמחה זיסל מקעלם, שההבדל בין צדיק והיפוכו הוא שצדיק הוא מי שיש לו את היכולת לדמיין דברים במוחו כאילו הם אמיתיים (שיחת מוסר כ״ו).
- אדם יכול להיות צדיק בנושא מסויים (צדקת הצדיק אות נ״ח). בלשונו של רבי נחמן, הרעיון של צדיק פנימי הוא נקודת הטוב של האדם. בשפתו של הרב דסלר ז״ל, שישנם דברים מסויימים בחיים שהם למטה מנקודת הבחירה, דברים בחיים שאין שום אתגר אם לעשותם או לא, ולכן בנוגע לעניינים הללו האדם הוא כמו צדיק.
- רבינו יונה אומר שאם אדם מוצא את עצמו מתאווה באמצע האכילה שיפסיק לאכול (יסוד התשובה).

פרק ששה עשר:

- תשובה עילאה היא דביקות (תניא אגרת התשובה פרקים ט׳ וי׳.

שארית ישראל עמ׳ ק״ע־א׳). הרמב״ם כותב שעל ידי התשובה הבעל תשובה דבוק עם הקב״ה (רמב״ם הלכות תשובה פ״ז ה״ז). הדרגה הגבוהה ביותר של תשובה מושגת באמצעות לימוד תורה (זוהר ח״ג קכ״ג. תניא אגרת התשובה פרק ח׳. ראה גם נפש החיים שער ד׳ ל״א). מכיון שעל ידי לימוד התורה, המוח תופס את התורה ומקיף אותו בזמן שהמוח מתעמק בנושא (תניא פרק ה׳).

- חודש אלול מוקדש להתבוננות פנימית וכנה, ולהערכה עצמית ותשובה (טור אורח חיים תקפ״א, בית יוסף וב״ח שם. ראה גם מעם לועז דברים נצבים ל׳ י״א וי״ד). על פי הבית יוסף שמבאר את הטור, תשובה זו של אלול מרומזת במדרש (פרקי דרבי אליעזר פרק מ״ו. ראה גם מנורת המאור נר ה׳ כלל ב׳ א׳ פרק א׳ ב׳ עמ׳ ר״צ). לאחר שעבר את התהליך המפרך של זיכוך, עברו זך ומצוחצח ומוכן ליום הדין — ראש השנה (ראשית חכמה שער התשובה ד׳ קט״ו א׳. ראה גם אוהב ישראל פרשת ראה עמ׳ רל״ט).
- בראש השנה מתאספים בבית הכנסת לבושים במיטב הבגדים, נקיים, מצוחצחים ושיערות הראש והזקן גזוזים (טור אורח חיים תקפ״א. מדרש רבה ויקרא כ״ט מנורת המאור נר ה׳ כלל א׳ ב׳ פרק א׳ ה׳ עמ׳ רצ״א. של״ה ראש השנה עמ׳ קנ״א). לגבי תספורת הזקן (ראה צמח צדק סימן צ״ג. מנחת אליעזר ב׳ סימן מ״ח. שדי חמד ראש השנה סימן א׳ ט׳. ראה גם חתם סופר סימן קנ״ט בקשר לרבי מנחם עזריה מפאנו).
- לאחר ראש השנה באים ״עשרת ימי תשובה״, שמסתיימים ביום כיפור (ירושלמי ראש השנה א׳ ג׳. פסיקתא רבתי פרשה מ׳. ראה גם רמב״ם הלכות תשובה פ״ב ה״ו).
- המנהג להחליף את ״מלך אוהב צדקה ומשפט״ עם ״המלך המשפט״, לפי שבימים הללו הוא מראה מלכותו לשפוט את העולם״ (רש״י ברכות י״ב ב׳. ראה גם שולחן ערוך הרב אורח חיים סימן תקפ״ב ב׳).

- יש שמקבלים את ההשפעה בחסד ויש בדרישה (ברכות י"ז ב').
- מקום עמוק בתוך הנשמה נשאר טהור (תניא פרק כ"ד), כפי שהגמרא אומרת "אע"פ שחטא ישראל הוא" (סנהדרין מ"ד א'. ראה גם ישמח ישראל מאורן של ישראל ב' עמ' כ"ט. רסיסי לילה י"ד. נפש חיים שער א' י"ח. זהו כדעת רבי מאיר בקידושין ל"ו א'. ראה תקנת השבים ט"ו).
- יום כיפור הוא זמן של גילוי היחידה (לקוטי שיחות ד' עמ' 1151–2. ספר המאמרים מלוקט חלק ד' עמ' ט"ז-י"ז).
- ביום כיפור האדם כמלאך (רמ"א אורח חיים תר"י ד').
- יום כיפורים הוא יום בו מתנהגים כמלאכים (פרקי דרבי אליעזר מ"ו). כל מה שעושים ביום כיפור, גם ההלכה שלא לנעול נעלי עור, הוא בכדי להתנהג כמו מלאך (רבי יוסף יעב"ץ תורת חסד דרוש על יום כיפור עמ' תקכ"ח. ראה גם כוזרי ג' ה').
- אין השטן משטין ביום כיפור (יומא כ' א'. ראה גם נדרים ל"ב ב' ר"ן ורש"י על אתר. זוהר ח"ג ס"ג. חיבור התשובה משיב נפש מאמר ב' ט' עמ' תכ"ח). בלוח השנה יש אמנם רק 354 או 355 ימים ולא 364 (ראה יערות דבש ח"א עמ' קע"ז).
- ביום כיפור אין עברייינים (פרקי דרבי אליעזר מ"ו).
- למרות שיום כיפור נעלה מעבירות מזכירים עבירות בתפילות, משום שהדרגות הנעלות של יום כיפור מתגלות במקומות הכי נמוכים, כלומר במקום העבירות (ליקוטי שיחות חי"ט עמ' 303).
- "על כל עבירות שבתורה... יום הכפורים מכפר" (שבועות י"ג א'. ראה גם יומא פ"ה ב'. כריתות ז' א'). כל החכמים מסכימים שיום כיפור עצמו מכפר על עוונותיו של האדם, אך האם האדם צריך לפעול את הכפרה על ידי השתתפותו? (ליקוטי שיחות ח"ד עמ' 1150. ראה גם רמב"ם הלכות תשובה פ"א ה"ג וד') לכן הדרישה המועטת היא שהאדם צריך לפחות שלא להפריע ליום הכיפור לפעול את הכפרה, ולכן באם אדם מחלל את יום כיפור על ידי עבירה נגד היום, עבירה זו

אינה מתכפרת (שבועות י״ג א׳). ועוד, שכולם מסכימים שעל מנת להגיע לתשובה שלימה על האדם לקחת חלק בתשובה (תוספות ישנים יומא פ״ה ב׳).

פרק שבעה עשר:

- שעה אחת היא גם תנועה אחת או רגע אחד (עבודת ישראל אבות ד׳ ב׳). כפי שמובא בזוהר הקדוש, שניתן לעשות תשובה באופן מיידי, ״בשעתא חדא ברגעא חדא״ (ח״א קכ״ט א׳). תשובה יכולה להתרחש באופן מיידי (מאור עיניים ליקוטים. ראה גם מאירת עיניים שיר השירים. מדריגות האדם דרכי התשובה ה׳ עמ׳ ט״ו. ספר המאמרים מלוקט ח״א עמ׳ קס״ז).
- לרעיון שתשובה ניתנת לעשייה גם ברגע אחד יש השלכות הלכתיות, ״על מנת שאני צדיק אפילו רשע גמור מקודשת שמא הרהר תשובה בדעתו״ (קידושין מ״ט ב׳. זהו דין ספק קידושין. רא״ש שם סימן י״ד. רמב״ם הלכות אישות פ״ח ה״ה. שולחן ערוך אבן העזר ל״ח ל״א).
- על פי רוב, אנשים אינם יכולים לעבור שינוי פתאומי (חדרי בטן על התורה כי תבוא עמ׳ שכ״ו). שינוי פתאומי בגוף יכול להביא לקריסה או אפילו למוות רוחני רחמנא לצלן. שינוי רוחני הוא באותו אופן (עקידת יצחק פרשת נצבים שער ק׳. רמ״א מחיר יין עמ׳ ק״א), ולכן תשובה צריכה להיעשות ברוגע, במנוחה ובאיטיות (הערה בבא קמא פ׳ א׳).
- עם ישראל יצא ממצרים בחיפזון, תחילת המסע הרוחני היתה בחיפזון (שמות י״א י״ב), אולם בנוגע לגאולה האמיתית והשלימה שתהיה לאחר התפתחות רוחנית וצמיחה, מובא שזו תהיה מתוך שלום ושלווה (ישעיהו נ״ב י״ב. ראה גם בעל הטורים וכלי היקר שמות י״א י״ב). החיפזון של העם הוא כביכול החיפזון של הקב״ה. כיוון שעם ישראל לא היה מוכן לגאולה לכן הקב״ה ״מְדַלֵּג עַל הֶהָרִים״ (שיר השירים ב׳ ח׳), וגאל אותם במהירות (נצי״ב העמק דבר שמות י״א י״ב. הרחב דבר א׳).

- התנועה הראשונה של תשובה קשה מאומצת (ראשית חכמה שער התשובה א׳ עמ׳ ק״כ ב׳).
- דרך התשובה נראית בהתחלה כקלה ובטוחה אולם לאחר תקופה קלה נתקלים במכשולים מתסכלים (יערות דבש א׳ עמ׳ י״ח-ט׳. ביאור הענין מובא בבעל שם טוב על התורה פרשת נח עמ׳ ק״ג).
- המשל של ילד שלומד ללכת (ראה מאור עיניים פרשת האזינו עמ׳ קמ״ג. ראה גם בעל שם טוב על התורה פרשת נח. קדושת לוי שמות עמ׳ ס״ח. בן פורת יוסף עמ׳ ס׳. צפנת פענח עמ׳ נ״א ב׳). נכדו של הבעש״ט רבי משה חיים אפרים מסאדילקוב כותב משל זה משמו של מנהיג חסידי אחר (דגל מחנה אפרים פרשת בהעלותך).

פרק שמונה עשר:

- אדם שחוטא נגד אדם אחר צריך לבקש ממנו סליחה, ועד שהשני אינו סולח התשובה לא מושלמת (רמב״ם הלכות תשובה פ״ב ה״ט). התשובה לא שלימה עד שהנגנב יסלח או עד שהחוטא יעשה מאמץ כנה לבקש סליחה לפחות שלוש פעמים (בבא קמא ס׳ ב׳, צ״ב ב׳. רמב״ם הלכות תשובה ב׳ ט׳. טור ושולחן ערוך חושן משפט תכ״ב א׳. ראה גם מנורת המאור נר ה׳ כלל א׳ חלק ב׳ ד׳ ב׳). אולם כדאי לאדם כדאי לסלוח מיד (בבא קמא צ״ב ב׳. מדרש רבה י״ט כ״ג. תנחומא פרשת חוקת י״ט. רמב״ם הלכות תשובה פ״ב ה״י. טור ושולחן ערוך חושן משפט תכ״ב א׳. טור ורמ״א שולחן ערוך אורח חיים תר״ו א׳).
- צער או ייסור הגוף היו השיטה להגיע לתשובה אמיתית (רבי אליעזר מוורמייזא ספר הרוקח הלכות תשובה י״א עמ׳ כ״ז. ספר חסידים ס״ז. ראשית חכמה שער התשובה ה׳. כד הקמח ראש השנה א׳ עמ׳ שע״א. אורחות צדיקים שער התשובה כ״ו. עמק המלך שער תיקוני תשובה י״ב. של״ה פרשת נשא. רקנאטי פרשת נשא. עולת תמיד ענין התפילה מ״ו ב׳. תומר דבורה א׳ ז׳. מסילת ישרים י״ח. אולם ראה מנורת המאור נר ה׳ הקדמה עמ׳ רמ״ה ורע״ו).

- רבי נחמן מברסלב מלמד שיש דרך פשוטה יותר לשבור את הגוף, והיא באמצעות אנחה עמוקה (ליקוטי מוהר״ן א׳ כ״ב ד׳־ה׳).
- לדיון מפורט לגבי ארבעת סוגים של תשובה (ראה ספר רוקח הגדול הלכות תשובה פרק א׳־ט״ו. עמ׳ כ״ה־ז׳. אורחות צדיקים שער התשובה כ״ו עמ׳ רל״ר־מ׳).
- תשובת המשקל (ראה מורה נבוכים ג׳ מ״ו. רקנאטי פרשת נשא. כד הקמח ראש השנה א׳ עמ׳ שע״א. ראה גם מנורת המאור נר ה׳ כלל א׳ ב׳ א׳). באופן פשוט יותר (ראה ספר המאמרים עת״ר עמ׳ ס״א).
- הבעל שם טוב לימד את העולם דרך של אהבה ואור (בוצינא דנהורא עמ׳ י״ב. בעל שם טוב על התורה פרשת משפטים עמ׳ שס״ח־ט׳. שארית ישראל עמ׳ ק״פ. מאור ושמש פרשת כי תצא עמ׳ תר״ח, הפטרת שבת שובה עמ׳ תר״ע. ראה גם עמ׳ תרי״ז). הבעל שם טוב אומר ש״טוב יותר לעבוד השי״ת בשמחה בלי סיגופים, כי הם גורמים עצבות״ (צוואת הריב״ש נ״ו עמ׳ י״ח).
- בימינו לא מומלץ לצום (תניא אגרת התשובה ג׳. הכשרת האברכים פיעסצנה פרק י״א עמ׳ קמ״ה. מבוא השערים ט׳ עמ׳ רצ״ג. ליקוטי שיחות ח״ב עמ׳ 531–2. הסטייפלר קריינא דאיגרתא א׳ אגרת ט״ז. רבי עקיבא איגר שו״ת מהדורה ב׳ תשובה ג׳). ראה גם מקורות מוקדמים יותר (רא״ש אורחות חיים שבת קס״ח. רמ״א אורח חיים שמ״ד כ״ו. שולחן ערוך יורה דעה קפ״ה ד׳. של״ה ראש השנה עמ׳ קצ״ב).
- אפשר להתעדן על ידי התורה (ראה מדרש רבה ויקרא כ״ה א׳. וכן אורחות צדיקים. שער התשובה שער כ״ו. נודע ביהודה אורח חיים תשובה ל״ה).
- השאיפה היא לעבוד עם הגוף (כתר שם טוב רל״א. הוספות עמ׳ צ״ב. היום יום כ״ח שבט. ראה גם רמב״ם הלכות דעות פ״ד ה״א, שמונה פרקים פרק ד׳. קיצור שולחן ערוך ל״ב. מסילת ישרים הקדמה ופרק כ״ו. מנורת המאור נר ה׳ כלל א׳ חלק ג׳ א׳ ג׳).
- באם האדם צריך לתקן את מידת השקר, הוא צריך לומר אך

ורק אמת (שערי תשובה א׳ ל״ה. אורחות צדיקים שער התשובה כ״ו. ספר חרדים ס״ב י׳ עמ׳ רט״ו. ראה גם מדרש ילקוט שמעוני שופטים מ״ב. ראשית חכמה שער התשובה ז׳. של״ה שער האותיות עמ׳ תמ״ב, מסכת יומא נר מצוה עמ׳ ר״כ. הערה מדרש רבה שמות כ״ג ג׳).

- המצוות מחברות את האדם עם הקב״ה (מהר״ל תפארת ישראל ט׳).

פרק תשעה עשר:

- ״אִישׁ בְּחֶטְאוֹ יוּמָתוּ״ (דברים כ״ד ט״ז. אולם ראה שבת ל״ב ב׳). אולם בכל זאת ישנו את העניין ש״כל ישראל ערבים זה לזה״ (שבועות ל״ט א׳. סנהדרין כ״ז ב׳. סוטה ל״ז א׳). במקרה בו אדם מסוגל למנוע מאדם לחטוא, הוא הופך להיות אחראי (שבועות ל״ט ב׳), ולכן יכול לסבול כתוצאה מחטא של אדם אחר. עיקרון זה של ערבות בין כלל ישראל, חל על אנשים ונשים כאחד (רבי עקיבא איגר הלכות שבת תע״א ב׳).
- היכולת לבחור היא אלוקית משום שהנשמה היא חלק מהקב״ה (שפע טל הקדמה. יעב״ץ אבות א׳ י״ז, ג׳ י״ט. פרדס רימונים ל״ב א׳. אור נערב א׳ ג׳. מאמר הנפש ג׳ ח׳. של״ה אור חדש עמ׳ כ״ג. חסד לאברהם ב׳ מ״ד. יערות דבש א׳ עמ׳ ח׳ ב׳. תניא פרק ב׳), או מתנה מהקב״ה ולכן יש לאדם בחירה חופשית ויכולת ליצור את העתיד שלו – כמו ה׳ – יוצר החיים – שיש לו בחירה חופשית (רמב״ם הלכות תשובה פ״ה ה״א). הבנת דברי רמב״ם אלו היא לפי פירושו של האדמו״ר הזקן (לקוטי תורה פרשת אמור ל״ח ב׳. ראה גם רבי יהודה חייט מערכת אלוקות פרק ח׳ עמ׳ ק״ו א׳. הערה בראשית ג׳ כ״ב, רש״י וספורנו שם).
- הרמב״ם מכנה את האמונה בבחירה חופשית כיסוד התורה (הלכות תשובה פ״ה ה״ג. ראה גם דרשות הר״ן דרוש ה׳. רבנו בחיי דברים י״א כ״ו, ל׳ ט״ו). הדעה הרווחת היא שהתורה יכולה להתקיים רק אם יש בחירה חופשית, כפי שכותב הרמב״ם, ״אילו היה הא־ל גוזר על האדם להיות צדיק או רשע... היאך

היה מצווה לנו על ידי הנביאים עשה כך ואל תעשה כך... ומה מקום היה לכל התורה כולה" (הלכות תשובה פ"ה ה"ד). יש לציין עם זאת, כי היו חכמי ישראלשהסכימו לרעיון של "דטרמיניזם" [השקפה לפיה כל מאורע בעולם, פעולות, החלטות או מחשבות אנושיות נקבעים על ידי אירועים קודמים] כמו רבי חסדאי קרשקש (אור ה' מאמר ב' כלל ה'). רבי מרדכי יוסף מאישביץ כותב שהכל בידי שמים והבחירה חופשית היא לכאורה רק במוח האדם (מי השילוח א' פרשת וירא ופרשת קורח). במילים אחרות, בחירה חופשית היא דמיון במובן מסויים (מי השילוח א' עמ' קצ"ח, ב' עמ' קצ"א. הערה ליקוטי מוהר"ן א' כ"א ד'. רבי צדוק הכהן מלובלין דובר צדק עמ' ו' א'. רבי יעקב ליינר מראדזין — אישביץ בית יעקב פרשת פקודי עמ' רל"ד א'). מעניין לציין שאם מסדרים את המילה "בחירה" מחדש יוצרים את המילים "בחר — י־ה".

- יש לציין שהרעיון של "דטרמיניזם" לא מוביל בהכרח לגזירת הגורל שמצביע על כך שמאמצי האדם לשווא, אלא להיפך. הוא עשוי למעשה להוביל לביצוע של מצוות באופן מאוד ברור. אדם יכול להאמין ב"דטרמיניזם", ודווקא בגללו להיות מסור ונתון לגמרי לתורה, שכן הוא מאמין שהתורה היא מה שנקבע עליו לעשות. למעשה, ישנם שסוברים שהדרגה הגבוהה ביותר שאדם יכול להשיג, היא דווקא לאבד את הבחירה החופשית לגמרי (ראה משך חכמה פרשת שמות עמ' ע"ר־ז').
- מעיון נוסף במקורות שמדברים על כך שהכל בידיו של הקב"ה, מתברר שהחכמים והמקובלים אינם מציעים "דטרמיניזם" או שלבני אדם אין בחירה חופשית — אלא שיש בחירה חופשית עצמאית. היינו לא שה"עצמי" אינו קיים והאדם הוא רק ביטוי לאור האלוקי, אלא שהעצמי הנפרד הוא אשליה והעצמי האמיתי הוא ה"עצמיות" של הקב"ה — העצמי הקטן הוא צל של העצמי האמיתי.

- בעולם של "דטרמיניזם" בו יש תורה ומצוות אבל אין מקום לתשובה, אכן אין סיבה לתשובה (ליקוטי שיחות ח"ל עמ' 200). ולכן אלה הטוענים ל"דטרמיניזם", יאמרו שגם התשובה – שהיא מצווה מהתורה – נקבעה והוענקה לאדם כמתנה מלמעלה (אור ה' מאמר ג' ב' כלל ב' א'). השפת אמת אומר, שלמרות שכשאדם חוטא הוא מאבד את הבחירה חופשית שלו, אולם הקב"ה מחדש בו את הכוח לבחור באופן חופשי בכל יום מחדש (פרשת ראה).
- על מנת לשנות האדם צריך לדעת מה לשנות (ספר העיקרים מאמר ד' כ"ו. ראה גם חובות הלבבות שער התשובה ג'. שבט המוסר כ"ז ו').

פרק עשרים:

- "הניח ראשו בין ברכיו וגעה בבכיה עד שיצתה נשמתו", אין ספק שזה לא נחשב שהוא נטל את חייו (שם הגדולים מערכת הגדולים י' י"ז. ראה גם תשובת שבות יעקב ב' קי"א). חוץ מזה, למטרת תשובה לעתים לכאורה זה מותר (ראה מדרש רבה בראשית ס"ה י"ח. שיטה מקובצת על כתובות ק"ג ב').
- הרים נחשבים לאבות (ראש השנה י"א א'. תיקוני זוהר תיקון כ"א. מדרש רבה ויקרא ל'. שיר השירים רבה ט"ו). הרים כמשל (שיעור קומה צ"ה עמ' קפ"ו).
- הגמרא מספרת שההרים, השמים, הארץ, השמש והירח ענו לו, "עד שאנו מבקשים עליך נבקש על עצמנו", אין הפירוש שענו לו, אלא שזו היתה שיחה בתוך מוחו של רבי אליעזר (חולין ז' א' תוס' ד"ה אמר ליה. עבודה זרה י"ז א' תוס' עד שאנו).
- באופן כללי, יש איסור על שימוש במזלות (פסחים קי"ג א'. ראה גם נדרים ל"ב א'. שולחן ערוך יורה דעה קע"ט א'). יחד עם זאת, כאשר נודע לאדם שפעולה מסויימת עומדת בניגוד להשפעת המזלות שלו עליו לקחת את המידע בחשבון ולא לפעול נגד זה (רמב"ן רפ"ב. שולחן ערוך יורה דעה קע"ט. רמ"א

ב׳. ראה גם שבת קכ״ט ב׳, רש״י שם). יצויין שהרמב״ם כותב שהרעיון של מזלות הוא שטות גמורה ונתפס על ידי אנשים חכמים כשטות והבל (רמב״ם פירוש המשניות עבודה זרה ד׳. שמונה פרקים פרק ח׳. אגרות הרמב״ם עמ׳ קנ״ג). עם זאת, חכמים רבים מסכימים שיש השפעה למזלות, למרות שהם טוענים שאדם לא מחוייב להשפעת המזלות והתנהגות האדם לא נקבעה מראש, ואם הוא רוצה הוא יכול להתעלות מעל ההשפעה ולהתנהג כפי שהוא בוחר (ראה זוהר ח״ג רט״ז. רבנו בחיי דברים ל״א ט״ז. ראה גם אבן עזרא שמות כ׳ א׳, דברים ד׳ י״ט. רמב״ן ויקרא כ״ה י״ח. נימוקי יוסף עבודה זרה סוף פרק ז׳. דרשת הר״ן דרוש ח׳ עמ׳ קל״ט. משיב נפש חיבור התשובה ו׳ א׳ עמ׳ קנ״ג. אור ה׳ ד׳ ד׳. עקידת יצחק בראשית שער כ״ב. נשמת חיים ג׳ י״ז, ופרק כ״א).

פרק עשרים ואחד:

- יש אישור חיים וטוב בתוך כל בריאה (אור החיים שמות י״א ה׳. היום יום ה׳ אב. ראה גם נפש החיים ליקוטי מאמרים עמ׳ שע״ה).
- אנו לומדים את שלושת הענינים, הכנעה, הבדלה והמתקה מהבעל שם טוב נ״ע (בעל שם טוב על התורה פרשת נח עמ׳ ק״י. תולדות יעקב יוסף ב׳ וי״ג. בן פורת יוסף עמ׳ כ״ט ג״ד׳).
- ריש לקיש בתחילה היה גנב (בבא מציעא פ״ד א׳). ישנה דעה שריש לקיש בנעוריו היה קרוב לתורה ורק מאוחר יותר הפך לשודד (בבא מציעא פ״ד א׳ תוס׳ ד״ה אי הדרת. עירובין ס״ה ב׳ תוס׳ ד״ה ריש לקיש. יבמות נ״ז א׳ תוס׳ ד״ה אתא גברא). רבי יוחנן היה נאה מאוד (ברכות כ׳ א׳).

פרק עשרים ושניים:

- אהבה היא מרכיב חיוני בתשובה (ראה היום יום ו׳ תשרי). בדיוק כמו שהאדם צריך נדיב כלפי אחרים, הוא צריך להיות נדיב כלפי עצמו (מדרש רבה ויקרא ל״ד ג׳).

- פסק הדין של הרמב״ם והשולחן ערוך הוא שאדם צריך לכבד את הוריו גם אם הם לא צודקים (רמב״ם הלכות ממרים פ״ו הי״א. שולחן ערוך יורה דעה ר״מ י״ח. ראה גם סנהדרין פ״ה ב׳. רי״ף יבמות כ״ב ב׳. אור שמח על הלכות ממרים, מוכיח מסנהדרין ע״א א׳). דעה זו סוברת שכיבוד הורים הוא מצווה שבין אדם למקום ולא בין אדם לחבירו. דעות אחרות חולקות על כך (טור יורה דעה סימן ר״מ. הגהות מיימוניות להרמב״ם הלכות ממרים ו׳. מרדכי. ראה רמ״א שולחן ערוך יורה דעה ר״מ י״ח. ערוך השולחן יורה דעה סימן ר״מ ל״ט. ראה גם בבא קמא צ״ד א׳. בבא מציעא ס״ב א׳). אולם כל הדעות מסכימות שלאדם אסור לגרום כאב להוריו (ש״ך וט״ז, יורה דעה סימן ר״מ). היום מקובלת הפסיקה שרוב האנשים פועלים מתוך בורות (ציץ אליעזר כרך ט׳ ט״ו מ״א), ולכן המצווה חלה על כל ההורים.
- שני המרכיבים העיקריים של תשובה: א) חרטה על העבר שלפי שיטות רבות כוללת גם עזיבת החטא, וב) קבלה על העתיד (רמב״ם הלכות תשובה פ״ב ה״ב. שערי תשובה א׳ י״ט. דרשות הר״ן דרוש ו׳. ספר העיקרים ד׳ כ״ו. כד הקמח ראש השנה א׳ עמ׳ שע״א-ב׳. חיבור התשובה משיב נפש מאמר א׳ ח׳. ראה גם חובות הלבבות שער התשובה ד׳. קיצור חובות הלבבות ז׳ עמ׳ ס״ר-ז׳. ספר הישר שער י׳ עמ׳ קי״ד-ט״ו. ספר חרדים ס״ג עמ׳ רי״ז. נפש החיים עמ׳ תמ״א. בית הלוי תורה דרוש ט״ו. כוכבי אור עמ׳ רמ״ה). רוב המקורות כוללים את הוידוי כחלק עיקרי בתשובה. ישנה גם סברה לכלול במצוות התשובה גם בקשת סליחה (אמונות ודעות מאמר ה׳ פרק ה׳. ראה ספר החינוך מצוה שס״ד).
- מודעות לענין שלילי היא חצי הפתרון (מאירי ספר המידות תשובה עמ׳ קנ״ט).
- המילה ״ועתה״ מתייחסת למצוות התשובה (מדרש רבה בראשית כ״א ו׳). הזמן הכי חשוב לתשובה הוא ההווה (ראה

מאור ושמש בראשית עמ׳ ח׳. בא עמ׳ קע״ד־ה׳. ראה גם עבודת ישראל קאזניץ יתרו עמ׳ ק׳).

פרק עשרים ושלושה:

- יש פוסקים שאדם זקוק למרירות בתהליך התשובה (שערי תשובה שער א׳ י״ב־ג׳. אורחות צדיקים שער התשובה שער כ״ו. ספר חרדים ס״ב ג׳. ראה גם תניא פרק כ״ו, אגרת התשובה ז׳).
- מרירות יכולה לנתק את האדם מהשאננות בה הוא נמצא (תניא פרק כ״ו. ראה גם: שארית ישראל עמ׳ כ׳).

פרק עשרים וארבעה:

- חסיד הוא מי שחש בושה (אורחות צדיקים שער הבושה שער ג׳. הערה ספר חסידים י׳). בושה של קדושה פירושה יראת שמים. הגמרא מביאה את מידת הבושה כסימנה של יראת שמים (יבמות ע״ט א׳).
- מספר ראשונים סבורים שבושה היא מרכיב חשוב בתשובה (רמב״ם הלכות תשובה פ״א ה״א. שערי תשובה א׳ שער א׳ י״ב־ג׳. אורחות צדיקים שער הבושה ג׳. שער התשובה כ״ו. הערה מהר״ל נתיבות עולם נתיב התשובה ה׳).
- בושה שאינה קדושה אינה הולמת את האדם (רבי שם טוב בן יוסף אבן פלקירה ספר המבקש עמ׳ מ״ז). בושה היא מצב של אדם שאינו צדיק (הערה מדרש תהילים ו׳ ו׳).
- למרות שאהבה היא דרגה נעלית יותר בעבודת ה׳ (חובות הלבבות שער האהבה א׳ א׳) וגם בנביא מובא שיבוא זמן, ״וְהָיָה בַיּוֹם הַהוּא נְאֻם ה׳ תִּקְרְאִי אִישִׁי וְלֹא תִקְרְאִי לִי עוֹד בַּעְלִי (הושע ב׳ י״ח), בעלי הוא גם מלשון בעל של אשה, גם מלשון בעל — אדון. רש״י מביא שהכוונה היא שצריך לעבוד את ה׳ מתוך אהבה ולא מתוך יראה. מכל מקום האהבה לא שוללת יראה (דברים ו׳ י״ג), כיון שהיראה היא למעשה בחינה נעלית של בושה (תניא פרק מ״א. דרך חיים הקדמה). וזאת משום שבושה

אין הכוונה להיות ולהרגיש נבוך, כי אם להיות במצב של יראה וחרדת קודש, מצב של יראה מהבריאה והבורא.

פרק עשרים וחמשה:

- הבריאה מורכבת מארבעה יסודות, אש, רוח, מים ועפר (מדרש רבה במדבר י״ד י״ב. ספר יצירה א׳ ט־י״ב. ראה גם אמונות ודעות מאמר א׳ פרק ג׳, מאמר ב׳ פרק ח׳. רמב״ם הלכות יסודי התורה פ״ג ה״י. רמב״ן בראשית א׳ א׳. כוזרי ג׳ כ״ה. רבינו בחיי בראשית א׳ א׳. דרשות הר״ן דרוש א׳. שער השמים א׳ א׳ עמ׳ ה׳. מגן אבות ב׳ א׳ עמ׳ ט׳ א׳). ספר יצירה מזכיר רק שלושה יסודות, אש, רוח ומים. הסיבה לכך היא שיסוד העפר נובע משלושת האחרים (מערכת אלוקות פרק י״ב. פרדס רימונים ט׳ ג׳. אור נערב חלק ו׳ ב׳). לפי הגמרא כל בריאה נוצרה מבחינת זכר ונקבה (בבא בתרא ע״ד ב׳. ראה גם זוהר ח״א קכ״ז ב׳). גם דגים ועצים (מדרש רבה בראשית מ״א א׳. ירושלמי תענית א׳ ג׳. ראה גם אוהב ישראל ואתחנן עמ׳ ר״ל).
- בספר הישר מובא העניין של הארבעה יסודות, ושם הוא מקשר אותם עם ארבעה עניינים בתשובה (ספר הישר שער י׳ עמ׳ קי״ד־ט״ו).
- הגמרא אומרת שתקיעת השופר היא מצווה מדאורייתא ללא שום סיבה שכלית ״רחמנא אמר תקעו״ (ראש השנה ט״ז א׳. רמב״ם הלכות תשובה פ״ג ה״ד). בפסוק כתוב בפשטות ״יוֹם תְּרוּעָה יִהְיֶה לָכֶם״ (במדבר כ״ט א׳). יחד עם זאת, כיון שכל מצוה שראויה ליתן לה טעם, תן לה טעם, הסיבה יכולה להיות שקול השופר מעורר לתשובה (רמב״ם הלכות תשובה פ״ג ה״ד. ראה גם מדרש רבה ויקרא כ״ט ט׳. טור אורח חיים תקפ״א. חיבור משיב נפש מאמר ב׳ ג׳. בית יוסף וב״ח שם).
- שברים הוא קול ארוך ואילו התרועה היא קול קצר יותר (ראש השנה ל״ג ב׳, רש״י שם. סמ״ג מצוה מ״ב. אבודרהם סדר תקיעות עמ׳ רס״ז).

- לפני כל תקיעה של שברים ותרועה צריכה להיות תקיעה פשוטה, "וכל תרועה פשוטה לפניה ופשוטה לאחריה" (רמב"ם הלכות שופר פ"ג ה"א. ראה גם ראש השנה ל"ג ב'). ביאור רוחני להלכה זו (ראה רסיסי לילה ל"ו. ליקוטי מהר"ן א' כ"ב ה'. שם משמואל זכור ברית עמ' ח').
- תקיעת השופר דומה לתקיעת חצוצרות בהכתרת מלך. סיבה זו מובאת בשם רבי סעדיה גאון (ראה אבודרהם טעמי התקיעות עמ' רס"ט סיבה א'. מנורת המאור נר ה' כלל ב' א', ה' א'. ראה גם רבינו בחיי כד הקמח ראש השנה ב' עמ' שע"ט). הגר"א פוסק שתקיעת השופר צריכה להיות מתוך שמחה שדומה יותר לסברה שקול השופר הוא עבור הכתרת המלך (מעשה רב הלכות ראש השנה ר"ו ה').
- תשובה פירושה וידוי (רמב"ם הלכות תשובה פ"א ה"א. ספר המצוות מצוה ע"ג. ראה גם ספר החינוך שס"ד).
- התורה נותנת מקום לוידוי שמדברת על התנהגותינו החיובית (רבי יצחק עכו מאירת עיניים כי תבוא כ"ו ג').
- וידוי מעשר (משנה מעשר שני ה' י'. ברכות מ' ב'. סוטה ל"ב א'. מגילה כ' ב'. רמב"ם הלכות מעשר שני פי"א ה"א). אין זה וידוי על עבירה כי אם אישור וקבלה מחדש של התנהגות טובה וחיובית. אבל ישנם הסוברים שלוידוי יש קשר לחטא, וכמשמזכירים וידוי בהקרבת מתנות כהונה האדם נזכר בחטא העגל (ספורנו דברים כ"ו י"ג. ראה גם תוספות יום טוב תפארת ישראל מעשר שני ה' י'. ראה גם משנה ראשונה שם).

פרק עשרים וששה:

- בתחילה שאול לא היה מוכן לקחת אחריות על מעשיו (הערה חיד"א מדבר קדמות מערכת ו' עמ' ט"ז ב'. חדרי בטן על התורה כי תבוא עמ' שכ"ז). שאול המלך ניסה להסביר מדוע חטא ואילו דוד המלך לא (רבי חיים שמואלביץ שיחת מוסר ל"א מאמר י"א עמ' ל"ה-ר').

• בזמן בית המקדש אדם היה צריך להביא קרבן חטאת על עוונות שעשה בשוגג, "שכל השוגגין צריכים כפרה" (שבועות ב' א', רש"י ד"ה תולה. בראשית ט' ה', רש"י. ראה גם מכות י' ב'). השאלה היא לגבי אדם שנאנס לחטוא, שכפו עליו או שלא ידע שאסור, האם גם הוא צריך לעשות תשובה. הרמב"ם פוסק בהלכות שבת, "כיצד תינוק שנשבה לבין הגויים וגדל ואינו יודע מה הם ישראל ולא דתם, ועשה מלאכה בשבת... כשייוודע לו שהוא ישראלי ומצווה על כל אלו, חייב להביא חטאת על כל עבירה ועבירה" (הלכות שגגות פ"ב ה"ו. שבת ס"ח ב'. ספרי פרשת כי תצא. אך ראה רמב"ם הלכות שגגות פ"ה ה"ו. יבמות פ"ז ב' רש"י ד"ה שלא על פי. שולחן ערוך יורה דעה רמ"א קפ"ה ד').

• ישנה מחלוקת האם אדם צריך לחזור בתשובה אם עבר בשוגג על מצוות מדרבנן. באופן כללי, מצוות מדרבנן חלות על ה"גברא" — האדם עצמו, ולא על ה"חפצא" — על החפצים (כסף משנה הלכות איסורי ביאה ב' י"ב. רבי יוסף ענגיל אתוון דאורייתא כלל י'. שו"ת מנחת אליעזר ג' י"ב. רבי שניאור זלמן מלובלין שו"ת תורת חסד אורח חיים ל"א. שו"ת בית אפרים אורח חיים סימן קי"ב. שו"ת אבני צדק אורח חיים מ"ה. מנחת שי סימן ס"ב. ראה גם נתיבות המשפט סימן רל"ד ב'). כיון שאין גברא או חפצא של עבירה אין שום סיבה לעשות תשובה עבור שוגג מדרבנן, "בדאורייתא מותבינן תיובתא והדר עבדינן מעשה בדרבנן עבדינן מעשה והדר מותבינן תיובתא" (בדברי תורה קודם מבררים את ההלכה ואחר מבצעים, ואילו בדברי חכמים קודם מבצעים ואחר כך מבררים. עירובין ס"ז ב'. ראה נתיבות שם. אולם ראה רדב"ז ד' י"ט. ובאריכות יותר שדי חמד חלק א' עמ' רמ"ה-ו').

• התורה שואפת לחנך את האדם כיצד לחיות בכוונה ובאופן של אקראי (רבנו בחיי ויקרא א' ט'. עקידת יצחק ויקרא שער נ"ז. רמ"א תורת העולה ב' פרק א' עמ' י"ד. בית אלוקים שער התשובה א').

• אדם שמקפיד על הוראות התורה כמעט לא ייכשל ויחטא

(תניא אגרת הקודש אגרת כ״ח). ״לֹא יְאֻנֶּה לַצַּדִּיק כָּל אָוֶן״ (משלי י״ב כ״א. ראה גם שמואל א׳ ב׳). על פי כמה ראשונים ענין זה חל רק על ענייני מזון (תוס׳ חולין ה׳ ב׳. אולם ראה יבמות קכ״א א׳. תנא דבי אליהו רבה כ״ו, שמשמע שזה גם בכל ענייני החיים. ראה גם נדרים י׳ א׳).

- לאדם שחטא בשוגג דרושה תשובה גדולה יותר מאשר חוטא במזיד (של״ה מסכת ראש השנה עמ׳ קצ״ד. תניא אגרת הקודש אגרת כ״ח. לקוטי שיחות חלק ג׳ עמ׳ 944). מעשה לא טוב (בשוגג) הוא סימן למעשים מכוונים שנעשו בעבר (אלשיך ויקרא ד׳. הגר״א משלי י״ג ו׳. ראה גם ליקוטי התורה להאריז״ל ויקרא. חמדת הימים ימים נוראים עמ׳ רכ״ה), ולכך שהאדם עדיין קשור עם השלילה (בית יעקב אישביץ שמיני עמ׳ מ״ד א׳), וגם מראה על חוסר דביקות עכשיו עם הקב״ה (רבי יוסף יעב״ץ אבות ג׳. נתיבות שלום סלונים ויקרא עמ׳ כ״א).
- הרגל נעשה טבע שני (משיב נפש חיבור התשובה מאמר א׳ ג׳. שבילי אמונה נתיב ד׳ ב׳. שו״ת מהר״ע מפאנו ל״ו. יעב״ץ אבות ד׳ י״ג. של״ה עשרה הילולים עמ׳ שי״ז).
- ״ילך למקום שאין מכירין אותו וילבש שחורים ויתעטף שחורים ויעשה מה שלבו חפץ ואל יחלל שם שמים בפרהסיא״ (מועד קטן י״ז א׳ תוס׳ ד״ה אם רואה, ותוס׳ רבנו חננאל. קידושין מ׳ א׳ תוס׳ ד״ה אין מקיפין. ראה גם אורחות צדיקים. שער התשובה שער כ״ו).

פרק עשרים ושבעה:

- אחת מהסיבות שהעולם נברא היא בכדי שהקב״ה יוכל להעניק חסד גלוי על הבריאה (מאירת עיניים האזינו ל״ב כ״ו. עץ חיים שער הכללים בהתחלה. ראשית חכמה שער התשובה א׳. שומר אמונים ב׳ י״ג. דרך ה׳ א׳ ב׳ א׳. קל״ח פתחי חכמה כלל א׳-ד׳. ראה גם אמונות ודעות מאמר א׳ ד׳ בסופו. אור ה׳ מאמר ב׳ ו׳ ב׳. ויכוח על אהבה, רבי יצחק אברבנאל עמ׳ ל״ח ב׳).

- "שצריך לעבוד ה' בשמחה ובטוב לבב" (תניא כ"ו. ליקוטי מוהר"ן א' רפ"ב. ב' כ"ד. כתר שם טוב הוספות קס"ט). במיוחד בנוגע לתשובה (תפארת שלמה תורה בראשית פרק מ"ה ה').
- הסוג הקשה ביותר של תשובה הוא תשובה על דיכאון (מגן אברהם עמ' רנ"ח), מה עוד שדיכאון גובל בעבודת זרה (מבוסס על הזוהר, מאור ושמש בהעלותך עמ' תכ"א. ראה גם פרי הארץ מטות מסעי). רבי מענדל מקוצק אמר "שאחרים קוראים לזה דיכאון, אני קורא לזה פריקת עול (שמים)" (אמת ואמונה עמ' ח'). הדיכאון ראוי לגינוי חריף (שערי קדושה א' שער ב' ושער ה' ב' ד'. עבודת הקודש מורה באצבע י' ש"כ עמ' ס"ח. צוואת הריב"ש ט"ו. ספר הברית ב' ב' ב'. מאור עיניים הנהגת ישרות. תניא פרק א', אגרת הקודש י"א. ליקוטי מוהר"ן א' כ"ג א'. דגל מחנה אפרים ויחי. מלכי בקודש עמ' ע"ט. שארית ישראל עמ' כ"ה א'). (הערה, כל הספרים האלו מדברים על דיכאון פסיכולוגי ולא על דיכאון קליני. עבור דיכאון זה יש להיוועץ ברופא מומחה).
- ישנם ראשי תיבות נוספים לתשובה. האר"י הקדוש מלמד שתשובה היא ראשי תיבות: תענית — צום. שק — לבישת בגדי שק. ואפר — הנחת אפר על האדם. בכי — דמעות. הספד — אנחה (ספר חרדים ס"ג. ראשית חכמה שער התשובה ה'. של"ה מסכת יומא נר מצוה עמ' רכ"ח. פלא יועץ אות ת'. ראה גם עמק המלך שער תיקוני תשובה ט' עמ' י"ח ד'). אחרים מבארים שתשובה היא ראשי תיבות: תורה, שבת, וידוי, בושה, הכנעה (חיד"א דבש לפי מערכת ת' ח'. בני יששכר תשרי מאמר ד' עמ' י"ט ב').
- בנוגע ליללה ובכי ראוי לציין שאדם שבוכה כתוצאה מחרטה אמיתית של תשובה וכמיהה לחיבור מחדש, צריך לנגב את הדמעות על פניו ועל מצחו (ראשית חכמה שער היראה ט'. של"ה מסכת יומא עמ' רכ"ט. כף החיים אורח חיים תקפ"ב ס').
- בני אהרן מתו משום ש"בְּקָרְבָתָם לִפְנֵי ה'" (ויקרא ט"ז א'), כתוצאה מהתעוררות רוחנית (אור החיים אחרי מות ט"ז א'. ראה

גם מאור עיניים פנחס עמ׳ ק״ט). להעיר שבסיפור העקידה שהוא סיפור על רצוא ושוב ״וְנִשְׁתַּחֲוֶה וְנָשׁוּבָה אֲלֵיכֶם״ (בראשית כ״ב ה׳) אירע ביום כיפור (ילקוט ראובני), והזמן של יום כיפור הוא לזכור שהכוונה היא לא רק ב״רצוא״ (להתענות ולהיות כמלאכים) אלא גם ב״שוב״.

- ״בעל״ (התשובה) הוא מי שרוצה לחוות את ה״רצוא״ אך יש לו הבנה שהמטרה הסופית של ה״רצוא״ היא ה״שוב״ (ליקוטי מוהר״ן א׳ ו׳ ד׳). תשובה נקראת ״דרך״. (מאור ושמש כי תשא עמ׳ רע״א). ראוי לשבח הוא האדם שיודע כיצד לצאת ולבוא ויודע את הדרך (זוהר ח״ב רי״ג ב׳).

www.ingramcontent.com/pod-product-compliance
Lightning Source LLC
Chambersburg PA
CBHW060817100426
42813CB00004B/1107
9780991472031